〈제2판〉

창의와 소통의 리더십

– 성인과 대학생을 위한 행복한 뇌의 습관 –

강 훈, 김미영, 이희승 저

교육과학사

머 / 리 / 말

通統한 뇌로 창의와 소통의 리더가 되자.

인간의 뇌는 수평으로 좌뇌와 우뇌로 구분되어 있다. 좌뇌는 언어적인 뇌로 논리적이고 안정적이다. 우뇌는 공간적인 뇌로 창의적이고 감정적이다. 좌뇌와 우뇌는 뇌량으로 연결되어 있다. 뇌량을 통하여 좌뇌와 우뇌가 잘 通하는 뇌가 좋은 뇌, 창의적인 뇌이다.

인간의 뇌는 수직으로 뇌간, 변연계, 대뇌피질로 구성되어 있다. 변연계는 기억과 감정을 담당하며 대뇌피질은 감정을 조절하고 인간을 인간답게 지성인이 되도록 하는 기능을 담당한다. 뇌간은 생명을 유지하는 기능을 담당한다. 뇌간－변연계－대뇌피질은 전교련으로 연결되어 있다. 전교련을 통하여 감정을 담당하는 변연계와 지성을 담당하는 대뇌피질이 원활하게 通하는 뇌가 좋은 뇌, 행복한 뇌이다.

좌뇌와 우뇌, 변연계와 대뇌피질의 모든 기능을 잘 統합한다면 창조주가 인간을 창조할 때 의도했던 평안하고 친밀하며 창의적인 존재가 될 수 있다. 通統한 뇌가 되자.

※ 通統은 소통과 통합을 줄여 사용한 의미이다. (疏)通 統(合)

인간은 하루에 5만 가지 생각을 하는데, 이 중에서 90% 이상은 어제 했던 생각들이라고 한다. 이렇게 많은 생각을 처리하느라 분주하여 자신의 색깔과 향기를 잃어버리고 자신을 상실과 외로움 또는 열등감에 내팽개쳐 버린 현대인이 많다. 수많은 말을 생산하고 행동을 하고 있음에도 불구하고, 자신이 진정으로 원하는 것이 무엇인지 알지도 못한 채 다람쥐 쳇바퀴 도는 듯한 삶을 힘들어하는 현대인들이 늘어나고 있다.

"당신이 진정으로 원하는 것이 무엇인가요?"

자신에게 시간을 주고 물어봐 준다면...

생각이 말이 되고 말이 행동이 되지 않는가? 말이 생각을 반영한다고 하지만 생각과 다른 말을 성급하게 뱉게 되고, 이후에 행동하고 나서야 자신의 생각을 깨닫게 되는 경우도 많다. 진정한 소통은 자신이 정말로 원하는 것(욕구)-생각-감정-말-행동이 일관성 있게 직선으로 통하는 것이다. 이러한 소통이야 말로 정신없는 현대인들에게 휴식과 자유를 주고 생각을 정돈시켜 줄 것이며 창의성을 갖게 할 것이다.

자신의 내면에서 외치는 소리에 귀를 기울이고 보듬어 줄 때 대인관계에서도 민감성이 살아날 것이다. 자신의 정서를 돌보아 줄 때 타인의 정서도 헤아릴 줄 알게 되고, 자신의 무의식 깊은 곳에 있는 욕구를 알아주어야 대인관계에서 타인의 숨어있는 의도를 헤아릴 줄 아는 깊은 배려가 생기게 된다.

잘 통하면 창의적이 된다. 자신의 뇌를 통하게 하라. 자신의 내면과 드러나는 외적인 행동을 통하게 하라. 나의 욕구와 타인의 욕구가 통하게 하라. 창의적이고 행복한 리더가 될 것이다.

이 책은 저자들이 수년간 대학생과 일반 성인들을 강의장에서 만나면서 전하고 느끼고 공유했던 내용을 정리한 것이다. 자기계발을 계획하고 실천 가능하게 하는 주체는 뇌이다. 그간 삶을 통하여 습관화 된 것들도 뇌의 활동이라 한다면, 결국 자신의 뇌를 이용하여 뇌를 변화시켜야 하므로 무척 까다롭고 성가신 활동이 된다. 그래서 이 책에서는 뇌가 생존하기 위해 동작하는 원리를 제시함으로써 스스로 변화를 선택해 나가는 리더로의 성장을 돕고자 하였다.

다윈이 말했듯이 끝까지 살아남는 종이 가장 강력한 종이 아니라 변화에 적응하는 종일 것이다. 변화는 곧 성장이며 창의적인 활동이다.

이 책을 활용하여 대학생의 리더십 수업을 하거나 일반 성인들의 리더십 워크숍을 진행할 수 있다. 지식과 활동을 적절하게 배치하였기 때문에 지식을 읽음과 동시에 활동을 하면서 자신과 깊은 대화를 할 수 있도록 하였다. 또한 많은 내용을 담아 다양한 교육장에서 교육목표에 맞추어 선택할 수 있도록 하였다.

모듈 1 리더십 계발에서는 리더십에 대한 기초적이고 핵심적인 내용을 다루고 있다. [1장. 인간 뇌의 동작 원리]에서는 뇌의 동작 원리와 똑똑하고 행복한 뇌가 되는 방법을 제시하였다. [2장. 행복한 성공을 위한 습관]에서는 습관이 만들어지는 원리와 새로운 습관을 설계하고 만드는 방법을 제시하였다. [3장. 리더십 이론]에서는 전통적인 리더십으로부터 현대까지 시대가 요구하는 다양한 리더십의 유형을 제시하였다.

모듈 2 잠재력 계발에서는 타고난 잠재력을 개발하는 방법들을 제시하였다. 스티븐 코비 박사는 많은 사람들이 태어날 때 신이 자신에게 주신 선물박스를 열어보지도 않은 채 죽어간다고 하였다. [4장. 나의 발견 1 – 현재의 나]에서는 자신이 습관화된 두뇌 활용성향을 확인하고 진정으로 원하는 자신의 모습을 설계하기 위한 생각의 유연함을 기를 수 있는 방법을 제시하였다. [5장. 나의 발견 2 – 나의 삶, 나의 직업]에서는 당당한 직업인으로서의 자신을 위하여 직업가치관과 직업성격유형을 확인하고 변화하는 미래사회의 모습을 제시함으로써 미래지향적인 생각을 하도록 하였다. [6장. 긍정적 정서와 자신감]에서는 비생산적이고 삶의 에너지를 낭비하게 하는 부정적 정서의 실체를 이해하고, 자신에 대한 긍정적 에너지 덩어리인 자신감을 키울 수 있는 방법을 제시하였다.

모듈 3 리더의 실천성에서는 목표를 설정하고 실천하는 리더의 덕목을 제시하였다. [7장. 비전과 목표설정]에서는 가치 있는 비전을 명확한 목표로 세우고 실천력을 향상하는 방법에 대하여 제시하였다. [8장. 성취하는 시간관리]에서는 시간이 모이면 자신의 인생이 된다는 기본원칙에 따라 시간관리 계획을 세우고 활용하는 방법에 대하여 제시하였다.

모듈 4 리더의 신뢰성에서는 신뢰받는 리더가 되기 위한 실제적인 방법을 제시하였다. [9장. 승 – 승의 인간관계]에서는 성공과 행복의 주요한 요인이 인간관계라는 것과 자신의 인생태도 및 인간관계 유형을 찾아보고 승승하는 인간관계의 방법에 대하여 제시하였다. [10장. 通하는 커뮤니케이션]에서는 말의 힘과 대화의 유형을 짚어보고 영향력 있는 커뮤니케이션 기법을 제시하였다.

모듈 5 리더의 유능성에서는 능력있는 리더가 되기 위한 방법을 제시하였다. [11장. 성장의 디딤돌 강점]에서는 과학적 탐구를 통해서 밝혀진 성격 강점을 이해하고 약점 보완에 치우치기보다 자신의 강점을 발견하고 계발하는 것의 유익함을 제시하였다. [12장. 건강한 공동체를 위한 갈등관리]에서는 공동체 안에서 유능한 리더에게 필요한 갈등관리 대처법을 유형별로 분류하고 분석기법을 적용하여 해결할 수 있는 방법을 제시하였다. 마지막으로 [13장. 창의적 문제해결력]에서는 미래사회 생존전략인 창의성의 개념과 필요성에 대해 제시하고 연습을 통하여 창의적 문제해결력을 향상할 수 있는 실제적인 방법을 제시하였다.

이 책에 제시된 내용을 단순히 글로만 대하지 말고 자신에게 내면화하는 과정을 성실히 거친다면 누구나 미래사회에서 요구하는 스스로 변화-성장하는 리더, 자신의 타고난 잠재력을 200% 도전하고 발휘하는 리더, 계획을 세우고 실천하는 리더, 신뢰받는 리더, 유능한 리더가 될 것이다.

2021년 7월 저자 일동

CONTENTS

모듈 05 리더의 유능성

모듈 01

리더십 계발

CHAPTER

01 인간 뇌의 동작 원리

See Do Get

행복을 위한 습관

A type과 B type의 생각에 따른 Do(하는 행동 / 말)와 Get(얻는 결과)에 대하여 토의해 봅시다.

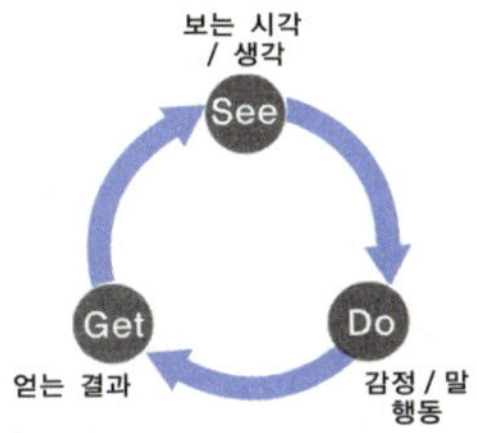

	A type	B type
See	뇌는 타고난 대로 활용할 뿐 계발되는 것은 아니다.	인간의 뇌는 잘 활용하면 두뇌력이 향상된다.
Do		
Get		

이 장의 목표

- 뇌의 동작 원리를 이해하고 똑똑하면서도 행복한 뇌를 가진 리더가 될 수 있다.
- 뇌의 특성에 따른 리더십 요인을 이해할 수 있다.

1. 뇌의 동작 원리

인간의 뇌는 위험한 환경으로부터 자신의 생명을 유지하기 위하여 유쾌한 자극을 추구하며 불쾌한 자극을 회피하는 방식으로 존재해 왔다. 자신을 둘러싼 환경이 끊임없이 변하기 때문에 인간도 자신을 지켜내기 위하여 접근과 회피 행동을 반복하게 된다. 이러한 이유로 인간의 뇌는 단 한 번도 같은 상태를 유지한 적이 없다. 인간 뇌의 작동 원리는 다음과 같다.

1) 뇌는 평생 동안 변화한다.

인간의 뇌는 생각하는 세포, 즉 뉴런으로 이루어져 있는데 태어날 때 약 1,000억 개의 뉴런을 가지고 태어나는 것으로 알려져 있다. 하나의 뉴런에는 수상돌기와 세포체, 축색(축삭)돌기가 있고 이웃한 뉴런과 끊임없이 정보를 주고받는다. 한 개의 뉴런에는 1만~10만 개의 수상돌기가 붙어있는데 자극이 전해지면 수상돌기는 또 다른 뉴런과 연결하게 된다. 이때 연결된 지점이 시냅스이며 이는 뉴런 간 네트워크가 형성된 것으로 해석한다. 각 개인이 가지고 태어나는 뉴런의 수는 비슷하지만 이러한 네트워크의 모양이 모두 다르기 때문에 모든 인간의 뇌는 독특한 존재가 된다. 인간의 뇌는 생명을 유지하기 위한 모든 활동 즉, 인지, 기억, 감정, 운동, 판단 등의 활동을 잠시도 쉬지 않고 한다. 이러한 활동은 곧 뇌 안에서 뉴런 간 네트워크의 변화로 물리적인 신경계의 변화를 가져오게 된다. 뇌는 우리의 의지와 상관없이 계속 변화한다. 인간은 변화하는 존재이다. 변화하지 않는 것은 죽은 것과 같다.

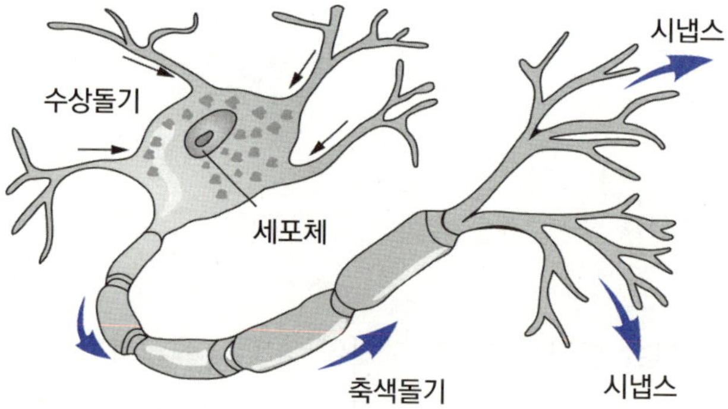

[그림 1-1] 뉴런

2) 몸과 마음은 하나의 시스템으로 작용한다.

뇌 과학자들은 뇌의 가소성(neuroplasticity)을 하나의 이론으로 증명하였다. 가소성이란 경험과 학습에 의해서 뇌가 변화하는 성질을 말한다. 뇌는 적절한 자극에 의해 신경세포의 구조를 변화시킨다. 펜필드(Penfield)는 전기자극 실험을 통하여 대뇌의 체성감각피질과 운동피질이 지배하는 신체 부위의 기능 지도를 그렸다. 이 실험에 의하면 뇌의 손 부분에 전기 자극만 주어도 손에 자극이 있는 것처럼 느끼게 되는 것이다.

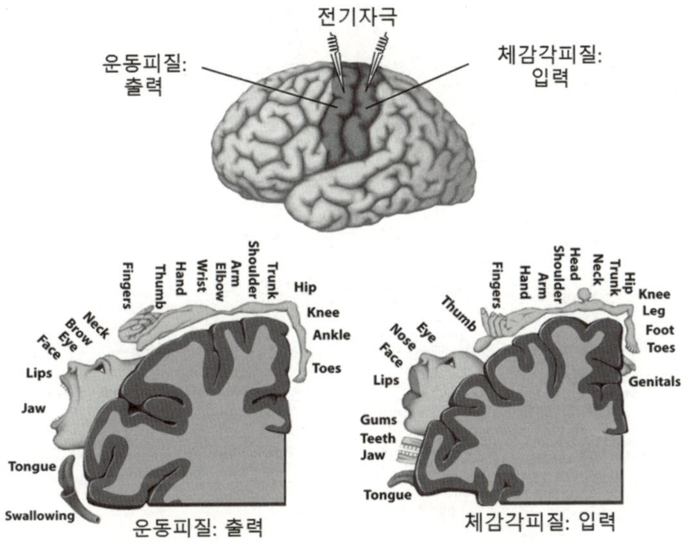

[그림 1-2] **펜필드의 뇌지도**

신체활동이 뇌를 변화시킨다는 주장에 대하여 저글링을 한 후 관련된 대뇌피질을 측정하였더니 피질의 두께가 변화되었다는 실험으로 증명하였다.

또 상상의 작용만으로도 뇌의 구조와 기능을 바꾼다는 주장도 있다. 이에 대한 근거로는 영국에서 택시 드라이버의 뇌를 측정한 실험이 있다. 이 실험에 의하면 거리에 대한 학습(시공간적 학습)을 많이 한 택시기사의 뇌를 MRI 촬영한 결과 일반인에 비해 기억중추 중 하나인 해마가 더 컸고, 운전을 오래 한 사람일수록 더 컸다는 것이다. 이는 지속적인 학습과 학습된 결과물을 반복적으로 사용하는 것이 뇌를 발달시킨다는 것을 의미한다.

다음과 같은 실험결과도 있다. 한 그룹의 피험자들을 1주간 2시간씩 피아노 연습을 시켰더니 손가락 동작에 기여하는 운동피질의 영역이 확대되었다. 음악연주를 상상하기만 한 그룹의 피험자들 또한 운동피질의 영역이 실제 연주그룹과 마찬가지로 뇌에서 확대되었다. 이는 단순한 생각이 두뇌의 물리적인 구조와 기능을 바꾼다는 것을 의미한다.

또한 인지전략이 뇌의 활동 패턴을 바꾼다는 주장도 있다. UCLA 제프리 슈워처 박사팀의 연구결과에 따르면, 강박 장애 환자들을 대상으로 한 10주간의 인지행동치료 후에 18명 중 12명의 증상이 상당히 호전되었다. 치료 전후의 뇌 스캔 결과는 강박장애 회로의 핵심인 안와 전두피질에서의 활동이 극적으로 감소하였다는 것을 밝혀내었다. 토론토 대학의 Zindel Segal팀에 의하면 성인 우울증 환자 14명을 대상으로 인지행동 치료를 실시한 결과 피험자들이 뚜렷한 호전을 보였다. 환자들의 뇌를 스캔하였을 때 끝없는 반추를 담당하는 전두피질의 과도 활동이 약화되었다.

이뿐만 아니라 정신수련이 지속적인 행복감을 일으키는 뇌 신경회로를 재구성한다. 명상 기법인 자비심 생성 숙련자들의 공감 및 모성애와 연관된 뇌 네트워크의 활동이 더 활발해진 것을 밝힌 연구결과도 있다. 특히 좌측 전두부에서의 활동이 우측 전두부의 활동을 압도한다. 이는 긍정적인 상태를 정신수련으로 얻을 수 있음을 암시한다.

이러한 일련의 실험결과를 종합해 볼 때, 인간의 반복적인 행동이 두뇌피질의 변화를 가져오며, 상상만으로도 실제 활동을 하는 것과 같은 변화를 가져온다는 것이다.

이것은 21세기의 위대한 발견인 **"인간은 자신의 태도, 생각, 신념을 바꾸는 것만으로도 모든 것을 가능하게 한다"**는 것에 대한 증명인 셈이다.

자신이 원하는 모습에 대한 모습을 그리고 간절하게 원한다면, 뇌는 이미 경험한 것처럼 변화하게 되고 그만큼 실행력을 갖게 된다는 것이다.

두뇌를 훈련하는 방법은 지속적인 정보의 입력과 자극을 통해 가능하다.

- 감각적인 정보: 오감, 신체자극
- 내면적인 정보: 심상, 사고

자신의 원하는 모습을 생생하게 상상하자. 반복적으로 상상하자. 간절하게 상상하자. 그것은 현실이 될 것이다.

3) 뇌는 자신이 믿는 대로 정보를 처리한다.

뇌는 외부 정보에 대해 내면세계의 가치에 따라 판단하고 반응한다. 지나가던 여학생이 자신을 힐끔 쳐다보았을 때, 자신에게 관심이 있기 때문일 거라 생각하면 관심을 보이기 위해 노력하고 자신의 촌스러운 모습에 대하여 비웃기 때문일 거라 생각하면 빨리 그 상황에서 벗어나려고 하지 않겠는가?

뇌는 지금 이 순간 접하게 되는 외부 정보도 있지만, 이미 경험에 의해 저장해 둔 많은 내부 정보가 있다. 외부 정보와 내부 정보의 두 가지 입력채널로부터 정보를 받아 처리한다. 외부의 정보를 어떻게 받아들이는지도 중요하지만 내부 정보를 어떻게 처리하고 저장하느냐는 더욱 중요한 것이다. 왜냐하면 내부 정보에 따라 외부 정보를 어떻게 받아들이느냐가 결정되기 때문이다.

"자라보고 놀란 가슴 솥뚜껑 보고 놀란다"라는 속담이 있다.

① 자라를 보았다.(사실 정보), 놀랐다.(감정 정보)
　자라를 보고 놀라는 것은 변연계의 편도에 기억된다. 편도는 공포, 두려움, 슬픔 등의 생명유지와 관련된 감정을 처리하는 대뇌기관이다.

② 어느 날, 솥뚜껑을 보았다.(외부 사실 정보)

③ 예전에 비슷한 물체를 보고 놀랐던 감정이 떠오른다.(내부 감정 정보)

④ 솥뚜껑(외부 사실 정보)과 놀랐던 감정(내부 감정 정보)이 강하게 연결되어 또 소스라치게 놀란다.

이렇듯 뇌는 자신이 믿는 대로 외부 정보를 처리한다. 뇌의 분업화 덕분이다. 감정적 기억은 사실적 기억에 감정 반응이 더해져 강하게 기억이 된다. 감정기억은 유사한 상황이 되면 그 감정이 재생되며 뇌의 편도 부분에 저장이 된다.

읽을거리 / 뇌와 정보 예화

가. 원효대사 이야기

신라의 원효는 의상과 함께 당나라로 가기 위해 길을 나섰다. 날이 어두워지고 비까지 쏟아지자 동굴로 몸을 피하고, 두 사람은 잠이 들었다. 원효는 잠결에 손을 더듬어 바가지에

든 물을 마셨다. '아, 참 달고 시원하구나.' 다음 날 아침 잠에서 깬 원효는 깜짝 놀랐다. 두 사람이 자고 있던 곳은 굴처럼 된 무덤이었다. 밑에는 썩은 물이 담긴 해골이 놓여 있었다. 원효는 해골물을 마신 것을 알자 심하게 구역질을 했다. 그 순간 '어제 마신 물과 오늘 아침에 본 물은 똑같은 물인데 왜 그토록 다르게 생각될까'라는 생각이 떠올랐다. 모든 것은 마음에 달렸다는 것을 깨닫고 다시 신라로 돌아왔다.

나. 힌두교 소 숭배 이야기

인도 사람들은 거의 힌두교를 믿고 있으며, 이 종교는 소를 숭상한다. 그래서 인도 사람들은 차도에서 소가 드러누워 있어도 소가 일어날 때까지 기다렸다가 차를 몰고, 소가 사람이 다니는 거리를 다녀도 사람이 소를 비켜간다. 그리고 굶주리면서도 소는 잡아먹지 않는다. 힌두교인들에게 소를 잡아먹는 것은 신성모독이다.

다. 에스키모 음식문화 이야기

에스키모인들은 귀한 손님이 오면 살아있는 구더기 요리를 대접한다.

위에서도 설명하였듯이 뇌는 자신의 생명을 보호하기 위하여 유쾌한 자극에 접근하면서 끊임없이 자신의 내부 정보를 변경시키고 있다. 따라서 뇌가 동작하는 원리에 따라 자기계발이 이루어져야 오랫동안 지속될 수 있고, 행복과 가까워질 수 있다.

뇌는 자기 의미적이며 자기 평가적이다. 자신 내면의 가치에 따른 평가를 한다. 따라서 모두 이기적이다. 그러나 뇌의 동작 원리에 따르면 행복해진다. 왜냐하면 인간은 혼자서 행복할 수 없고 옆에 있는 사람이 행복해야 자신도 행복해지는 존재이기 때문이다. 인간을 움직이는 두 가지 근본적인 욕구는 자신에 대한 자율성과 타인에 대한 관계성이다.

생각해 보기

사랑할 때 행복한가? 미워할 때 행복한가?

인간은 사랑할 때 행복하고, 미워할 때 가슴이 답답해진다. 사랑은 법칙에 맞는 선택이고, 미움은 법칙을 거스르는 선택이다.

2. 똑똑한 뇌, 행복한 뇌로 살기*

뇌는 다른 근육처럼 사용하면 강화되고 사용하지 않으면 약화된다. 뇌의 탄생 원리인 지적으로 똑똑하면서도 정서적으로 행복하게 사는 방법에 따라 뇌를 활용하는 지혜에 대하여 알아보자.

1) 신이 내린 선물, 전두엽

신은 인간을 만드시고 무한한 가능성을 전두엽에 담아 주셨다. chapter 06의 [긍정적 정서와 자신감]에서도 언급을 하겠지만 뇌는 전두엽, 측두엽, 후두엽, 두정엽의 4엽으로 구성되어 있다.

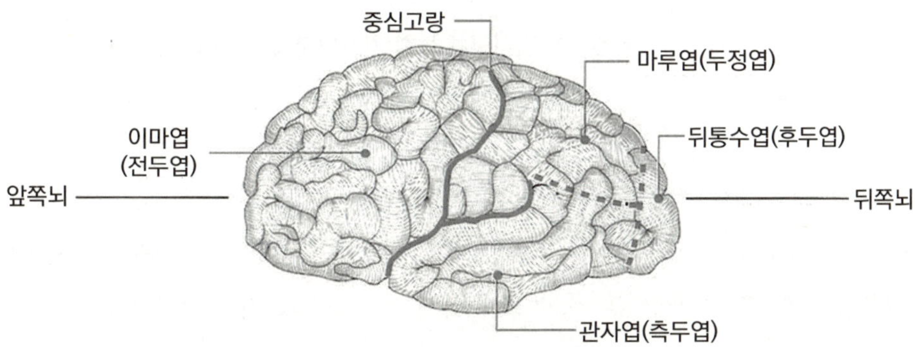

[그림 1-3] **대뇌의 좌측면**

출처 : 나덕렬(2010).

전두엽을 제외한 뇌에서는 감각을 받아들이는 역할을 한다. 후두엽을 통해 시각을, 측두엽을 통해 청각을, 두정엽을 통해 촉각을 받아들이고 처리하여 해마라는 곳에 저장한다. 이는 마치 비디오카메라에 비유할 수 있다. 카메라 렌즈를 통해 시각 정보가 들어오고, 마이크를 통하여 청각 정보가 들어온다. 그리고 이것을 비디오테이프에 저장한다.

---

* 이 부분은 나덕렬 교수의 앞쪽형 인간의 일부를 정리하여 재구성한 내용임을 밝힌다.

그러면 전두엽은 무엇에 비유를 할 수 있을까? 후두엽 / 측두엽 / 두정엽이 비디오카메라라면 전두엽은 영화감독이나 드라마 PD다. 과거 비디오카메라를 통해 촬영한 장면을 재생해보고, 내가 만들고 싶은 드라마 주제에 맞추어 장면을 취사선택하고 순서를 재배열해 한 편의 드라마를 만든다. 다시 말해 전두엽은 모든 것을 종합, 판단해 최종적으로 '액션'하는 역할을 한다. 전두엽은 CEO, 다른 뇌는 부하직원이 되는 셈이다.

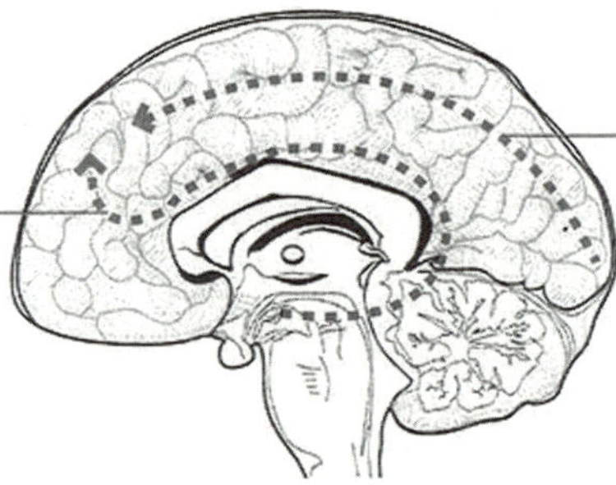

[그림 1-4] 뒤쪽뇌와 감정뇌를 통합하는 앞쪽뇌의 기능

출처 : 나덕렬(2010).

이 외에도 전두엽이 하는 일을 나열하면 충동조절, 감정조절, 예절 갖추기, 사소한 것에 반응하지 않고 여과하기, 어떤 자극에 즉각 반응하지 않고 참기, 정보를 종합하여 결정하기, 계획하기, 목표설정하기, 목표에 맞게 잘 가고 있는지 모니터링하기, 다양한 경우의 수 생각하기, 사고를 전환하기, 독창성, 예측성, 추상적인 사고, 의욕과 동기 높이기 등이 있다. 이 외에도 말과 글로 표현하기, 문법작성 기능, 여러 일을 동시에 진행하는 멀티태스킹(multitasking) 능력, 운동능력 등이 있다.

2) 성장 중인 어린이 뇌와 성장한 어른 뇌의 차이

대뇌를 잘라보면 대뇌 표면을 따라 회색질층이 있는데 이를 대뇌피질이라 한다. 이 피질에 있는 뇌세포들이 인간의 언어, 기억, 사고력을 담당한다. 태어나서 성인이 될 때까지 대뇌피질은 꾸준히 성숙을 거듭한다. 이 성숙은 대뇌피질의 부위에 따라 시간차가 있다. 일반적으로 뒤쪽뇌 부분에서 먼저 시작되어 앞쪽뇌 쪽으로 진행된다. 심지어 전두엽의 성장은 30대 초까지도 계속된다고 한다. 그러므로 어린이 뇌와 어른 뇌의 가장 큰 차이는 전두엽의 발달이고, 어린이가 어린이다운 이유는 전두엽이 덜 발달되었기 때문이다. 인간은 청소년시기에 전두엽이 왕성하게 자라게 된다.

3) 전두엽의 세 얼굴

전두엽은 운동기능, 말하기 능력을 비롯하여 미래에 대한 계획, 판단력, 감정조절, 의욕을 불러일으키는 기능, 단기기억 등 담당하는 기능들이 무궁무진하다. 특히, 전두엽 중에서도 가장 앞 부위의 뇌를 의학적으로 전전두엽(前前頭葉)이라 부르는데, 바로 전전두엽이 인간을 인간답게 만드는 보석 같은 기능을 맡고 있다. 전두엽을 앞에서 바라보면 주로 전전두엽이 보인다. 이곳은 안쪽면, 바깥쪽면, 아랫면으로 이루어져 있다.

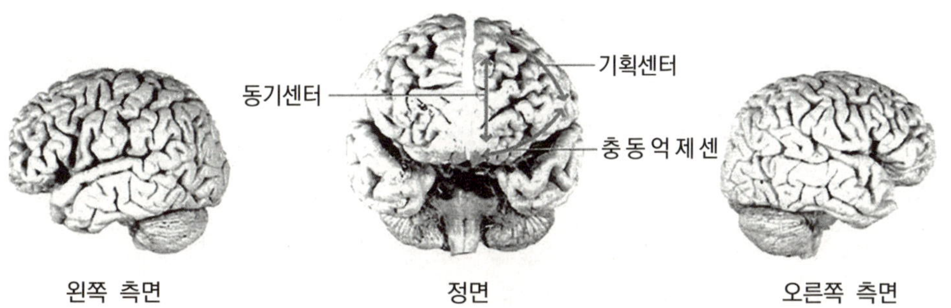

[그림 1-5] 앞쪽뇌의 3면

출처 : 나덕렬(2010), 가톨릭의대 해부학교실 한승호 교수 제공.

이 세 면은 각각 기능이 조금씩 다른데 이를 요약하면 다음과 같다.

첫째, 눈과 접하는 아랫면은 충동억제센터이다. 이곳이 손상되면 충동을 조절하지 못한다.

둘째, 가운뎃면은 동기센터이다. 이곳이 손상되면 무엇을 하려는 의욕이 없어진다.

셋째, 바깥쪽면은 기획센터 또는 독창센터이다. 이곳이 손상되면 판단력이 떨어지고, 우유부단하며, 계획을 세우지 않는다. 또한 새로운 생각을 하지 못한다.

4) 전두엽이 손상되었을 경우

전두엽이 손상된 환자라고 모두 똑같은 행동을 보이지는 않는다. 손상된 부위에 따라 증상이 다양하고 서로 반대의 행동을 보이기도 한다. 전두엽 손상 환자들이 보이는 행동을 정리하면 다음과 같다.

① 눈앞의 충동에 매달린다.
② 화를 내는 등 자기감정을 조절하지 못한다.
③ 외부자극에 무조건 반응한다.
④ 외부자극을 가지치기하지 못한다.
⑤ 조급증을 보인다.
⑥ 남의 기분이나 남의 입장을 헤아리지 못한다.
⑦ 남을 배려하는 능력이 떨어지고 예절이 없어진다.
⑧ 사소한 것에 집착하거나 강박적이다.
⑨ 한 가지 행동을 지나치게 반복한다.
⑩ 한 가지 생각에서 헤어 나오지 못한다.
⑪ 여러 가지 상황을 종합하여 최적의 판단을 내리는 능력이 떨어진다.
⑫ 고집이 세고 융통성이 없다.
⑬ 독창적인 생각을 못 한다.
⑭ 추상적 사고를 못하고, 글을 읽을 때 행간을 이해하지 못한다.
⑮ 유머나 비유를 이해하지 못한다.
⑯ 일과 미래에 대한 계획이 없다.
⑰ 예측기능이 떨어진다.
⑱ 일관성이 없고 산만하다.
⑲ 희망과 꿈이 없다.
⑳ 조급증을 보이기도 하지만 반대로 게을러지기도 한다.
㉑ 주위에 흥미가 없고 무관심하다.
㉒ 수동적이다.
㉓ 말수가 없어지고 운동을 안 하려고 한다.

활동하기

자신이 하루 종일 하는 일들을 가능한 상세하게 나열하고 전두엽의 기능인지 다른 뇌의 기능인지 분류해 보자.

① 내가 하루 종일 하는 일들을 상세하게 나열하고 얼마나 많은 시간 동안 하는지 생각해 보자.

내가 하는 활동	전두엽? 다른뇌?	시간
예) TV 보기	후두엽	3시간

② 위에서 나열한 나의 24시간 활동을 전두엽과 다른 뇌를 주로 활용하는 시간으로 구분하여 더해 보자.

- 하루 중 주로 전두엽을 활용하는 시간 :
- 하루 중 주로 다른 뇌를 활용하는 시간 :

③ 전두엽의 기능 중 충동억제센터, 동기센터, 기획센터를 나는 얼마나 잘 활용하고 있는지 생각해 보자.

- 충동억제센터 활동에 대하여 자신의 생각을 작성해 보고 서로 나누어 보자.
  - 나는 충동을 잘 조절하는가?
  - 내가 충동을 잘 조절하지 못하는 경우는 어떤 때인가?
  - 나는 해야 할 일과 하고 싶은 일이 있을 때 어떤 것을 먼저 하는가?
- 동기센터 활동에 대하여 자신의 생각을 작성해 보고 서로 나누어 보자.
  - 나는 스스로 무엇을 선택하고 하려는 의지가 있는가?
  - 나는 누가 시키지 않아도 해야 할 일을 스스로 하는가?
- 기획센터 활동에 대하여 자신의 생각을 작성해 보고 서로 나누어 보자.
  - 나는 해야 할 일에 대해 계획을 잘 세우는가?
  - 나는 어떤 일을 할 때 새로운 방식을 잘 생각해 내는가?

5) 동기센터를 활성화 하는 방법

(1) 꿈과 목표 갖기 "당신의 꿈은 무엇입니까?"

꿈이란 '마음속 깊은 곳에서 간절히 원하는 것'이다. 꿈을 찾는 열쇠는 자기가 좋아하는 것, 너무 흥미로워서 자기도 모르게 열중하게 되는 것, 자기도 모르게 끌리는 것을 찾는 것이다. 이것을 추구하다보면 여러 과정을 거쳐 '마음속 깊은 곳에서 간절히 원하는 것'을 찾게 되고 남들에게도 도움 되는 일을 하게 된다. 앞서 언급한 대로 어디에 흥미가 끌린다는 것은 그쪽 뇌를 가지고 태어난 덕분이다. 자기가 좋아하는 것을 할 때 전두엽의 동기센터가 활성화되면서 천재성이 부각되고, 이것은 다시 동기센터를 자극하는 선순환을 일으킨다. '간절히 원하는 것'을 찾는 것은 뇌 전체에 불을 켜는 것과 같다. 이 불을 켜려면 자신에게 "나의 꿈은 무엇인가?"를, 그리고 서로에게 "당신의 꿈은 무엇인가?"를 자주 물어볼 수 있어야 한다. 한 가지 더 강조하고 싶은 것은 '나만의' 꿈과 목표여야 한다. 남과 비교하지 말고, 남을 따라하지 말고, 나를 쳐다보고 나를 연구해야 한다.

(2) 해야 할 것을 먼저 하고, 하고 싶은 것을 나중에 하라.

즐거운 계획(예를 들어 여행, 영화 보기, 맛있는 것 먹기)을 세우는 것은 전두엽의 동기센터를 급속도로 흥분시킨다. 그래서 모든 일의 동기가 올라간다. 단, 즐거운 계획을 몇 주 또는 몇 개월 후로 세우고 그 전에 밀린 일, 풀기 힘든 숙제, 반드시 마무리해야 할 일을 하는 습관을 들인다. 이것은 바로 선(先)공부 후(後)놀이 규칙이다. 물론 공부(일) 자체를 좋아하는 사람이 있다. 더할 나위 없이 좋은 일이다. 그러나 아무리 즐거운 일도 반복하면 지겨워질 때가 있다. 이때 가까운 미래에 나에게 줄 쾌락상(賞)을 준비한다. 이와 같이 즐거운 일을 앞두고 지겨운 일을 하다보면 신기하게도 지겨운 일이 재미있기 시작한다. 더구나 즐거운 일을 앞두고 지겨운 일을 마무리하게 되면 실력이 늘면서 가시적인 성과물을 얻는 기쁨도 얻게 된다. 선공부 후놀이 규칙을 꼭 거창한 계획이나 프로젝트에 적용하자고 말하는 것이 아니다. 사소한 습관도 해당된다. 집에 돌아왔을 때 먼저 샤워와 숙제를 하고 TV 보거나 쉬는 것, 주말에 가족들과 영화를 본다면 금요일 저녁까지 각자 밀린 일을 하는 것, 하루 일과 중 좀 하기 싫지만 해야 되는 일을 먼저 하고 쉬거나 즐기면서 할 수 있는 일은 오후나 저녁에 하는 것도 선공부 후놀이 규칙을 사용하는 것이다.

(3) 운동으로 동기센터를 활성화하고 실행의지를 증진시켜라.

후두엽 / 두정엽 / 측두엽은 감각을 담당하고 전두엽은 실행의지를 담당하는 것이 기능의 큰 차이다. 다시 말하면 전두엽이 없다면, 의미 있는 운동은 불가능하다. 운동에 관해 전두엽을 크게 세 부분으로 나누면 전두엽의 가장 뒷부분은 단순한 운동을, 그 앞쪽(전 운동 영역)은 복잡한 운동을, 가장 앞쪽(전전두엽)은 운동 실행 의지를 담당한다. 특히 전전두엽의 가운데 쪽에 운동 의지가 존재하고, 실행 의지가 뒤쪽으로 전달되면서 운동이 나타난다. 실행 의지는 운동 의지를 포함하는 더 큰 개념이다. 우리에게는 공부하려는 의지도 있고 운동하려는 의지도 있다. 이 모두를 포함하는 것이 실행 의지다. 실행 의지가 없으면 게으름의 형태로 나타나게 된다. 이 게으름이나 실행력 부족은 원인도 다양하고 고치기 힘들다. 그러나 가장 쉬운 방법은 짧은 시간이나마 간단한 운동을 매일 반복하는 것이다.

운동을 하면 왜 실행력이 올라갈까? 운동 의지를 올리면 실행 의지가 올라가는데, 이유는 운동 의지와 실행 의지가 뇌의 같은 영역에 존재하기 때문이다. 그러므로 간단한 운동을 함으로써 운동 의지 영역을 활성화시키고, 나아가서 실행 의지 영역까지 활성화하는 원리다. 뇌 영역은 항상 쌍방향으로 연결되어 있다. 운동 영역도 예외가 아니다. 운동 의지가 담겨 있는 전전두엽에서 운동 영역으로 정보가 흘러가고, 반대로 운동 영역에서 운동 의지 영역으로 정보가 흘러간다. 그러므로 운동 의지가 많아지면 정보가 운동 영역으로 전달되면서 실행으로 나타나고, 반대로 간단한 운동을 하더라도 운동 의지 영역이 활성화되어 운동 의지가 높아지는 것이다. 운동을 매일 하는 사람도 어떤 날은 몸이 찌뿌둥하면서 하기 힘들 때가 있다. 즉, 운동 의지가 없어지는 것이다. 그러나 이걸 극복하고 스트레칭이라도 하면 운동 의지가 생기면서 계속 하게 되고, 결국 운동을 하기 잘했다는 생각이 든다. 이렇게 반복해서 운동을 하다보면 전두엽의 실행 의지 영역이 활성화되면서 운동뿐만 아니라 모든 일에 실행력이 증가되는 것이다.

6) 기획센터를 활성화 하는 방법

(1) 똑똑한 뇌 만들기

① 작은 일을 반드시 마무리하라.

등산하는 모습을 상상해 보자. 작은 봉우리를 넘고 넘어서 정상에 오르게 된다. 마찬가지로 작은 일을 깔끔하게 마무리하는 사람만이 큰일을 해낼 수 있다. 작은 일이란 반드시 해낼 수 있는 작은 분량의 일을 말한다. 예를 들어, 한 달 동안 매일 하루에 20분을 걷기로 작정한다. 만약 이것이 부담된다면 매일 10분으로 줄이고, 그래도 부담이 된다면 일주일에 두 번으로 줄이고, 그래도 버거우면 전체 기간을 한 달에서 1주일로 줄인다. 중요한 것은 이렇게 작은 분량을 설정하되, 반드시 해야 한다. 학교나 직장에서 작은 일을 마무리하면 가시적인 결과물을 얻게 될 것이고, 현실에 굳게 뿌리를 내리게 된다. 일이 허황된 길로 빠지지 않는다는 말이다. 작은 일을 마무리한 노하우가 큰일을 하는 노하우가 되며, 동시에 자신감을 가지게 된다. 반대로 허황된 분량을 설정해 놓으면 실패를 하게 되고 그때마다 자신감을 잃게 되고 의욕을 상실하게 된다. 자기가 자신을 믿지 않으면 내 안의 나무는 자라지 않는다.

② 전두엽을 키우는 스와프(SWAP)

나덕렬 교수는 앞쪽뇌 향상법의 일례로 스와프(SWAP) 활동을 권한다. 본래 스와프(SWAP)란 '바꾸다'라는 뜻을 지닌 동사이지만 나 교수는 Speaking(말하기), Writing(글쓰기), Active Discussion(토론), Presentation(발표)의 앞 글자를 따서 SWAP의 개념을 새롭게 소개하였다. SWAP의 활동을 통해 인지 능력이 사소한 습관 하나를 바꾸고 나아가 개인의 삶을 바꿀 수 있다. 이렇게 보면 스와프의 본래 뜻인 '바꾸다'와도 일맥상통한다고도 할 수 있다. 현대인들이 집에서 가장 많이 하는 것이 무엇일까? 바로 TV 시청일 것이다. 물론 우리가 TV를 볼 수 있는 것은 축복이고 큰 즐거움이요, 휴식이다. 그러나 TV를 별생각 없이 보는 것, 예를 들어 스포츠, 드라마, 오락 프로그램 같은 것을 보는 것은 후두엽 / 두정엽 / 측두엽만을 자극한다.

치매 중에 전두엽 치매라는 유형이 있다. 전두엽만 선택적으로 작아지는 치매이다. 전두엽 치매 환자들은 가만히 내버려두면 하루 종일 TV를 본다. 어떤 환자는 하루에 19시간 TV만 보는 환자도 있다. 왜 그럴까? 이유는 간단하다. 전두엽이 상했으므로 전두엽의 감독은 죽고, 후두엽 / 두정엽 / 측두엽의 비디오카메라만 남은 상태가 되었기 때문이다. 원래 사람은 뇌가 발달한 대로 행동하는 법이다. 예를 들어 어떤 사람이 운동에 탁월한 뇌를 가지고 있으면, 누가 시키지 않아도 운동을 열심히 하고, 수학을 잘하는 뇌를 타고났으면 틈만 나면 수학을 하는 사람이 된다. 마찬가지로 전두엽 치매 환자들은 자기가 잘하는 것 즉, 시각 정보를 받아들이는 일(비디오카메라로 찍는 일)을 잘하게 되어 계속 TV만 보게 된다. 이에 비해 스와프는 전두엽을 향상시킨다. SWAP는 "말하기(Speaking)와 글쓰기(Writing)를 하되 활발한 토론(Active Discussion)이나 다른 사람 앞에서 발표(Presentation)하듯 하라"는 뜻이 포함되어 있다. '이건 또 무슨 소리지?' 하는 이들도 있을 텐데 가령, 친구들과 잡담하는 것도 말하기(Speaking)이고, 진로나 특정 주제에 대해 토의하는 것도 말하기이다. 여기서 말하는 SWAP 활동은 후자를 의미한다. 글쓰기도 마찬가지다. 휴대전화 문자를 주고받는 것도 글쓰기(Writing)이고, 책이나 영화를 보고 감상문을 써보는 것도 글쓰기이다. 여기서도 내가 말하는 진정한 SWAP 활동은 후자를 말한다. 이제 TV 대신 눈을 감고 "나는 누구이고 무엇을 하려고 하는가?"라고 말하면 당신의 전두엽은 매우 좋아하면서 반드시 답변을 해준다. TV 대신 책상에 앉아서 내 머리를 정리하는 글쓰기를 하면 당신의 전두엽은 당신의 미래를 설계해 줄 것이다. 말하기(Speaking)와 알아듣기(Listening)를 담당하는 뇌 영역은 좌반구에 있는데, 알아듣는 센터는 측두엽에, 말하는 센터는 전두엽에 있다. 그래서 듣기는 주로 측두엽을 자극한다. 이에 비해 말하기는 주로 전두엽을 자극한다. 그러나 우리가 말을 할 때 자기가 하는 말을 바로바로 들어야 하므로, 말하기는 측두엽, 전두엽을 모두 향상시킨다. 여러 사람 앞에서 발표하는 상황을 생각해보라. 외워서 해야 하고, 논리적으로 말해야 하고, 청중의 반응을 살펴야 하고, 돌아가는 분위기를 고려하여 순발력까지 발휘해야 한다. 당연히 뇌 전체가 자극될 수밖에 없다. TV 앞에 멍하게 있는 것과는 비교할 수 없는 고급 활동이다.

이제 'TV보다는 SWAP하라'를 일상생활에 적용해보자. 예를 들어, 가족끼리 식사를 하는데 아무 생각 없이 TV를 틀어놓으면 가족의 눈길이 모두 TV에 가 있다. 그야말로 '후두엽형 가족'이다. 이에 비해 가족끼리 식사하면서 오늘 있었던 일을 정리하고, 각자의 꿈을 서로 격려하고, 주말 계획, 여행 계획 등 특정 주제에 대해 토론을 하면 전두엽형 가족이다.

③ 외국어를 배워라.

연구 결과에 따르면 모국어를 말할 때보다 외국어를 말할 때 활성화되는 뇌의 부위가 더 넓다고 한다. 모국어를 말할 때에는 왼쪽 뇌만 활성화되는 데 비해 외국어를 말할 때에는 오른쪽 뇌까지 활성화 된다고 한다. 그러므로 외국어로 말을 하거나 발표하는 것은 앞쪽뇌 발달에 많은 도움이 된다. 이는 아마도 모국어를 할 때보다 외국어로 말할 때, 후두엽/측두엽/두정엽에 저장되어 있는 단어를 검색하는 데 더 많은 노력이 필요하고, 단어와 단어를 조합하여 문장을 구성하는 능력 즉, 문법 능력이 더 많이 필요하기 때문일 것이다.

문법 능력은 전두엽에서 나온다. 학자들은 이런 사실을 환자들을 통해 알게 되었다. 신경과 환자 중 뇌혈관막힘에 의해 왼쪽 전두엽이 손상된 61세 남자분이 있었는데 혈관막힘 후 환자는 남의 말을 알아듣는 데는 문제가 없었으나, 자기의 생각을 표현하거나 남의 질문에 대답을 못 하게 되었다. 예를 들어, "무엇 때문에 이 병원에 오셨습니까?"라는 질문에 "3주…중풍…언어치료…"라고 간신히 대답하였다. 아마도 이 말은 "내가 3주 전에 중풍에 걸려서 말이 잘 안 나오고 그래서 언어치료를 받으러 왔다"는 말을 한 것이리라. 이런 환자들은 공통적으로 적절한 말을 찾지 못해 머뭇거림이 심하고 말이 끊긴다. 또 하나의 특징은 동사와 조사 없이 명사만으로 얘기하는 것이다. 학자들은 이런 환자들을 통하여 명사는 후두엽/측두엽/두정엽에, 동사는 전두엽에 저장된다는 것을 알아냈다. 그리고 명사와 동사를 조합하고 조사 등을 넣어서 문법에 맞게 문장을 꾸미는 뇌가 전두엽임을 알게 되었다. 위의 환자의 경우, 후두엽/측두엽/두정엽이 정상이므로 명사는 잘 저장되어 있다. 그러나 명사를 탐색하는 전두엽이 손상되어 있으므로 명사를 말하는 데 시간이 걸린다. 그리고 전두엽에 있는 동사는 소실되어 동사를 말하지 못하고 전두엽에 있는 문법기능도 상실하여 동사와 조사 등을 조합하여 문법에 맞게 문장을 구사할 수 없는 것이다.

한국어에 익숙한 사람이 영어로 말하는 장면을 떠올리면 이런 환자에 대해 공감할 수 있을 것이다. 위에 소개한 환자의 언어장애를 의학용어로는 실어증(또는 언어상실증)이라고 한다. 더 정확하게는 혀나 입술의 근육운동을 통해 말을 표현하는데 문제가 있으므로 '운동실어증'이라고 한다. 이에 비해 후두엽 / 측두엽 / 두정엽이 손상되어 남의 말을 못 알아들으면 '감각실어증'이라고 한다. 어느 신경과 의사도 맨 처음 외국에 공부하러 나갔을 때 외국 의사들이 자신에게 말을 걸면 주로 명사만이 머릿속에 떠오르고 그럴 듯한 동사가 떠오르지 않았다고 한다. 기껏 떠오르는 동사가 be동사나 do동사인데 그나마 동사변화도 바로바로 되지 않았다. 우리나라 중 · 고등학교 영어 교육의 문제점일까?

④ 남의 답을 보기 전에 내 답부터 찾자.

어려운 수학 문제 풀 때를 생각해보자. 문제를 가지고 잠깐 고민하다가 이내 답을 보는 사람은 수학을 못 하게 된다. 반대로 답을 보지 않고 끙끙대고 생각하며 푸는 사람은 수학을 잘하게 된다. 왜냐하면 답을 보지 않고 생각할 때 전두엽이 발달하기 때문이다. 마찬가지로 회사에서 새로운 아이디어가 필요한 상황에서 인터넷을 찾아보기 전에 먼저 자신에게 물어보아야 한다. '나는 어떻게 할 것인가?'라며 나의 새로운 아이디어를 생각하고 또 생각한 다음 남의 답을 참고 해야 한다. 인터넷을 뒤지거나 남의 답을 먼저 보게 되면 나의 고유한 생각은 남의 생각에 덮어쓰기가 되면서 성장하지 않는다. 당장 위대한 아이디어를 내라는 것이 아니다. 이런 과정을 거치다 보면 당신의 전두엽이 발전하면서 위대한 아이디어에 이른다는 것이다.

생활하면서 인생의 모든 갈림길에서 '나만의 답을 먼저 확보하는 태도'를 가져야 한다. 누구랑 놀까, 어떤 장난감을 살까, 어떤 책을 읽을까 같은 결정을 나 스스로 하고 결과를 책임지는 것이다. 그 결과가 잘못되어도 좋다. 어차피 우리는 실수를 통해 성장하므로 잘못된 것은 없다. 다만 결과를 받아들이고 다음에 더 나은 선택을 하면 된다. 이런 과정을 거치면 나중에 커서 대학 진학, 직장 선택, 배우자 선택, 결혼 후 자녀교육 방법 등 큰 결정도 잘하게 된다. '자기만의 고유한 답 확보'는 고집을 키우는 것이 아니다. 남의 충고를 듣는 태도는 중요하다. 다만 자기 답을 확보해보는 습관을 통해서 자기 나무를 키우는 경험을 하는 것이다.

(2) 행복한 뇌 만들기

① 후두엽 / 측두엽 / 두정엽을 자주 닫아라.

'후두엽 / 측두엽 / 두정엽을 닫는다'는 말은 눈을 감기, 명상, 사색, 기도, 조용한 곳 찾기를 말한다. 흔히 사람들은 명상은 아무것도 하지 않고 가만히 있는 것으로 여기고 쉬거나 시간을 낭비하는 것으로 생각한다. 그러나 이것은 잘못된 생각이다. 명상은 액티브한 활동이다. 명상을 많이 한 사람과 일반인을 비교한 결과 명상을 많이 한 사람들은 전두엽, 그중에서도 가운데가 두껍다. 명상이 정적이기만 했다면 나올 수 없는 결과이다. 후두엽 / 측두엽 / 두정엽을 닫고 무엇을 할 것인가? 내가 간절히 원하는 것을 찾아야 한다. 나는 작은 일을 반드시 마무리하고 있는가를 생각한다. 나는 무엇 때문에 태어났을까, 나는 무엇을 하려고 하는가를 생각한다. 나는 누구인가, 나의 색깔은 무엇인가를 생각한다. 진리는 무엇인가, 나에게 향기가 있는가, 나에게 아름다움이 있는가를 생각한다. 이런 생각을 하는 순간, 뇌전체가 리셋(Reset)된다. 회사에 비유를 하면 사장단이 '우리 회사는 어떤 회사이고 왜 존재하는가?'를 생각하는 것과 마찬가지이고, 결과에 따라 발전된 회사로 거듭날 수 있는 것이다. 이제 1년에 하루, 혹은 1주일에 한 시간이라도 떼서 조용한 공간으로 나가자. '나 잘 가고 있나? 이대로 살아도 되는가?'를 생각해야 한다. 왜 사람들이 좀처럼 변하지 못할까? '시간이 없어서일까?' 절대로 아니다. 틈만 나면 게임을 하거나 볼거리 억제못함증에 걸려 인터넷 및 TV 앞에 앉기 때문이다. 명상하지 않으면 간절함과 목마름은 생기지 않는다. 목마른 사람이 우물을 판다고 하지 않는가? 목마르지 않은 사람은 절대로 변하지 않는다. 인터넷이나 TV를 1주일 동안 보지 않는다고 해서 세상에서 절대로 뒤쳐지지 않는다. 그러나 간절함이나 목마름을 찾지 못하면 세상에서 뒤쳐진다. 또한 어려움이나 고난이 있을 때 후두엽 / 측두엽 / 두정엽이 강제로 닫힌다. 이때, 간절함과 목마름이 생긴다. 그러므로 어려움을 재수 없음으로 생각하지 말기 바란다. 오히려 변하고 성장할 수 있는 기회로 삼아야 한다.

② 내 마음을 모니터링하라.

정신과 의사들에 의하면 전두엽이 손상된 환자들은 '외부자극에 들러붙는 현상'을 보인다. 쓸데없이 주위 물체를 만져보고 사용한다. 병원 복도를 걸어갈 때 남의 병실을 반드시 한 번씩 들여다보고 간다. 그런가 하면 거리를 다닐 때 간판을 소리 내어 읽거나 지하철이 역에 설 때마다 역이름을 소리 내어 읽는다. 엘리베이터에서 다른 사람이 내리면 같이 내리거나, 지하철에서 보호자가 한눈파는 사이에 남들이 내릴 때 갑자기 내려서 보호자를 애태우기도 한다.

이와 같이 전두엽이 손상되면 외부자극에 지나치게 휘둘려 외부자극에 놀아나는 것처럼 보인다. **'외부자극'**이라 함은 **'나 아닌 것'**을 말한다. 이런 맥락에서 전두엽에 이상이 있는 환자들은 나를 관찰하거나 나를 모니터링하는 능력이 정상인에 비해 떨어진다. 정상인들은 자기가 실수를 했거나 다른 사람보다 열등하다고 느꼈을 때, 부끄러워하며 얼굴을 붉히기도 한다. 자기감시(self-monitoring) 또는 자기의식(self-consciousness)이 작동하고 있기 때문이다. 그러나 전두엽이 손상된 환자들은 자기모니터링 기능이 떨어지므로 이런 수치심을 느끼지 못한다.

앞쪽형 인간의 저자인 나덕렬 교수는 다음과 같이 말한다.

> "나는 특히 다음과 같은 상황에서 더 많이 나를 들여다본다. 먼저 남과 부딪쳤을 때다. 나는 싸움을 하는 적이 거의 없다. 사실은 싸움을 잘 못 하기 때문이다. 겁이 많고 두려움이 많아서 논쟁조차 잘 못 한다. 싸움은 나쁘다는 편견 때문이기도 하다. 그러나 지금은 싸움이 반드시 나쁘다고 생각하지 않는다. 싸움도 싸움 나름이다. 문제를 해결하기 위한 싸움이라면 건설적일 수 있다. 어쨌든 나는 논쟁을 할 때 감정이 실리거나 누구와의 관계에서 껄끄러운 느낌이 들거나 불편한 생각을 하게 될 때, 이것을 덮어두지 않고 내 마음의 모든 층을 관찰한다. 마음의 표층뿐 아니라 심층까지 바라본다. 감정의 표층에서는 화가 나 있지만 심층을 들어가 보면 불안과 두려움이 원인이었음을 깨닫는다. 원인을 찾고 나면 꼬인 실타래의 매듭을 찾아 푼 것 같은 희열을 느낀다. 내 소리굽쇠의 울림은 비단 사람과의 관계에만 국한

되지 않는다. 아이들은 기분이 좋을 때에는 인형에게 잘해 주다가 화가 나면 인형을 발로 찬다. 인형은 변하지 않았고 아이에게 아무것도 하지 않았지만 아이는 인형이 자신을 화나게 했다고 믿는다."

그러므로 주위 자극, 사소한 사건, TV 뉴스, 드라마, 노래 가사, 책, 영화에 자기 감정이 실리면 얼른 자기 마음을 '들여다봐야' 한다. 이것이 전두엽을 발달시키는 지름길이요, 첫걸음이다.

③ "나는 무엇을 하려고 하는가?"라고 자신에게 물어보라.

신경세포와 뇌는 곧잘 전깃줄과 컴퓨터로 비유된다. 뇌활동을 이미지화할 수 있다면 이 세포에서 저 세포로 흐르는 전기가 번쩍번쩍할 것이다.

나는 누구인가? 나는 무엇을 하려고 하는가? 나는 무엇을 하려고 태어났는가? 이런 질문을 하는 순간 전두엽은 전기가 번쩍번쩍할 정도로 아주 강하게 활성화된다. 우리는 스스로에게 '나는 무엇을 하려고 하는가?', '내 자존심을 지키기 위해 태어났는가?', '내가 옳음을 증명하기 위해, 내가 더 잘났음을 증명하기 위해 태어났는가?'를 끊임없이 물어보아야 한다.

이런 질문을 통해 목표가 분명해진다. 자기가 가야 할 길과 방향을 알고 있으므로 참을성도 생기고, 큰 목표를 위해서라면 자기 자존심도 쉽게 접을 수 있게 된다. 자기 갈 길이 바쁘기 때문에 시기심이 생길 새도 없다. 남이 잘 되었을 때 함께 기뻐할 수 있게 되고, 남이 가슴 아픈 일이 있을 때 함께 가슴 아파할 수 있다.

"나는 무엇을 하려고 하는가?" 이 질문에 정답이 있을까? 없다. 대신 답은 무수히 많다. 그리고 '답'은 끊임없이 바뀐다. 그러나 한 가지 분명한 것은, '나는 무엇을 하려고 하는가?'라는 질문을 끊임없이 하는 사람과 하지 않은 사람은 다른 길을 가게 된다는 것이다.

"또한 나는 무엇을 하려고 하는가?"라는 질문은 전두엽으로 하여금 뇌 전체를 리셋(reset)하게 한다.

④ 사람을 소중하게 여겨라.

창조주는 사람들끼리 조화롭게 살아갈 수 있는 사회 기능을 전두엽에 심어놓았다. 그래서 전두엽의 사회센터가 손상되면 남들과 좌충우돌하거나 배려하는 마음이 없어지면서 이기적이게 된다. 더구나 충동 조절센터와 사회센터는 같은 곳에 있기 때문에, 충동 조절을 못하고 화를 많이 내면서 주위 사람을 못살게 군다. 전두엽이 손상된 환자 중 어떤 환자는 아예 사람에 관심이 없어지고 대신 물건에 집착한다. 희한한 색깔을 가진 물건이나 남들이 버린 물건에 집착해 길거리에서 물건을 주워오는 환자도 있다. 즉, 차원이 한 단계 떨어진 사람처럼 보인다. 사회센터를 키우는 방법은 주위 사람을 귀하게 여기기를 반복하는 것이다. 아프리카 사람을 불쌍하게 여기기보다는 일상생활에서 만나는 사람들에게 집중하자. 식구들, 직장 동료들, 아파트 주차장에서 만난 요구르트 아줌마, 경비 아저씨를 귀하게 여겨야 한다. 사람들끼리 조화를 이루면서 나누고 도우면 풍요가 뒤따른다. 반대로 풍요를 얻기 위해 사람을 무시하면 결국 풍요를 잃게 된다. 예를 들어, 어떤 사장이 사원들을 '언제라도 갈아끼울 수 있는 부품'으로 생각한다면 풍요를 잃게 되고, 본인의 전두엽도 약해지면서 서열이 밀려나고 성공하지 못하게 되고, 행복과 멀어지는 삶을 살게 된다. '튼튼한 전두엽 = 높아지는 서열 = 성공 = 행복'이라는 것을 잊지 말자.

⑤ 자신을 조절하는 뿌리 깊은 나무 같은 사람이 되어라.

절제, 조절, 인내는 전두엽에서 나온다. 절제를 잘하는 사람, 조절을 잘하는 사람은 믿음직하다. 항상성이 있고 안정적이다. 반대로 절제와 인내를 하지 못하는 사람은 예측 불허의 행동을 보여서 주위 사람을 불안하게 만든다. 예를 들어 별것 아닌 일에 예상치 못하게 화를 내거나, 계획되지 않은 과다한 지출을 한다. 항상성과 안정성이 얼마나 중요한지는 우주로부터 배울 수 있다. 우주는 우리에게 항상성과 안정감을 제공한다. 즉, 일정한 자전주기와 공전주기를 가지고 있다. 그래서 매일 해가 뜨고 지고, 어김없이 사계절이 오도록 한다. 한편 그 안정감과 항상성 바탕 위에 변화를 주어 우리를 재미있게 한다. 즉, 해가 일찍 뜰 때가 있고 늦게 뜰 때가 있다. 사계절이라는 큰 틀이 있으면서도 날씨가 수시로 바뀌어 우리를 지루하지 않게 한다. 결론적으로 항상성에 기초한 변화는 사람들에게 재미를 불러일으키지만, 항상성 자체가 변하면(자전, 공전주기가 변하면) 대혼란을 불러일으킨다. 사람도 마찬가지다. 안정적이고 믿음직한 사람이 변화를 추구할 때 멋진 사람이 된다. 반대로 안정성 없이 변화를 추구하는 사람은 일의 앞뒤가 맞지 않고, 체계가 없고 혼란만을 야기한다. 자기가 어디로 가는지 모른다. 마찬가지 이유로, 변화무쌍한 사람이 창조적인 일을 해낼 가능성보다 인내와 끈기를 가지고 집요하게 파고드는 사람이 변화를 추구할 때 창조적인 일을 해낼 가능성이 더 많다. 어느 교수님은 연구원, 랩 식구, 전공의를 선발할 때 꼭 학부 성적을 챙겨 본다고 한다. 인생은 학교 성적표대로 풀리지 않는다는 것을 믿으면서도 성적을 참고하는 이유는 성적이 좋다는 것은 그 사람의 인내심, 안정성, 성실성, 믿음직한 면을 보여주기 때문이라고 한다. 짧은 면접시간 안에 이런 면을 평가할 방법이 없기 때문에 성적을 참고하는 것이다. 같은 이유로 군복무를 마친 사람을 선호하고 술, 담배, 지나친 커피, 식탐 등을 조절할 수 있는 사람, 화를 낼 수 있으나 화를 한없이 내지 않을 수 있는 사람, 큰 목적을 위해 사소한 감정 건드림을 참을 수 있는 사람도 좋은 기회를 가질 수 있을 것이다. 큰 사람이 되기를 간절히 원한다면, 휴식처를 제공하는 큰 나무 같은 사람을 추구한다면, 자신도 행복하고 주위 사람도 행복해진다.

활동하기

나는 나의 뇌를 어떻게 사용하고 있는지를 '실력있는 사람이 되기(똑똑한 뇌 만들기)'와 '향기나는 사람이 되기(행복한 뇌 만들기)'의 내용과 연결하여 생각을 작성하고 나누어 보자.

1) 똑똑한 뇌 만들기

방법	나의 생활양식
꿈과 목표찾기	
선공부 후놀이, 즉 즐거운 계획을 세움으로써 동기센터를 흥분시키기	
운동을 하여 동기센터를 활성화하고 실행의지를 증진시키기	
작은 일부터 반드시 마무리하기	
SWAP로 앞쪽뇌 키우기	
외국어 배우기	
남의 답을 보기 전에 자신의 답을 먼저 찾기	

2) 행복한 뇌 만들기

방법	나의 생활양식
뒤쪽뇌를 닫기	
내 마음을 모니터링하기	
"나는 무엇을 하려고 하는가?"라고 자신에게 물어보기	
사람을 소중하게 여기기	
절제와 조절과 인내를 실천함으로써 흔들리지 않는 사람이 되기	

3. 뇌의 특성과 리더십 요인

인간 두뇌의 특성과 이 책 각 장에 제시된 리더십 요인에 대하여 알아보자.

1) 뇌는 네트워크 즉, 사회적 존재이다.

인간의 뇌 자체가 관계 지향적이다. 타인과 경쟁의 관계가 아니라 협력과 상생을 위한 관계를 가질 때 평안하고 안전감과 만족감을 느낀다. 인간을 사회적 동물이라 하는 것은 뇌가 사회적 존재이기 때문이다. 행복과 성공에서 중요한 요인이 다른 인간과의 관계이다. 또한 뇌는 다른 사람의 뇌와 협력할 때 더 잘 학습한다(Jensen, 1998; Kovalik & Olsen, 1994). 뇌는 다른 이와 상호작용 하는 가운데 발달하는데, 협력체계는 새로운 개념을 이해하고 적용하는 데 도움이 된다. 즉, 이러한 과정을 통해 학습의 효과가 증폭된다. 학습자는 정서와 감정을 교환하며, 토의하고 공동으로 문제를 해결하는 가운데 학습의 질이 향상된다. 이와 같이 학습은 개인적인 과정이 아니라 상호작용을 통해 더욱 강화된다(정혜선, 2003). 뇌가 다른 뇌(사람)들과 함께 상호작용할 때에 더욱 발달되는 이유로 언어능력 및 의사소통능력 향상을 위한 학습전략이 필요하며 협동학습, 공동체중심 학습을 고려할 필요가 있다.

이러한 뇌의 동작방식은 **[승-승의 인간관계]**, **[通하는 커뮤니케이션]**에 적용되어 있다.

2) 뇌는 평생 탐구자이다.

뇌는 잠시도 쉬지 않고 외부 정보를 탐색하고 내면의 정보와 연결하는 즉, 탐구자로서의 활동을 하고 있다. 인간은 순간순간 편안함에 젖어들 수도 있겠으나 이런 시간이 지속되면 삶에 대한 의문과 함께 무언가 유의미한 것을 찾아내게 된다. 왜냐하면 스스로 학습하며 성장할 때, 안전감과 만족감을 느끼는 존재이기 때문이다.

뇌는 사용할수록 강화되고 사용하지 않으면 기능이 퇴화된다.

이러한 뇌의 동작방식은 [**행복한 성공을 위한 습관**]에 적용되어 있다.

3) 보이지 않는 것이 보이는 것을 지배한다.

손으로 무엇을 할 것인지 결정하는 것은 생각이다. 손으로 사람을 때릴 수도 있고, 도울 수도 있다. 보이지 않는 생각이 보이는 손을 지배하는 것이다. 자신이 어떤 사람인지에 대한 생각이 어떤 사람으로 행동하게 하는 것이다. 이것이 신념의 법칙이다.

자신이 믿는 대로 된다는 것과 관련하여 플라시보 효과와 노시보 효과가 있다. 플라시보 효과는 좋아질 것이라는 기대감으로 긍정적 효과를 발휘한다는 의미이다. 예를 들어 의사가 비타민 C를 진통제라고 주사하면 실제로 통증이 멈춘다. 노시보 효과는 플라시보의 반대개념으로 나빠질 것이라는 기대감 때문에 몸이 나빠지게 된다. 예를 들어, 정상적인 우유를 마시게 한 다음 우유가 이상하다고 하면 몸에 이상이 생긴다. 그래서 자기 자신에게 긍정적인 정체성을 갖게 해 주어야 한다. 뇌는 내가 믿는 대로 실현한다. 긍정과 행복도 선택하고 연습, 훈련을 통해 습관화 할 수 있다. 꿈, 자신감, 열정이 있으면 뇌는 무한한 능력을 발휘한다. 게다가 다른 사람을 이롭게 하고자 하는 정신을 가지고, 그 마음을 쓸 때 우리 뇌는 행복하고 즐거울 수 있도록 설계되어 있다. 하루야마 시게오 박사의 『뇌내혁명』에 보면, 남을 유익하게 하고자 하는 마음을 가질 때 나오는 호르몬은 제한 없이 분비된다고 한다. 이에 하루야마 시게오 박사는 '신은 인간으로 하여금 남을 돕고 사랑하는 기쁨을 추구하도록 계시를 내리는 것 같다'고 하였다.

이러한 뇌의 동작방식은 **[긍정적 정서와 자신감]**, **[비전과 목표설정]**에 적용되어 있다.

4) 뇌는 가치(의미)를 추구하는 존재이다.

뇌는 본능적이고 지속적으로 의미를 추구한다(Caine & Caine, 1994; Ellingsen, 1989; Jensen, 1998; Kovalik & Olsen,1994). 뇌가 의미를 추구하는 것은 생존하고자 하는 동물적 본능과 직결되는데, 어느 누군가에게 자신의 존재가 의미를 줄 수 있다면 자신을 지키는 데 더 유리하지 않겠는가? 뇌는 익숙한 정보와 새로운 자극을 동시에 추구하는데, 익숙한 정보를 뇌에 자동적으로 등록하는 동시에, 새로운 자극을 탐색하고 이에 반응한다(O'Keefe & Nadel, 1978). 의미를 추구하는 것은 생존에 필수적인데, 뇌는 유용하다고 생각하는 것을 찾고 이를 중심으로 학습하며 자신의 경험에 의미를 부여하며 끊임없이 새로운 자극을 추구한다. 뇌는 무의미한 정보나 관련이 없는 자료는 쉽게 잊어버린다. 뇌는 본능적으로 의미를 추구하기 때문에 학습에서 필요한 것은 정보가 아니라 의미이다.

뇌는 유형화, 정서, 관련성이라는 세 가지 방법을 통해 의미를 추구한다.

학습은 유형화를 통해 이루어지는데(Caine & Caine, 1994), 유형화란 기존의 정보와 새로운 정보 사이의 유사점과 차이점을 범주화하는 작업이다. 인간의 뇌는 새로운 자극을 자신만의 유일하고 창의적인 방법으로 유형화함으로써 이를 인식하고 이해한다. 유형화를 통해 이루어지는 뇌의 기본적인 인지원리를 주지할 때, 무의미해 보이거나 관련이 없어 보이는 정보가 어떻게 뇌에서 통합되는지 파악할 수 있다.

모든 뇌는 독특하다. 각 개인의 뇌는 독특하다(Caine & Caine, 1994; Jensen, 1998). 인간은 모두 같은 구조의 감각체계, 정서체계를 갖고 있으나, 학습자는 개인마다 다른 두뇌구조와 뇌의 크기를 지닌다. 뇌의 크기, 뉴런이 연결되는 방식의 유전적인 뇌의 특성뿐 아니라 지능, 개인의 외적 경험 및 내적 경험에 따라 신경사(神經史)가 다르며 이에 따른 인지양식 및 학습양식 등 모든 뇌는 저마다 고유한 프로파일을 갖는다.

뇌는 물리적, 신경 조직, 신체화학적 반응, 발달 정도에 차이가 생기기 마련이다. 개인의 뇌는 40~60% 이상이 유전적 요소에 의해 결정되며 뇌의 특징, 개인의 성격, 학습 유형 등은 출생 시에 정해지며, 이에 맞추어 새로운 변화에 적응하게 된다(Jensen, 1998). 이러한 이유에서 자신만의 독특한 생활양식, 가치체계, 유의미한 것을 발견해야 한다.

이러한 뇌의 동작방식은 **[나의발견 – 현재의 나]**, **[비전과 목표설정]**에 적용되어 있다.

5) 뇌는 목적 지향적 존재이다.

동물(動物)은 움직이는 종류의 생명체이다. 움직이기 위해서는 방향성이 있어야 한다. 방향성을 가능하게 하는 뇌의 중요한 기능이 예측기능이다. 목적지향적 행동을 하기 위해 판단을 해야 하는데 판단을 할 때 필요한 것이 감정과 정보이다. 인간이 하는 모든 행동에 목적이 있다. 눈 깜빡임도, 손가락 하나를 까딱하는 것도, 고개를 돌리는 것도 입을 씰룩거리는 움직임조차도 목적이 있다. 거꾸로 목적이 없다면 움직이지 않는다. 이것은 동물의 존재 방식 자체이다.

목적은 방향성을 의미하며, 미래지향적임을 의미한다. 이러한 이유로 올바른 꿈, 비전, 목표를 가지라고 주장한다. 동물은 목적이 없을 때 활동해야 할 동기가 사라지고, 에너지가 부족한 상태 즉, 무기력한 상태에 빠진다.

이러한 뇌의 동작방식은 **[비전과 목표설정]**에 적용되어 있다.

6) 인간의 뇌는 쾌한 경험을 반복하려 하고, 불쾌한 경험을 회피하려 한다.

정서는 외부세계와 인지활동의 접점이다. 또한 정서는 학습의 파수꾼이므로, 정서는 학습을 좌우하는 중요한 요소이다(Caine & Caine, 1994; Jensen, 1998; Kovalik & Olsen, 1994).

정서는 뇌의 화학물질인 신경전달물질과 호르몬의 작용(LeDoux, 1996)이다. 기뻡과 만족의 정서와 관련된 신경전달물질(Greenfield, 2000)에는 도파민(dopamine), 엔돌핀(endorphine), 세로토닌(serotonin)이 있다. 쾌감의 정서를 불러일으키는 도파민은 학습에 있어 인간 행동을 강화하는 데 중요한 역할(Berns, 2005)을 한다. 뇌의 신경전달물질은 뇌의 여러 기관에 영향을 미치며 감정을 유발해서 기대 행동의 비율을 높이기도 하고 낮추기도 하는 등 학습의 전반적인 사항에 영향을 미치는 것을 알 수 있다.

자신이 좋아하는 일, 즐거운 정서를 흥분시키는 자극을 받으면 쾌의 정서를 유발하는 신경전달물질 도파민이 뇌간과 시상하부의 곳곳에서 분출된다. 분출된 도파민은 뇌의 여러 부위에 작용함으로써 긍정적인 정서를 만들어 내고 뇌는 쾌의 흥분 상태를 유지하기 위해 계속해서 신경전달물질을 분비한다. 이러한 과정에서 신경전달물질의 분비가 최고조에 이른 상태, 신경세포들 간의 정보전달이 매우 효과적으로 나타나게 되는 것이 몰입(flow) 상태이다(이희재 역, 1999).

이러한 뇌의 동작방식은 **[모든 장의 내용]**에 적용되어 있다.

7) 뇌는 기능적으로 조직화되어 있다.

뇌를 물리적으로 구분할 수도 있지만, 활동으로 구분한다면 개인적 뇌와 사회적 뇌로 구분할 수 있다. 개인적 뇌는 한 개체 안에서 이루어지는 뇌의 활동이며, 사회적 뇌는 다른 개체와 변화를 탐지하고 대응책을 공유하는 활동으로 의사소통 과정을 통해 얻어지는 산물(이정모, 2003)이다. 이를 다시 정서적 뇌, 실행적 뇌,

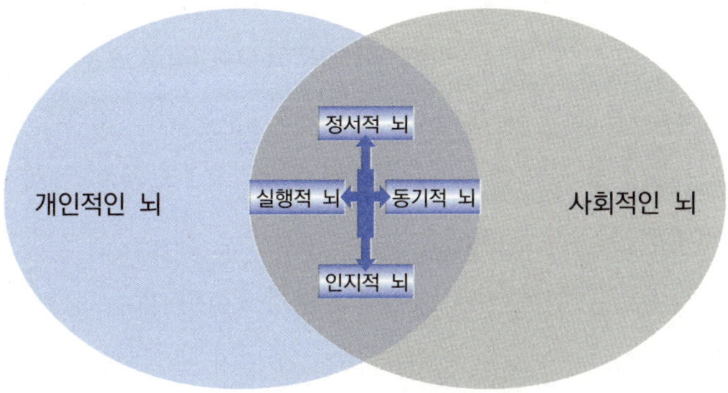

[그림 1-6] 뇌의 기능적 구조

동기적 뇌, 인지적 뇌로 구분하면 [그림 1-6]과 같다.

실행적 뇌의 가장 중요한 기능은 메타인지적 기능으로 정서적 뇌와 동기적 뇌, 그리고 인지적 뇌로부터 정보를 수합하여 정보처리 과정을 하며 크게 세 가지로 나누어 볼 수 있다.

① 계획(planning)하기

② 모니터링하기

③ 평가(evaluation) 하는 자기조절(self-regulation) 기능하기

이 기능은 실천력을 결정짓는다.

이러한 뇌의 동작방식은 **[성취하는 시간관리]**에 적용되어 있다.

8) 뇌는 자유롭게 생각하고 새로움을 추구한다.

뇌는 풍부한 환경에서 잘 작동하는 복잡한 병렬처리시스템(parallel processor)이므로 집중적인 것과 주변적인 것, 부분과 전체를 동시에 처리(Caine & Caine, 1994)한다. 또한 정보를 조직화하는 데 뇌의 일부분과 전체를 동시에 사용하는데 정보를 부분적으로 세분화하는 동시에, 전체적으로 통합 인지하기도 한다.

청각, 시각, 미각, 후각의 감각기관을 통한 정보수용과 사고, 감정, 상상 등이 동시에 이루어지며, 또한 뇌는 적응 시스템이기 때문에 변화에 대처하는 능력이 뛰어나다.

또한 뇌는 좌반구와 우반구가 하는 역할이 다르다(Springer & Deutch, 1985). 건강한 사람은 언어·수학문제를 다루든 음악·예술 분야를 다루든 상관없이 양반구를 지속적으로 사용한다. 인간의 뇌는 모든 자극을 부호화하고, 연합하며, 상징화한다. 그리고 이들을 복잡한 의미로 포장한다. 결국 뇌는 학습을 촉진하기 위해 주변적인 정보를 의도적으로 활용할 수도 있다. 이러한 특성은 창의성이며 '유기체 뇌 안에서 신경망이 기존의 연결과는 다른 유형으로 재구성됨으로써, 문제해결이나 창조를 위한 새로운 아이디어 생성을 이루는 성향 또는 능력'이라고 정의할 수 있다(조주연, 2001). 창의성은 뇌의 전반적 부분이 관여하는 낮은 각성상태에서 잘 발휘된다. 즉, 특정 사고에 대한 집착을 버리거나 휴식을 취할 때 새로운 사고가

나타난다(박만상, 1992).

창의성은 전뇌 사고작용 특성의 조화로운 사용의 결과이다. 뇌는 크게 좌반구와 우반구로 나누어지는데, 이렇게 나누어진 뇌는 두 가지 사고방식의 특성을 나타낸다. 좌반구는 논리적, 외현적, 언어적, 계열적, 직선적 정보처리를 하며, 수렴적이고 수직적이며 분석적인 사고를 한다. 또한 추상적인 것과, 지시적인 것, 심도 깊은 전문성에 관여한다. 이러한 좌반구적 사고의 특징을 디지털식 사고방식이라고 한다. 반면에 우반구는 직관적, 묵시적, 시·공간적, 동시적 정보처리를 하며, 다면적이고 입체적인 사고를 한다. 또한 암시적인 것에 관여하는데, 이러한 우반구적 사고의 특징을 아날로그적 사고방식이라고 한다(고영희·조주연, 1995).

인간에게 정상적인 뇌가 있고, 뇌가 잘 작동한다는 것은 곧 창의적이라는 의미이다. 모든 뇌는 독특하다는 사실을 기억하는가?

이러한 뇌의 동작방식은 **[창의적 문제해결력]**에 적용되어 있다.

이 책의 전체 내용을 요약하면 "너의 뇌를 알라"라는 것이다.

"너 자신을 알라"라는 소크라테스의 말을 "너의 뇌를 알라"로 바꿀 수 있다. 뇌에 관해 아는 것이 별로 없었기 때문에 최근까지 이런 일은 불가능했다. 또한 뇌에 관한 지식은 우리의 생활과는 관계없는 것처럼 여겨졌다. 그러나 과거 20년 동안에 밝혀진 뇌에 관한 지식은 지난 200년 동안에 이루어진 지식을 훨씬 능가한다. 뇌 연구학자의 70% 이상이 현재 생존하고 있을 정도로 뇌 연구는 최근에 들어와서 급속한 발전을 하는 신생학문이다. 인간이 도전해야 하는 미래과학연구의 마지막 프론티어가 되고 있는 것이다. 우리들은 사고, 감정, 기억, 인식, 마음의 표현, 공부 등과 같은 친숙한 과정들이 뇌 없이는 결코 일어날 수 없다는 사실을 인식하게 되었다. 뇌는 인간 실체를 표현하는 유일한 기관이며 모든 창조물들은 뇌에 의해서만 정체성을 나타낼 수 있다. 뇌는 창조물과 창조물, 인간과 인간에 따라 다르다. 뇌의 차이에 의해서 지능, 이성, 적성, 감성 등이 다르다. 즉 '나는 뇌이며 뇌가 나'인 것이다. 또한 '뇌가 공부하는 주체'이다.

아인슈타인이 조기교육을 받았다면 둔재가 되었을 것이라고들 한다. 20세기 최대의 천재인 아인슈타인은 '과학의 천재', '두정엽의 천재'라 불리고 있다. 입체 공간적·과학적 사고 기능을 하는 두정엽(마루엽)이 보통사람보다 15% 이상 크고 잘 발달되어 있기 때문이다. 3살 때 처음 말문을 연 아인슈타인이 우리나라에서 강제적으로 조기 교육을 받았다면 범재나 둔재로 전략하여 인생의 낙오자가 되었을지도 모른다.

우리도 모두 현재의 내가 아닌, 무한한 가능성이 있는 존재인 나를 믿고 기대해 주자.

이 책은 각 장별로 다음과 같이 일관성 있는 방식으로 제시되었다.

- **성장하는 습관의 리더십은 기본적으로 다음과 같은 패러다임을 유지한다.**
- 습관변화의 원칙: 생각→감정→행동→자동화
- 용불용설 즉, 쓸수록 강화되고 사용하지 않으면 소멸된다.
- 인간은 의미 있는 삶을 원한다.
- 나의 생각이 곧 나 자신이다.

대부분의 습관은 무의식적으로 형성되었지만 새로운 습관을 만드는 것은 의식적인 활동이며, 습관형성 모델은 'Why→What→How'의 단계를 거친다.

Why는 왜 이러한 습관이 필요한지에 대한 이유를 찾는 감정변화 단계이다.

What은 이러한 습관의 필요성, 관련한 내용과 관련한 지식을 다룬다.

How는 어떻게 이러한 습관화를 만들게 될지에 대한 방법론을 다룬다. 많은 경우에 What과 How는 함께 제시된다. 그러나 각자 자신의 내면 성찰을 할 때에는 [그림 1-7]의 세 단계를 제대로 따라해 보기를 권한다.

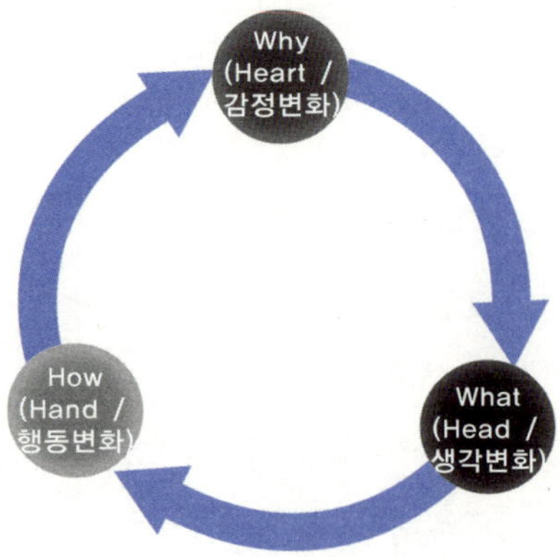

[그림 1-7] 습관 형성 모델

Why 단계에서 적용되는 변화 모델은 7Habits의 See-Do-Get 모델을 인용하였다. 인간행동의 원칙 중 "보이지 않는 것이 보이는 것을 결정한다"에 따라 한 인간이 See 즉, 보는 시각이나 생각에 따라 Do 즉, 하는 행동이나 감정과 말이 결정되고 결국 이러한 것들은 Get 즉, 얻는 결과를 결정하게 된다는 것이다.

예를 들어 보자.

어떤 사람이 자신에 대하여

- See: "나는 소극적인 사람이야"
- Do: 앞에 나서는 것과 새로운 도전을 꺼리게 된다.
- Get: 도전하여 얻을 수 있는 것이 없다.

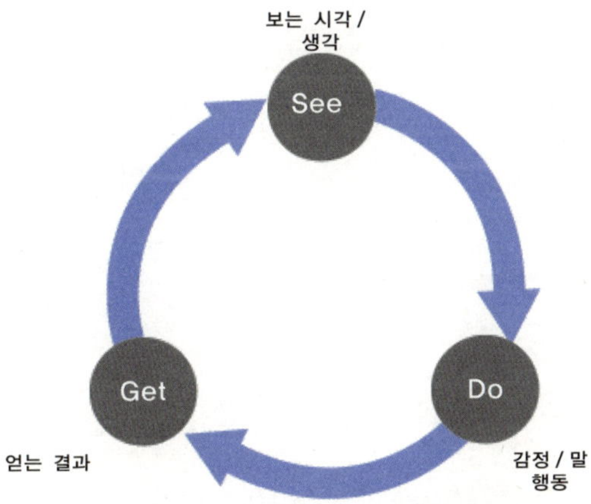

[그림 1-8] See-Do-Get 모델

모든 결과와 행동의 원인이 되는 See(보는 시각과 생각)를 편의상 두 가지 유형으로 구분하여 제시하고 이를 바탕으로 토의하여 결과를 예상해 보도록 하였다.

- See(보는 시각이나 생각)의 두 가지 유형

A type: angry type, 분노, 화, 우울, 부정이 주 감정인 유형
타인과 비교, 힘의 논리, 자칼식 사고방식, 관계 단절

B type: 평안, 긍정, 신뢰, 기쁨이 주 감정인 유형
타인과 공유 및 연결, 의미, 기린식 사고방식, 관계 연결

이러한 두 가지 시각을 제시하면 이러한 시각에 대한 Do(행동)와 Get(결과)에 대하여 먼저 토의해 본 후 주제별 내용을 학습하면 된다.

	A type	B type
See	인간은 변화하지 않는다.	인간은 자신이 원하는 방향으로 변화할 수 있다.
Do		
Get		

내용요약

1. 뇌의 동작 원리는 평생동안 변화하며 몸과 마음은 하나의 시스템으로 작용하며, 뇌는 자신이 믿는 대로 정보를 처리한다.

2. 똑똑하면서도 행복한 뇌가 되는 생활습관이 있다.
   - 인간의 언어, 기억, 사고력을 담당하는 대뇌피질은 성인이 될 때까지 꾸준히 성숙을 거듭한다. 대뇌피질은 후두엽 / 측두엽 / 두정엽의 뒤쪽뇌 부분이 먼저 발달되고 전두엽인 앞쪽뇌 순으로 발달하며 30대 초반까지 진행된다. 어린이 뇌와 어른 뇌의 가장 큰 차이는 어른 뇌는 전두엽의 발달이 멈추었고 어린이 뇌는 전두엽의 발달이 계속 진행중이라는 것이다.
   - 전두엽의 기능은 첫째, 충동억제센터로 이곳이 손상되면 충동을 조절하지 못한다. 둘째, 동기센터로 이곳이 손상되면 무엇을 하려는 의욕이 없어진다. 셋째, 기획센터 또는 독창센터로 이곳이 손상되면 판단력이 떨어지고, 우유부단하며, 계획을 세우지 못하고 새로운 생각을 하지 못한다.
   - 실력있는 사람이 된다는 것은 똑똑한 뇌를 만든다는 것이며 앞쪽뇌의 동기센터와 기획센터를 활성화해야 한다.
   - 동기센터를 활성화하는 방법으로는 첫째, 꿈과 목표찾기, 둘째, 선공부 후놀이 즉 즐거운 계획을 세움으로써 동기센터를 흥분시키기, 셋째, 운동을 하여 동기센터를 활성화하고 실행의지를 증진시키기가 있다.
   - 기획센터를 활성화하는 방법으로는 첫째, 작은 일부터 반드시 마무리하기, 둘째, SWAP로 앞쪽뇌 키우기, 셋째, 외국어 배우기, 넷째, 남의 답을 보기 전에 자신의 답을 먼저 찾기가 있다.
   - 행복한 사람이 된다는 것은 후두엽 / 측두엽 / 두정엽을 닫기, 내 마음을 모니터링하기, "나는 무엇을 하려고 하는가?"라고 자신에게 물어보기, 사람을 소중하게 여기기, 절제와 조절과 인내를 실천함으로써 자기를 조절하는 사람이 되기 등의 방법이 있다.

3. 뇌의 특성은 다음과 같다.
   - 뇌는 N / W, 사회적 존재이다.
   - 뇌는 평생 탐구자이다.
   - 보이지 않는 것이 보이는 것을 지배한다.
   - 뇌는 가치(의미)를 추구하는 존재이다.
   - 뇌는 목적 지향적 존재이다.
   - 인간의 뇌는 유쾌한 경험에 접근하려 하고, 불쾌한 경험을 회피하려 한다.
   - 뇌는 기능적으로 조직화되어 있다.
   - 뇌는 자유롭게 생각하고 새로움을 추구한다.

4. 행동 변화 패러다임은 See-Do-Get 즉, 보는 시각 / 생각, 감정 / 말 / 행동, 얻는 결과이다. 그리고 보는 시각 / 생각은 A type과 B type으로 크게 구분하여 제시한다.

개인활동 과제

인간의 행동을 이해하기 위하여 See-Do-Get 모델에 적용하여 생각해 볼 수 있다. 그리고 See는 패러다임이라고도 할 수 있는데, 패러다임은 자아관을 포함한 인간관, 행복관, 세계관으로 구분할 수 있다.

- 자아관은 나는 나를 어떻게 생각하는가?
- 인간관은 나는 인간의 속성을 어떻게 생각하는가?
- 행복관은 나는 어떤 조건이 갖추어지면 행복할 것이라 생각하는가?
- 세계관은 나는 이 세상을 움직이는 힘이 무엇이라 생각하는가?의 질문으로 생각해 볼 수 있다. 이러한 질문들에 답하는 것이 See이며, 이러한 생각에 따라 어떻게 행동하는지는 Do가 되며 그 행동들로 인해 얻게 되는 결과를 생각해 볼 수 있다.

개인적으로 자아관, 인간관, 행복관, 세계관에 대한 자신의 See를 나열해 보고 그에 따른 자신의 Do를 상상하여 작성해 보자.

행동 이해 모델

See / 생각, 패러다임		Do / 감정, 말, 행동	Get / 얻는 결과
자아관	나는 나를 어떻게 생각하는가?	• • • • •	
인간관	나는 인간의 속성을 어떻게 생각하는가?	• • • • •	
행복관	나는 어떤 조건이 갖추어지면 행복할 것이라 생각하는가?	• • • • •	
세계관	나는 이 세상을 움직이는 힘이 무엇이라 생각하는가?	• • • • •	

참고문헌

박만상(1992). 정신생물학. 서울: 지식산업사.

이정모(2003). 심리학에서 보는 인간의 뇌와 마음. 한국 심리학회 심포지엄 자료집. 3-41.

이희재 역(1999). 몰입의 즐거움. 서울: 해냄.

정혜선(2003). 과학 교육을 위한 뇌기반 학습 프로그램. 제1회 뇌기반 학습과학 심포지엄 자료집. 117-126.

조주연(2001). 뇌과학에 기초한 창의성 교육의 원리와 방향. 서울교육대학교 학생생활연구. 27. 115-141.

Berns, G.(2005). *Satisfaction: The science of finding true fulfillment*. New York: Henry Holt and Company.

Caine, G., & Caine, R, N.(1994). *Making connections: Teaching and the human brain*. NJ: Dale Seymour Publication.

Ellingsgen, R.(1989). *Classroom of the twenty-first century*. Sdoan, AZ: Books for Educators.

Greenfield, S.(2000). *Brain Story: Unlocking our inner world of emotions, memories, ideas and desires*. London: BBC Worldwide.

Jensen, E.(1998). *Introduction to brain-compatible learning*. CA: The Brain Store

Kovalik, S. J., & Olsen, K. D.(1994). *Kid's eye view of science: A teacher's handbook for implementing a integrated thematic approach to teaching science, K-6*. Center for the Future of Public Education, 67-104.

LeDoux, J.(1996). *The emotional brain: The mysterious underpinning of emotional brain*. NY: Simon & Schuster.

Springer, S., & Deutsch, G.(1985). *Left brain, right brain*. New York: W.H. Freeman and Company.

CHAPTER

02 행복한 성공을 위한 습관

See Do Get

행복을 위한 습관

A type과 B type의 생각에 따른 Do(하는 행동 / 말)와 Get(얻는 결과)에 대하여 토의해 봅시다.

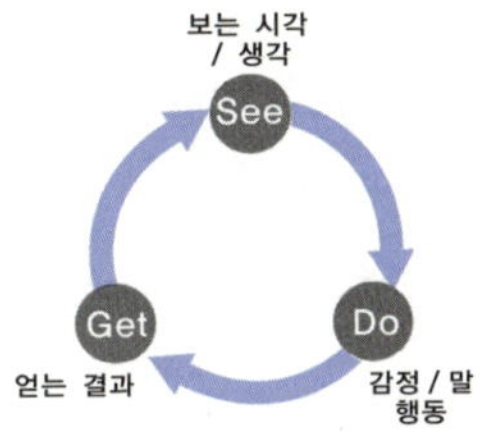

	A type	B type
See	인간은 습관을 바꿀 수 없다.	인간은 좋은 습관을 선택하고 바꿀 수 있다.
Do		
Get		

이 장의 목표

- 습관의 중요성, 형성과정 등에 대해 이해할 수 있다.
- 리더십의 요인별로 성장하는 습관을 만들 수 있다.

1. 습관의 특성

1) 습관이란?

어느 서커스장에서 코끼리 6마리가 둥글게 원을 그리고 서서 위험한 재주를 부리고 있다.

사회자는 자랑스러운 목소리로 “신사숙녀 여러분, 다음은 특별한 무대, 거대한 코끼리들이 무대에서 재주를 부립니다.”

이것을 지켜보던 10살 딸이 아빠에게 물었다.

“아빠, 저 코끼리 위험하지 않나요? 저렇게 가느다란 줄 하나에 묶여 있잖아요? 저 정도 가느다란 줄이라면, 코끼리가 마음만 먹으면 언제라도 끊을 수 있을 텐데요?"

아빠는 "저 줄은 코끼리가 아주 어렸을 때부터 묶였던 줄이란다. 처음 줄에 묶였던 아기 코끼리는 벗어나려고 안간힘을 썼지. 하지만 힘이 모자랐어. 시간이 점점 지나 코끼리는 자라서 줄을 끊을 수 있을 정도로 힘이 생겼지만, 끊으려고 하지 않는단다. 줄은 코끼리의 발목이 아니라, 마음을 묶어버린 것이지"라고 말했다.

코끼리는 가느다란 줄에 묶여 서커스를 하는 데 익숙해져 버린 것이다.

읽을거리 / 나는 누구일까요?

나는 위대한 사람들의 하인이고
또한 모든 실패한 사람들의 하인입니다.
위대한 사람들은 사실 내가 위대하게 만들어 준 것이지요.

나는 기계가 아닙니다.
기계처럼 정확하고 인간의 지성으로 움직이긴 하지만
당신은 나를 이용해 이익을 얻을 수도 있고
망해버릴 수도 있습니다.
당신이 어떻게 하든
나한테는 별로 상관이 없는 일이죠.

나를 택해 주세요, 나를 길들여 주세요.
엄격하게 대해 주세요.
그러면 신뢰받는 사람이 되게 해 주겠습니다.
나를 너무 쉽게 대하면 당신을 파괴할지도 모릅니다.

나는 당신의 "[　　　　]"입니다.

신년에 세운 계획을 실패한 이유들에 대하여 여러 사람들이 답을 하였다.

- 다이어트에 실패한 이유: "그냥 밥먹고 누워 있고 하는 게 편해서요."
- 금연 실패한 이유: "담배 인이 오래 배겨서 그런지..."
- 시간지키기에 실패한 이유: "지각하는 것이 전문이라서..."
- 공부결심 실패한 이유: "친구들하고 노는 게 습관이 되어서..."

- **건강유지 실패한 이유**: "내가 원래 물을 안 먹는 습관 때문에 억지로 먹으려고 해도 잘 안 되어서..."

모두들 신년계획을 실패한 이유는 결국, 습관이 문제였다. 습관의 뜻을 찾아보면 다음과 같다.

- **習** 익힐 습(羽 白): 어린 새가 날기 위해 날개깃이 하얗게 되도록 날갯짓을 하는 모습
- **慣** 익숙해질 관(心 日 | 貝): 매일 매일의 연습들이 모여 마음속 깊이 새겨 익숙해진다.
- **習慣**: 어린 새가 날갯짓을 연습하듯 매일 반복하여 마음에 꿰인 듯 익숙해진 것

〈습관에 관한 말들〉

- 습관이란 특정한 자극에 반복하여 노출되거나 행동하여 자동적으로 하게 되는 행동이다.
- "의식은 지식을 포함하고, 이 두 가지는 어떤 행동을 통해 전개된다. 이 행동이 반복되는 사이에 어떤 의지보다는 습관이 된다", "습관은 제2의 천성이다"－장 라베송－몰리앵 『습관론』
- "습관을 바꾸는 것만으로도 자신의 인생을 바꿀 수 있다"－윌리엄 제임스
- "습관이란 인간으로 하여금 그 어떤 일도 할 수 있게 만들어 준다"－도스토예프스키
- 자신이 생각하고 느끼고 행동하고 성취하는 모든 것의 95%가 습관의 결과이다.
- 습관은 철사를 꼬아 만든 쇠줄이다.
- 세 살 버릇 여든 간다.
- 습관은 처음에는 거미줄 같으나 나중에는 밧줄과 같아진다.
- 습관의 쇠사슬은 거의 느낄 수 없을 정도로 가늘지만 깨달았을 때는 이미 끊을 수 없을 정도로 강하다.

사람은 누구나 습관을 가지고 있다. 긴장하면 다리를 떨기도 하고, 아침에 일어나자마자 물을 마신다거나 매일 운동을 한다든지 제각각이다. 습관은 반복적으로

행동한 결과 편하고 익숙해진 것이다. 습관은 저절로 생기는 것이 아니다. 오랫동안 되풀이하는 과정에서 저절로 익혀진 행동 방식인 것이다

결국 모든 사람은 습관의 창조물이다. 습관은 굵은 밧줄과 같다. 매일 실을 한 가닥씩 엮어 나가면 그 밧줄은 나중에 가면 끊을 수 없을 정도로 튼튼해진다. 그래서 습관은 한 사람의 삶을 좌우하고 성공을 결정할 만큼 중요한 요소이다. 자신의 현재와 미래는 스스로의 생각, 느낌, 행동, 습관에 의해 결정되기 때문이다. 생각은 행동으로 이어지고 행동을 반복하면 습관이 되며, 습관은 곧 그 사람의 성품이 되고 결국 운명을 결정짓게 된다.

[그림 2-1] **사무엘 스마일즈**

성취하는 사람들에게 타고난 재능이 있을 수도 있겠으나, 아무리 좋은 재능을 타고났다고 한들 이를 갈고 닦는 연습의 과정이 없다면 능력이 되지는 못할 것이다. 따라서,

- 성취 공식 = 재능 + 연습

연습이라는 것은 자동화된 행동 즉, 습관을 만드는 과정이다. 결국은 사소한 습관이 성취로 연결된다.

인간이 태어날 때에는 아무런 습관을 가지고 태어나지 않는다. 최초의 행동을 어떻게 하느냐에 따라 습관이 형성된다. 최초의 행동을 유인하는 자극이 있었을 것이다. 자극-행동에 대한 반복적인 행동을 조건화라고 한다. 파블로프가 개에게 종소리만 들리면 침을 흘리게 하는 조건화를 만든 것을 생각해 보라.

일단 자극-행동에 대한 패턴이 만들어지고 나면 계속되는 자극은 물리적으로 인간두뇌의 신경계를 움직인다. 이 과정은 다음 그림과 같다.

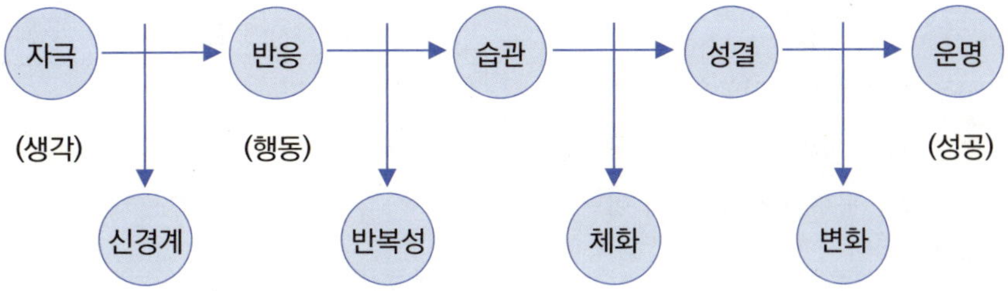

출처 : 운명을 바꾸는 작은 습관. 진희정, 2011, 토네이도

2) 나의 좋은 습관, 나쁜 습관

"처음에는 우리가 습관을 만들고 나중에는 습관이 우리를 만든다."

We first make our habits, then our habits make us.

– 존 드라이든(John Dryden)

"나는 대부분의 시간을 무엇을 생각하며 보내는가?"에 대하여 생각해 보라. 성공한 사람은 대부분의 시간을 자신이 원하는 바와 그것을 이룰 수 있는 방법에 대해 생각한다. 성공하는 사람은 "성공하는 습관"을 가지고 있고, 실패하는 사람은 "실패하는 습관"을 가지고 있다. 그렇기 때문에 지금 자신이 생각하고 느끼고 행동하는 습관은 곧 미래 자신의 모습에 대한 강력한 예언력을 갖는다. 자신도 모르는 사이 자극–행동으로 조건화되어 자동화된 습관에 대하여 관찰해 보자.

질문	자신의 습관 발견
• 나는 웃을 때 입을 얼마나 크게 벌리는가?	
• 나는 웃을 때 소리는 어떻게 내는가?	
• 나는 웃을 때 손을 어떻게 하는가?	
• 나는 걸을 때 다리를 어떻게 하는가?	
• 나는 걸을 때 어깨를 어떻게 하는가?	
• 나는 화가 날 때 얼굴이 어떻게 변하는가?	
• 나는 화가 날 때 다른 신체변화가 있는가?	
• 나는 탄로 나면 민망한 상황에서 거짓말을 하는가? 진실을 말하는가?	

질문	자신의 습관 발견
• 내가 하는 습관적인 거짓말은 있는가?	
• 나는 좋은 사람을 만나면 어떻게 반응하는가?	
• 나는 하기 싫은 공부를 해야 할 때 어떤 기분이 드는가?	
•	
•	

두 명이 짝을 지어 한 명은 위에 있는 질문 외에도 사소한 습관들에 대하여 질문을 해주고 한 명은 자신의 습관을 말해 보자. 역할을 바꾸어 해보자.

영역	자신의 습관 발견
좋은 길로 안내하는 습관 (생각, 감정, 행동으로 구분하여 작성해 보자)	•
	•
	•
나쁜 길로 안내하는 습관 (생각, 감정, 행동으로 구분하여 작성해 보자)	•
	•
	•

3) 좋은 습관 만들기 단계

좋은 습관은 굳게 결심한다고 만들어지는 것이 아니다. 대부분의 습관은 자신도 모르는 사이 무의식적으로 만들어지지만 자신에게 유익할 것 같은 좋은 습관을 선택하고 의식적으로 습관을 들이는 것은 대단한 결심과 노력이 필요하다.

새로운 습관을 들이려고 시도하기가 어려운 것은 "나는 원래 그래", "그렇게까지 해야 하나"라고 하는 필요성에 대해 인식하기가 어렵기 때문이다.

(1) 인간은 언제나 새로운 습관을 만든다.

생각해 보라. 지금 즉시 최초의 새로운 자극이 온다면 어떠한 행동이라도 하게 될 것이고, 이것이 반복적으로 된다면 습관화되지 않겠는가?

예를 들어 오늘부터 여자친구 혹은 남자친구를 사귀게 되었다고 생각해 보자. 나는 원래 누군가와 팔짱을 낀 적이 없다. 그런데 새로운 여자친구 혹은 남자친구는 팔짱끼는 것을 좋아한다. 내 인생에서 최초로 이성친구가 먼저 팔짱을 끼었다. 이러한 자극에 대하여 나는 어떻게든 반응을 할 것이다. 이것이 최초 행동이 되는 것이다. 만약 이러한 행동이 반복된다면 내게는 이성친구와 팔짱을 즐겨 끼는 습관이 만들어지지 않겠는가?

이처럼 부족한 행동을 늘리고 과잉한 행동을 줄이는 것이 습관에 대한 지혜이다.

- 부족행동(영어회화, 운동, 독서 등) → 늘리기 → 좋은 습관 갖기
- 과잉행동(흡연, 과음, 과식 등) → 줄이기 → 나쁜 습관 끊기

(2) 습관계발의 3요소

성공하는 사람들의 7가지 습관이라는 프로그램에서는 습관계발의 3요소를 'k × d × s = 습관'으로 제시하였다.

- 인식(knowledge, 무엇을, 왜)
- 실천욕구(desire, 원하는 것)
- 기량, 방법(skill, 어떻게)

예) 부족행동 늘리기: 영어실력 쌓기	
인식	• 무엇을: 영어회화와 토익 • 왜: 내가 원하는 직장에 취업을 하기 위하여
실천욕구	• 원하는 것: 영어회화 중급수준, 토익 800점 • 얼마나 원하는가?: 자신이 이 목표에 대하여 얼마나 간절한지 스스로 답해 보자. 간절한 만큼만 가능할 테니까.
방법	• 영어회화: '영어회화 핵심패턴 233'을 하루 1패턴씩 암기한다. • 토익: 하루 한 시간 학원에 간다.

이제 자신이 원하는 습관을 정해보자. 분명한 것은 실천욕구가 얼마나 강한지가 성공에 핵심 요인이 될 것이다.

과잉행동 줄이기:	
인식	• •
실천욕구	• •
방법	• •

또한 바꾸지 못할 것이란 그 생각부터 바꾸어라.

계획을 세우고 미루지 말고 즉시 실천하도록 하자. **Here & Now에 집중하는 습관**은 습관 중의 좋은 습관이다.

그리고 **스스로에게 왜?라고 질문하는 습관**을 들이자. 왜 이 습관은 내게 만들어져 있지? 이 습관은 내게 유익한가? 습관의 차이가 성격의 차이를 만들고 운명의 차이를 만든다.

자신이 강렬하게 원하는 소망을 습관으로 만들어라.

『운명을 바꾸는 작은 습관』의 저자는 "뇌는 죽을 때까지 변화한다. 신경계, 저장한 정보까지도"라고 뇌의 가소성에 대하여 말하면서 습관을 들이는 단계를 다음과 같이 제시하였다.

① 자신의 뇌에게 강렬하게 소망하고 강렬하게 말하라.

② 소망을 실현할 수 있는 구체적 자극을 찾아라.

③ 자극을 행동으로 옮겨라.

④ 반복하고 또 반복하라.

⑤ 성격으로 바뀐 습관을 마음껏 만끽하라.

습관은 스스로 죽지 않는다.

2. 성장하는 변화의 습관

인간은 탄생(Birth)에서 죽음(Death)까지 선택(Choice)과 기회(Chance)와 변화(Change)의 연속적인 과정 속에 있다.

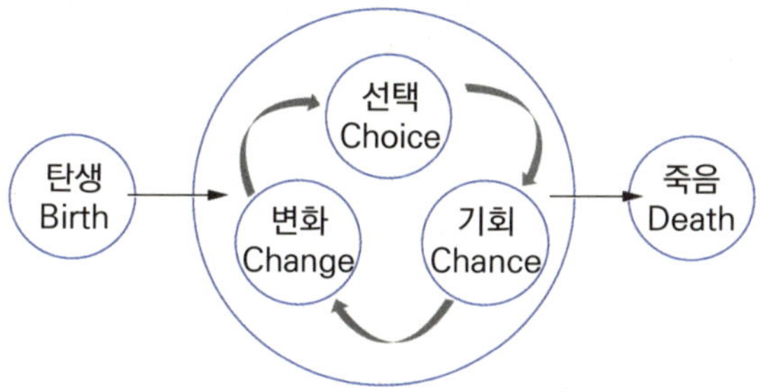

[그림 2-2] **인생 B-C-D**

변화한다는 것은 위에서 설명한 새로운 습관을 만들거나 기존의 습관을 없애는 과정이다. 변화를 싫어하는 습관이 만들어진 사람과 변화를 덜 싫어하는 습관이 있는 사람이 있을 수 있지만 기본적으로 인간은 변화에 대한 거부감이 누구에게나 있다. 왜냐하면 이미 습관화된 것은 안전지대로 강하게 자리 잡아 변해야 할 필요성조차 느끼기 어렵기 때문이다. 변화는 습관을 바꾸는 것이며, 습관을 바꾸는 것도 자신에게 이미 습관화 된 또 다른 습관을 이용하는 것이니 쉽지는 않을 것이다. 그래도 변해야 살 수 있다. 왜냐하면 나를 둘러싼 환경, 나아가 전 우주가 모두 변화하고 있기 때문이다. 변화하는 환경 속에서 나만 그대로 있다는 것이야말로 정말 위험한 변화가 아닌가? 어떠한 변화가 자신에게 유리한지 통찰력을 발휘해 보자. 그리고 방향을 정하여 즉시로 변화하는 습관을 만들어 보자.

이상한 나라의 엘리스에 나오는 붉은 여왕은

"항상 제 자리에 머물러 있으려면 힘껏 달려야 해"라고 말한다. 붉은 여왕의 나라 자체가 앞으로 계속 나가고 있기 때문이다. 마치 움직이는 러닝머신에서 떨어지지 않으려면 끊임없이 달려야 하는 것과 같다. 지구의 자전속도가 적도를 기준으로 1600 km / h이며 공전속도는 10만 km / h로 엄청나게 빠른 속도인데도 지구 안에 있는 우리는 멀미를 느끼지 않는 것과 같다.

〈변화와 관련된 말들〉

- 변화와 함께 즐거운 춤을 춰라. – 존 코터
- 변화가 경쟁력이다. – 존 코터
- 매일 순간 변화에 대해 말해야 한다. – 잭 웰치
- 변화는 선, 매너리즘은 악이다. – 피터 드러크
- 세상에서 변하지 않는 것은 단 하나뿐이다. 모든 것은 변한다는 사실이다. – NEC 회장 고바야시
- 변화란 단순히 과거의 습관을 버리는 것이 아니라, 과거의 습관 대신 새로운 습관을 익히는 것이다. – 켄 브래나드
- 변화의 속도가 점점 빨라지고 있다. 1,000만 명의 고객을 확보할 때까지 걸린 시간은 TV는 37년, 케이블 TV는 25년, PC는 7년, CD-ROM은 6년, 인터넷은 1.5년이었다.
- 생각의 Speed로 세상이 변화하고 있다. 따라서 우리는 항상 2년 후에 도산할지도 모른다는 생각을 하면서 일한다. – 빌 게이츠
- 당시(1997) 스윙 방법을 그대로 유지했다면 몇몇 경기에서는 우승할 수 있었을지 모른다. 하지만 장기적으로는 살아남지 못했을 것이다. – 타이거 우즈
- 미래에 대한 예측은 거의 불가능하다. 단지, 어떤 변화에도 적응할 수 있는 강한 조직문화만이 우리의 생존을 보장해 줄 수 있다. – 잭 웰치
- 변화란 **생존전략**이다.
  자연에서 살아 남은 것은 가장 강한 종(species)이 아니고, 가장 영리한 종도 아니다. 단지 변화(change)에 가장 잘 반응(responsive)한 종이다. - 다윈의 진화론

'변화'하면 생각나는 말(10가지)

읽을거리

변화란 쫓는 자, 쫓기는 자, 모두에게 필요하다.

아프리카에서는 매일 아침 가젤이 잠에서 깬다.
가젤은 가장 빠른 사자보다 더 빨리 달리지 않으면
죽는다는 사실을 알고 있다.
그래서 그는 자신의 온 힘을 다해 달린다.

아프리카에서는 매일 아침 사자가 잠에서 깬다.
사자는 가젤을 앞지르지 못하면 굶어 죽는다는 사실을 알고 있다.
그래서 그는 자신의 온 몸을 다해 달린다.
내가 사자이든, 가젤이든 마찬가지이다.
해가 떠오르면 달려야 한다.

-『마시멜로 이야기』 중에서

활동하기

변화는 빠른 속도와 함께 방향이 있다. Speed? Speed 자체는 아무런 의미가 없다. 행선지 없이 빨리 움직이는 것은 단지 서두름일 뿐이다.

변화의 절대성

여러분은 뛰어 내리겠는가? 갑판의 안전한 곳으로 대피하겠는가?

침몰해 가는 배안에 자신이 있다. 배는 이미 절반이상 바다로 빠져버렸다. 자신은 사랑하는 사람과 함께 아직은 안전한 쪽으로 이동하여 기둥을 붙잡고 있다.

"확실한 죽음을 선택할 것인가?"
"죽을지도 모르는 가능한 삶을 선택할 것인가?"

- **나의 선택**: ____________________
- **이 유**: ____________________

〈표 2-1〉 **미래의 주요 글로벌 메가트렌드(2025~2030년 시점의 미래 기준)**

No	① (사회) 인구구조 및 사회문화적 성향 변화
1	고령화 및 평균연령 증가로 인한 인구구조 변화
2	개도국 인구 급증, 반면 선진국 인구증가 정체
3	전 세계 중산층 인구 증가
4	여성의 소득 및 지위 향상
5	전통적인 가족 개념의 변화(1인가구 증가 등)
6	개인주의 성향 더욱 확대
7	일보다 삶의 질을 중시하는 라이프스타일 확산
	② (기술) 신기술, 신산업의 사회적 영향력은 더욱 확대
8	언제 어디서나 정보 수집, 분석, 활용 가능한 디지털 사회 도래
9	컴퓨터(또는 인공지능)의 업무대체로 인한 일자리 변화
10	건강관리 수요를 충족하는 실시간 건강관리 서비스 확산
11	증강현실 및 가상현실의 일상화
12	맞춤형 생산시스템 확산 및 개인 제조업자 증가
13	기술변화와 기술확산 속도는 더욱 증가
14	기술발달의 부정적 효과로 인한 자연주의 성향 확산
15	사이버 범죄 등 초국가적 테러 증가

	③ (환경) 기후변화 및 자원고갈 문제의 현실화
16	지구온난화 또는 기후변화로 인한 부정적 현상 증가
17	에너지, 물 등 핵심자원 수요의 일부 국가 및 지역 집중화 더욱 증가
18	전 세계적인 식량, 물 부족 현상 발생
19	석유, 가스 등 주요자원 고갈 압박 더욱 상승
	④ (경제) 글로벌 경제성장 침체 속에 경제 양극화 더욱 확대
20	신흥개도국 경제규모의 증가 가속
21	중국이 세계 최고의 경제대국으로 부상
22	제품뿐만 아니라 서비스, 투자, 인력 등 다방면의 국가 간 교류 확대
23	경제 양극화 및 불평등 구조 더욱 확대
24	글로벌 경제성장의 침체
25	지식기반자본 중심의 경제성장
	⑤ (정치) 글로벌 권력의 이동 및 파편화
26	미국의 지배력 약화, 글로벌 권력은 다극체제로 이동
27	국가 간 상호의존 확대로 인한 갈등 증가, 이로 인한 국제규제 증가
28	국가 경계가 사라진 국가경제통합 현상(EU 등) 확대
29	민족, 종교 등으로 인한 국가 간 갈등심화(서구와 이슬람권 대결 등)
30	공공부문 부채 증가로 인한 공공서비스 제약 발생

출처: 미래산업을 둘러싼 메가트렌드와 우리 산업에의 시사점(산업연구원, 2015, p. 71)

위에 제시한 미래의 주요 글로벌 메가트렌드를 읽어보자.

▸ 미래의 주요 글로벌 메가트렌드를 읽고 새로 알게 된 사실이나, 관심이 가는 부분이 있는가?

▸ 변화하는 사회에 대비하여 나 자신은 어떠한 준비를 해야 하는지 이야기를 나누어 보자.

사람들은 변화를 싫어한다고 한다. 왜 그런지에 대하여 토론해 보고, 나 자신은 어떠한지 생각을 나누어 보자.

▶ 사람들은 왜 변화를 싫어할까?

___

___

▶ 나는 변화에 대하여 어떻게 생각하는가?

___

___

이제 자신의 변화에 대한 태도를 결정할 시간이다. 변화의 성을 쌓을 것인가? 길을 닦을 것인가?

3. 행복하게 성공하는 리더의 습관

성공하는 사람들은 성공하는 습관을 가지고 있었고, 실패하는 사람들은 실패하는 습관을 가졌다고 한다. 이 책에서 제시하는 성공하는 사람들을 위한 습관은 아홉 가지이다. 각 주제별로 자신의 현재 습관을 탐색해 보자.

1) 자신의 잠재능력을 발휘하는 습관

습관 탐색	나의 현재
나는 나 자신이 잠재능력을 가지고 태어났다고 생각하는가?	
나는 나의 잠재능력을 발굴하기 위하여 어떠한 노력을 해 본 적이 있는가?	
나는 나의 타고난 성격에 대하여 이해하고 있는가?	
나는 나의 능력을 원하는 만큼 향상시킬 수 있다고 믿는가?	

2) 긍정정서와 자신감의 습관

습관 탐색	나의 현재
나는 정서(=감정)와 행동이 관련이 있다고 생각해 본 적이 있는가?	
나는 분노, 두려움, 슬픔의 정서에 대하여 생각해 본 적이 있는가?	
나는 긍정적인 편인가? 부정적인 편인가?	
나는 나 자신을 대표하는 키워드가 무엇이라 생각하는가?	

3) 가치 있는 비전과 목표설정의 습관

습관 탐색	나의 현재
나는 가치 있는 비전을 가지고 있는가?	
나는 비전에 집중을 하고 다양한 방법으로 행동하는가?	
나는 나의 비전을 구체적인 목표로 나누어 세우는가?	
나는 목표를 세우고 실천하는가?	

4) 성취하는 시간관리의 습관

습관 탐색	나의 현재
나는 시간이 모이면 나의 인생이 된다는 것을 얼마나 생각하는가?	
나는 시간활용에 대하여 계획하고 반성하는가?	
나는 나의 목표 달성과 시간활용을 연결하는가?	
나는 미래를 위하여 하루에 2시간씩 시간을 활용하는가?	

5) 승-승의 인간관계의 습관

습관 탐색	나의 현재
나는 인간관계에 있어 승-승/승-패/패-승/패-패의 생각을 하는가?	
나는 나와 다른 생각을 가진 사람을 만나면 어떻게 행동하는가?	
나는 인간의 행동에는 긍정적 의도가 있다고 믿는가?	
나는 나와 다른 행동패턴을 가진 사람과도 협력을 잘 하는가?	

6) 通하는 커뮤니케이션의 습관

습관 탐색	나의 현재
나는 대화할 때 사람의 말에만 집중하는가? 숨은 의도에도 집중하는가?	
나는 대화할 때 나 자신의 생각을 진솔하게 말하는가?	
나는 대화할 때 상대의 말에 공감적으로 경청하는가?	
나는 대화할 때 사실과 감정을 분리할 줄 아는가?	

7) 성장의 디딤돌이 되는 강점계발의 습관

습관 탐색	나의 현재
나는 나의 강점이 무엇인지 정확히 알고 있는가?	
나는 약점을 보완하기 보다 강점을 활용하는데 집중하는가?	
나는 강점은 타고난 것이 아니라 계발되는 것이라고 믿고 있는가?	
나는 강점을 계발하기 위해 노력하고 있는가?	

8) 건강한 공동체를 위한 갈등관리의 습관

습관 탐색	나의 현재
나는 갈등은 피할 수 없는 것이며 잘 다루는 능력이 중요하다고 생각하는가?	
나는 나의 갈등을 다루는 유형에 대해 알고 있는가?	
나는 갈등이 생기면 상대와 나의 갈등관리 유형에 대해 생각해 보는가?	
나는 갈등을 다루는 능력이 계발되는 것이라 믿고 있는가?	

9) 창의적 문제해결의 습관

습관 탐색	나의 현재
나는 식사를 하거나 작은 생활 속의 문제를 해결할 때 이전에 경험한 것을 상기하는가? 상관없이 그때 상황에서 가장 좋은 것을 선택하는가?	
나는 다른 사람들의 의견과 나의 의견이 달라도 당당하게 밝힐 수 있는가?	
나는 새로운 문제를 해결할 때 나만의 해결하는 방법이 있는가?	
나는 나 자신이 창의적이라고 생각하는가?	

내용요약

1. 인간의 **생각**이 행동이 되고, **행동**은 습관이 되고, **습관**은 성품이 되며 **성품**은 **운명**이 된다. 즉, 새로운 습관을 만들려면 먼저 생각을 바꾸어야 한다.

2. 습관의 특성은 다음과 같다.
   - 좋은 습관은 좋은 길로 자신을 안내한다.
   - 나쁜 습관은 나쁜 길로 자신을 안내한다.
   - 인간은 언제나 새로운 습관을 만든다.
   - 성공하는 사람들의 7가지 습관에서는 습관계발의 3요소를 **인식**×**실천욕구**×**기량과 방법**이라 하였다.
   - 좋은 습관을 위하여 **부족행동 늘리기**와 **과잉행동 줄이기**를 이용할 수 있다.
   - 성장하는 습관을 위하여 미래사회의 메가트렌드와 같은 정보를 이용할 수 있다.

3. 각 장별로 현재 자신의 좋은 습관과 나쁜 습관을 탐색해 볼 수 있다.

개인활동 과제

지금 자신이 하는 생각이 미래의 자신의 모습이 된다. 현재 자신이 사용하는 시간은 자신의 미래를 예측하는 중요한 요인이 된다. 주로 하는 생각이나 사용하는 시간도 결국은 하나의 습관이다. 자신의 습관 중 좋은 습관과 나쁜 습관을 탐색해 보고 앞으로 새로 들이고 싶은 습관과 줄이고 싶은 습관에 대하여 계획을 세워보자.

나의 습관 탐색

	나의 좋은 습관 탐색	나의 나쁜 습관 탐색
현재 나의 습관	• • • • •	• • • • •
왜 이 습관이 좋거나 나쁘다고 생각하는가?		

	새로 들이고 싶은 습관	없애고 싶은 습관
습관목록	• • • • •	• • • • •
왜 그렇게 생각하는가?		
얼마나 원하는가?		
실천전략		

CHAPTER

03 리더십 이론

See Do Get

비전과 목표설정

A type과 B type의 생각에 따른 Do(하는 행동 / 말)와 Get(얻는 결과)에 대하여 토의해 봅시다.

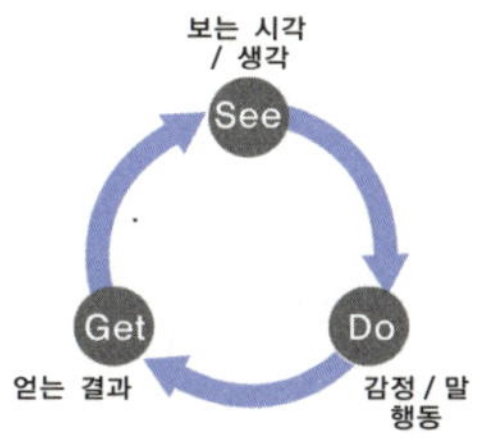

	A type	B type
See	리더십은 선천적으로 타고난 것이다.	리더십은 교육과 훈련을 통해 개발이 가능하다.
Do		
Get		

이 장의 목표

- 리더십의 필요성과 중요성을 이해한다.
- 리더십 이론의 발전과정과 최근의 리더십 이론을 이해한다.

1. 리더십의 개념

최근 들어 리더십은 많은 사람들의 깊은 관심을 받고 있는 주제이다. 인류의 역사 속에서 어느 조직이나 집단에도 리더는 항상 존재했으며, 우리가 생활하고 있는 현재에도 한 나라를 이끌어 가는 대통령에서부터 기업의 CEO, 조직의 부서장, 친목회의 대표에 이르기까지 크고 작은 조직에서 사람들을 통솔하는 리더가 있다. 이 리더들은 자신이 이끄는 조직이나 집단이 추구하는 목적을 효율적으로 달성하기 위해 구성원들에게 영향력을 행사한다. 이러한 리더는 미래에도 지속적으로 존재할 것이다.

리더십이란 용어는 사용하는 사람이 어떤 환경에서 사용하느냐에 따라 그 의미가 다르게 나타날 수 있고, 권력, 권한, 관리, 통제, 감독 등의 말과 같이 사용하는 경우가 많아 그 용어를 정립하기가 매우 어렵다. 우리는 보통 리더가 가지고 있는 자질과 역할 등을 리더십이라고 부르고 있다. 리더십은 리더가 갖고 있는 성향, 행동 등과 관련되는 특성들을 부르는 일반적인 개념이지만 리더십이라는 단어를 조금 더 자세히 들여다보면 아주 다양한 의미를 포함되어 있다. 리더십에 어떤 의미들이 함축되어 있는지는 리더십에 대한 개념 정의를 통해서 살펴볼 수 있으며 학자들의 개념 정의는 〈표 3-1〉과 같다.

〈표 3-1〉 **리더십의 정의**

학자	정의 내용
Cattell	리더십은 집단활동의 변화를 가장 효율적으로 창출하는 것이다.
Cowley	리더십은 다른 사람들이 자기를 따르게 하는 요소이다.
Hemphill & Coons	리더십은 집단의 활동을 공유된 하나의 목표로 집중시키려는 개인의 행동이다.
House & Bouditch	리더십은 조직의 목적, 개인의 목적 등을 달성하기 위해 다른 사람들의 행동을 변화시키거나 그에 영향을 미치는 노력이다.
Koontz & O'Donnell	리더십은 공동의 목적을 성취하기 위해 리더를 추종하도록 사람들에게 영향을 미치는 활동이다.
Kotter	리더십이란 바람직한 목표를 성취하기 위하여 다른 사람들을 동기부여하고 지휘하며 영향력을 행사하는 능력이다.
Shetty	리더십의 관리적 기능은 개인적 욕구를 충족시키면서 조직의 목적을 성취시키도록 조직 구성원의 동기를 유발하는 데 도움이 되는 환경을 조성하는 과정이다.
Tannenbaum, Weshler & Massarik	리더십은 주어진 상황에서 구체적 목표의 달성을 통해 행사되는 대인적 영향력으로서 커뮤니케이션 과정을 통하여 행사된다.
Peters & Austin	리더십은 비전이요, 우렁찬 응원가요, 열정이다.
Terry	리더십은 집단의 목적을 위해 자발적으로 노력하도록 사람들에게 영향을 미치는 활동이다.

출처: 김창민 외(2011 재인용).

이처럼 리더십에 관한 정의가 다양하지만, 리더십의 본질적 의미는 대동소이하다. 우선 인간과 인간의 관계를 설명한다는 공통점이 있고 개개인의 사고를 중시하고 인간과 권력의 복잡한 역학 관계를 다루며 공동의 목표를 달성하기 위해 구성원을 이끄는 것이다. 이강옥과 그의 동료(2001)는 리더십을 '어떤 상황에서 목표 달성을 위해 어떤 개인이 다른 개인이나 집단의 행위에 영향력을 행사하는 과정'이라고 설명하였다.

리더십은 오늘날 경영 자체와 동일시할 만큼 조직행동에서 매우 중요한 위치를 차지하고 있다. 우리는 흔히 한 조직의 성패를 효과적인 리더십의 발휘여부와 관련지어 생각하기도 한다. 더욱이 경영의 제반 활동이 인간 중심으로 전개되고 있고, 이러한 인간을 통하여 목표를 달성하는 과정으로 이해되는 현대적 경영의 관점에서 리더십의 중요성이 크게 부각되고 있다. 왜냐하면 조직목표의 달성이 조직구성원의 활동을 통하여 성취되고 이러한 사실은 조직의 리더에게 구성원의 노력을 통합하고 조정하도록 하는 리더십의 필요성을 더욱 절실히 느끼도록 하고 있기 때문이다. 따라서 조직의 리더들은 조직의 목표달성을 위하여 구성원들의 동기를 부여시키고 구성원의 잠재적 능력을 극대화시키기 위하여 리더십 기술을 필수적으로 배워야 한다.

리더십은 매우 다양한 상황에서 상이하게 이해되고 있기 때문에 그것에 대한 잘못된 오해와 거짓도 있다. 어떤 것이 리더십이 아닌가를 아는 것은 무엇이 리더십인지를 이해하는 것만큼 중요하다. 어떤 것들은 기존의 권력구조를 인정하게 만드는 하나의 방법으로 사용되기도 했고, 혹은 다른 그룹에 대한 한 그룹의 지배를 정당화 하는 수단으로 이용되기도 했다. 즉, 리더십은 지도자의 능력이기도 하고, 독재의 또 다른 표현이기도 하며, 어떤 상황에서의 리더십은 생명이기도 하다. 다음에서는 오늘날까지도 남아 있는 리더십에 대한 몇 가지 잘못된 생각을 살펴보고자 한다.

첫째, 리더십은 선천적으로 타고난 것이다.

이는 리더가 될 사람은 특정한 조건을 가지고 태어난 사람이라는 생각으로 지능, 인종, 신분 등은 종종 리더십의 결정적인 조건으로 인식되기도 한다. 리더십은 특수한 사회경제적 조건과 문화 속에 존재하므로 그런 배경을 지니고 태어난 사람들이 그에 해당하는 교육과 전수의 과정을 통해 체계화 된다고 생각할 수 있으나 리더십은 선천적인 것이 아니라 후천적인 것이다. 누구나 지속적인 자기 개발과 훈련을 통해서 리더십을 습득하고 개발하는 것이다. 인간 자체가 원래 그러했다고 주장하는 '타고난 리더십'은 없다.

둘째, 조직을 이끄는 소수만이 리더십을 가져야 한다.

과거에는 상급자의 명령에 의하여 하급자는 단지 그 명령을 복종하기만 하면 되었다. 하지만 현대사회는 조직을 이끄는 소수 사람의 리더십만으로는 성공을 할 수 없다. 리더십과 팔로워십이 결합되고 모든 구성원들이 셀프 리더십을 가져야 한다.

셋째, 경험이 많은 상급자의 리더십은 무조건 옳으니 따라야 한다.

대개의 리더십은 경험으로부터 큰 영향을 받기 때문에 경험은 리더십의 매우 중요한 항목이 된다. 이는 똑똑하지만 리더십을 발휘하지 못하는 젊은 사람들이 노련한 경험자의 조언을 구하는 이유이기도 하다. 하지만 모든 경우가 그런 것은 아니다. 나이가 들어감에 따라 경험은 쌓여가겠지만 고뇌하지 않고 대화하지 않으며 변화하지 않는 경우도 많기 때문에 이런 경우에는 리더십이 개발되지 않는다.

넷째, 내 상사는 리더십이 없다.

많은 조직구성원들은 자신의 상사가 리더십이 없다고 생각한다. 이는 일반 직장인만 그런 것이 아니라 학교에서 교수나 선배에 대해, 혹은 가정에서는 특히 아버지에 대해 그런 생각을 할 수 있다. 그러나 리더십이라는 것이 늘 모두에게 이해되는 방식으로 발휘되지 않는다. 즉, 현재 자신이 영향을 받고 있는 리더십이 자신이 원하는 방식이 아닐 수 있다는 것을 이해하여야 한다.

다섯째, 리더십은 특정 분야에서만 필요한 것이다.

리더십은 매우 일상적인 단어다. 정확히 말하자면 '사회를 구성하고 있는 인간'을 위해 필요한 것이다. 그 사회의 구성 요소 중 하나가 '회사'일 뿐이다. 리더십은 회사와 가정, 지역사회, 봉사 단체에서 모두 필요한 것임에도 불구하고 회사나 기업 및 조직, 국가기관 등 특정 분야에서만 필요로 하는 것이라고 잘못 생각하고 있다.

여섯째, 리더십이란 명령이다.

많은 사람들이 리더십과 명령을 혼돈해서 생각한다. 명령은 리더의 권한이지만 그것이 리더십은 아니다. 명령은 일방적인 전달에 불과하지만, 조직을 위해 좋은 결정을 내리고 이를 명령하기 위해서는 결정을 내리는 과정에 필요한 여러 가지

지식이나 기술, 대인관계 능력, 정보력, 지혜, 목표 의식, 장기적 안목을 갖추어야 하는데 이것이 바로 리더십인 것이다.

2. 전통적 리더십 이론

리더십을 올바르게 이해하기 위하여 지금까지 여러 학자들에 의하여 연구되어 온 리더십 이론을 살펴보자. 리더십에 관한 연구는 학자들에 따라 여러 가지 다양한 접근방법으로 수행되어 왔는데 즉, 리더십의 연구는 리더십 과정의 어느 측면을 강조하느냐에 따라 전통적으로 세 가지 이론으로 나누어 질 수 있다. 1940년대와 1950년대에는 리더를 중심으로 성공적인 리더의 개인적 특성 및 자질에 연구의 초점을 맞춘 특성론적 접근법, 1950년대와 1960년대에는 리더와 부하 간의 관계를 중심으로 리더십 효과성을 설명하고자 하는 행동적 접근법, 그리고 1970년대 이후

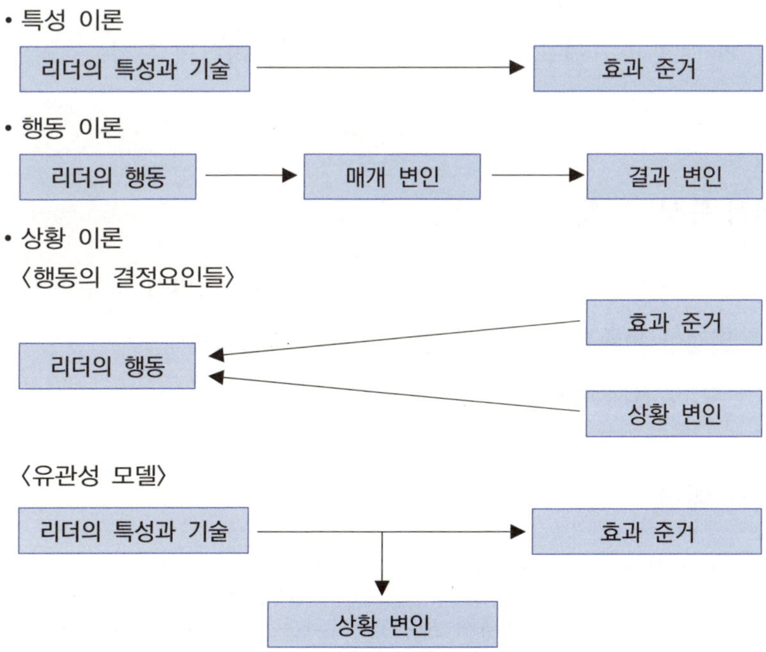

[그림 3-1] 전통적 리더십 이론의 특징

출처: 김광수 외(2008 재인용).

에는 효과적인 리더의 행동이나 특성이 상황에 따라 다르다는 것을 강조하는 상황적 접근법이 그것이다. 이 세 가지 이론의 특징을 요약하면 [그림 3-1]과 같다.

1) 특성 이론

특성 이론은 리더십 연구에서 가장 오랜 역사를 지니고 있는 이론으로 1940년대에서부터 1950년대까지의 리더십을 설명하는 이론이다. 특성 이론은 리더의 개인적 자질과 특성이 리더십에 영향을 준다고 생각하고, 그 성공한 리더들이 가지고 있는 공통된 특성을 개념화한 이론이다. 이 이론은 리더는 태어나는 것이지 만들어지는 것이 아니라고 주장하며, 리더의 자질을 갖고 태어난 사람들은 어떤 시대나 어떤 상황에서도 사람들을 위대하게 이끄는 특별한 능력을 가지고 있다고 생각했다.

초기의 특성 이론들은 성공한 리더의 개인적인 특성이나 보편적인 기술에 역점을 두고 있는 반면에, 후기의 연구들은 리더의 직위가 달라짐에 따라 요구되는 리더의 관리적 동기와 기술에 연구의 초점을 두고 있다.

특성 이론의 대표적인 연구자인 스톡딜(Stogdill)은 리더의 특성을 다음과 같이 설명하였다.

(1) 신체적 특성

리더의 연령, 신장, 체중, 외모, 관상, 건강 상태 등이 리더십 기능을 발휘할 수 있는 역량과 밀접한 관계를 갖고 있을 뿐만 아니라 구성원에게 주는 인상에도 중요한 작용을 한다고 전제하고 있다.

(2) 사회적 배경

교육 정도, 사회적 지위, 가정 배경 등 높은 사회 경제적 신분이 리더의 조건이다. 즉, 어느 정도 이상의 사회경제적 조건과 지위를 지닌 배경에서 태어나 성장하면 리더가 될 수 있다고 설명한다.

(3) 지능과 능력

성공적인 리더는 일반적으로 판단력과 결단력, 지식 수준, 표현능력 등이 높다고 인식되었으며 지능 또한 일반적으로 부하들에 비하여 높다는 것이 여러 연구결과에서 나오고 있다. 그러나 리더와 부하 간의 지능 차이가 너무 많으면 상호 간의 사고방식과 지각 그리고 의사소통 등 많은 문제가 발생할 수 있기 때문에 지능 외 리더의 다른 특성들을 고려해야 한다.

(4) 성격

성공적인 리더는 자신감, 창의성, 민첩성, 독립성 등이 강하며 이러한 성격적 특성은 조직체의 상위계층으로 올라갈수록 더욱 중요해진다는 것이 연구결과에 나타나고 있다. 최근에는 개인의 정서적 감도가 리더십에 중요하다는 의견과 함께 감성지수에 대한 관심도 증대되고 있다.

(5) 업무-관계 특성

성취욕구와 책임욕구 등이 중요한 리더십 요인이라고 설명하는 것이다.

(6) 사회적 특성

협조심과 사교 능력 및 사회적 참여도 등으로, 특히 적극적인 대인관계가 가장 필요하다는 것을 주요 내용으로 하고 있다.

이렇게 특성 이론은 리더로서 가지고 있어야 할 특성을 제시하여 설명하고 있으나 몇 가지 한계점을 지니고 있다. 김창민 외(2011)는 특성 이론의 한계점을 다음과 같이 제시하였다.

첫째, 연구자의 관점에 따라 리더십의 특성이 다르고 다양하다.

리더가 갖추고 있어야 할 특성에 대해 연구하고자 할 때 연구자의 관점에 따라 리더십의 특성이 다르고 다양하게 제시하고 있다는 점이다. 즉, 동일한 리더십의 특성을 찾아서 설명하지 못하고 있다.

둘째, 리더의 특성 간에 우선 순위를 정할 수 없다.

신체적, 지적, 성격적 그리고 사회적 특성 등의 다양한 요소 중에서 특성 간의 우선 순위를 정할 수 없다는 점이다. 신체적 특성이 보다 중요한지, 지적 특성이 보다 중요한지, 아니면 성격적이며 사회적 특성이 중요한지를 설명할 수가 없다.

셋째, 리더십은 상황에 따라 다르게 요구된다.

리더십은 상황에 따라 다르게 요구됨에도 불구하고 특성 이론은 리더십이 발휘될 수 있는 상황적 요소를 고려하지 않고 너무 리더의 개인적 특성에 초점을 맞추어 현실성이 떨어진다고 볼 수 있다.

이러한 특성 이론이 지니고 있는 한계점을 보완하여 리더가 어떤 사람이냐 하는 것보다 리더가 무엇을 하고 있느냐를 부각시킨 행동 이론과 그 상황에서 어떠한 사람이 효과적인 리더가 될 수 있는가를 연결시켜 설명한 상황 이론의 연구가 진행되기 시작하였다.

2) 행동 이론

특성이라는 것은 타고난 측면이 강한 반면에 행동은 후천적인 것이므로 리더십 기술을 습득하고 제고시키기 위한 교육과 개발이 가능하다. 즉, 행위는 하나의 기술이므로 '리더의 자질을 타고 났는가'와 같은 유전적인 요인이 중요한 것이 아니라 '리더로서의 기술을 습득했느냐'가 중요한 것이다. 누구나 적절한 훈련을 통하여 리더가 될 수 있다는 관점 하에서 1950년대를 중심으로 행동 이론이 제기되었다. 행동 이론은 리더로서 가지고 있어야 할 보편적인 특성이 교육과 훈련을 통하여 양성될 수 있다고 강조하였다.

행동 이론은 리더십을 발휘하는 리더의 실제 행위에 관심을 가지면서 리더가 어떻게 행동하는가를 분석한 이론으로 즉, 리더십이 발휘되고 있는 현장 분석을 통하여 리더의 행위를 관찰하고 기록하면서 리더의 행위에 일정한 패턴이 존재한다는 사실을 확인하고 이를 리더십 스타일이라고 불렀다. 리더는 특정한 스타일을 이용하여 조직의 목표 달성과 높은 생산성, 그리고 조직구성원의 사기를 유지시킨다. 행동 이론은 리더나 관리자들이 실제로 직무 수행에서 어떠한 행동을 하는지, 그리고 이러한 행동과 관리적 유효성 사이에는 어떠한 관련성이 있는가를 파악하는 데 초점을 두고 있다. 1980년대에 들어 행동 이론은 주로 관리적 역할과 기능을 둔 관리적 활동 등의 내용을 검증하는 방향으로 이루어졌다.

행동 이론의 대표적인 학자인 파슨스(Parsons)의 사회행위이론을 그 예로 들 수 있다. 그는 자의적인 개개인의 인간행위에서부터 사회적 여러 현상의 기원을 찾으려 했으며, 그는 이 이론을 통하여 사회적 행위는 행위자, 행위가 이루어지는 시공간적 상황, 행위자의 지향성에 의하여 결정된다고 하였으며, 지향성에 따라 〈표 3-2〉에서 보는 바와 같이 업무지향적 리더십과 관계지향적 리더십으로 구분하였다.

〈표 3-2〉 업무지향적 리더십과 관계지향적 리더십

업무지향적 리더십 (task-oriented leadership)	관계지향적 리더십 (relationship-oriented leadership)
조직 내의 문제해결을 위하여 솔선하여 새로운 방안을 제시하고 조직과 구성원들에게 동기유발을 위하여 적극적으로 조직의 목표달성지향적 행동에 주력함	정서적인 측면에서 집단과 조직의 안정성을 도모하여, 집단의 사기를 높이고 구성원 간의 인간관계를 원만히 함으로써 상호 간의 긴장과 갈등을 해소하는 행동에 주력함

출처: 김광수 외(2008 재인용).

행동 이론의 대표적인 연구로서는 오하이오 대학의 리더십 연구이다. 오하이오 대학의 햄필(Hemphill)은 52개 조의 폭격기 탑승원 300여 명을 대상으로 그들의 사령관에 대한 리더십 행동을 기술하게 하였다. 그 결과 1,800가지의 서로 다른 리더십 행동에 대한 예시가 수집되었고, 그중에서 리더십 기능을 가장 잘 나타내는 것으로 판단되는 예시들만 150개로 간추려 정리하였다. 150개의 진술문을 분석한 결과, 리더의 행위가 크게 과업중심(initiating structure)과 배려(consideration)로 나누어졌다.

과업중심이란 리더가 집단의 목표 달성을 위해 자신의 역할과 부하의 역할을 규정하고 구조화하는 행위에 초점을 둔 것이다. 즉, 직업, 직업 관계, 목표를 조직화하는 행동 등을 의미한다. 배려란 상호 신뢰, 부하의 아이디어 존중, 부하의 감정에 대한 배려 등에 초점을 둔 것이다. 즉, 정서적인 측면의 특징을 가지고 있는 직무 수행상의 사회적 행위를 의미하는 것으로 리더가 부하들의 복지와 안녕, 지위, 공헌 등에 관심을 가져주는 행동을 말한다. 오하이오 대학의 연구결과는 리더의 행위, 즉, 리더십 스타일에 초점을 두어 연구를 진행함으로써 교육과 훈련을 통해 리더십을 개발할 수 있음을 강조하여 수많은 리더십 훈련 프로그램을 등장시킨 계기가 되었다.

3) 상황 이론

행동 이론에 근거한 연구들은 어떤 유일한 이상적인 리더십 스타일을 발견하려는 연구였다. 그러나 이 연구는 유효성의 측면에서 적절하지 못하였다. 즉, 어떤 상황에서나 효과적이고 유일한 리더십 스타일이 존재할 수 없다고 비판하였다. 이러한 관점에서 리더십의 유효성을 리더십을 발휘해야 하는 상황과 연결시켜야 설명할 수 있다는 상황 이론이 등장하게 되었다.

상황 이론은 위대한 지도자가 나타나는 시대, 장소, 환경 등 개개의 상황이 리더를 결정하는 데 큰 역할을 한다고 생각하며, 개개의 상황이 적합한 리더십의 자질을 결정해 주는 일련의 조건을 이루고 이것들이 특정 개인의 능력을 향상시킬 뿐만 아니라 리더로서의 성품을 형성해가는 것이라고 설명하였다. 이 이론은 전쟁이나 위기가 영웅을 낳는다는 통념과 같이 별다른 인물이 아닌 사람도 리더십을 획득할 수 있는 기회를 얻을 수 있는 것으로 생각하고 리더의 탁월한 우수성을 경시하는 경우도 있으며, 나아가 특정의 리더를 의도적으로 과소평가하는 수단으로까지 오용될 수도 있다는 한계점을 지니고 있다.

상황 이론의 대표적 이론인 하우스(House)의 경로-목표 이론(path-goal theory)은 리더십 행위 이론에 속하기 때문에 리더의 행동 스타일을 리더가 상황에 맞추어 변경할 수 있다고 보았다. 리더의 행동 스타일을 지시적 리더십, 후원적 리더십, 참여적 리더십, 성취지향적 리더십으로 분류하고, 리더가 어떠한 상황적 제약 내에서 구성원의 목표를 성취하는 데 도움을 줄 수 있는지 그 방법을 찾고자 하였으며, 구성원에게 동기를 부여하고 성과를 얻을 수 있는지에 대하여 설명하였다. 즉, 효과적인 리더의 행동 스타일은 구성원으로 하여금 목표를 인지하게 하고 목표를 스스로 개발하게 하며 목표 달성 경로를 찾는 데 영향을 준다고 보고 있다.

〈표 3-3〉 경로-목표 이론의 리더십 스타일

리더십 스타일	세부 내용
지시적 리더십	• 조직 구성원을 통제, 감독하면서 행위의 규정을 마련하고 준수하도록 하며 직무를 명확히 해주는 것 • 효과를 줄 수 있는 상황 - 리더십 직무의 구조화가 이루어지지 않은 경우 - 구성원들이 리더가 지시해 줄 것을 기다리는 경우 - 구성원이 작업에 필요한 기술이나 정보 사항 등을 리더에게 의존하는 경우
지원적 리더십	• 리더가 구성원의 복지와 안녕에 대하여 절실한 관심을 보이고 우호적인 분위기 조성과 작업 수행의 만족을 위해 노력하는 행위 • 효과를 줄 수 있는 상황 - 기업이 극히 구조화되어 있는 경우나 직무의 성격상 집단 간의 상호 작용이 필요한 경우 - 스트레스를 주고 불만족스러운 과업을 수행하는 경우
참여적 리더십	• 리더가 의사 결정을 할 때 구성원들과 상의하고 그들의 아이디어를 진지하게 고려해 주는 행위 • 효과를 줄 수 있는 상황 - 과업이 적당히 흥미 있으면서 구조화되어 있는 경우 - 강한 독립심과 성취 욕구를 지닌 구성원들인 경우 - 구성원이 과업 달성을 위해서 필요한 지식과 정보를 갖추고 있는 경우
성취 지향적 리더십	• 리더가 구성원들에게 도전적인 목표를 설정해주고 그들이 그러한 목표를 달성할 것이라는 자신감을 심어줌으로써 구성원들이 최고의 성과를 달성할 수 있도록 하는 행위 • 효과를 줄 수 있는 상황 - 대부분 참여적 리더십의 상황과 유사하며 복잡한 과업을 수행하는 성취지향적인 구성원들이 있을 경우

〈표 3-3〉에서 보는 바와 같이 경로-목표 이론은 구성원들의 특성과 환경적 요인이 결부되어 리더십이 발휘된다고 보고 있다. 따라서 리더의 행동은 상황에 맞게 수정되어야 한다. 다시 말해 구성원의 특성 및 과업의 환경적 요소들과의 상호작용을 통하여 적절하게 조정되어야 하며, 리더가 구성원에게 목표에 대한 기대감과 유의성에 영향을 주면서 그들의 동기 수준, 노력, 성과와 만족감을 높일 수 있어야 한다. 이러한 장점에도 불구하고 경로-목표 이론은 너무 복잡하여 이론을 검증하는 과정이 어렵다는 단점을 지니고 있다.

3. 현대 리더십 이론

리더십이 목표달성을 위해 한 개인이 다른 개인이나 집단의 행위에 영향력을 행사하는 과정이라 할 때, 다른 개인의 행동을 이끌어 내기 위해서는 그들의 욕구가 무엇인지를 잘 파악해야 한다. 현대 리더십 이론은 조직구성원들의 욕구를 파악하고, 구성원들의 욕구가 발전되는 것에 대한 연구에 기반하여 전개되고 있으며, 이는 리더십을 발휘하는 영역이 조직이나 집단에서 개인으로 변화된 것과 연관을 갖는다. 지식정보사회가 되면서 조직의 힘만큼 조직 속의 개체의 힘도 중요하다는 인식이 일어나기 시작했다. 조직의 성과가 조직 자체가 가지는 원리나 규정에 의해 달성되는 것이 아니라, 개인의 열정과 헌신을 통해서 가능해진다고 인식되기 시작한 것이다.

이러한 인식의 변화를 시작으로 리더십을 설명하는 이론도 조직에서 개인으로 초점이 변화되었다. 즉, 과거 리더십 이론이 주로 조직을 끌고 가는 관점에서 설명되었다면, 현대 리더십 이론은 조직보다는 개인으로 옮겨져 자신의 삶과 목적을 위해 리더십이 설명되어야 한다는 관점이다. 개인에 초점을 맞춘 현대 리더십 이론은 셀프 리더십과 슈퍼 리더십, 변혁적 리더십, 감성 리더십 그리고 컬러 리더십 등이 있다.

1) 셀프 리더십과 슈퍼 리더십

헬러(Heller)와 반 타일(Van Tile)은 리더십과 팔로워십의 관계에 대하여 서로 관련된 개념으로 제시하면서 리더십을 효과적으로 발휘하기 위해서는 팔로워들을 잘 이끄는 것도 중요하지만 팔로워들이 잘 따라 주는 것도 중요하다고 하였다. 즉, 훌륭한 리더십이란 구성원들을 고취시키고, 훌륭한 팔로워십은 리더십을 고취시키는 것이다.

켈레이(Kelley)는 권한위임(empowerment)을 설명하면서 리더십보다는 팔로워에게 권한이 위임되는 측면을 강조하였다. 이는 리더십에 의해 영향을 받기도 하지만 팔로워들은 자신에게 권한이 위임되면 자신의 내면에 잠재된 능력과 힘을 발산하여 다른 팔로워들보다 조직에 성과나 생산성의 측면에서 더욱 효과적이라고 하였다. 또한 이들로 인한 리더십의 효과도 보다 높게 작용하여 조직의 목표달성에 더욱 기여한다고 하였다. 이와 같은 관계를 설명해 주는 것이 최근 리더십의 새로운 패러다임으로 등장한 셀프 리더십과 슈퍼리더십이다.

셀프 리더십과 슈퍼 리더십은 만쯔와 심스(C. Manz, H. Sims, 1995)에 의하여 개발된 개념이다. 이들은 지식기반사회의 변화된 근로자들이 전통적인 관리방식에 적응하지 못하여 생산성이 떨어지는 것을 발견하고, 신세대 지식근로자의 특성에 맞는 기업경영방식을 도출하고자 10여 년에 걸쳐 각종 컨설팅, 조사, 집필을 실시하였다. 이를 통해 신세대 지식근로자 관리라는 문제에 대한 해답으로서 셀프 리더십과 슈퍼 리더십이 개발된 것이다.

리더십이 궁극적으로 타인에게 영향을 미치는 과정이라고 할 때 그 핵심이 되는 것은 동기 부여와 행동 변화라고 할 수 있다. 이를 통해서 리더는 조직 목표를 보다 효과적으로 달성할 수 있을 것이다. 셀프 리더십은 이렇게 리더가 조직구성원에게 영향을 미치는 일반적인 리더십과는 다르게 개인 스스로 자신의 생각과 행동을 변화시켜 자신에게 영향력을 발휘하는 리더십이다. 인간은 자율과 책임이 주어질 때 사람들 스스로 책임지고 행동하는 존재로 자기 자신에게 영향을 미치기 위해 사용되는 사고 및 행동 전략을 통틀어 일컫는다. 인생을 행복하게 만들기 위해서 무슨 일을 어디에서 어떻게 하는가는 자기 자신에게 달려 있고, 진정으로 원하는 행복을 얻기 위해서는 자기 자신을 스스로 리드할 수 있어야 할 것이며, 자신을 진실로 리드할 수 있는 것은 자기 자신뿐이라는 인식에 바탕을 두고 있다. 동양에는 이미 오래전부터 '수신제가치국평천하(修身齊家治國平天下)'라는 말이 있다. 이는 셀프 리더십의 당위성을 말하는 것으로 남을 다스리기 전에 먼저 자기를 다스리는 것이 중요하다는 의미이다. 즉 모든 리더십은 셀프 리더십으로부터 시작된다고 하겠다.

셀프 리더십의 원리는 자기이해, 자기통제, 자기주도, 자신감 네 가지로 나누어 볼 수 있으며, 이에 대한 자세한 내용은 다음과 같다.

(1) 셀프 리더십

① 자기이해

자기이해는 자신의 장점과 단점, 성격적 특징, 가치관, 행동 특성 등 자신의 특징을 파악하고 이해하는 것이다. 자신의 특징 중에서 자기가 계속해서 발전시킬 것은 무엇이며, 개선시키거나 변화시켜야 할 것은 무엇인지를 파악하고 변화를 위한 노력을 기울이는 것이 중요하다.

② 자기통제

자기통제는 생각, 정서, 행동의 통제를 말한다. 사람들은 반드시 자기가 원하는 생각, 감정, 행동을 모두 하거나 표출하는 것은 아니다. 원치 않는 부정적 생각이나 부정적 정서, 잘못되거나 비생산적인 행동으로 인해서 자신뿐만 아니라 주변에 문제를 일으켜 부정적인 영향을 미치고, 생산적인 삶을 살지 못하는 경우가 많다. 따라서 이러한 요소들을 중심으로 해서 스스로 원하는 방향으로 자기를 통제하거나 조절하는 것은 아주 중요한 일이다.

③ 자기주도

자기주도는 스스로 주인의식과 책임을 가지고 행동하는 것을 말한다. 사람들은 불리한 환경 때문에 원하는 것을 할 수 없다고 말하는 경향이 있다. 그러한 태도는 불리한 환경에 끌려가는 태도이며, 결국은 자신의 삶임에도 불구하고 스스로 주인이 되지 못하고 주변 여건이나 환경이 주인이 되게 한다. 하지만 어려운 여건 속에서도 하고자 하는 마음과 태도를 갖는다면 스스로 주인이 될 수 있을 것이다. 이처럼 환경에 끌려가는 대신에 그 환경을 뛰어넘을 수 있는 태도와 능력이 중요하다.

④ 자신감

자신감은 과거의 성취 경험에서 나온다. 작은 성취 경험이라도 있는 사람은 그 경험으로 인해서 '할 수 있다'는 태도를 형성하게 된다. 하지만 사람들은 큰 성취에 대해서는 만족하고 기억하지만 작은 성취에 대해서는 대수롭지 않게 생각하는 경향이 있다. 중요한 것은 작은 성취 경험에 대해서도 스스로 축하할 수 있으며,

유능감을 일깨울 수 있어야 한다. 이러한 자신감은 결국 힘들고 어려운 여건 속에서도 당당하게 대처할 수 있게 하는 힘을 가지게 한다.

셀프 리더십은 타고난 것이 아니라 학습을 통해 얻을 수 있다. 셀프 리더십을 학습할 수 있는 방법으로는 크게 3가지 방법이 있다.

첫째, 관찰모방 학습법으로 구경하면서 배우는 방법이 있다. 우리는 의도적이든 의도적이지 않든 주변의 중요한 타인들로부터 영향을 받는다. 중요한 타인의 셀프 리더십은 큰 영향력과 자극을 준다. 스스로 도전적인 목표를 세우고 달성하는 기쁨을 즐기는 것을 관찰하면서 자유와 성취감을 간접적으로 경험하는 것도 하나의 방법이 될 수 있다.

둘째, 성공 체험을 연습하는 방법이다. 우리는 목적의식을 갖고 리더십 프로그램을 교육받거나 훈련받을 필요가 있다. 최근 들어 리더십 센터에서 셀프 리더십 프로그램이 활성화되고 있으므로, 이러한 전문 기관들의 교육을 통하여 셀프 리더십의 요소를 학습하고 실제 생활에서 응용해보는 것이다.

셋째, 일하며 성취하는 방법이 있다. 조직이 진정으로 원하는 것이 무엇인지 업무목표를 제대로 파악하고, 삶의 진정한 가치와 조직의 성과목표를 이해하기 위해 자기 스스로 목표를 세우고 스스로 점검하도록 지원하는 것이 필요하다.

읽기자료 / 셀프 리더십 10계명

셀프 리더십은 자기 스스로 자신의 인생의 방향을 설정하고 자기에게 주어진 일에 최선을 다하는 자기 경영 마인드다. 먼저 자신을 변화시킴으로써 다른 사람도 변화시킬 수 있다는 것이다. 셀프 리더십의 10계명은 다음과 같다.

① 자신의 구상과 상상하는 결과를 글로 적어 이유를 만들어라.
② 내 인생의 소중한 우선순위를 정하라.
③ 목표를 자신이 정한 영역별로 분명하게 하고 구체적으로 글로 적어라.
④ 정해진 목표를 이뤄 낼 기간을 명시하고, 10가지 이상으로 잘게 나눠 실행계획을 세워라.
⑤ 시간을 정해 연습하고 반복하라.
⑥ 주변 사람들에게 틈만 나면 자신이 원하는 결과를 이야기 하라.
⑦ 원하는 결과만을 생각하며 행동에 옮겨라.
⑧ 결과를 보고 다시 시작하라.

⑨ 포기하지 마라.
⑩ 목표를 이루었다고 상상하며 하루에 3번 이상씩 15초 웃어라.
– 김세우(KS 자기계발교육원장) –

(2) 슈퍼 리더십

슈퍼 리더십은 구성원들을 이끌고 리드해야 할 책임을 진 사람들에게 해당되는 개념이다. 슈퍼 리더란 자신뿐만 아니라 조직의 구성원들로 하여금 스스로의 능력을 이끌어 내고 리드하도록 도움을 주는 사람이며, 구성원들 각자가 셀프 리더가 되도록 돕기 위하여 교육 시스템을 개발하고 실행한다. 또한 여러 가지 행동을 포함하는데 모든 사람들에게 셀프 리더십을 키우는 데 필요한 행동과 의식의 측면에서 방법을 제공하는 것이다. 결국 슈퍼 리더는 조직의 구성원들을 지원하며 자극하는 사람을 의미한다.

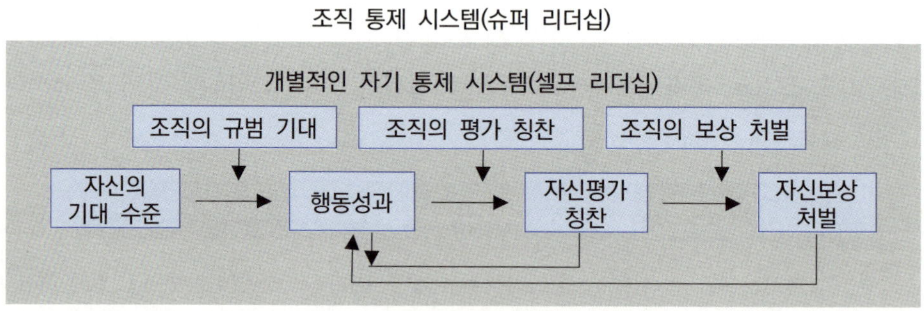

[그림 3-2] 셀프 리더십과 슈퍼 리더십

출처: C. Manz & H. Sims, 『슈퍼 리더십』.

슈퍼 리더십의 핵심은 철학이나 개념이 아니라 행동과 실천에 있으며 구성원의 셀프 리더십을 개발하고, 셀프 리더십의 배양과 실행을 자극하고 활성화하는 데에 주요 목표가 있다. 자기 영향력은 높은 성과를 낼 수 있는 중요한 능력에 해당된다. 따라서 리더가 조직의 구성원들로 하여금 더욱 높은 실적과 목표를 달성하길 원한다면 구성원들 스스로가 더 많은 업무를 수행할 수 있도록 자율성과 책임을 부여해야 한다. 또한 조직의 구성원들에게 중요한 프로젝트를 위임하고, 이를 통하여 구성원 스스로 학습하도록 권장하고 지원해야 한다.

슈퍼 리더십은 구성원들이 조직에 입문하는 순간부터 필요하다. 셀프 리더십은 학습을 통하여 얻어지는 것이기 때문에 슈퍼 리더는 구성원들로 하여금 스스로를 리드할 수 있도록 이끄는 중추적인 역할을 해야 한다. 슈퍼 리더가 해야 할 중추적인 역할로는 모델링, 목표 설정, 격려와 지도, 보상과 질책이 있다.

① 모델링

이는 슈퍼 리더십의 가장 중요한 요인이자 가장 먼저 시작되는 중요한 단계이다. 리더는 구성원을 성공적으로 리드 할 수 있기를 기대하기 전에 리더 자신부터 효율적으로 리드하는 법을 배워야 한다. 결국 리더 자신의 셀프 리더십 행동이 구성원에게 강력한 모델이 되는 것이다. 리더가 보여주는 역할 모델은 다른 어떤 방법보다 효과적으로 구성원에게 전달된다.

② 목표 설정

슈퍼 리더는 구성원이 자신의 목표를 스스로 설정하도록 격려하는 것이다. 여기에는 성과목표뿐 아니라 독창성, 책임의식, 자율적 동기부여, 자율적인 지시를 지향하는 목표 또한 중요한 요소들이다.

셀프 리더십 목표들은 성취가능성, 구체성, 의미성이 있어야 하며, 이 과정에서 할당된 목표로부터 구성원의 자기목표 설정으로의 이행이 필수적이다.

③ 격려와 지도

구성원의 효율적인 셀프 리더십 발휘를 위해서는 격려와 지도가 필요하다. 이것은 구성원의 독창성과 자율적인 지시를 격려하고 증진시키는 중요한 일 중 하나다.

④ 보상과 질책

리더는 보상과 질책을 적절하게 사용해 구성원의 셀프 리더십을 유도해야 한다. 구성원이 독창성을 발휘하거나 셀프 리더십 전략의 효율적인 이행 시에는 적절한 보상을 주어야 한다.

이러한 역할을 통해 구성원의 셀프 리더십을 점진적으로 개발하는 것이다. 그밖에도 슈퍼 리더는 전체적인 셀프 리더십 시스템을 구축하는 데 필요한 다른 요소들도 신중히 고려해야 할 필요가 있다. 결론적으로 슈퍼 리더십을 요약한다면 구성원들이 리더의 지시와 통제에 따라 움직이는 것이 아니라, 스스로 업무를 판단하고 수행하는 자율 리더십을 갖도록 변화시키는 리더십이라 할 수 있다. 따라서 슈퍼 리더는 구성원이 셀프 리더가 되도록 가르치는 시스템을 설계해 실행해야 한다. 이때 슈퍼 리더가 효과적인 절차를 통해 구성원에게 셀프 리더십을 학습시키는 것이 중요하다.

슈퍼 리더가 구성원들에게 셀프 리더십을 교육시키는 단계는 3단계로 이루어진다.

첫 번째 단계는 리더 자신이 먼저 셀프 리더가 되어 셀프 리더십을 실천하는 것이다. 자기관찰, 자율적인 자기목표 설정, 자기 평가에 근거한 보상과 처벌 등의 전략을 스스로 실행함으로써 자율 리더의 모습을 보여야 한다. 이러한 관찰 가능한 분명한 방법으로 셀프 리더십의 전략을 실천함으로써 구성원들의 모델이 될 수 있고, 구성원들은 슈퍼리더가 보여준 모범적인 기준을 받아들이고 그 기준에 따라 자신을 평가하게 된다.

두 번째 단계는 참여유도 단계이다. 이 단계에서 슈퍼 리더의 건설적인 제안이나 지시 등이 중요하다. 슈퍼 리더의 효과적인 행동과 지도 그리고 그와 결부된 질문은 셀프 리더십을 체득하고자 하는 의욕을 불러일으키게 된다. 참여유도는 구성원들에게 셀프 리더십의 사고와 행동을 실천할 훈련 기회를 제공하는 것이다.

세 번째 단계는 셀프 리더십의 과정 자체를 장려하는 쪽으로 바꾸는 단계이다. 구성원들이 점차 셀프 리더십을 발휘하기 시작하면 슈퍼 리더는 구성원들의 셀프 리더십을 강화하는 방법을 바꾸어야 한다. 슈퍼 리더는 처음부터 구성원들이 구체적인 성과와 관련된 행동들을 하도록 장려하다가 시간이 흐름에 따라 차츰 셀프 리더십의 과정 자체를 장려하는 쪽으로 바꾸어야 한다. 즉, 구성원들에게 직접 지시를 하거나 성과를 독려하기보다는 격려하고 지도하며, 자기목표 설정이나 자기강화, 자연적인 보상의 추구, 건설적인 사고 확립 등과 같은 과정을 장려해야 한다. 구성원들이 셀프 리더십을 갖도록 하는 가장 중요한 요소의 하나는 슈퍼 리더의 인정과 격려이다.

2) 변혁적 리더십

변혁적 리더십은 최근에 심리학, 경영학, 사회학, 정치학 등의 분야에서 폭넓게 알려지고 연구되는 주제이다. 배스(Bass)는 구성원들로 하여금 개인적 이해관계를 넘어서 기대 이상의 성과를 달성하도록 하는 과정이 변혁적 리더십이라고 하였다. 번즈(Burns)는 기본적으로 아들러, 매슬로, 피아제, 에릭슨, 로티치, 콜버그 등과 같은 학자들에 의해 제시된 인간주의 심리학 혹은 도덕발전 이론에 의거하여 리더십에 의한 일반 이론을 구축하고자 하였다.

변혁적 리더십은 1980년대 초부터 많은 연구의 초점이 되었고, 최근 가장 많은 연구가 이뤄지고 있는 분야로 리더십 연구에서 각광을 받고 있다. 이 리더십은 부하의 정서, 가치관, 윤리, 행동규범 그리고 장기적 목표 등을 바꿔 줌으로써 개인을 변화시키고 변혁시키는 과정이다. 그리고 이 같은 변혁적 리더십의 과정에는 부하들의 개인적 동기를 평가하고, 그들의 욕구를 충족시키며, 부하들을 완전한 인격체로 대우하는 것이 포함된다. 또한 변혁적 리더십은 부하들이 기대 이상의 업적을 성취하도록 하는 특별한 형태의 영향력이다. 변혁적 리더는 특히 부하들의 동기와 욕구에 관심을 기울이며, 그들의 능력을 최대한 발휘할 수 있도록 도와주는데 최선을 다한다.

번즈에 의하면, 리더십이란 목적 있는 권력으로서 여러 가지 형태의 권력 형상 중 하나이다. 그리고 리더십에서는 권력 그 자체보다 설득, 집단 태도에의 민감한 반응, 그리고 집단의 요구에 응하는 책임감 등이 더 중요한 요소이기 때문에 개념상 단순한 권력 행사나 지배와는 구별된다. 지금까지 권력과 지배 중심으로 엘리트 능력을 분석해 왔으나, 그러한 권력 자원들이 아무리 풍부해도 정치적 비전과 권력 운용 기술이 빈곤한 엘리트가 얼마든지 많음을 지적하고, 리더는 일상적인 경험과 직무상의 훈련과정, 그리고 여러 가지 협상과정을 거치면서 지도자로서의 능력을 습득해야 한다고 주장하였다(김광수 외, 2003:48).

번즈는 상호동원과정 그리고 목적 있는 권력으로서의 리더십에 대한 정의를 전제로 리더십을 거래적 리더십(transactional leadership)과 변혁적 리더십(transformational leadership)으로 나눈다. 거래적 리더십의 경우, 리더와 팔로워는 상호 합의된 공동 목표를 추구하기보다 각자의 관심사와 이해관계의 필요에 의해 법적 조건과 제반 규정에 따라 리더십 과정에 참여한다. 예를 들면, 민주주의가 제도화된 국가에서 국회의원들이 법안들에 대해 서로 거래하고 교환하는 과정에서 발휘되는 리더십이다. 반면 변혁적 리더십은 리더와 팔로워 사이에 형성된 공동 목표를 추구한다. 변혁적 리더는 팔로워에 대한 교육적 역할을 담당하며, 목표와 가치를 변경하거나 이를 더욱 고차원의 목표로 고양시킬 수도 있다. 즉, 거래적 리더십에서의 리더는 모범적인 행동양식, 가치관, 도덕성을 부하들에게 보여줌으로써 관계를 통한 영향력을 추구하는 반면, 변혁적 리더십에서의 리더는 부하들의 의식 구조, 가치 체계, 태도와 믿음에 혁신을 가져옴으로써 더 넓고 높은 목적을 성취하도록 한다고 보고 있다.

변혁적 리더십은 통상의 기대한 것 이상의 성과를 창출해 내도록 하는 리더의 영향력으로 리더가 구성원들에게 비전 공유를 통해 조직 몰입도를 높여 평소 기대했던 성과 이상을 달성할 수 있도록 구성원들의 동기를 유발시키는 것이다. 따라서 변혁적 리더십에서는 구성원에 대한 높은 기대의 표현을 통하여 그리고 구성원들에게 확신적 태도를 보여줌으로써 구성원들의 자기 확신감을 고양시키고자 한다. 또한 리더 자신의 자기 확신감에 찬 태도와 행동은 구성원들에게 역할모델로 작용하여 구성원 스스로 조직의 이익이 개인의 이익보다 우선시하며 조직의 목표 달성에 참여하고자 한다. 리더의 역할과 영향력이 팔로워에게 전달되는 과정을 제시하면 [그림 3-3]과 같다.

배스는 변혁적 리더십의 구성요소로 리더의 카리스마, 영감적 동기부여, 지적 자극 그리고 개별적 배려를 제시하였다.

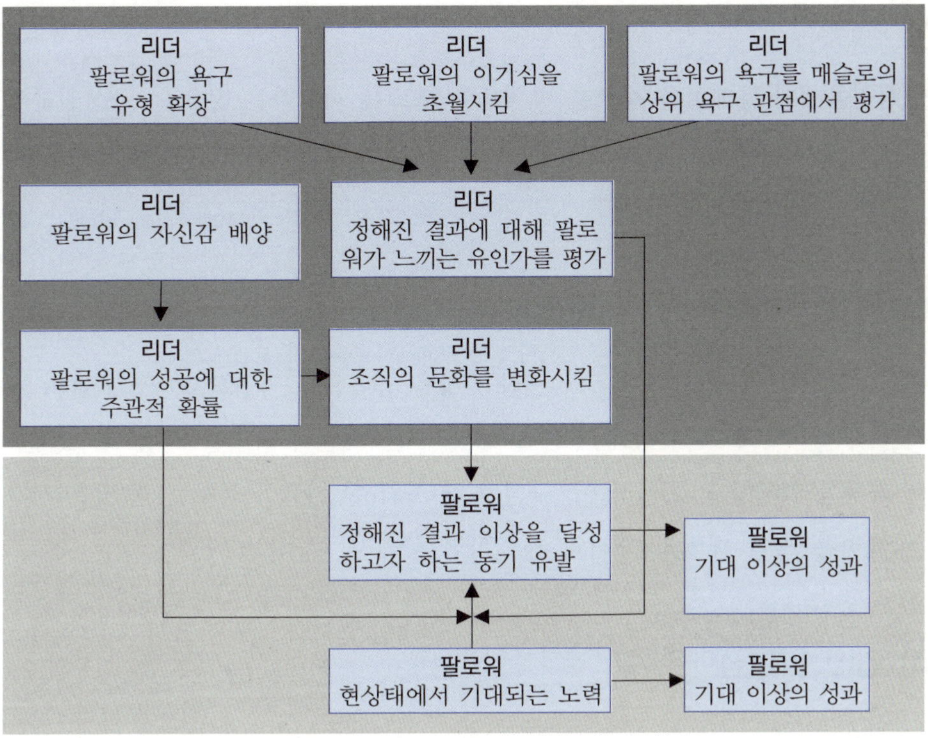

[그림 3-3] **변혁적 리더십 과정**

출처: 김광수 외, (2008 재인용).

(1) 카리스마

변혁적 리더십의 가장 핵심적인 구성요소로서 구성원들에 대한 높은 기대감과 리더 자신의 확신감, 그리고 구성원에 대한 리더의 신뢰감에 의해 형성되면서 리더의 계획에 대한 강력한 지지와 몰입, 리더와 구성원들의 동일시 과정을 의미한다.

(2) 영감적 동기부여

구성원에게 비전을 제시하고, 열정을 불러일으키며, 격려를 통해 에너지를 북돋고 업무에 매진하도록 만드는 행동을 의미한다.

(3) 지적 자극

구성원들에게 문제점을 새로운 방식으로 보도록 시도하는 것으로, 구성원들이 문제에 대한 해결책을 스스로 탐구하게 함으로써 구성원들의 문제해결 능력을 고양, 학습시키는 것을 의미한다.

(4) 개별적 배려

리더의 관심 사항과 구성원들의 관심 사항을 공유하는 과정으로 구성원들이 개인적 욕구를 스스로 확인하게 만들고 보다 높은 차원의 욕구를 가질 수 있도록 하는 과정을 의미한다. 예를 들어, 구성원 한 사람 한 사람을 돌보는 데 많은 시간을 할애하는 것이 개별적 배려의 대표적인 사례라 할 수 있다.

3) 감성 리더십

훌륭한 리더는 모든 분야에서 뛰어나야 하지만 기본적으로 지적 능력이 뛰어나야 한다. 그러나 진정한 리더가 갖춰야 할 능력은 바로 감성지능이다. 집단과 조직 구성원들의 감성을 좌우할 수 있는 영향력을 가지고 있어야 한다. 감성 지능이 높은 리더는 조직을 좀 더 효과적으로 이끌어 갈 수 있기 때문이다. 따라서 훌륭한 리더는 감성 리더로서 구성원들의 감성을 올바른 방향으로 이끌어 갈 수 있는 능력을 가지고 있어야 하며, 자신의 감성을 바탕으로 자신이 맺고 있는 여러 관계를 조직의 목적을 달성하는 방향으로 집결시킬 수 있다.

골먼(Daniel Goleman)은 감성지능을 "좌절 상황에서도 개인을 동기화시키고, 자신을 지켜낼 수 있게 하고, 충동 통제를 가능하게 하며, 기분상태나 스트레스로 인해 합리적인 사고를 억누르지 않게 하고, 타인에 대해 공감할 수 있으며 희망을 버리지 않는 능력"이라고 정의하였다. 메이어(John D. Mayer)와 샐러비(Peter Salovey)는 감성지능을 "감정을 정확히 지각하고 인식해 표현하는 능력, 감정을 생성하거나 이용해 사고를 촉진시키는 능력, 감정과 감정지식을 이해하는 능력, 감정 발달과 지적 발달을 촉진시키기 위해 감정을 조절하는 능력"이라고 정의하였다.

역사적으로 훌륭한 리더들은 기술적·인지적 능력과는 다른 감성 기능의 능력을 가지고 있다. 목표를 성취하기 위한 강한 추진력, 일을 주도적으로 이끌어 나가는 진취력, 협동과 팀워크를 이끌어 내는 능력 등은 감성 지능에 기초한 리더십이다. 따라서 감성 지능은 자신과 타인의 감성을 평가하고 변별해 사고와 행동을 인도하는 능력으로 훌륭한 리더십을 발휘하기 위한 필수적인 요건이자 도구에 해당된다.

감성 리더십이란 자신과 상대의 감성에 대한 이해를 바탕으로 한 관계 형성 및 유지를 통해 상대로부터 공감을 얻어냄으로써 공감을 받은 자들이 최선을 다해 직무에 몰입함으로써 높은 성과를 가능하게 하는 리더십이다. 그러므로 감성 리더십을 효과적으로 발휘하기 위해서는 무엇보다 리더 스스로가 감성 지능을 구성하는 다양한 감각적 역량을 갖추기 위해 노력해야 한다. 즉, 감성 리더가 되려면 전문적 지식과 함께 감성 지능을 갖추고 사람들의 감성을 긍정적으로 이끌 수 있는 능력을 갖춰야 한다. 감성 능력을 갖춘 리더는 선천적으로 타고나는 부분도 있지만, 후천적으로 학습자 훈련을 통해 개발할 수 있다.

"공감 능력이 사람을 부른다"라는 대처(Margaret Thacher)의 말처럼 감성 리더십은 먼저 자신이 자신의 내면을 깊이 성찰하는 단계에서 시작된다. 자신의 내면을 깊이 성찰하고 난 후에는 구성원들의 감성 및 욕구를 이해하고 배려하는 과정 속에서 공동의 목표를 달성해 내는 것이 감성 리더십의 본질적 핵심 내용이다. 그러므로 감성 리더십은 개인적 측면에서 조직구성원들이 열정을 다해 업무에 몰입하게 함으로써 높은 성과를 창출하는 것이며, 조직적 측면에서는 신명나게 일할 수 있는 조직문화를 형성할 수 있는 기반을 제공한다.

골먼, 보야트지스와 맥키 등이 저술한 『감성 리더십』에서는 감성 리더십의 차원을 자기 인식 능력, 자기 관리 능력, 사회적 인식 능력, 관계 관리 능력의 네 가지 영역으로 제시하였으며, 뛰어난 사회적 능력을 갖춘 훌륭한 감성 리더가 되려면 무엇보다도 먼저 개인적 능력을 우선적으로 확실히 갖추어야 한다고 하였다.

〈표 3-4〉 감성 리더십의 영역

개인적 능력	1. 자기 인식 능력	① 감성적 자기 인식 능력: 자신의 감성을 읽고 그것의 영향력을 깨닫는 것, 결정을 내리는 데 본능적인 감각을 이용하는 능력 ② 정확한 자기 평가: 자신의 평가를 통해 자신의 장점과 한계를 아는 능력 ③ 자신감: 자신의 가치와 능력에 대해 긍정적으로 생각하는 능력
	2. 자기 관리 능력	① 자제력: 충동을 통제하고, 침착하고 냉철함을 잃지 않는 능력 ② 투명성: 자신의 감정, 믿음, 행동에 대해 진솔하게 개방하고 솔직하게 보여주는 능력 ③ 적응력: 상황의 변화에 유연하고 기민하게 적응하고 대처하는 능력 ④ 성취력: 높은 목표를 설정하고 그 목표를 달성하기 위해 노력하는 능력
사회적 능력	3. 사회적 인식 능력	① 감정이입 능력: 다른 사람의 느낌, 욕구, 관심을 알아채는 능력 ② 조직적 인식 능력: 정치적으로 기민하며, 중요한 사회적 네트워크를 간파하고, 핵심적 권력 관계를 인식하는 능력 ③ 서비스 능력: 구성원과 고객의 욕구를 알아차리고 부응하는 능력
	4. 관계 관리 능력	① 감화력: 확고한 전망으로 구성원을 이끌고 공감을 유도해 일을 흥미 있게 만드는 능력 ② 영향력: 사람을 끄는 설득력과 매력을 지닌 능력 ③ 타인의 능력 개발: 타인의 목적과 욕구, 강점과 약점을 이해하고, 시의적절하고 건설적인 조언과 개발을 지원하는 능력 ④ 변화 촉진: 변화의 필요성을 절감하고 현상에 도전하며, 새로운 질서를 주창하면서도 반대에 직면하더라도 강하게 변화를 옹호하는 능력 ⑤ 갈등관리: 상이한 관점을 이해, 공동의 이해를 향해 에너지를 발휘하도록 유도하는 능력 ⑥ 팀워크 및 협력: 동료애 분위기 창출, 구성원의 집단적 노력에 능동적이고 열정적으로 헌신하도록 유도하며 긴밀한 관계를 맺도록 만드는 능력

4) 컬러 리더십

리더가 오랜 기간 동안 조직을 성공적으로 이끌기 위해서는 다양한 리더십의 요소를 갖추어야 한다. 한 가지 유형만으로는 조직을 오래도록 이끌 수가 없기 때문이다. 때로는 강하게 밀어 붙여야 하지만, 또 어떤 때는 부드럽게 포용할 줄도 알아야 한다. 이는 구성원의 요구가 다양해지고 있을 뿐만 아니라 현대 사회가 조직과 구성원에 대한 사랑, 뛰어난 창의력, 성실성과 지식, 비전과 용기 등 다양한 요소를 갖추지 않으면 급변하는 경쟁 환경에서 우위를 점할 수 없는 시대이기 때문에 리더 또한 다양한 리더십의 특성을 지녀야 한다.

1990년대에 들어서면서 리더십에 큰 변화가 찾아왔다. 리더는 더 이상 절대적인 성공의 상징이 아니며, 성공과 실패의 굴곡을 겪어 나가는 모습을 보여줄 수밖에 없게 되었다. 또한 조직이 네트워크를 형성하면서 시스템적으로 연계되어 있어서 리더의 수평적인 이동이 빈번해졌다. 능력만 검증되면 다양한 분야에서 얼마든지 역량을 발휘할 수 있는 포괄적 리더십으로 접어들고 있는 것이다. 포괄적 리더십의 시대에서 리더는 다양한 리더십 요소를 갖추어야 한다. 즉, 한 가지 스타일만으로는 조직을 오래도록 이끌 수 없다. 강하게 밀어붙이는 힘도 갖추어야 하지만 때로는 부드럽게 섬겨야 하는 힘도 갖추고 있어야 하는 것이다. 또한 구성원과 함께 행동해야 하지만 구성원에게 올바른 비전을 제시할 수 있는 힘도 가지고 있어야 하는 것이다.

지금까지 리더십을 확립하는 방식은 성공한 다른 사람의 리더십을 배우는 식이었다. 하지만 내가 아닌, 자신의 특성을 무시한 다른 사람의 리더십을 배우는 것은 오히려 혼란만 더할 뿐이다. 인류 역사상 진정으로 성공한 리더에게는 자기만의 차별화된 컬러가 있다.

컬러 리더십은 획일화된 리더십에 의존해 조직을 이끌고 나가기보다는 리더 자신의 고유한 특성과 개성에 맞는 리더십의 패턴을 찾아야 하고, 리더가 자신의 경험과 강점을 바탕으로 자신에게 가장 잘 어울리면서 효과적인 리더십 스타일을 개발해야 함을 강조하였다. 컬러 리더십은 리더로서 갖추고 있어야 할 리더십의 스타일을 7가지 무지개 색깔에 비유하여 설명하는 것이다. 컬러 리더십의 구성내용은 〈표 3-5〉에서 보는 바와 같다.

〈표 3-5〉 **컬러 리더십의 구성내용**

종류	키워드	의 미
서번트 리더십	사랑	복잡한 갈등이나 대립을 해소하고 싶다.
브랜드 리더십	창의	차별화된 경쟁력을 만들고 싶다.
사이드 리더십	예방	의견수렴을 통해서 공감대를 확립하고 싶다.
파워 리더십	성실	팀으로부터 즉각적인 결과를 만들고 싶다.
슈퍼 리더십	지식	권한위임을 통해서 책임을 명확히 하고 싶다.
비전 리더십	비전	새로운 비전이나 방향설정이 요구되는 환경이다.
변혁적 리더십	용기	업무능력을 개선하여 장기적인 경쟁력을 만들고 싶다.

컬러 리더십에 관심을 가져야 하는 이유를 5가지로 제시할 수 있다.

첫째, 누구나 리더가 될 수 있는 힘을 가지고 있다는 것이다.

어느 소수의 특정 계층의 사람에게만 리더의 힘이 존재하는 것이 아니라 모든 인간은 리더의 힘을 다 가지고 있다. 즉, 누구에게나 강점이 있으며, 자신의 강점을 빛나게 하는 삶을 살아가고자 하는 열정과 열망이 있는 것이다.

둘째, 최근 들어 사회 구성원들이 다양한 리더십의 스타일을 요구하고 있기 때문이다.

구성원들은 리더가 은연중에 독특한 사람이기를 기대하고 바란다. 그리고 그들의 기대는 다양한 요구로 표출되기 마련이다. 따라서 리더는 자신의 리더십에 대한 기대를 명확하게 이해하고 있어야 한다.

셋째, 원칙중심의 사회가 그 어느 시대보다도 절실히 요구되기 때문이다.

현대사회는 그 무엇보다도 원칙을 중시하기 때문에 원칙을 존중하는 리더에겐 저절로 자신만의 리더십 컬러가 탄생되기 마련이다. 자신의 리더십 컬러에 중요한 원칙을 설정하고 지키는 것이 미래를 예견하고 살아갈 수 있는 방법이다.

넷째, 자신의 리더십 이미지를 지켜서 구성원들을 멘토링 할 수 있어야 하기 때문이다.

성공한 리더로서 명예를 드높이게 된 이유를 자신의 리더십에서 찾을 수 있게 만들어야 한다.

다섯째, 지금의 리더십이 너무 복잡하기 때문이다.

리더십의 개념들이 너무 산만하게 거론되고 있으며, 어떤 리더십이 진정한 리더십인지 구분하기 어려울 정도이다. 핵심 리더십 개념과 성공 패턴을 함축적으로 기억해두는 것이 필요하다.

읽기자료 / 고도원의 아침편지

좋은 팔로워

아무것도 하지 않는 것,
즉 전혀 관여하지 않는다는 것은
나쁜 팔로워가 되는 것이다. 좋은 리더,
즉 효율적이고 도덕적인 리더를 지지하는 것은
좋은 팔로워가 되는 것이다. 좋은 리더, 즉
효율적이고 도덕적인 리더에 반대하는 것은
나쁜 팔로워가 되는 것이다.

– 바버라 켈러먼의 『팔로워십』중에서 –

*머리를 퉁 치게 하는
'팔로워십'에 대한 새로운 해석입니다.
좋은 리더가 되기 전에 좋은 팔로워가 되어야 합니다.
사람을 이끌고자 하면 사람을 따르는 법부터
익혀야 합니다. 좋은 리더, 좋은 멘토를 만나,
그를 지지하고 존경하고 잘 따르다 보면
언젠가 자신도 좋은 리더의 자리에
올라있는 모습을 발견하게 됩니다.

내용요약

1. 리더십의 일반적인 개념은 리더가 갖고 있는 성향, 행동 등과 관련되는 특성들을 의미한다. 그러나 본질적으로는 인간과 인간의 관계를 설명하고, 개개인의 사고를 중시하며, 인간과 권력의 복잡한 역학 관계를 다루고 있을 뿐만 아니라, 공동의 목표를 달성하기 위해 구성원을 이끄는 것을 의미한다.

2. 현대사회에서 리더십의 효과적인 발휘는 한 조직의 성패를 좌우한다. 이는 경영의 제반 활동이 인간 중심으로 전개되고, 인간을 통하여 목표를 달성하는 과정으로 이해되기 때문이다. 따라서 조직의 리더들은 조직의 목표달성을 위하여 구성원들의 동기부여 및 잠재력을 극대화시키기 위하여 리더십 기술을 필수적으로 배워야 한다.

3. 리더십에 대한 잘못된 생각이 오늘까지도 여전히 남아 있다.
   - 리더십은 선천적으로 타고난 것이라는 생각이다. 리더십은 누구나 지속적인 자기계발과 훈련을 통해서 습득하고 계발되는 것이다.
   - 리더십은 조직을 이끄는 소수만이 가져야 한다는 생각이다. 조직의 성공을 위해서는 리더십과 팔로워십이 결합되어야 하므로 모든 구성원들이 셀프 리더십을 가져야 한다.
   - 리더십은 나이가 들수록 세련되어진다는 생각이다. 리더십은 경험으로부터 큰 영향을 받는다. 하지만 고뇌하지 않고, 대화하지 않고, 변화하지 않는다면 리더십이 개발되지 않을 것이다.
   - 내 상사는 정말 리더십이 없다는 생각이다. 리더십이 모두에게 이해되는 방식으로 발휘되는 것이 아니므로, 현재 자신이 영향을 받고 있는 리더십이 자신이 원하는 방식이 아닐 수 있다.
   - 리더십은 사업과 회사를 위해서만 필요한 것이라는 생각이다. 리더십은 '사회를 구성하고 있는 인간'을 위해 필요한 것이므로 회사와 가정, 지역사회, 봉사 단체에서 모두 필요하다.
   - 리더십이란 명령이라는 생각이다. 명령은 리더의 권한이지 리더십은 아니다.

4. 전통적 리더십 이론은 리더십 과정의 어느 측면을 강조하느냐에 따라 크게 3가지로 구분된다. 성공적인 리더의 특성 및 자질에 연구의 초점을 맞춘 특성 이론, 리더와 부하 간의 관계를 중심으로 리더십 효과성을 설명한 행동 이론, 효과적인 리더의 행동이나 특성이 상황에 따라 다르다는 점을 강조한 상황 이론으로 구분된다.

5. 현대적 리더십 이론은 리더십을 발휘하는 영역이 조직이나 집단에서 개인으로 변화된 것과 연관을 갖는다. 산업사회까지는 사회생활의 가장 중요한 단위가 조직이므로 개인은 조직에 속해 있으면서 리더십도 조직의 책임자가 가져야 할 자질로 인정되었다. 그러나 지식정보사회가 되면서 조직 속의 개체의 힘도 중요하다고 인식되면서 조직의 성과가 개인의 열정과 헌신을 통해서도 가능해진다고 인식되기 시작되었다. 개인에 초점을 맞춘 현대의 리더십 이론은 셀프 리더십, 슈퍼 리더십, 변혁적 리더십, 감성 리더십, 컬러 리더십으로 정리될 수 있다.

개인활동 과제

존경하는 리더 한 사람을 선정한 후, 리더십 이론에 맞추어 리더십 스타일을 분석해 보자.
(구체적인 사례를 제시할 것)

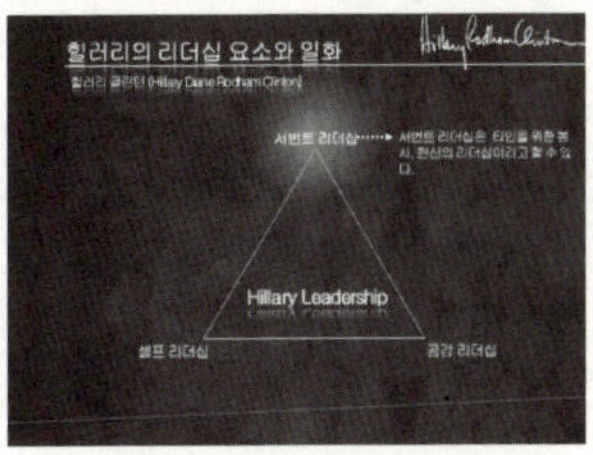

활동지

개인의 컬러 리더십 진단

- 다음은 개인의 컬러 리더십을 진단하는 활동지입니다. 진단표의 자가진단 내용은 제3자의 관점에서 서술되어 있습니다. 이는 보다 객관적인 시각에서 진단할 수 있도록 의도된 것입니다. 제3자에게 물어서 작성하거나 자신이 직접 할 때도 타인의 관점을 유지하면서 객관적으로 응답하도록 합니다.
- 응답요령: 각 문항에 대해 5가지 수준으로 응답(○표시)하시면 됩니다.
  10, 적극적으로 동의한다. 8, 동의한다. 5, 보통이다. 2, 미흡하다. 0, 아주 미흡하다.

	질 문	0	2	5	8	10
1	그의 비전은 우리들에게 희망을 주고 우리 스스로 열성을 갖도록 만든다.					
2	독특한 발상을 중시하며 미래를 보는 안목이 탁월하다.					
3	어떤 상황에서도 항상 문제의식을 갖고 개선 가능성을 본다.					
4	구성원의 요구사항을 수시로 파악해서 공감대를 이루려고 노력한다.					
5	모호한 행동을 취하지 않으며 한 번 결정을 하면 즉시 실행에 옮긴다.					
6	성과를 높이는 데 책임감을 중요시 한다.					
7	갈등과 대립의 순간에도 용기 있는 결단을 내린다.					
8	경쟁을 즐기며 경쟁할 수 있는 자체가 기회라고 생각한다.					
9	자신이 맡은 일은 빈틈없이 치밀하게 처리한다.					
10	순발력과 융통성이 있다는 평가를 받고 있으며 급변한 상황에서도 여유있게 대응한다.					
11	원하는 방향으로 조직을 이끄는 능력이 있다.					
12	리더로서 신뢰가 있다는 평판을 가지고 있다.					
13	하는 일에 대부분 열정적으로 참여하고 추진한다.					
14	다양한 요소를 고려한 계획 수립 및 실행능력이 탁월하다.					
15	꾸준한 성격이며 정신적, 신체적인 인내성이 강해서 계속 발전시키는 것을 중시한다.					
16	리더가 되는 데 필요한 성실성을 가지고 있다.					
17	대인 커뮤니케이션 능력(연설, 발표, 혹은 설득 등)이 우수하다.					
18	그의 유머는 리더십에 좋은 영향을 미친다.					
19	외부 활동이 활발하여 내부에서 필요한 부분을 조직 외부에서 찾아내어 해결하는 데 적극적이다.					
20	보다 나은 결과를 위해서 의도적으로 상황을 연출하기도 한다.					
21	어려운 상황과 다루기 힘든 사람을 협상으로 처리하는 능력이 있다.					
22	언행에 있어서 겸손한 사람이라는 평가를 받고 있다.					
23	마음에 있는 생각은 솔직히 털어놓는 성격이다.					
24	리더는 도덕 / 윤리적으로 깨끗해야만 한다고 믿고 실천하는 사람이다.					
25	상호 인격을 존중하며 다른 사람의 실수도 사랑으로 포용한다.					

출처: 김창민 외(2011), 『대학생과 리더십』.

활동지

(각 문항의 점수를 그 문항의 □ 빈칸에 다 적어 넣으시오)		빨간색 서번트	주황색 브랜드	노란색 사이드	초록색 파 워	파란색 슈 퍼	남색 비전	보라색 변혁적
예시	비전(예시용)							
방향설정	1. 비전							
	2. 창의성							
	3. 문제의식							
	4. 의견 수렴							
결 단 력	5. 신속성							
	6. 책임감							
	7. 용기							
	8. 경쟁심							
	9. 치밀성							
	10. 유연성							
추 진 력	11. 통솔력							
	12. 신뢰							
	13. 열정							
	14. 전략적 사고							
	15. 지속적 개선							
	16. 성실							
대인관계	17. 커뮤니케이션							
	18. 유머							
	19. 정치성							
	20. 쇼맨십							
	21. 교섭 능력							
	22. 겸손							
	23. 직선적							
가 치 관	24. 도덕성							
	25. 인간 중시							
환산점수(세로 합산)								

- 컬러 리더십 분류표

영역	10	20	30	40	50	60	70	80	90
서번트 리더십									
브랜드 리더십									
사이드 리더십									
파워 리더십									
슈퍼 리더십									
비전 리더십									
변혁적 리더십									

출처: 김창민 외(2011), 『대학생과 리더십』.

활동지

컬러 리더십의 해석

- 빨간색 리더(서번트 리더십: 끝없는 사랑형 리더): 따뜻한 마음과 인간에 대한 깊은 애정으로 신뢰를 구축하여 영향력을 행사하는 리더
  - 사랑으로 모든 것을 해결, 역삼각형의 파워 구도를 즐김, 네트워크형 조직 구조 선호, 이해관계자의 요구를 파악, 좋은 가치를 추구
- 주황색 리더(브랜드 리더십: 이미지 관리형 리더): 다소 튀지만 독창적인 아이디어로 남보다 앞서 독보적 경쟁력을 확보하는 데 가치를 두는 리더
  - 남을 뒤따르는 자는 성공할 수 없다. 중간에서 경쟁력을 찾지 않는다. 블록버스터에 도전, 경쟁 환경 변화에 민감
- 노란색 리더(사이드 리더십: 안전제일주의형 리더): 구성원들과 동고동락하는 자세로 참여 선도하여 불확실한 미래에 대비해 전략적으로 준비하고 대응해 나가는 리더
  - 1:10: 100의 원리(사전예방으로 손실가능성을 최소화), 항상 문제의식을 가짐, 노심초사형. 경쟁력의 다원화를 창출, 시스템으로 경영
- 초록색 리더(파워 리더십: 탱크주의형 리더): 성실과 끈기를 바탕으로 말보다는 행동으로 솔선수범하며 조직을 이끄는 리더
  - 에버그린 정신, 행동으로 지시, 채널 집중화, 가시적 목표 제시, 지속적 혁신의 체질화
- 파란색 리더(슈퍼 리더십: 권한 위임형 리더): 구성원들의 기본 역량을 중시하고 그들의 멘토가 되기를 즐기며 풍부한 지식을 활용해 경영하는 박식한 리더
  - 인재 양성, 인적자원 가치의 차별화, 셀프 리더십, 파트너십 개념 추구
- 남색 리더(비전 리더십: 카리스마형 리더): 강력하게 올바른 비전을 제시하고 구성원 모두가 동참하도록 하는, 미래에 대한 희망의 상징이 되는 리더
  - 리더와 구성원은 같은 방향으로 뛴다. 주춧돌 개념으로 비전을 확장, 비전 성취를 공유, 비전의 계승자를 키움. 공통 언어가 중요
- 보라색 리더(변혁적 리더십: 뉴웨이브형 리더): 주어진 환경에 순응하지 않고 근본적인 가치 추구를 통해 올바른 방향으로 변혁시키려고 도전하는 리더
  - 나의 약점은 나의 강점, 약점에서 가치 창조, 신기술에 먼저 도전하라, 실패를 두려워 말라, 초심을 유지하라.

출처: 김창민 외(2011), 『대학생과 리더십』.

참고문헌

김광수, 신명숙, 이숙영 외(2008), 대학생과 리더십, 학지사.

김창민, 강희양, 김동원 외(2011), 대학생과 리더십, 홍릉과학출판사.

박보식(2012), 리더십: 이론과 실제, 대영문화사.

이강옥, 송경용, 노언필(2001), 21C 리더시의 새로운 패러다임, 무역경영사.

Bass, B. M.(1995), *Leadership and Performance beyond Expectations*, New York: Free Fress.

Goleman, D.(1995). *Emotional Intelligence: why it can matter more than IQ*. Bantam Books.

Manz, C. C. & H. P. Slim(1991), "*Super leadership: Beyond the myth of heroic leadership*," Organizational Dynamics, 19(4).

모듈 02

잠재력 계발

CHAPTER

04 나의 발견 1-현재의 나

See Do Get

나의 발견 1-현재의 나

A type과 B type의 생각에 따른 Do(하는 행동 / 말)와 Get(얻는 결과)에 대하여 토의해 봅시다.

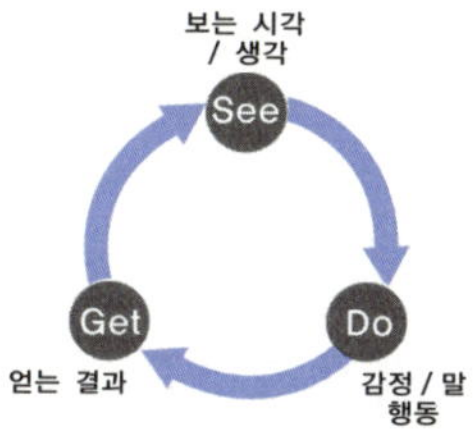

	A type	B type
See	모든 인간에게 똑같이 적용되는 행동양식이 있다.	모든 인간은 자신에게 편한 행동양식이 있다.
Do		
Get		

이 장의 목표

- 나 자신으로 살아가기 위한 질문과 답을 할 수 있다.
- 자신의 두뇌 활용성향을 파악하고 건강하게 활용할 수 있다.

1. 나는 나로 살아가고 있는가?

어느 조사결과 2009년 대한민국의 대표 국민심리를 열등감과 무기력으로 들었다. 1등하는 사람도 성공한 사람도 마음 한구석에 열등감이 자리 잡고 있는가 하면, 겉으로 보기에 누구나 바쁘고 열정적이지만 내적 열정이 없어 무기력 상태에 빠져 있다는 것이다. 그리고 무기력의 유형을 살펴보면, 첫 번째는 부정적 정신에너지가 강한 경우이며 이러한 무기력의 원인은 두려움과 무능감이라 하였다. 두 번째는 에너지가 분산되어 있는 경우로 초점이나 방향성이 없는 것이 원인이며 비전과 목표가 있는 삶을 처방으로 들었다. 세 번째는 에너지가 제때 충전되지 않은 경우로 일중독이 주범이며 내면과의 대화를 처방으로 들었다. 네 번째는 에너지 효율이 떨어지는 경우로 이것은 에너지 공급시스템과 방식이 낙후된 것이 원인이며, 학습으로 지식이나 기술을 보충하는 것을 처방으로 들었다. 왜냐하면 익숙한 방식만 고집하거나 혼자 단절되어 있을 때 이러한 문제가 생기기 때문이다.

요즈음 자신의 생활패턴을 볼 때 얼마나 열정적인가? 무엇에 열정을 쏟고 있는가? 지속되었을 때 자신의 삶에 어떠한 영향을 미치는가? 생각해 보자. 무기력의 원인을 제시한 저자는 삶에 대한 에너지를 통합하기 위하여 방향성과 동기 및 목표의식을 가져야 한다고 주장하였다.

내가 하는 생각, 내가 느끼는 감정, 나에 대한 자아개념은 누구의 것인가? 나의 것인가? 다른 사람들이 하는 말들을 내가 선택한 것인가? 우리는 조건화된 대로 세상을 보며 학습과 경험의 산물이다. 그래서 진정으로 나는 나 자신으로 살고 있는지에 대한 성찰이 필요하다. 그런데 시간의 소용돌이에 빠진 요즈음 이러한 성찰은 참으로 어려운 숙제가 되어 버렸다.

정신의학자 칼 융은 자기로서 살아가는 삶이 곧 자기실현이라 하였다. 또한 오늘날 대부분의 정신문제는 자기로서 살지 못하는 고통이 드러난 것이며, 뒤좇아 가는 껍질뿐인 삶, 내면의 나와 외면의 나의 거리감, 흉내 내는 삶의 고통뿐만 아니라 어제의 자신과도 경쟁하는 가운데 열등감과 허위의식 속에 빠지게 된다는 것이다.

심리학자 루벤 바온 박사는 자기실현의 결핍이 오늘날 사람들의 정서장애를 불러일으키며 자기실현이 사람들의 정서문제 회복, 심근경색과 같은 질환의 회복을 돕는다고도 하였다. 왜냐하면 사람은 자신의 내면에서 뻗어나가려는 것들을 잘 자라게 해 줄 때 편안해지기 때문이다.

그렇다면 자기 자신으로 살아가는 지혜에는 무엇이 있을까?

1) 자신의 재능과 성격을 파악해야 한다.

아무리 타고난 재능이 있다 하더라도 자신이 알아보지 못하고 계발시켜 주지 않으면 능력이 되지 못하며, 자신의 재능을 파악하여 열정과 만날 때 시너지가 발생하여 다듬어지는 것이다. 자신이 어떠한 삶의 성격으로 살아가는지와 재능이 있는지를 알아보기 위하여 뒤에서 두뇌활용 성향을 알아볼 것이다.

2) 자신의 내면에 들어있는 것 즉, 강점을 직접 꺼내보아야 한다.

▸ 다음 질문에 스스로 답을 해보자.

- 과거에 한 행동이나 활동 중에서 가장 자랑스럽게 여기는 것은 무엇인가?
- 현재 자신을 신나게 하는 것은 무엇인가?
- 가까운 미래에 일어날 일 중에서 기대하고 있는 것은 무엇인가?
- 자신을 흥분시키거나 몰입하게 한 것은 무엇인가?
- 다른 사람들로부터 칭찬받은 것은 무엇인가?
- 어려움을 극복하고 끝까지 해낸 일은 무엇인가?
- 더 빠른 속도로 배웠던 것은 무엇인가?

3) 행복감, 낙관성, 자기응시 능력을 향상하는 훈련을 해야 한다.

위 3가지는 자기실현에서 가장 중요한 3가지 척도이며 자기동기를 유발하는 요인이다.

4) 자신에게 맞는 최적의 일을 찾아라.

일은 한 사람의 정신이 가시화 된 것이며 즐기면서 할 수 있는 일을 찾아야 한다. 그래야 지속적으로 성장하면서 할 수 있고 삶의 에너지를 유지시킬 수 있다. 현대인들은 너무 바빠서 거의 반수면 상태에서 살아가고 있다. 자아에 대한 자각(Awareness)이 있을 때 우리는 자기 자신으로 살 수 있게 된다.

"최고의 삶(Best life)이란 최상의 삶(Highest life)이 아니라
최적의 삶(Optimal life)이다.
나는 어디에 있어야 가장 빛날까?"

2. 나는 누구인가?

나만의 아이덴티티를 창조하자. "나는 누구인가?" 이 질문에 답을 해 보길 바란다. 자신을 천재라고 믿는 사람은 어떻게 행동할까? 자신을 바보라고 생각하는 사람은 또 어떻게 행동할까? 만약 여러분이 조선시대에 왕자나 공주로 태어났다면, 여러분들은 어떤 행동들을 하겠는가? 그리고 자신이 정말 탁월한 리더라면 어떻게 행동할까? 사람들의 행동은 자신이 누구인가에 대한 아이덴티티와 밀접한 관련이 있다.

우리의 두뇌는 일정한 논리적 단계로 이루어져 있다. 가장 아래 부분에는 우리가 처해진 환경이 있다. 우리 두뇌는 뭔가를 인식할 때 가장 먼저 그리고 기본적으로 환경이라는 요소를 받아들인다. 그리고 그 환경은 행동에 바로 영향을 주게 된다. 우리 학생들은 학교라는 환경과 가정이라는 환경 그리고 친구들 사이라는 다양한 환경 속에서 생활하고 있다. 처해진 환경에 맞는 여러 가지 다른 행동 특징들이 있을 것이다. 그러한 환경에서 저마다 다른 행동은 곧바로 능력에 영향을 미치게 된다. 능력이라는 것도 어떻게 보면 행동의 반복이라고 볼 수 있다. 학교에서 필요한 능력과 가정에서 필요한 능력 그리고 친구들 사이에서의 필요한 능력은 각기 다를 것이다. 그런 능력이 있는 사람들은 그 환경에서 나름대로 영향력을 발휘할 것이다. 능력이 계속 발전하다 보면 자연스럽게 그 능력은 믿음이나 신념 혹은 가치로 발전할 것이다. 자신이 그런 능력을 갖고 있고, 그런 행동을 할 수 있다는 믿음이 생기며, 자신에게 있어 소중한 것들이 어떤 것들인지를 발견하고 믿게 된다. 이러한 신념, 믿음, 가치들 중에서 자신에 대한 믿음이 바로 아이덴티티(Identity 정체성, 나는 누구인가)로 형성되는 것이다. 자신이 누구인가에 대한 명확한 믿음은 그 하단의 믿음과 능력 그리고 행동과 환경을 지배하게 된다.

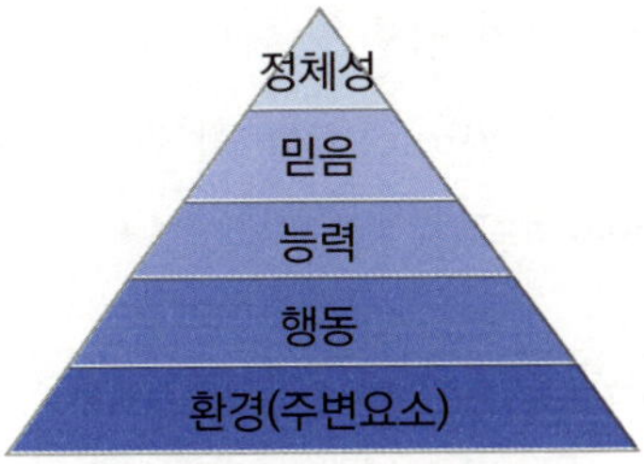

[그림 4-1] 신경 논리적 단계(Neuro Logical Level)

▸ 신경 논리적 단계를 기반으로 자신의 아이덴티티를 발견하고 만들어보자.

〈환경〉 지금 현재 당신은 어떤 환경에서 생활하고 있는가?
당신은 언제, 어디서 그리고 주로 누구와 무엇을 하며 생활하고 있는가?

〈행동〉 그런 환경에서 당신은 어떤 행동들을 하는가?
그런 환경에서 당신은 무엇을 하는가? 구체적인 활동들은 어떤 것들인가?

〈능력〉 그런 환경에서 그런 행동을 하는 당신은 어떤 능력들을 갖고 있는가?
그런 환경에서 그런 행동을 하고 있는 당신은 무엇을 하고 친구들과 사귀는가?

〈믿음, 신념, 가치〉 그런 환경에서 그런 행동을 하면서 그런 능력을 갖고 있는 당신은 어떤 믿음이나 신념을 갖고 있는가?
그런 환경에서 그런 행동을 하면서 그런 능력을 갖고 있는 당신에게 있어 소중한 것은 무엇인가? 당신에게 가치가 있는 것은 무엇인가?

〈아이덴티티〉 그런 환경에서 그런 행동을 하면서 그런 능력과 믿음을 갖고 있는 나는 누구인가?

〈정신 / 영적〉 나는 누구를 위해 일을 하고 있는가? 나는 무엇을 위해 살아가고 있는가?

이상의 이러한 질문에 구체적인 답변을 하면서 자신이 누구인지에 대한 정체성을 정의해 보자. 특히 정체성에 대한 정의를 할 때는 "나는 ~ [형용사 + 명사]이다"라고 짧고 명확하게 진술하면 된다.

▶ 다음 문장을 작성해 보자.

- 나는 ____이다.

또 하나의 연습을 해 보자. 자신이 원하는 꿈이 이루어졌다면 그때 "나는 누구?"라고 하고 싶은가? 원하는 것이 이루어졌다면 사람들은 당신을 누구라고 말할 것 같은가? 아니면 사람들로부터 어떻게 불리기를 원하는가? 현재 자신이 어떤 사람인지에 대한 명확한 아이덴티티를 가져보자. 그리고 미래의 자신이 어떤 사람인지에 대한 아이덴티티도 명확하게 가져보라. 우리는 생각하는 대로 살아가게 된다. 특히 우리의 두뇌는 어떤 것이 진짜 현실이고 가짜 현실인지 구별하지를 못한다. 자신이 미래 어떤 사람인지에 대해 구체적인 아이덴티티를 갖게 된다면 우리의 두뇌는 그것을 진짜 현실처럼 받아들일 수 있고, 명령어로 그렇게 되라는 신호를 보내게 된다. 현재 대학생, ~의 자녀 등 역할로서 자신의 아이덴티티를 명확히 하자. 그리고 미래의 더 멋진 자신만의 아이덴티티를 갖자. 그리고 지금 마치 자신의 꿈이 이루어진 것처럼 생각하면서 하루하루를 설레는 마음으로 학업이나 일에 전념하자. 미래에 사람들은 당신을 어떤 사람이라고 평가했으면 좋겠는가? 여러분들이 듣고 싶은 아이덴티티를 상상하자. 미래에 당신은 어떤 일들을 펼치면서 살아가고 싶은가? 미래에 당신이 주로 활동하는 환경은 어떤가? 미래 어디에서 주로 활동하고 있는가? 어떤 행동들을 하고 있는가? 미래에 당신이 갖고 있는 능력들은 무엇인가? 그리고 그때 당신에게 있어 소중한 것들과 믿음은 무엇인가? 이런 생각들로 자신의 두뇌를 가득 채워 하루하루를 만들자. 미래에 듣게 될 자신의 아이덴티티로 무장하여 지금의 순간을 원하는 대로 이끌자.

당신에게

평화를 줄 수 있는 사람은
오직 당신뿐입니다.
불변의 원칙이 삶을 지배할 때에만
당신은 평화를 누릴 수 있습니다.

\- 랄프 왈도 에머슨

긍휼

분노에 찬 행동은
상처받은 경험에서 비롯된 반면

감사하는 행동은
치유받은 경험에서 비롯된다.

분노에 찬 행동은 취하고 싶어하고
감사에 찬 행동은 나눠주고 싶어한다.

\-헨리 나우웬

3. 두뇌 활용 성향

이는 두뇌 사고 모델(Brain Thinking Model)이라고도 한다.

1) 좌뇌-우뇌 반구 모델

1950년대 후반과 1960년대 초 정신생물학자인 로저 월콧 스페리(Roger Wolcott Sperry)는 대뇌의 기능적 분석에 대한 연구로 1981년 노벨 의학상을 받았다. 대뇌 반구의 단순 우열을 가릴 수 없으며, 인간의 뇌에서 왼쪽과 오른쪽은 서로 상반된 정보처리 체계를 사용한다는 것을 증명하였다.

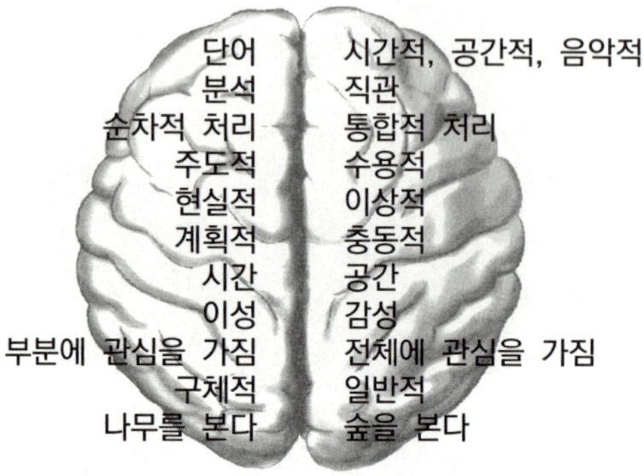

〈표 4-1〉 대뇌 반구별 사고의 차이

좌뇌	우뇌
언어적 • 이름기억을 잘함 • 대화 시 단어를 더 많이 사용 • 언어적인 자료의 기억 • 언어적 정보의 학습에 익숙	비언어적(시각적) • 얼굴기억을 잘함 • 대화시 신체 언어 사용 • 음조적인 자료의 기억 • 경험적·활동적인 학습에 익숙
분석적(논리적) • 체계적인 방법으로 문제해결 • 논리적인 생각·사고	직관적(은유적) • 직관적 판단에 의해 문제해결 • 유머스런 생각·행동
직역적 • 논리적 추리를 통한 학습 • 수학학습에 익숙	공간적 • 기하학적 학습 • 공간적·시각적 과정을 통한 학습에 익숙
이성적, 인지적 • 감정억제 • 지적 • 기존 것의 개선 선호 • 사실적·현실적인 것 선호	감정적, 예술적 • 감정발산 • 창조적 • 새로운 사실 발견 선호 • 환상적·상상적인 것 선호

2) 삼위일체두뇌모형: Hierarchy(Triune Brain Model)

미국 국립건강기구의 폴 맥린(MacLean, 1970)은 인간의 진화론에서 착안하여 삼위일체두뇌모형을 개발하였다. 파충류뇌는 가장 오래된 뇌로서 기본적인 생존 활동을 통제하고 있으며, 선사와 현대의 파충류가 이러한 두뇌만을 가지고 있다(Buergin, 1998). 포유류뇌인 변연계는 파충류뇌를 둘러싸고 있는데 토끼와 같은 하층 포유류와 함께 인간이 가지고 있는 뇌이다. 이 변연계는 기쁨, 슬픔, 근심, 분노와 같은 감정에 지대한 영향을 주고 있으며, 입력된 정보를 과거의 경험과 비교하고 메시지를 기억장소에 보내는 기능을 담당한다(MacLean, 1978; Buergin, 1998). 영장류뇌인 대뇌신피질은 가장 최근에 발전된 뇌로서 언어능력과 사유능력을 제공하는 데 인간의 특성을 가장 잘 나타내주는 기능을 수행한다(MacLean, 1978; Farmer, 1997).

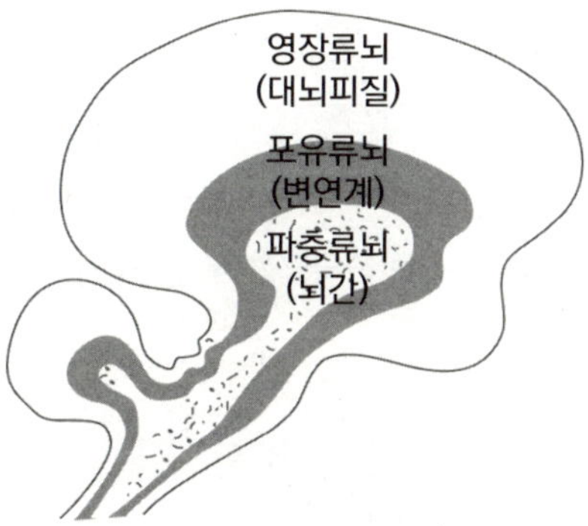

[그림 4-2] 삼위일체두뇌모형

3) 전뇌모형(Whole Brain Model: WBM)

네드 허먼(Ned Herrmann, 1991)은 스페리의 대뇌반구 이론과 폴 맥클린(Paul MacLean, 1973)의 삼위일체모형(Triune Brain Model)을 바탕으로 그의 저서 『창의적인 대뇌(The Creative Brain)』에서 좌뇌와 우뇌 그리고 대뇌피질과 변연계(limbic system)로 나누어 4가지의 mode로 구분하는 전뇌모형(Whole Brain Model)을 제시하였다. 네드 허먼은 스페리의 뇌의 mode에 대한 관점이 조금 달랐다. 스페리는 생물학적 뇌로서 직접적인 기능과 역할 등에 관한 생물학적 관점인 반면, 네드허먼은 생물학적이 아닌 뇌가 우리의 사고에 관여하는 것을 비유하기 위한 것이었다.

좌뇌는 언어적 뇌, 우뇌는 예술적 감각의 뇌라고 간단히 말할 수 있고 대뇌피질은 정신기능의 뇌, 변연계는 감정기능의 뇌라 말할 수 있다.

대뇌피질은 고도의 정신기능을 수행하는 영역으로 뇌로 받아들인 정보를 사고

하고 판단하는 이성과 관련한 활동을 하고, 목적 지향적이고, 창조적이며, 개념화의 역할을 담당하는 영역이다. 반면 변연계는 청각이나 후각 등의 감각기관을 통하여 받아들인 정보로 인하여 내면에서 발생하는 감정적 변화 정보를 뇌의 다른 영역으로 보내는 역할을 한다. 다시 말하면, 감각기관을 통하여 받아들인 외부 정보와 내부에서 발생하는 감정 신호를 연결하고 조정하는데, 이러한 과정은 신경발달에 영향을 주는 복잡한 과정으로 처리된다.

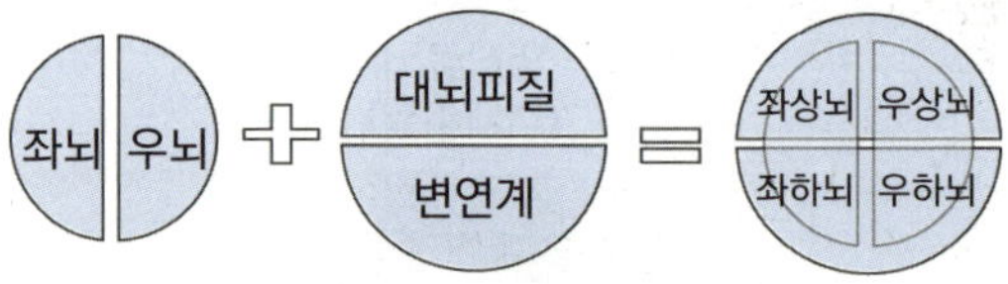

[그림 4-3] 전뇌모형의 구성과정

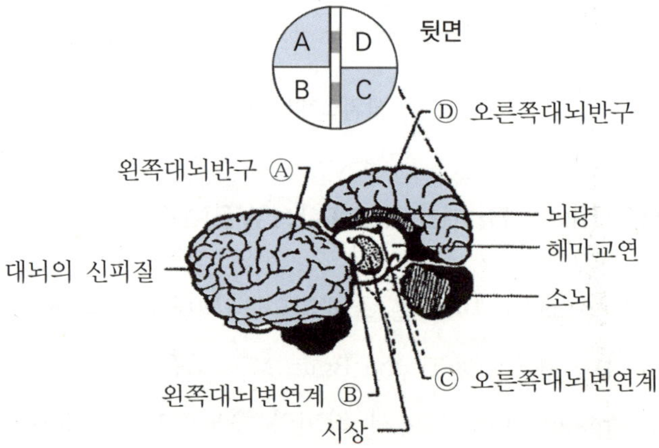

[그림 4-4] 4사분면 모델의 실제 두뇌와의 연관관계

반시계방향으로 A, B, C, D 4개의 사분면으로 구성되는 전뇌모형의 연구 '개인의 뇌 활용성향 측정도구의 개발과 적용'에서는 각 mode별 일반적 묘사, 기능적 특성, 전형적인 관용구, 부정적 측면으로 구분하며 다음과 같다.

구분	A mode 분석하다	B mode 정리화하다	C mode 개인화하다	D mode 시각화하다
일반적 묘사	논리적인 사실의, 이성적인 비판적인 분석적인, 양적인 권위주의적인 수학적인	기술에 치중하는 자료 수집적인 보수적인 통제된 연속적인, 명확한 우세한, 자세한	음악적인 사교적인 상징적인 수다스러운 감정적인 직관적인	직관적인 동시적인 상상의 종합적인 전체적인 예술적인, 우주의
기능적 특성	문제해결 분석적인 통계적인 기술적인 과학적인 금전적인	계획하는 조정자 감독자의 행정상의 조직적인 도구적인	생각의 표현 관계적인 편지 왕래 가르침 훈련	통합적인 시각화하는 변화를 주도하는 개념화 하는 새로운 착상 직관에 대한믿음
전형적인 관용구	도구들, 하드웨어 중요점 실리적 자세히 살피다 분해 비판적, 분석	습관적 언제나 같은 방식 법과 질서 자기훈련 안전 지향적 순서	팀 협력, 가정적 상호작용 참여하는 인적가치 중시 개인의 성장 인적자원, 팀 발전	생각을 즐기는 전체적으로 보기 광범위한 위험추구 선두에 있는 개념적인, 혁신적인
부정적 측면 (타인에 의한)	계산기 능력이 부족한 감정이 없는 계산적인 무책임한, 차가운	까다로운 생각이 없는 상상력이 부족한 반복적인 보수적인	수다 잘 속는 설득하기 쉬운 지나치게 감상적인	무모한, 불안한 비현실적인 별난 몽상가 미숙한, 엉뚱한

4) 나의 두뇌활용 성향

▸ 따라해 보기

- 두 손을 깍지 끼워 보자. 자신은 어느 손의 엄지손가락이 위로 올라오는가? 반대로 깍지를 끼워 보자.
- 팔짱을 끼워 보자. 어느 팔이 위로 올라오는가? 아래에 있는 팔을 위로 올라오도록 다시 팔짱을 끼워 보자.
- 자신은 언제부터 손가락 깍지를 낄 때나 팔짱을 낄 때 이러한 습관이 생겼는가? 바꾸는 것이 쉬운가?

이렇게 익숙해져 있는 것을 선호도라고 한다. 인간은 자신도 모르게 습관화되어 익숙해져 변화하기에 어려운 것이 많이 있다. 이러한 선호도 중에 사고 선호도가 앞에서 확인한 두뇌활용 성향이다.

부록에 있는 설문지를 이용하여 자신의 두뇌활용 성향을 파악해 보자.

	나의 두뇌 활용성향(=사고 선호도)	
A. 좌상뇌: 분석하다. (이성적 자아)	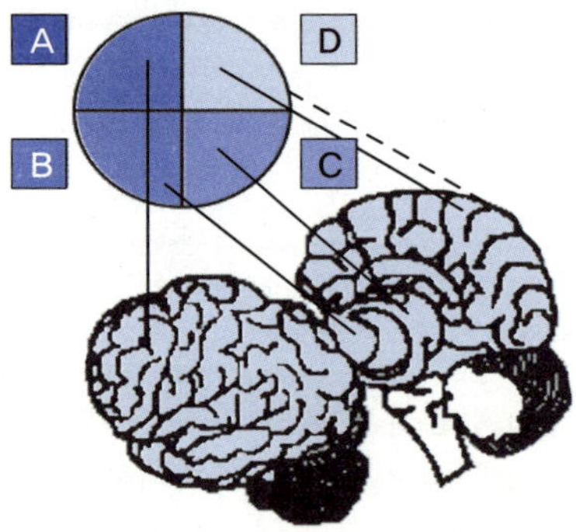	D. 우상뇌: 시각화하다. (실험적 자아)
________점		________점
B. 좌하뇌: 정리하다. (안정적 자아)		C. 우하뇌: 개인화하다. (감정적 자아)
________점	**[그림 4-5] 네드 허만의 사분할 모형** 출처: Bunderson,. Scientific and Technical Report.	________점

누구나 오랫동안 자신도 모르게 선호해 온 사고양식이 있으며 이에 따라 생활양식, 문제해결 방법, 학습, 창의성, 다른 사람과의 의사소통 방법 등이 달라지게 된다. 세계적으로 많은 사람은 2가지 유형의 우세성향 유형을 가지며, 3가지를 갖는 소수의 사람, 4가지 모두 우세성향 유형인 극소수의 사람들이 있다고 한다. 또한 이것은 단지 과거에 선호해 온 유형일 뿐, 자신이 강렬하게 원하고 훈련한다면 4가지 모두 계발시킬 수 있다. 또한 우세성향 유형이 서로 반대인 사람끼리는 서로 의사소통을 하거나 상대방을 이해하는 데 큰 어려움을 느낄 수도 있다. 또한 어떤 사분면에서 낮은 점수를 갖는다는 것은 이 방법으로 사고할 수 없다는 것을 의미하는 것은 아니며, 선택권이 주어졌을 때 다른 사고유형을 선택한다는 것이다. 반대로 강한 우세성향을 가지고 있다는 것이 더 나은 사고를 할 수 있는 것을 의미하는 것은 아니고, 단지 강한 우세성향을 가지고 있는 이 분야에서 능력을 개발하기 쉽다는 것을 의미한다. 따라서 여러 가지 사고능력 모두에 대한 균형 잡힌 인식

이 필요하며, 두뇌 전체로 사고하고 문제를 풀어나가는 훈련을 할 필요가 있다. 한 사고 유형에 대한 선호가 강하면 강할수록 다른 사고유형에 대해서는 불편함을 느낀다.

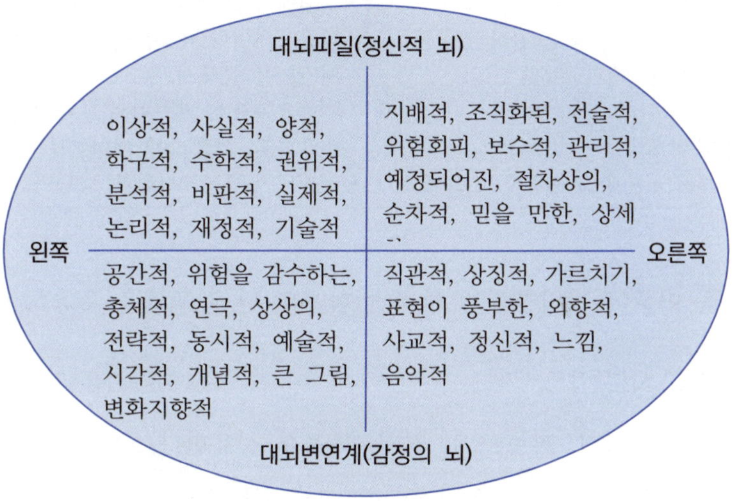

[그림 4-6] 사고 선호도의 '단서들'

다음은 4가지 사고 선호도별 특성들이다.

분석적 사고를 하는 A사분면의 특성	조직적 사고를 하는 B사분면의 특성
• 분석가(계산기, 인간 기계, 인텔리) • 사고-분석적 • 문화-물질적, 학구적, 권위적 (성취 지향적이며 성과 위주형) • 선호하는 과목-대수학, 미적분학, 회계, 과학, 공학 • 학습-외면학습(근거, 전문가들, 데이터, 사실과 정보로부터) • 인물-스타트랙의 스폭, 여론조사가 조지 갤럽 • 엔지니어의 특징-보통의 엔지니어	• 관리자(교육자, 까다롭고 꾸준히 열심히 일하는 사람) • 사고-순차적 • 문화-전통적, 보수적, 관료적, 신뢰성 (성취 지향적이며 작업 주도형) • 선호하는 과목-구조적 순차적으로 구성된 과목 • 학습-절차적인 학습(테스트, 기술, 실제적인 응용, 실용적인 관점을 통해서) • 인물-FBI 전 국장 에드가 후버, 독일 수상 비스마르크 • 엔지니어의 특징-경영, 안전성과 품질 관리

대인관계를 고려한 사고를 하는 C사분면의 특성	상상력이 풍부한 사고인 D사분면의 특성
• 협동가(뜨거운 가슴과 부드러운 사람, 이야기꾼) • 사고－대인관계와 관련된 사고 • 문화－인간적이고, 협동적이며, 정신적 • 선호하는 과목－사회과학, 음악, 춤, 고난도 기술의 스포츠 과목 • 학습－상호작용에 의한 학습(감각적 경험, 실습활동, 가치, 피드백과 토의) • 인물－마하트마 간디, 노자, 마틴 루터 킹, 다이아나 황태자비 • 엔지니어의 특징－판매, 교육과 훈련, 고객 관리	• 합성가(비현실적인 몽상가) • 사고－상상력이 풍부한 사고 • 문화－탐험적, 사업적, 발명적, 미래지향적 • 선호하는 과목－기하학, 설계, 시, 건축 과목, 그림이나 조각의 예술 과목 • 학습－내면학습(통찰력, "a-ha"라는 경험과 시각화를 통해서) • 인물－피카소, 레오나르도 다빈치, 알버트 아인슈타인, 아멜리아 에어하트 • 엔지니어 특징－사업가, 발명가, 개념 설계자

만약 팀을 이루어 지식창출을 하려면 다음의 단계 모델을 활용하면 된다.

① 단계 1(C 사분면)

- 팀 구성원은 신뢰, 지능모델, 경험, 목표를 공유한다.
- 고객을 잘 알고 있으며, 직관적이며 신체 감각적인 학습을 이해

② 단계 2(D 사분면)

- 팀 구성원은 목표와 개념에 대한 은유적 표현을 개발한다.
- 묵시적 지식이 명시되어 모두에게 이해되도록 브레인스토밍

③ 단계 3(A 사분면)

- 정보를 수집, 공유, 결합, 종합, 분석, 문서화하고 학습과 문제해결을 관련지어 전달한다.
- 명시적 지식이며 피드백이 있는 광범위한 정보의 흐름

④ 단계 4(B 사분면)

- 새롭게 창조된 지식의 응용을 통해서 경험 → 시험용 프로그램과 시제품에서 해결방안을 배운다.
- 이 과정은 새로운 지식창출 순환과정에서 나선형 회전에 의해서 더 높은 단계로 순환 상승

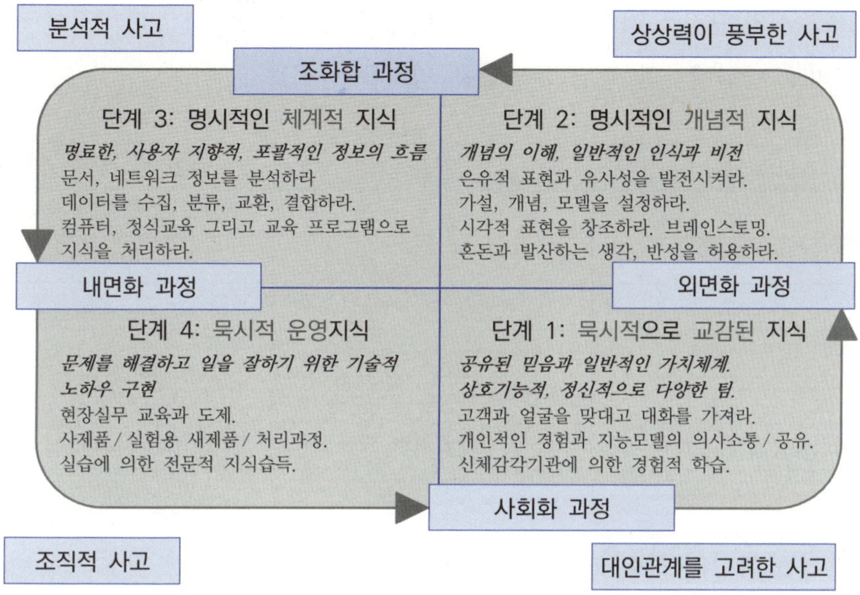

[그림 4-7] Herrmann 모델에 중첩된 Ikujiro Nonaka와 Hirotaka Takeuchi의 모델

활동하기

사고 선호도 우세성향이 같은 사람끼리 팀을 이루어 다음의 활동을 하고 팀별로 발표해 보자.

① 같은 유형끼리 자신의 유형에 대한 분석
- 우리 유형의 강점
- 우리 유형의 단점
- 울릉도 여행 계획 세우기

② 다른 유형에 대한 분석
- 다른 유형이 부러운 점
- 다른 유형에게 해 주고 싶은 말

이렇듯 사람은 두뇌 우세성향이 다르기 때문에 다양한 행동패턴과 성격상 장단점이 나타나게 되고 결국에는 인간관계나 개인의 능력에도 영향을 미치게 된다. 그러나 분명한 것은 어떤 유형이 좋거나 나쁜 것이 아니며, 만약 현재의 두뇌 우세성향이 다르다면 원하는 모양을 디자인하여 반복적으로 부족한 부분의 뇌를 사용하는 연습을 하면 새로운 길이 나게 되고 성장 및 변화할 수 있게 된다.

먼저 자신의 단점을 적어보자. 이것을 반대의 입장에서 장점으로 바꾸어 적어보자. 그리고 단점이라면 주된 두뇌활용 영역을 적어보자.

나의 단점	장점	주된 두뇌활용 영역
예) 꼼꼼하지 못하다.	대범하다.	B좌하뇌 약점

이번에는 자신의 장점을 적어보자. 이것을 반대의 입장에서 단점으로 바꾸어 적어보자. 그리고 장점이라면 주된 두뇌활용 영역을 적어보자.

나의 장점	단점	주된 두뇌활용 영역
예) 새로운 일을 좋아한다.	치밀하지 못하다.	D우상뇌 장점

눈치챘는가? 장점이나 단점은 같은 특성을 어떻게 볼 것이냐의 관점의 문제이다. 즉, 자신의 어떤 특성을 장점이나 단점으로 자신이 선택하는 문제이다. 만약 이것이 미래에 자신의 삶에 유용하지 못한 특성이라고 생각이 드는 부분이 있다면 다시 디자인해 보자.

위의 활동을 참고로 하여 자신이 갖고 싶은 강점의 목록을 적어보고 어느 두뇌영역을 사용해야 하는지에 대하여 적어보자.

내가 갖기를 원하는 강점	주된 두뇌활용 영역
예) 새로운 일을 좋아한다. 전체적으로 보면서도 치밀하다.	D우상뇌 장점 D우상뇌+B좌하뇌

내용요약

1. 현대인들의 삶은 너무 바쁘고 복잡해지지만 자기 자신으로 살지 못하여 많은 정신문제가 있다. 자기 자신으로 살아가는 지혜는
   - 자신의 재능과 성격을 파악해야 한다.
   - 자신의 내면에 들어있는 강점을 직접 꺼내보아야 한다.
   - 행복감, 낙관성, 자기응시 능력을 향상하는 훈련을 해야 한다.
   - 자신에게 맞는 최적의 일을 찾아야 한다.

2. 인간의 신경논리적 단계에 따르면, 환경 → 행동 → 능력 → 믿음 → 아이덴티티 → 정신 / 영적으로 하위단계는 상위단계에 영향을 미치지만, 상위단계는 하위단계를 지배한다. 따라서 상위단계인 아이덴티티 즉, 나는 누구인가?에 대한 답을 하는 것이 가장 강력한 힘을 발휘한다.

3. 인간의 두뇌는 좌뇌와 우뇌로 기능을 구분하고 삼위일체두뇌모형에서는 뇌간-변연계-대뇌피질로 구분되며, 이 두 가지를 바탕으로 4가지 전뇌모형으로 구분하였다.
   - 분석적이고 이성적 자아인 A 좌상뇌, 정리하고 안정적 자아인 B 좌하뇌, 개인적이고 감정적 자아인 C 우하뇌, 시각적이고 실험적 자아인 D우상뇌이다.
   - 누구나 주로 편하게 사용하는 두뇌 활용성향이 있으며, 이를 사고 선호도라 한다.
   - 서로 다른 두뇌 활용성향끼리 협력하여 창의적 문제해결을 하기 위하여 C 우하뇌(사회화 과정) → D 우상뇌(외면화 과정) → A 좌상뇌(조합화 과정) → B 좌하뇌(내면화 과정)를 거치는 것이 좋다.

개인활동 과제

인간은 누구나 자신이 편하게 활용하고 익숙해 진 두뇌 활용성향이 있다. 같은 유형끼리 만나면 편하고 친근하지만 다른 유형을 만났을 때 상대적으로 불편해진다. 그러나 리더십을 갖는다는 것은 나와 다른 유형과 협력하여 공동의 목표를 달성하는 능력을 갖는다는 것이다.
평소에 자신이 이해하기 어려웠거나, 관계가 불편했던 사람의 두뇌 활용성향을 확인해 보고, 앞으로 어떻게 하면 더 좋은 관계가 될지에 대하여 생각해 보자.

나와 상대방의 두뇌 활용성향

	두뇌 활용성향	장점	단점
나	• 가장 높은 유형: • 두 번째 높은 유형:	• • • • • • • •	
상대	• 가장 높은 유형: • 두 번째 높은 유형 :	• • • • • • • •	

이 활동을 통하여 나와 상대방 사이의 관계에 대하여 알게 된 것, 이해하게 된 것, 앞으로 변화할 것 등을 작성해 보세요.

활동지: 두뇌유형 검사지

	문항	매우 그렇다	그렇다	보통이다	그렇지 않은 편이다	전혀 그렇지 않다
1	나는 다른 사람의 말을 쉽게 믿는다.	⑤	④	③	②	①
2	나는 내 눈으로 확인을 해야 결정을 한다.	⑤	④	③	②	①
3	만일 누군가를 평가하여야 한다면 엄격하게 한다.	⑤	④	③	②	①
4	정보나 자료를 보면 이들이 어떻게 논리적으로 연결되어 있는지를 쉽게 알아낸다.	⑤	④	③	②	①
5	수리적 계산력이 아주 빠르다.	⑤	④	③	②	①
6	사물이나 현상을 분석하는 능력이 뛰어나다.	⑤	④	③	②	①
7	수학적 능력이 아주 뛰어나다.	⑤	④	③	②	①
8	통계 자료 등을 쉽게 이해한다.	⑤	④	③	②	①
9	토의가 논리적이지 않으면 매우 답답함이 느껴진다.	⑤	④	③	②	①
10	다른 사람의 말 중 비논리적인 부분에 대하여 민감하게 반응한다.	⑤	④	③	②	①
11	다른 사람과 토론을 할 때 상대의 잘못된 부분에 대한 비판 가능성을 염두에 두고 말을 듣는다.	⑤	④	③	②	①
12	남들이 나의 논리를 비판하면 즉각 반론을 편다.	⑤	④	③	②	①
13	다른 사람과 이야기 시 논리적인 반박을 잘한다.	⑤	④	③	②	①
14	논리적인 말이나 글에 대한 언어적 능력이 뛰어나다.	⑤	④	③	②	①
15	까다로운 상대도 논리적인 말로 압도할 자신이 있다.	⑤	④	③	②	①
	A 계					
16	나는 관심 영역을 잘 정리정돈해 놓는다.	⑤	④	③	②	①
17	회의 등에서 논의되는 사항을 꼼꼼히 적고 정리한다.	⑤	④	③	②	①
18	주의깊게 계획을 세워 일을 처리한다.	⑤	④	③	②	①
19	문제가 될 수 있다고 생각이 드는 것은 사전에 꼼꼼히 예방을 해 둔다.	⑤	④	③	②	①
20	일을 처리할 때 정해진 절차와 방법을 잘 지킨다.	⑤	④	③	②	①
21	나는 약속시간을 거의 정확하게 지킨다.	⑤	④	③	②	①
22	나는 옷을 단정하게 차려 입는 편이다.	⑤	④	③	②	①
23	일정에 따라 순서대로 일을 끝내는 것에 익숙하다.	⑤	④	③	②	①
24	변화가 많은 것보다는 안정적인 것을 더 좋아한다.	⑤	④	③	②	①
25	나는 단순한 일도 실증을 내지 않고 꾸준히 잘 한다.	⑤	④	③	②	①
26	나는 내가 하던 방식을 잘 바꾸지 않는다.	⑤	④	③	②	①
27	나는 일을 할 때는 세밀한 사항까지 파악을 한다.	⑤	④	③	②	①
28	제품설명서에 쓰여 있는 내용을 자세히 읽는다.	⑤	④	③	②	①
29	일을 같이 하게 될 때면 구성원들에게 자세하게 지시하는 편이다.	⑤	④	③	②	①
30	변화가 필요한 경우에는 혁신보다는 점진적 개선이 더 효과적이다.	⑤	④	③	②	①
	B 계					

	문항	매우 그렇다	그렇다	보통 이다	그렇지 않은 편이다	전혀 그렇지 않다
31	나는 서먹서먹한 상황하에서도 내가 먼저 인사한다.	⑤	④	③	②	①
32	처음 보는 사람도 쉽게 사귄다.	⑤	④	③	②	①
33	결정을 할 때는 다른 사람들의 요구와 이해를 깊이 참작한다.	⑤	④	③	②	①
34	말을 할 때 나의 감정이나 느낌보다는 다른 사람들의 감정이나 느낌을 중요시한다.	⑤	④	③	②	①
35	나는 다른 사람들의 부탁을 잘 들어준다.	⑤	④	③	②	①
36	나는 아이들을 가르칠 때 화를 내지 않고 잘 가르친다.	⑤	④	③	②	①
37	다른 사람이 10리를 가자고 부탁하면 20리를 가주는 형이다.	⑤	④	③	②	①
38	다른 사람의 애로사항을 잘 들어준다.	⑤	④	③	②	①
39	사람들과 만나면 말을 많이 하는 편에 속한다.	⑤	④	③	②	①
40	얼굴표정, 몸짓 등으로 사실적 묘사를 하면서 말을 한다.	⑤	④	③	②	①
41	나는 정이 많다는 소리를 종종 듣는다.	⑤	④	③	②	①
42	나는 슬픈 영화나 연속극을 보면서 쉽게 눈물을 흘린다.	⑤	④	③	②	①
43	다른 사람들이 어떻게 느끼고 있는가를 쉽게 잘 알아낸다.	⑤	④	③	②	①
44	혼자서도 분위기나 무드에 잘 빠져든다.	⑤	④	③	②	①
45	나는 음악을 듣는 것을 매우 좋아한다.	⑤	④	③	②	①
	C 계					
46	세세한 것보다는 전체적인 큰 흐름을 잘 본다 .	⑤	④	③	②	①
47	나는 장난기가 잘 발동한다.	⑤	④	③	②	①
48	이렇게 될 것 같다라는 예감이 잘 맞는 경우가 많다.	⑤	④	③	②	①
49	나는 공상이나 백일몽을 잘 한다.	⑤	④	③	②	①
50	나는 순간적 결정으로 새로운 일을 벌리는 형이다.	⑤	④	③	②	①
51	나는 충동적으로 말을 해버리고 후회하는 경우가 종종 있다.	⑤	④	③	②	①
52	세상 관습이나 규칙에 구애받지 않고 행동한다.	⑤	④	③	②	①
53	나는 새로운 것에 대한 호기심이 매우 많다.	⑤	④	③	②	①
54	회의를 할 때면 아이디어가 샘솟듯 솟는다.	⑤	④	③	②	①
55	그림이나 도형을 보면서 입체감을 잘 떠올린다 .	⑤	④	③	②	①
56	나는 무엇이든지 시각적으로 잘 꾸미는 능력이 있다.	⑤	④	③	②	①
57	복잡한 현상을 간결하게 압축 표현하는 능력이 있다 .	⑤	④	③	②	①
58	나는 사물이나 사람을 보면 직감적으로 무엇을 닮았구나 하는 생각이 떠오른다.	⑤	④	③	②	①
59	나는 다른 사람의 시선을 전혀 의식하지 않고 튀는 행동을 할 수 있다.	⑤	④	③	②	①
60	남들이 도저히 생각하지 못하는 기발하거나 참신한 생각을 해내는 경우가 자주 있다.	⑤	④	③	②	①
	D 계					

CHAPTER

05 나의 발견 2-나의 삶, 나의 직업

See Do Get

나의 발견 2-나의 삶, 나의 직업

A type과 B type의 생각에 따른 Do(하는 행동 / 말)와 Get(얻는 결과)에 대하여 토의해 봅시다.

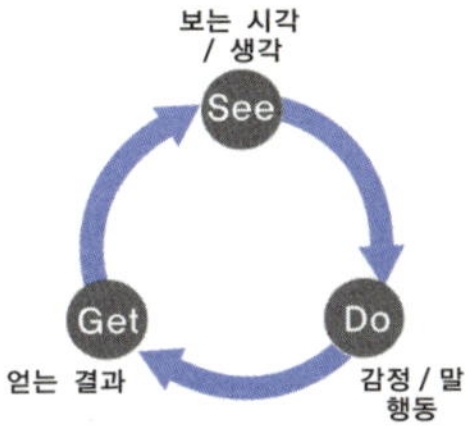

	A type	B type
See	돈, 명예, 권력, 안정적 직업을 얻는 것이 최고이다.	나에게 맞는 최적의 직업을 가지는 것이 행복할 것이다.
Do		
Get		

이 장의 목표

- 자신의 삶의 10대 뉴스를 통하여 과거-현재를 이해할 수 있다.
- 자신에게 적합한 직업을 탐색하고 직업능력을 기를 수 있다.

1. 내 삶의 역사

인간은 만남을 통하여 변화한다. 감동을 주는 누군가를 만나든지, 새로운 지식을 만나건, 자신과의 진정한 만남이 있을 때 변화하게 된다. 이러한 의미 있는 만남이 없다면 예전의 습관에 따라 행동하게 될 것이고 그 행동을 보면 그 사람의 미래를 예측해 볼 수 있게 된다. 따라서 미래의 자신을 그려보기 전에 그간 삶의 역사를 살펴보는 것도 의미 있는 활동이 될 것이다.

지금까지 자신의 인생에서 있었던 10대 뉴스와 이를 이용하여 인생 곡선을 그려보자.

1) 내 인생의 10대 뉴스

누구나 자신의 과거를 돌아보면 한 편의 영화를 볼 수 있을 것이다. 이러한 과거의 소중한 경험들을 성찰함으로써 자신의 삶에 대한 태도를 발견하고 개인적으로 중요한 사건을 정리해보자. 학교에서 학업, 선생님, 친구, 선배, 후배와의 관계라든지, 개인적으로 부모, 형제 등과의 관계에서 자랑스러웠던 일이나 후회스러운 일을 중심으로 작성해보고 각 사건의 구체적인 시기도 기재해 보자.

작성을 마친 후 옆 사람에게 자기 인생의 10대 뉴스를 소개하도록 한다.

내 인생의 10대 뉴스	번호	내게 미친 영향
	1	
	2	
	3	
	4	
	5	
	6	
	7	
	8	
	9	
	10	

2) 인생 곡선

이번에는 위에서 작성한 10대 뉴스를 인생곡선 시트에 각 사건에 대한 만족도를 −10점에서 10점 사이의 점수로 평가해 보자. 각 사건 당시 자신의 연령을 X축에, 각 사건에 대한 자신의 만족도를 Y축에 기준하여 해당 사건을 점으로 표시한 후 각 사건이 표시된 점을 곡선으로 연결해 본다.

〈나 행복 의 생애 곡선〉

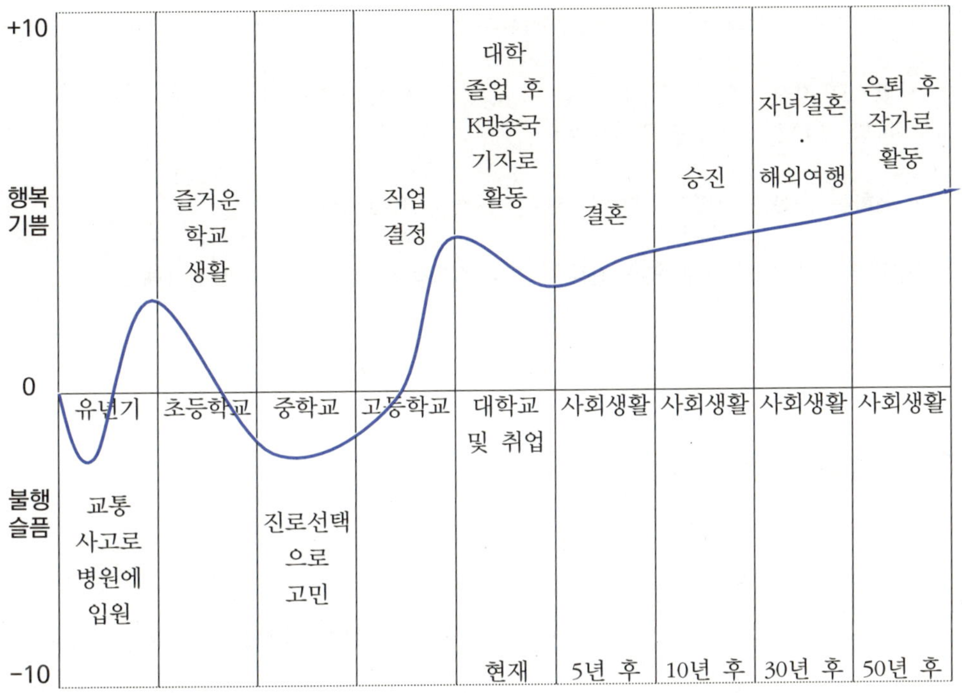

〈_____________의 생애 곡선〉

+10									
행복 기쁨									
0	유년기	초등학교	중학교	고등학교	대학교 및 취업	사회생활	사회생활	사회생활	사회생활
불행 슬픔									
-10					현재	( )	( )	( )	( )

생각해 보기

- 현재까지의 삶의 분석을 통해 무엇을 느꼈는가?
- 앞으로 자신의 인생 곡선을 상승 곡선으로 만들기를 원하는가?
  하향 곡선을 만들기를 원하는가?
- 원하는 곡선을 그리기 위하여 어떠한 노력을 해야 할까?

이를 자신의 미래 설계 혹은 진로 계획을 수립하는 것과 연계하여 생각해 보자.

2. 직업가치관과 직업성격 유형

한 분야에서 전문가가 되기 위하여 만 시간이 걸린다고 할 때, 만 시간을 투자하기 위해서 자신의 올바른 비전을 향한 길이어야 하며, 비전은 자신의 가치, 행동, 재능, 성격을 반영한 것이어야 한다. 그러한 비전을 올바로 세웠을 때 열정이 생겨나 기꺼이 만 시간을 투자하여 전문가가 될 수 있는 것이다.

만약 자신의 이러한 내면의 자원과 일치하지 않는 직업이나 일을 하게 된다면, 마음의 평화와 행복은 깨어지고 결국에는 무기력한 사람이 되어 직업은 생계유지의 수단으로 전락하게 될 것이다. 그래서 올바른 목표설정에 필요한 자원들로 가치관, 흥미, 재능, 직업성격을 고려해야 하며 이러한 자원은 모두 "내 안에 이미" 있다. 잘 들여다보면 누구나 발견할 수 있다.

1) 직업가치관 유형

어떤 학생의 장래희망은 의사이다. 왜 의사가 되고 싶으냐고 물어보았더니 "돈을 많이 벌잖아요?" 또 다른 의사를 꿈꾸는 학생에게 물어보았더니 "인류에게 도움이 되고 싶어요." 이렇게 같은 직업을 꿈꾸더라도 그 이유에 해당하는 것이 바로 직업가치관이다. 그래서 무엇이 되고 싶으냐 보다 무엇이 되고 싶은 이유에 대하여 먼저 물어야 한다. 돈을 벌기 위하여 의사가 되려 한다면 의사보다 더 많은 돈을

벌 수 있는 직업도 있을 것이고, 의사가 된 다음의 행동양식과 직업만족도에 대하여 함께 생각해 볼 일이다. 슈프랑거(Spranger, 1928)는 전 세계의 사람들을 대상으로 연구하여 직업가치관을 6가지로 유형화하고 관련 있는 직업을 제시하였다.

〈표 5-1〉 직업가치관의 유형과 직업

유형	가치관	직업
이론형	학문이나 연구, 진리 탐구를 획득하기 위한 방법으로 노력하는 유형	교사, 평론가, 학자, 이론가, 연구가, 교육자 등 연구 활동에 종사하는 직업
권력형	권력이나 정치에 의한 지배에 흥미를 갖는 유형	정치가, 군인, 장관, 국회의원, 기관장, 시·도의원 등의 직종
심미형	음악이나 미술 등 예술에 심취하고 흥미를 갖는 유형	음악가, 체육인, 무용가, 음악평론가, 화가, 소설가, 스포츠해설가 등 예술 분야 직종
경제형	주로 이익 추구에 몰두하고 돈 버는 것을 최고의 가치로 생각하는 유형	소매, 도매상인, 유통업종사자, 중소기업인, 대기업인, 무역인, 사장, 회장 등 경제활동에 종사하는 직업
사회사업형	타인을 사랑하고 타인을 위해 봉사하는 데 중점을 두는 유형	사회사업가, 서비스업 종사자, 상담교사, 재활상담원, 간호사, 사회봉사자 직종
종교형	인생의 궁극적 의미를 추구하며, 종교적 가치관이나 성스러운 것, 자기초월적 수행을 추구하는 유형	목사, 권사, 장로, 집사, 승려, 신부 등의 종교인

* 슈프랑거(Spranger, 1928)가 제시한 가치관 유형을 김충기(1995)가 재구성한 것임

이 장의 맨 뒤의 **[활동지]**에 있는 직업가치관 설문지를 이용하여 자신의 직업가치관에 대하여 확인해 보자.

자신의 직업가치관 순서	①	②	③

어릴 때부터 지금까지 나의 꿈의 역사를 써 보고 그 꿈과 관련된 직업가치관에 대하여 생각해 보자

나의 꿈의 역사		관련 직업가치관
유치원 시절의 꿈		
초등학생 때의 꿈		
고등학생 때의 꿈		
현재의 꿈		

2) 홀랜드(Holland)의 직업성격 유형

진로란 일과 관련된 개인의 총체적인 경험이며, 개인이 그의 일생을 통해서 하는 일의 총체를 일컫는 개념으로 개인의 생애를 통한 직업 발달과 그 과정 및 내용을 가리키는 포괄적인 용어이다. 진로탐색 검사는 미국의 진로지도나 상담에서 가장 많이 사용되고 있는 홀랜드(John L. Holland)의 이론에 따라 제작된 검사로서 6개의 직업적 성격유형 즉, 실재형(R), 탐구형(I), 예술형(A), 사회형(S), 기업형(E), 관습형(C)을 측정한다. 세상의 직업을 직종이나 그 일에 종사하는 사람들의 성격에 따라 대체로 6개의 유형으로 분류할 수 있다. 이러한 직업적 성격유형은 어릴 때부터 기질적으로 또는 자라는 동안 환경에 상호작용하면서 형성되는데 이러한 직업적 성격유형을 잠재적 적성으로 파악하여 진학, 직업을 선택하게 된다면 그 후의 직업이나 개인생활을 만족스럽고 행복하게 보낼 수 있게 될 것이다. 따라서 먼저 이 검사는 RIASEC의 진로 유형을 찾고 그 유형에 알맞은 전공학과 및 직업을 제시해 준다.

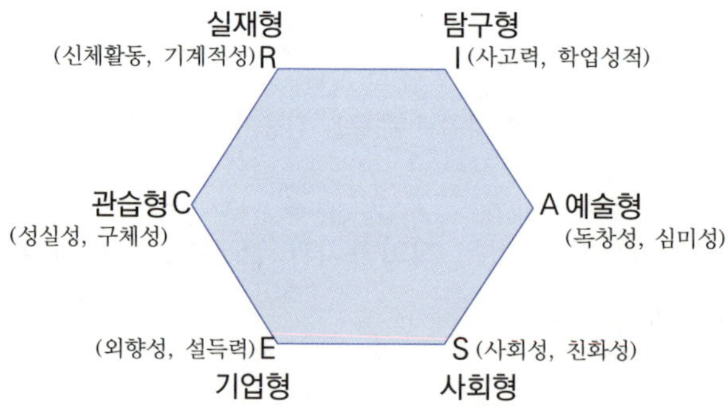

[그림 5-1] 홀랜드의 직업성격 6각형 모형

사람은 아무리 자기 능력이 우수해도 그 일에 흥미를 느끼지 못하면 일을 해도 그 결과가 좋지 못하게 된다. 흥미는 어떤 일에 보람과 즐거움을 갖는 것을 말한다. 그래서 자기가 나아갈 길(진로)을 정하는 데 흥미는 매우 중요하다.

믿을 수 있는 취업포탈 워크넷(www.work.go.kr)에 접속하여 '직업심리검사→직업선호도검사 L형'을 검사하고 인쇄하여 자신의 직업성격 유형을 확인해 보자.

〈표 5-2〉 직업성격 유형

측정요인	나의 유형 순위	요인 설명
현실형(R)		분명하고 질서정연하고 체계적인 활동을 좋아하며 기계를 조작하는 활동 및 기술을 선호하는 흥미유형
탐구형(I)		관찰적, 상징적, 체계적이며 물리적, 생물학적, 문화적 현상의 창조적인 탐구활동을 선호하는 흥미유형
예술형(A)		예술적 창조와 표현, 변화와 다양성을 선호하고 틀에 박힌 활동을 싫어하며 자유롭고, 상징적인 활동을 선호하는 흥미유형
사회형(S)		타인의 문제를 듣고, 이해하고, 도와주고, 치료해주는 활동을 선호하는 흥미유형
기업형(E)		조직의 목적과 경제적 이익을 얻기 위해 타인을 지도, 계획, 통제, 관리하는 일과 그 결과로 얻게 되는 명예, 인정, 권위를 선호하는 흥미유형
관습형(C)		정해진 원칙과 계획에 따라 자료를 기록, 정리, 조작하는 활동을 좋아하고 사무능력, 계산능력을 발휘하는 것을 선호하는 흥미유형

〈표 5-3〉 직업성격 유형별 특성

	현실형(R)	탐구형(I)	예술형(A)	사회형(S)	기업형(E)	관습형(C)
대표 특성	실행/ 사물지향	사고/ 아이디어지향	창조/ 아이디어지향	자선/ 사람지향	관리/ 과제지향	동조/ 자료지향
인성 특징	남성적, 솔직, 성실, 검소, 지구력, 신체적으로 건강, 소박, 말이 적으며, 고집, 단순	탐구심이 많고, 논리적, 분석적, 합리적, 정확, 지적 호기심이 많으며, 비판적, 내성적, 수줍음을 잘 타며, 신중	상상력이 풍부, 감수성이 강하며, 자유분방, 개방적, 감정풍부, 독창적, 개성이 강하고, 협동적이지 않다.	사람들을 좋아하며, 어울리기 좋아하고, 친절, 이해심이 많으며, 남을 잘 도와주고, 봉사적, 감정적, 이상주의적	지배적, 통솔력, 지도력, 말을 잘하고, 설득적, 경쟁적, 야심적, 외향적, 낙관적, 열성적	정확, 빈틈 없고, 조심성이 있으며, 세밀, 계획성이 있으며, 변화를 좋아하지 않으며, 완고, 책임감
직업 활동 선호	분명, 질서정연, 체계적인 대상·연장·기계·동물들의 조작을 주로 하는 활동 내지 신체적 기술들을 좋아하고, 교육적·치료적 활동은 좋아하지 않는다.	관찰적, 상징적, 체계적이며, 물리적·생물학적·문화적 현상의 창조적인 탐구를 수반하는 활동들에 흥미를 보이지만, 사회적이고 반복적인 활동에는 관심이 부족한 면이 있다.	예술적 창조와 표현, 변화와 다양성을 좋아하고, 틀에 박힌 것을 싫어한다. 모호하고 자유롭고, 상징적인 활동들을 좋아하지만 명쾌하고, 체계적이고 구조화된 활동에는 흥미가 없다.	타인의 문제를 듣고 이해하고 도와주고 치료해 주고, 봉사하는 활동들에 흥미를 보이지만 기계, 도구, 물질과 함께 하는 명쾌하고, 질서정연하고, 체계적인 활동에는 흥미가 없다.	조직의 목적과 경제적 이익을 얻기 위해 타인을 선도, 계획, 통제, 관리하는 일과 그 결과로 얻어지는 위신, 인정, 권위를 얻는 활동들을 좋아하지만 관찰적, 상징적, 체계적 활동에는 흥미가 없다.	정해진 원칙과 계획에 따라 자료를 기록, 정리, 조직하는 일을 좋아하고 사무적, 계산적 능력을 발휘하는 활동을 좋아한다. 창의적, 자율적, 모험적, 비체계적 활동에는 흥미가 없다.

	현실형(R)	탐구형(I)	예술형(A)	사회형(S)	기업형(E)	관습형(C)
적성유능감	•기계적 · 운동적인능력은있으나 대인관계 능력은 부족 •수공, 농업, 전기, 기술적 능력은높으나 교육적능력은 부족	•학구적 · 지적 자부심을가지고있으며, 수학적 · 과학적능력은높으나 지도력이나 설득력은 부족 •연구능력이 높음	•미술적 · 음악적 능력은있으나사무적기술은부족 •상징적 · 자유적 · 비체계적 능력은 있으나체계적 · 순서적 능력은 부족	•사회적 · 교육적 지도력과 대인관계능력은있으나 기계적 · 과학적 능력은 부족 •기계적 · 체계적 능력이 부족	•적극적이고, 사회적이고, 지도력과 언어의능력은 있으나 과학적인 능력은 부족 •대인간, 설득적인 능력은있으나체계적 능력은부족	•사무적이며, 계산적인능력은있지만 예술적, 상상적 능력은 부족 •체계적, 정확성은 있으나 탐구적 · 독창적능력 부족
가치	특기, 기술, 기능, 전문성, 유능성, 생산성	탐구, 지식, 학문, 지혜, 합리성	예술, 창의성, 재능, 변화, 자유, 개성	사랑, 평등, 헌신, 공익, 용서, 봉사	권력, 야망, 명예, 모험, 자유, 보상	능률, 체계, 안전, 안정
생의 목표	기계나 장치의 발견및 기술사, 전문인, 뛰어난 운동선수	사물이나 현상의 발견 및 과학에 대한 이론적 기여	예술계의 유명인, 독창적인 작품활동	타인들을 도우고 희생, 존경받는 스승, 치료전문가	사회의 영향력 있는 지도자, 금융과 상업분야의 전문가	금융과 회계의 전문가, 사무행정 전문가
대표 직업	기계분야: 기술자, 자동기계 및 항공기 조종사, 정비사, 농부, 엔지니어, 전기 · 기계기사, 운동선수	연구분야: 과학자, 생물학자, 화학자, 물리학자, 인류학자, 지질학자, 의료기술자, 의사	예술분야: 예술가, 작곡가, 음악가, 무대감독, 작가, 배우, 소설가, 미술가, 무용가, 디자이너	상담분야: 사회복지가, 교육자, 간호사, 유치원교사, 종교지도자, 상담가, 임상치료가, 언어치료사	경영분야: 기업경영인, 정치가, 판사, 영업사원, 상품구매인, 보험회사원, 판매원, 관리자, 연출가	회계분야: 공인회계사, 경제 분석가, 은행원, 세무사, 경리사원, 감사원, 안전관리사, 사서, 법무사

3. 미래 21세기 역량

내 삶의 역사와 직업역량인 직업가치관과 직업성격 유형을 확인하였으니, 이제 미래 21세기 사회인이 되기 위하여 자신의 역량에 대하여 생각해 보자.

1) 미래 직업 세계의 변화

우리나라 사회는 정보통신기술의 발전과 더불어 정보화 사회로 진입하였으며, 이에 따라 직업세계가 급변하고 있다. 과거에 성장을 주도했던 업종이 사양산업이 되었는가 하면, 새롭게 출현한 산업이 우리 경제의 성장을 주도하는 업종이 되기도 하였다. 산업의 변화는 직업의 변화로 이어진다. 직업의 세계는 기술 발전과 사회 변화, 경제활동의 변화 등에 의해 영향을 받고 있고, 이러한 직업세계의 변화에 대한 정보를 획득하여 능동적이고 효과적으로 대응하는 것은 취업을 준비하고 있는 청년뿐만 아니라 직업생활을 영위하고 있는 직업인들에게도 매우 중요한 의미를 갖는다.

먼저 직업 환경의 변화방향에 대하여 생각해 보자.

(1) 융합화 사회로의 진입

미래 학자들은 21세기는 지식과 정보가 권력을 주도하는 정보화를 기반으로 한 융합화가 될 것이라고 예측하였고, 실제로 기술의 진보와 정보화 시대의 도래로 인해 노동시장은 하루가 다르게 변화하고 있다. 자본이나 노동과 같은 유형 자산에 의해 기업의 가치가 정의되었던 산업사회와는 달리 정보화 사회에서는 사람들의 지적 활동에 의해 창출되는 브랜드, 디자인, 기술 등의 무형 자산이 기업의 가치를 정의하게 된다. 즉, 정보화 사회에서 기업 경쟁력의 근원은 자본이나 개인의 노동력이 아닌 새로운 고부가가치를 창출해 내는 개인의 지식 능력 활용 및 생산 능력에 있다.

(2) 세계화 및 성과주의 확산

정보화와 교통수단의 급속한 기술발전은 전 세계를 하나의 생활권·경제권으로 통합시키는 세계화를 가속화시키고 있다. 따라서 앞으로는 많은 사람들이 자신의 일을 찾아 세계 각지를 여행하는 등 개인의 구직활동의 범위가 전 세계로 넓혀질 것이며, 국가 간이나 기업 간의 이해관계로 발생하는 여러 문제들을 해결해 주는 국제 관련 전문가의 수요 역시 증가할 것으로 예상된다.

이러한 세계화 속에서 나타날 직업세계의 또 다른 변화는 기업의 성과주의 강화와 다양성을 존중하고 수용하는 직장문화의 확산이다. 직급, 학력 등을 중시하는 연공주의와 달리 성과주의에서는 성과에 대한 개인의 기여도와 능력의 발휘 정도를 중요시하며, 철저히 개인의 능력에 따라 업무실적이 평가된다. IMF 외환위기

이후 몇몇 국내기업들이 경쟁력 강화를 위해 성과주의를 도입해 오고 있으며, 앞으로도 기업들은 국제경쟁력 강화를 위해 성과주의를 더욱 확산·강화할 것이다. 삼성, LG, 현대, SK 등 대기업들은 해외시장 진출을 통해 한국 기업에서 다국적 기업으로 변모하고 있으며, 이들 기업의 인력구성 역시 인종과 국적을 망라하여 다양화·복잡화되고 있다. 이에 따라 앞으로는 일터의 다문화주의 즉, 다문화·다언어·다민족·인력들이 함께 모여 서로의 차이를 존중하고 협력하여 새로운 가치를 창출할 수 있는 직장문화가 확산될 것이다.

(3) 평생직장에서 평생직업으로

한 직장에서 평생 동안 일하는 '평생직장'의 개념은 국제통화기금(IMF) 외환위기를 겪으면서 사라져 갔다. 그 당시 많은 기업들이 부도로 사라졌고, 기업의 구조조정으로 인해 많은 사람들이 직장을 잃게 되었다. 또한 지식기반 산업이 발전하고, 급격한 기술의 발전과 세계화는 기업 간의 무한경쟁을 더욱 증대시키고 있다. 즉, 승자만이 살아남게 되는 무한경쟁의 시대에서는 개인이 몸담고 있는 기업이 갑자기 사라지거나 다른 회사에 합병되어 개인의 일자리가 없어질지 모르는 불확실성이 더욱 커진다. 이러한 직업 환경의 변화에 따라 '평생직장'은 '평생직업'의 개념으로 대체되고 있다.

'평생직업'의 개념은 자신의 직업능력을 갈고 닦아서 그 분야의 전문가로 성장하여, 직장을 옮긴다 하더라도 개인의 일에 평생 동안 종사할 수 있는 전문성을 갖추는 것이다. '평생직장'의 시대에서는 직장을 여러 번 옮기는 것을 안 좋은 시각으로 바라봤으나, 요즘은 직장을 옮기는 것이 자신의 능력을 확인하는 것이며, 새로운 지식과 기술을 익힐 수 있는 기회의 장으로 생각하는 것이 당연하게 되었다.

결국, 개인이 하고 싶을 때까지 개인의 일을 할 수 있는 능력을 개발하고 개인의 경력을 관리해 나가는 '평생직업'의 개념은 국경없는 무한경쟁이 더욱 증대되고 고령화 사회로의 진입으로 개인의 경제수명이 연장되는 미래의 직업세계에서 더욱 중요시 될 것이다.

다음으로 직업세계의 변화 방향은

- 제조업 중심에서 서비스 중심의 산업구조로

- 골드 칼라를 넘어서 그린 칼라로
- 업무형태의 혁신으로 재택근무(Telecommuting)의 점진적 확산을 예상할 수 있다.

직업세계가 변화하는 것과 더불어 고용과 관련된 환경들도 다양한 변화를 겪고 있다. 이렇게 빠르게 변화하는 직업세계에 대응하기 위해서는 직업인으로서 기본적으로 갖추어야 할 '직업기초능력'이 필요하다. 직업능력은 대부분의 직업에서 공통적으로 요구되는 공통직업능력과 각 직종별로 다르게 요구되는 전문직업능력으로 구분할 수 있다. 직업기초능력이란 직종이나 직위에 상관없이 대부분의 직종에서 직무를 성공적으로 수행하는 데 필요한 능력을 의미한다. 직업기초능력은 직업능력 중 '공통직업능력'에 해당되며 여기서 '기초'의 의미는 수준이 아니라 포괄성을 의미한다. 직업기초능력의 9개 영역 및 개념은 〈표 5-4〉와 같다.

〈표 5-4〉 직업기초능력의 영역 및 개념

영역	개념
의사소통능력	다른 사람이 뜻한 바를 정확히 파악하고, 자기가 뜻한 바를 정확히 표현하는 능력
수리능력	사칙연산, 통계, 확률의 의미를 이해하고 업무에 적용할 수 있는 능력
문제해결능력	문제상황이 발생했을 경우, 창조적이고 논리적인 사고를 통해 적절히 해결하는 능력
자기관리 및 개발능력	업무를 원활히 추진하는 데 적절한 자질을 지닐 수 있도록 스스로 관리하고 개발하는 능력
자원활용능력	업무 수행에 필요한 적절한 자원을 확인하고 이를 적절히 활용할 수 있는 능력
대인관계능력	업무를 수행함에 있어 접촉하게 되는 사람들과 문제를 일으키지 않고 원만하게 지내는 능력
정보능력	업무와 관계된 정보를 수집, 분석, 활용할 수 있는 능력
기술능력	업무 수행에 필요한 도구나 장치 등을 포함하여 업무와 관련된 기술을 선택 및 활용할 수 있는 능력
조직이해능력	업무 수행을 위해 국제적인 추세를 포함하여 조직의 체제와 경영에 대해 이해하는 능력

2) 미래사회의 변화

미래사회의 변화에 대해서는 다양한 기관에서 제시하고 있으며, 이러한 변화의 방향을 참고로 자신의 미래상을 설계해 보자. 이때 2장 '행복한 성공을 위한 습관'에 제시된 미래의 주요 글로벌 메가트렌드를 참고해 보자.

미래사회의 유망 직업에 대한 자료는 다음과 같다.

(1) 4차 산업혁명 미래 일자리 전망

연번	직업명	이유	관련기술
1	사물인터넷 전문가	사물과 사물이 대화를 나누기 위하여 센싱할 수 있는 기기를 통해서 자료를 수집하고 이 자료를 데이터베이스에 저장하고 또한 저장된 정보를 불러내어 서로 통신할 수 있게 하는 사물인터넷 전문가의 수요가 더욱 증가할 것임.	무선통신, 프로그램 개발 등
2	인공지능 전문가	인간의 인지 · 학습 · 감성 방식을 모방하는 컴퓨터 구현 프로그램과 알고리즘을 개발하는 사람의 수요가 많음	인공지능, 딥러닝
3	빅데이터 전문가	비정형 및 정형 데이터 분석을 통한 패턴 확인 및 미래 예측에 빅데이터전문가를 금융 · 의료 · 공공 · 제조 등에서 많이 요구함. 인공지능이 구현되기 위해서도 빅데이터 분석은 필수적임	빅데이터
4	가상 (증강·혼합) 현실전문가	가상(증강)현실은 게임 · 교육 · 마케팅 등에서 널리 사용하고 있으며 가상현실 콘텐츠 기획, 개발 · 운영 등에서 많은 일자리 생성이 기대됨.	가상(증강) 현실
5	3D프린팅 전문가	3D프린터의 속도와 재료 문제가 해결되면 제조업의 혁신을 유도할 것으로 기대됨. 다양한 영역(의료 · 제조 · 공학 · 건축 · 스타트업 등)에서 3D프린팅을 위한 모델링 수요 증가 기대됨.	3D프린팅
6	드론전문가	드론의 적용 분야(농약살포, 재난구조, 산불감시, 드라마 · 영화 촬영, 기상관측, 항공촬영, 건축물 안전진단, 생활스포츠 기록 등)가 다양해지고 있음	드론
7	생명공학자	생명공학이 IT와 NT가 융합되어 새로운 기술이 탄생하고 있음. 생명정보학, 유전자가위 등을 활용하여 질병치료 및 인간의 건강 증진을 위한 신약 · 의료기술이 개발되고 있음.	생명공학, IT
8	정보보호 전문가	사물인터넷과 모바일 그리고 클라우드 시스템의 확산으로 정보보호 중요성과 역할이 더욱 중요해짐	보안

연번	직업명	이유	관련기술
9	응용소프트웨어 개발자	온라인과 오프라인 연계, 다양한 산업과 ICT의 융합 그리고 공유경제 등의 새로운 사업 분야에서 소프트웨어의 개발 필요성이 더욱 증가함	ICT
10	로봇공학자	스마트공장의 확대를 위해 산업용 로봇이 더 필요하며 인공지능을 적용한 로봇이 교육 · 판매 · 엔터테인먼트 · 개인 서비스에 더 많이 이용될 것임.	기계공학, 재료공학, 컴퓨터공학, 인공지능 등

출처: 한국고용정보원, 2018

(2) 2030을 위한 신직업

연번	분야	관련직업
1	첨단과학 분야	BIM디자이너, 감성인식기술전문가, 사물인터넷개발자, 사이버포렌식전문가, 스마트팜구축가, 인공지능전문가, 핀테크전문가, 빅데이터전문가, 스마트헬스케어전문가, 스마트도시전문가
2	문화콘텐츠 및 스포츠 분야	드론스포츠선수, 디지털헤리티지전문가, 가상/증강현실전문가, 홀로그램전문가, 스포츠심리상담사
3	사업서비스 분야	상품/공간스토리텔러, 소셜미디어전문가, 의료기기규제과학전문가, 기술문서작성가, 웹툰번역가, 모바일광고기획자
4	개인서비스 분야	동물보건사, 반려동물행동상담원, 유전체분석가, 자동 자동차튜닝엔지니어, 크루즈승무원, 농촌관광플래너, 업사이클링전문가

출처: 한국고용정보원, 2021

(3) 5060을 위한 신직업

연번	분야	관련직업
1	첨단과학 분야	3D프린팅운영전문가, 과학커뮤니케이터, 드론조종사, 드론정비사, 6차산업컨설턴트, 곤충컨설턴트, 관상어관리사
2	농업 및 해양 분야	귀농귀촌플래너, 도시농업관리사, 레저선박시설전문가, 치유농업사
3	안전 및 환경 분야	가정에코컨설턴트, 기업재난관리자, 냉매회수사, 실내공기질관리사, 연구실안전전문가
4	개인서비스 분야	노년플래너, 생활코치, 산림치유지도사, 복지용구전문상담원, 산업카운슬러, 웰다잉전문가, 전직지원전문가, 진로체험코디네이터
5	사업서비스 분야	소셜미디어전문가, 할랄전문가, 협동조합코디네이터

출처: 한국고용정보원, 2021

이제 미래사회의 변화에 따른 직업세계의 변화에 대하여 생각해 보자. 앞으로의 미래사회가 다음과 같이 변한다면 어떤 직업이 줄어들거나, 늘어날 것인지를 예상해 보자.

	미래사회 변화	줄어들 직업	늘어날 직업
1	어린이들의 수가 줄어든다.		
2	통행은 더욱 복잡해진다.		
3	인간의 수명은 늘어난다.		
4	1주일에 4일만 일한다.		
5	가정에서 남자의 역할이 커진다.		
6	여성취업자가 많아진다.		
7	농업과 공업에서 자동화가 증대된다.		
8	국제화, 세계화로의 진전이 가속화된다.		
9	환경의 중요성과 이에 대한 관심이 높아진다.		
10	컴퓨터의 이용이 높아진다.		
11	바다에서 식량을 얻는다.		
12	기후를 어느 정도 조종할 수 있다.		
13	가사일은 완전 자동화가 된다.		
14	우주 여행이 점차 가능해 진다.		
15	학교 가는 날이 적어진다.		
16	통신이 발달된다.		
17	세상 인심이 더욱 각박해 진다.		

▸ 미래사회의 변화에 대처하려면 어떤 직업을 선택하겠는가?

___

___

___

▸ 미래사회의 변화에 대처하기 위해 어떤 준비를 하겠는가?

___

___

___

▶ 내가 희망하는 직업은 미래사회의 변화를 고려하였는가?

읽기자료

성공하는 사람들은 미래를 보는 눈, 곧 선견지명이 있다. 세계 최고의 부자 빌 게이츠는 1995년에 『미래로 가는 길』(The Road Ahead)이라는 유명한 책을 썼다.

"인터넷으로 연결되지 않은 컴퓨터는 앞으로 코드가 빠진 전화기 같은 신세가 될 것이다."

"앞으로는 휴대전화와 신용카드를 하나로 합친 'PC 지갑'이 일반화 될 것이다."

'컴맹'이라는 사실이 대부분의 사람들에게는 부끄러울 것도 없었던 10여 년 전 상황에서, 그는 이미 지금의 인터넷 세상을 예견하고 있었다. '증권의 신'이라고 일컬어지는 증권 투자가 워런 버핏. 그는 지난 20여 년간 변화무쌍한 증권 시장에서 누구도 해내지 못한 엄청난 투자 수익을 올렸다. 버핏은 다음과 같은 명언을 했다.

"10년 이상 소유하고 싶지 않은 주식은 단 10분 동안 소유할 가치도 없다."

남들이 뉴스 보도나 소문에 휩쓸려 다니는 동안, 그는 자기 나름의 판단 기준과 신념으로 시장 상황을 예측했다. 유행을 따르기보다는 기업의 진정한 내적 가치를 보고 판단했던 것이다. 이처럼 성공하는 사람들은 미래에 대한 정확한 예측에 근거한 확고한 비전을 갖고 있다. 그런데 우리 청년들은 미래에 비추어 현재를 설계하기보다는 지금의 유행에 휩쓸려서 미래를 결정한다. 남들이 일류 대학, 일류 대학 하니까 나도 가야 된다고 생각하고, 남들이 다 해외연수나 유학을 가니 나도 가야 한다고 느끼며, 남들이 고시 준비를 하니 나도 해야 한다고 결심한다. 그 결과 한쪽에서는 청년 실업자와 고학력 백수들이 넘쳐나는데도, 다른 한쪽에서는 필요한 인력을 구할 수 없어 야단이다. 미래에 대한 철저한 대비는 막연하게 '남들 하듯이' 따라해서는 되지 않는다.

최근 우리나라에서도 급격한 직업환경의 변화를 경험하고 있는데, 그 내용은 다음과 같다.

첫째, 평생직장에서 평생직업으로의 변화이다. 한 번 한 기업체의 사원이면 정년까지 그 기업체의 직원이던 시절이 있었지만 이제는 옛 이야기가 되었다. 직장이라는 개념 자체가 과거와 다른 것이 현실이며 그 한 예가 '텔레워크', 즉 원격근무이다. 원격근무는 직장에 출퇴근 하는 것이 아니라 인터넷이나 전화 등의 통신을 통해 업무지시를 받고 가정에서 일을 하며 업무보고도 통신으로 하는 근로형태를 지칭한다.

둘째, 완전고용에서 불완전고용으로의 변화이다. 80년대 이후 90년대 말 외환위기 전까지 우리나라의 실업률은 2~3%대였고, 경제학자들은 2~3%의 실업률은 '완전고용'으로 보아도 무방하다고 하였다. 그러나 외환위기 이후 고실업 상태를 경험했고, 현재 공식 통계상으로는 실업률이 낮아졌지만, 청년실업률은 상당히 높은 상황이다.

셋째, 정규직에서 임시 · 일용직으로의 변화이다. 임시・일용근로자 비율은 90년대 이후 급증하여 현재 전체 근로자 가운데 임시・일용직 근로자의 비중이 절반 가까이 된다.

내용요약

1. 미래를 설계하기 전에 그동안 자신의 삶을 구성하고 있는 10가지 중요한 역사를 상기해 보고 그 정보를 이용하여 생애 곡선을 그려봄으로써 자신의 과거와 현재와 미래를 전체적으로 생각해 보았다.

2. 행복하면서도 성공적인 자신의 미래를 설계하기 위하여 최적의 직업을 가져야 하는데, 직업을 선택할 때 중요하게 고려할 사항은 직업가치관과 직업성격 유형이다.
   - 직업가치관은 이론형, 권력형, 심미형, 경제형, 사회사업형, 종교형이 있다.
   - 홀랜드(Holland)의 직업성격 유형은 실재형(R), 탐구형(I), 예술형(A), 사회형(S), 기업형(E), 관습형(C)이 있다.

3. 사회의 변화속도가 급격히 빨라짐에 따라 미래 21세기 역량과 학교교육을 통해 키워진 역량의 차이를 파악하고 사회에서 요구하는 역량을 배양할 필요가 있다.

개인활동 과제

인생은 공부가 주된 시기 → 경제활동이 주된 시기 → 자아실현이 주된 시기로 변화되어 간다. 경제활동이 주된 시기는 대학교를 졸업하고 직업활동을 하는 시기이다. 이 시기를 어떻게 보냈느냐에 따라 인생 후반부의 삶의 질이 결정된다고 할 수 있다. 직업은 그 사람의 정신활동이므로 자신의 내면세계에 적합한 직업을 선택하는 것이 매우 중요하다.
자신이 희망하는 직업을 한 가지 선택하여 그 직업에 대하여 탐색해 보자.

내가 원하는 직업:

질문	장점
출근시간(주로)	
퇴근시간(주로)	
예상 초봉	
5년 후 연봉	
10년 후 연봉	
하루 중 주로 하는 일 5가지	
함께 근무하는 사람들의 특성	
여가 활동	
지속했을 때 장점	
지속했을 때 단점	

활동지

나의 직업가치관

어쩌다 (1)	가끔 (2)	반반 (3)	흔히 (4)	언제나 (5)
100번 중에 1~15번	100번 중에 16~35번	100번 중에 36~65번	100번 중에 66~85번	100번 중에 86~100번

위의 가장 적당한 점수를 기록해 보고 하단의 채점표에 문항번호에 맞는 점수를 기입해 보자.

	질문	점수
1	나는 우리 역사에 대한 풍부한 지식을 갖고 싶다.	
2	나는 대통령이 되고 싶다.	
3	나는 아름다운 물건에 잘 이끌린다.	
4	나는 예술작품을 갖기보다는 크고 화려한 집을 갖고 싶다.	
5	나는 다른 사람보다 동정심이 많다.	
6	나는 돈보다 권력보다 더 중요한 것이 있다고 생각한다.	
7	나는 뭔가를 배울 수 있는 강연회 같은 곳에 참석하기를 좋아한다.	
8	나는 가능하다면 높은 지위에 오르고 싶다.	
9	나는 집의 내부 시설보다 주위의 환경이 더 중요하다.	
10	나는 값비싼 차를 갖고 싶다.	
11	나는 사람들에게 도움이 되는 어떤 일을 하기를 좋아한다.	
12	나는 다른 사람들을 올바르게 살도록 인도하고 싶다.	
13	나는 새로운 내용의 책을 사기를 좋아한다.	
14	나는 내가 한 집단을 책임지고 있다고 생각하기를 좋아한다.	
15	나는 음악이나 미술에 대한 안목을 갖는다는 것은 중요하다고 생각한다.	
16	나는 성격에 맞는 배우자보다는 돈 많은 배우자를 택하고 싶다.	
17	나는 아픈 사람들을 간호해서 건강을 회복하게끔 돕는 걸 좋아한다.	
18	나는 내세나 죽음에 관심이 많다.	
19	나는 지식을 갖는다는 것이 중요하다고 생각한다.	
20	나는 변호사보다는 판사가 되는 편이 좋다.	
21	나는 학교에서 음악교육과 미술교육을 많이 해야 한다고 생각한다.	
22	나는 메이커(유명)제품을 좋아한다.	
23	나는 슬픈 글을 읽거나, 혹은 TV나 영화에서 슬픈 장면을 보면 눈물을 잘 흘린다.	
24	나는 영혼의 세계를 믿는다.	
25	나는 인간 행동을 이해할 수 있는 책을 좋아한다.	
26	나는 평범한 근로자가 되기보다는 보스가 되는 것을 좋아한다.	
27	나는 집안에 예술 작품들을 걸어 두거나 배치해 두는 것을 좋아한다.	

	질문	점수
28	나는 행복을 위해서는 경제적 뒷받침이 있어야 한다고 생각한다.	
29	나는 사람들을 돕는 직업을 갖고 싶다.	
30	나는 사람들이 죄를 지으면 반드시 벌을 받는다고 생각한다.	
31	나는 매일 새로운 것들을 배우는 것이 좋다.	
32	나는 모임의 일원이 되기 보다는 회장이 되는 편을 좋아한다.	
33	나는 아름다운 것들이 없다면 세상은 끔찍한 곳이 될 것이라고 생각한다.	
34	나는 영화배우가 되면 우선 부자가 된다는 점이 마음에 든다.	
35	나는 사람들에게 도움이 될 수 있는 책을 쓰는 것을 좋아한다.	
36	나는 깊이 생각하기를 좋아한다.	
37	나는 우주의 원리나 신의 존재와 같은 것들이 궁금하다.	
38	나는 리더십이 있다고 생각한다.	
39	나는 아름다운 풍경을 보는 것을 즐긴다.	
40	나는 즐거운 직장보다는 보수가 많은 직장을 택하고 싶다.	
41	나는 문제를 가지고 있는 친구를 보면 도와주고 싶다.	
42	나는 기도하기를 좋아한다.	
43	나는 유식한 사람이 되고 싶다.	
44	나는 지시받는 것이 싫다.	
45	나는 내면보다 외면이 더 중요하다.	
46	나는 장래를 위해 투자할 만한 넉넉한 돈을 갖고 있기를 바란다.	
47	나는 여유가 있다면 가난한 사람들을 위해서 기부하고 싶다.	
48	나는 명상하기를 좋아한다.	

채점표

이론형		권력형		심미형		경제형		사회사업형		종교형	
1		2		3		4		5		6	
7		8		9		10		11		12	
13		14		15		16		17		18	
19		20		21		22		23		24	
25		26		27		28		29		30	
31		32		33		34		35		36	
37		38		39		40		41		42	
43		44		45		46		47		48	
계		계		계		계		계		계	

CHAPTER

06 긍정적 정서와 자신감

See Do Get

긍정적 정서와 자신감

A type과 B type의 생각에 따른 Do(하는 행동 / 말)와 Get(얻는 결과)에 대하여 토의해 봅시다.

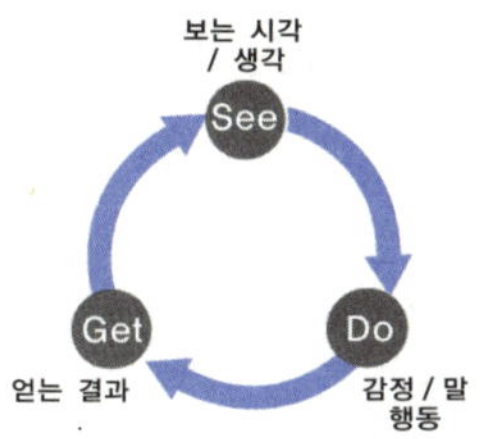

	A type	B type
See	사람은 믿지 못할 대상이다.	사람은 믿을 만하다.
Do		
Get		

이 장의 목표

- 정서의 실체를 이해하고 긍정적 정서를 유지할 수 있다.
- 자신에 대해 깊은 이해를 통하여 자신감을 가질 수 있다.

1. 인간의 정서

1) 인간두뇌의 두 기둥, 지성과 감성

"지능을 우리의 신으로 만드는 일이 없도록 주의하십시오. 지능에는 강한 근육이 있지만 인격은 없습니다. 그것은 우리를 인도할 수 없습니다. 그것은 우리에게 그저 봉사할 수 있을 뿐입니다."

– 알베르트 아인슈타인(Albert Einstein)

4장 [나의 발견 1－현재의 나]에서 언급한 바와 같이 폴 맥린(Paul MacLean 1970)은 인간의 진화론에서 착안하여 삼위일체두뇌모형을 개발하였다. 그에 따르면 인간의 뇌는 파충류의 뇌(뇌간), 포유류의 뇌(변연계), 인간의 뇌(대뇌피질)로 총 3계층으로 구성되어 있다. 파충류뇌인 뇌간은 가장 오래된 뇌로서 기본적인 생존활동을 담당하고 있다. 고생포유류뇌인 변연계는 파충류뇌를 둘러싸고 있는데, 토끼와 같은 하층 포유류와 함께 인간이 가지고 있는 뇌이다. 이 변연계는 기쁨, 슬픔, 근심, 분노와 같은 감정에 지대한 영향을 주고 있으며, 입력된 정보를 과거의 경험과 비교하고 메시지를 기억장소에 보내는 기능을 담당한다. 포유류뇌인 대뇌신피질은 가장 최근에 발전된 뇌로서 언어능력과 사고능력을 제공하는데, 인간의 특성을 가장 잘 나타내는 기능을 수행한다.

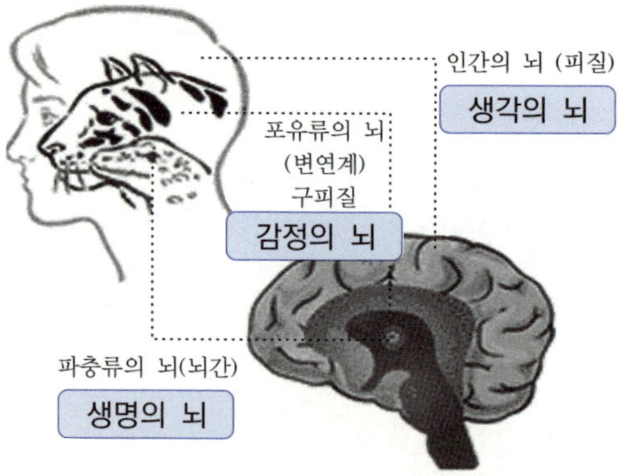

[그림 6-1] 삼위일체두뇌모형

또한 감정을 나타내는 곳은 변연계이며, 감정을 조절하고 통제하는 곳은 대뇌피질이라는 것이다. 대뇌피질은 다시 전두엽과 후두엽, 두정엽, 측두엽으로 구분되며 이 4엽은 각기 다른 기능을 수행한다. 후두엽은 시각처리를 주로 담당하며, 두정엽은 운동과 감각연합을 담당한다. 측두엽은 청각처리와 언어를 담당한다. 이 중에서 가장 중요한 부분인 전두엽은 인간을 인간답게 하는 기능을 가지고 있다.

전두엽은 다음과 같은 기능을 한다.

- 미래지향적 사고
- 정서(감정) 조절과 통제의 기능

- 대인관계기능
- 사회행동기능
- 도덕, 윤리의식
- 창의력
- 판단력 등 동물에게는 없고 인간들에게만 있는 고등기능을 담당한다.

전두엽은 인간 발달단계상 사춘기에 접어들면서 급격하게 성장하여 30대 초반까지 지속된다고 한다. 또한 경험을 통하여 성장하는 이유 때문에 다양한 경험을 가능하게 하는 자유분방한 가정환경, 상호존중적 환경에서 잘 발달한다.

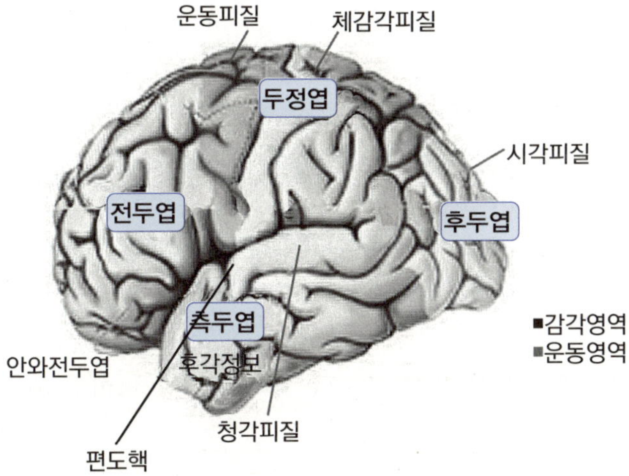

[그림 6-2] 대뇌피질의 4엽

출처: 신경과학: 뇌의 탐구(3판). M. Bear 공저, 강봉균 공역 p209, 이미지 재구성, 바이오메디북.

정서의 근원은 변연계의 일부인 편도체로 분노, 불안, 공포, 염려 등의 심리상태를 유발하는 대뇌신경조직이다. 인간은 강압적이고 권위적이며 폭력적인 환경에서 자신의 신변보호와 생존을 위하여 변연계를 사용하게 된다. 생산적 기능을 하는 전두엽과 생존을 위해 에너지를 낭비하는 편도체의 기능 중 어떠한 뇌를 많이 사용하느냐에 따라 인간의 생산성은 달라지게 된다. 뇌는 발달한 대로 행동을 하게 된다. 만약 편도체의 기능이 강화되고 전두엽 기능이 약화되는 행동패턴이 발달되어 습관화되면 뇌는 생산적인 일보다는 부정적 감정을 처리하기 위해 에너지를 소모하게 된다. 또 변연계에는 편도체 바로 옆에 해마라는 부위가 있는데 이곳은 기억을 관장하는 중추이다. 아마도 감정을 관장하는 중추인 편도체 바로 옆에 기억을 관장하는 중추인 해마가 자리잡고 있는 것은 감정과 관련된 것을 효과적으로 기억해야 생명을 유지할 수 있었기 때문일 것 같다. 그리고 이러한 이유로 감정이 건강해야 학습이 잘 이루어질 것이다.

2) 정서

정서는 '밖으로'란 뜻의 'e'와 '움직인다'는 라틴어의 'movere'(영어 motion)가 합쳐진 말이다. 이는 동기(motive)와 엔진(motor)의 어원과 같다. 따라서 정서는 '밖으로 움직여 나간다'는 의미이며, 정서가 생기면 행동하게 된다는 의미이다.

길거리를 지나가다가 두 다리가 없고 돈을 구걸하는 사람을 만났다고 가정해 보자. 자신은 어떻게 행동하겠는가?

▸ 나의 행동: ______________________________
____

불쌍한 정서가 생겼다면? 돈을 주거나 돈이 없다면 연민의 마음으로 안타까워 했을 것이다.

혐오의 정서가 생겼다면? 뒤로 돌아갈 것이다.

자신의 행동에 대하여 누군가 이유를 묻는다면, 그제서야 자신은 이러 이러한 이유로 이러한 행동을 했노라고 논리적인 이유를 설명할 것이다.

(1) 정서의 기능: 정서가 이성에 우선한다.

인간의 문제는 대부분 관계의 문제이며, 관계의 문제는 소통의 문제이며, 소통의 문제는 대부분 감정의 문제이다. 즉, 인간의 문제는 정서의 문제가 된다.

결혼 초반에는 "너 없이는 못 산다"라는 아름다운 착각에서 시작하여 나중에는 "너 때문에 못 산다"라는 고통스러운 착각 속에서 사는 경우가 많다. 사실 두 경우 모두 마음 한가운데에는 사랑이 있는데 이것을 발견하지 못하고 외적인 요인에만 집중한 결과일 것이다.

이성이 인간을 인간답게 하는 것이라는 주장에도 불구하고, 왜 사람들은 정서에 흥미를 두는 것일까?

첫째, 정서가 삶의 거의 대부분이다. 자기 자신을 보다 잘 이해하는 것이 행복의 요소라는 점에 대해서는 누구나 찬성할 것이다. 자신을 이해하는 방법은 행동하면서 무엇을 생각하고, 어떻게 느끼며, 왜 행동하는가를 이해하는 것이다. 정서는 우리 삶의 일부분으로 불행과 행복, 부와 빈곤, 희망과 실망 등을 느끼게 한다. 그러므로 정서를 이해하는 자체가 자신과 인간을 이해하는 지름길이 되며, 리더십 발휘의 중요한 요인이라 할 수 있다.

둘째, 모든 인간관계는 정서적 관계이다. 인간은 다른 사람을 만날 때 정서를 주고받는다. 일반적으로 타인과 정서를 교류할 때는 막연한 느낌을 갖는다. 심리학자들의 견해에 따르면, 모든 의사소통은 두 가지 요소를 갖고 있다. 첫째는 직접적인 메시지다. 예를 들어 A가 너는 나를 왜 자주 보러 오지 않느냐고 물었을 때, B가 공부 때문에 너무 바빠서 오지 못했다고 직접적인 이유를 밝히는 경우다. 둘째는 정서적 메시지다. 정서적 메시지란 정서를 지각하고 인식하여 그것을 메시지로 전달하는 것을 말한다. 즉, 화자와 청자와의 관계를 말로써가 아닌 모습이나 표정에서 보여주는 느낌을 가지고 자세히 언급하는 경우이다. 예를 들면 A가 눈살을 찌푸리고 입을 꽉 다문 것을 보니 성이 난 것처럼 보인다든지, B가 다소 겁먹은 듯이 보인다고 말하는 경우다. 사람들은 상대편에게 자신의 상황에 대해 어떻게 느끼고 있는가를 목소리, 제스처 등을 통하여 드러낸다. 이처럼 직접적인 메시지와 정서적 메시지는 동시에 이루어진다. 일반적으로 사람들이 정서에 관한 지식과 정서적 의사소통을 많이 알면 알수록 인간관계를 쉽게 유지할 수 있다. 그러므로 정서에 대한 지식과 정서적 의사소통은 인간관계에서 불가분의 관계에 있다.

셋째, 정서가 건강해야 이성이 똑똑하게 발휘된다. 인간이 의사결정을 하거나 지적인 활동을 하는 것은 이성과 감성(정서) 두 가지의 작용 결과이다. 어릴수록 정서에 지배를 받고, 나이가 들어가고 학력이 높아질수록 정서보다는 이성에 좌우된다고 생각한다. 정말 그러한가? A 교수가 운전을 하고 가던 중 갑자기 앞에 차가

차선을 바꾸어 들어온다고 할 때, 어떻게 반응하는가? 이성이 먼저 반응을 하는가? 정서가 먼저 반응을 하는가? 지식인들의 토론의 자리에서 논리적인 토론이 이루어지는가? 정서를 모두 빼 버리면 정말 논리적인 전개만 남는가? 부부싸움은 어떠한가? 성인다운 주제로 성숙한 사람다운 언어를 사용하며, 싸움이 진행되는가? 인간이 어디까지 이성적일 수 있다는 말인가? 행복, 사랑, 믿음, 충성, 자기절제, 신뢰, 희망 중 어디에 인간의 이성이 자리할 수 있는가? 이성은 도구이며, 행복의 주체는 감성이다. 정서가 건강한 사람에게서 이성이 똑똑하게 발휘된다.

넷째, 정서는 인간을 행동하게 한다. 인간이 어떠한 행동을 하기 위해서는 에너지가 필요하다. 이것을 동기라고 하고 자발적이고 지속적으로 어떠한 행동을 할 때 열정적이라고 한다. 반대로 심리적인 에너지가 극도로 부족하여 아무것도 하기 싫은 상태를 무기력한 상태라고 한다. 즉, 정서는 인간이 경험하고 상상하는 사건을 고려하여 행동하도록 각성시키는 기능을 한다. 그리고 도움이 되는 자극을 추구하고 해로운 자극을 멀리하는 행동과 같이 우리에게 이로운 특정 목표를 향한 행동의 방향을 결정하려는 방향성과 오래도록 유지하려는 지속성을 추구한다.

다섯째, 정서는 인간을 신체적으로 심리적으로 외적환경으로부터 자신을 보호해 주고 사회적인 존재가 가능하게 해 준다. 정서는 특정 행동 특성과 관련이 있다. 공포는 두려운 상황으로부터 도망치고 싶게 만들고, 분노는 자신에게 해로운 상황에 대하여 공격하고 싶게 만들고, 혐오감은 토하고 싶게 만든다. 물론 긍정적 정서는 그러한 경향과 관련 있지 않다. 기쁨과 같은 긍정적 감정은 우리를 활기차게 한다.

(2) 정서의 특징

인간에게 있어 감정(=정서)은 선하고 유익한 것을 향해 나아가고, 자신을 보호함과 동시에 악하고 해로운 것을 멀리 하도록 디자인 된 것이다. 그러나 우리는 정서에 대하여 잘 알지 못하기에 유혹의 도구 또는 외면의 대상으로 변질되었다.

여기에서는 핵심정서에 대하여 살펴보려고 한다. 핵심정서는 한 사람의 말과 행동과 사고와 정서를 지배하는 중심정서로서 사랑받고 싶고 인정받고 싶은 욕구가 충족되거나 좌절되었을 때 주로 나타나는 정서이다. 무의식의 가장 밑바닥에 있는 감정으로 매 순간마다 작용하고 있으며, 자신의 전체적인 삶에 영향을 미치게 된다. 순간순간 이제까지의 내 삶을 지탱하게 해 주는 건강한 면이 있고, 또한 현재의 나로 살지 못하게 하고 과거의 감정에 얽매여 힘들게 살아가도록 하는 면도 있다. 핵심감정은 한 사람의 생존전략이다.

인간이 어떤 대상에 대하여 가지는 생각과 정서를 합쳐 마음이라고 해 보자. 마음이 움직이는 원리는 다음과 같다.

① 마음은 언제나 어딘가에 가 있는 곳이 있다.

마음은 한 순간에 한 곳에만 가게 되어 있다. 마음이 나쁜 곳에 가 있으면 나쁜 영향을 받게 되고, 좋은 곳에 가 있으면 좋은 영향을 받게 된다. 나쁜 영향은 장기적으로 괴롭고 불행하고 정신건강을 잃게 되는 것으로 아무도 원하지는 않는다. 좋은 영향은 평안하고 행복한 것이다. 지금 이 순간에도 자신의 마음은 어느 곳에 가 있는지 살펴보자.

② 마음이 어떤 대상으로 계속 가면 그곳으로 길이 난다.

위의 원리에서 발생하는 것인데 한 번 마음이 간 곳은 길이 나고, 자꾸 가면 길이 확장되어 특별한 노력을 하지 않아도 쉽게 가게 되고 습관화되어 버려 자신의 안전지대가 되어 마치 원래 자신이 그랬던 것처럼 느끼게 된다. 이렇듯 습관처럼 길이 나 있는 것을 확인하는 방법이 핵심정서를 찾는 것이다.

인간으로서 가장 핵심적으로 경험하게 되는 핵심정서에 대한 6가지 원리가 있다.

첫째, 핵심정서는 인간이 타고 난 본성이며, 고유기능을 갖는다.

- 핵심정서: 분노, 슬픔, 두려움, 기쁨, 만족, 긍휼
- 2차정서: 원망, 적개심, 자기연민, 우울, 염려

2차정서는 핵심정서를 제대로 다루지 못했을 때 따라오는 정서로 악한 행동으로 연결될 수 있다. 그리고 고유기능을 갖는다는 것은 '유익한' 것을 의미한다.

둘째, 핵심정서는 도덕과 관련이 없다.

핵심감정이 발생하는 것 자체는 선하거나 악하지도 않다. 외부 자극에 대하여 자신을 보호하기 위하여 생기는 것으로 핵심감정을 잘 살피면 자신이 원하는 것과 생각을 올바로 관찰할 수 있다.

셋째, 도덕성은 우리가 정서를 행동으로 옮길 때 개입한다.

우리는 그러한 행동을 선한지 악한지 평가할 수 있다. 그래서 부정정서를 오래 품고 있지 말고 빨리 인식하였다가 처리하는 지혜가 필요하다.

넷째, 사용할수록 강화되고 사용하지 않을수록 약화된다.

위에서 설명한 대로 정서도 자주 사용하면 길이 난다. 길이 난다는 것은 두뇌 속에서 관련된 시냅스가 강하게 네트워크로 연결된다는 것인데, 반복적으로 연결되면 어떠한 자극에 대하여도 먼저 그 네트워크가 반응하게 된다. 마치 오른손잡이는 무엇을 할 때도 먼저 오른손을 무의식적으로 내미는 것과 같다. 나쁜 정서회로를 강화하지 말고 좋은 정서회로를 강화하는 것이 감정의 지혜이다.

다섯째, 정서도 선택할 수 있으며, 다스릴 힘이 있다.

자신을 도울 수 있는 것은 자신뿐이다. 자신의 정서를 다스리지 못하면 악한 행동으로 이어진다. 강한 정서를 느끼는 순간이 선택의 순간이다. 사실 모든 정서는 자신을 보호하고 생명을 유지하는 진화론적으로 유익하기 때문에 스스로 다스릴 능력 또한 내부에 있다.

여섯째, 정서는 원인이고 행동은 결과이다.

반복적으로 상한 정서와 생각 즉, 마음을 가지고 있다면 세계관과 행복관과 인간관이 상하게 되어 그 행동의 결과도 부정적인 것이 된다. 분리・인색 / 슬픔 / 근심・분주한 삶・배신・물질만능・망각이 그것이다. 그러나 건강한 정서와 생각의 마음을 가지고 있다면 건강한 세계관과 행복관과 인간관을 가지게 되어 행동의 결과도 긍정적인 것이 된다. 연합 / 하나됨・풍요 / 풍성・여유・신의・철학 / 가치・기억함이 그것이다.

(3) 정서를 다루는 방식

인간은 두뇌의 편도에 기억된 정서에 의해 두려움, 긴장, 불안 속에 살게 된다. 아무리 좋은 정보를 선택하고자 노력하고 긍정적이 되려고 해도 잘 안 된다. 자신이 의도하는 대로 삶을 창조하고 평안하기 위해서는 편도의 정서를 정화해야 한다.

정서를 느끼는 것도 습관이지만 정서를 다루는 방식 또한 습관화와 자동화된다.

정서를 다루는 방식은 억압, 표출, 조절의 3가지로 구분할 수 있다.

억압은 부정적 정서를 느꼈을 때, 표현하지도 않고 외면해 버리는 것이다. 그런데 억압한다고 사라지는 것이 아니라 뇌 속에 저장되어 있다가 관련된 유사한 외부 자극에 대하여 강하게 반응하여 더욱 강화하게 된다.

표출은 감정을 그대로 표출하는 것으로, 장기적으로는 바람직하지 않은 결과를 가져오게 된다. 당장 보기에 자신은 속이 편안하고 상대방에게 상처를 주는 것 같아 보이지만, 반복되다 보면 결국 자신이 그 상처를 떠안게 된다.

언제까지 억압할 수 있을까? 1년, 2년, 10년? 억압은 언제까지나 지속될 수 없고 언젠가 분출하게 될 불씨로 남게 된다. 억압은 표출로 가기 전 단계일 뿐이다.

조절은 자신에게서 발생한 강한 부정적 정서를 인식하고, 적절하게 처리한 후 외부로 보내버리는 것이다. 정서의 지혜는 이렇게 부정적 정서를 짧게 즉시 처리하고 소멸시키는 것이다. 이렇게 할 때 감정적 기억에서 감정의 에너지를 없애고 사실적 기억만을 기억하여 미래의 어느 순간에 과거의 감정기억에서 자유롭고 객관적으로 받아들일 수 있게 된다.

억압(-in) 수동형 표현	표출(out) 공격형 표현	조절(-control) 조절형 표현
외면하고 참으며 정서를 눌러두는 경우, 사라지는 것이 아니라 감정적 기억으로 뇌 속에 저장된다.	불평을 하며 분노를 발산하는 경우로 자신의 정신건강보다 주위에 있는 사람들이 상하게 된다.	자기 정서를 응시하며 관찰하는 경우로 감정적 기억과 정보에서 정서의 에너지를 없애고 사실적 기억과 정보로 만드는 것을 말한다.
부정적 정서가 생길 때, 스스로 알아차리지 못하거나, 알아차렸다 하더라도 억지로 외면하여 무시하는 경우이다. 어느 정도는 누적시킬 수 있으나 더 이상 참을 수 없는 상태가 되면 자신의 건강이나 상대방에게 폭발적인 힘을 가할 수 있다.	자신은 원래 직선적이고 솔직하며 뒤끝이 없는 사람이라고 생각하면서 상대에게 부정적 정서를 방출하는 경우이다. 자신에게 쌓이는 부정정서의 독소는 없겠지만, 상대방은 그대로 부정적 정서의 독소를 받게 된다.	"화가 치민다"와 같이 자신의 감정을 알아채고 인정하는 것만으로도 부정적 정서의 독소를 줄이는 방법이 된다. 평소에 정서 단어를 익숙화할 필요가 있다. 명상, 호흡, 웃음, 신나게 놀기 등의 방법도 좋다

만일 불쾌한 정서를 조절하는 데 실패할 경우, 일시적으로 부정적 정서는 더욱 증가한다. 정서 조절이 미치는 영향은 다음과 같다.

- 정서 조절을 못하면 주변 사람을 잃을 수 있다. 사람을 잃게 하는 주요한 정서는 불안과 분노가 있다.
- 정서 조절을 못하면 사회적 위치에 영향을 미치는데 직장을 잃게 되거나 승진의 기회를 놓치게 될 수 있다.
- 정서 조절을 못하면 집중을 못한다. 한 번에 쓸 수 있는 주의 에너지의 양이 한정되어 있어 불쾌한 일이 발생하면 그 일에 자꾸 신경을 쓰게 되니 에너지 저장고에 있는 에너지가 계속 빠져나가는 것이다.
- 정서 조절을 못하면 건강을 잃게 된다. 머리가 아프거나 소화불량이 생기는 등 신체적 증상이 발생하는데, 작은 증상을 알아차리지 못한다면 증상의 강도와 빈도 및 종류가 증가하면서 심한 질병에 이르게 된다.

또 정서를 억제하는 생활이 습관화되었을 때 나타나는 증상들도 있다.

- 정서를 억제하면 기억력이 저하되고 정서를 억제하기 위해 많은 에너지를 쓰기 때문에 정작 중요한 정보를 듣지 못한다.
- 정서를 무시할 때 자존감이 낮아진다. 자존감이란 자신의 존재를 귀하게 여기는 정서의 한 종류이기 때문이다. 정서를 알아주지 못하면 혼란스럽고 불안정한 상태에 머물게 된다.
- 기억에 정서가 영향을 미치게 된다. 감정이 개입된 정보나 사건을 더 잘 기억하고 그때 느낀 정서가 강렬할수록 더 잘 기억하게 된다. 긍정적인 정서를 느끼게 되면 긍정적인 기억이 되고 부정적인 정서를 느끼게 되면 부정적인 기억으로 남게 된다.

(4) 정서의 종류

인간이 공통적·핵심적으로 경험하게 되는 4가지 핵심정서를 포함하여 정서의 종류에 대한 여러 가지 견해가 있지만, 크게 긍정 정서(유쾌 정서)와 부정 정서(불쾌 정서)로 구분할 수 있다. 긍정 정서와 부정 정서는 동시에 양립할 수 없다. 왜냐하면 사람의 반응은 동시에 확장과 수축이 일어날 수 없기 때문이다.

① **긍정 정서(=유쾌 정서): 사랑, 기쁨, 즐거움, 만족**

인간의 삶을 윤택하게 하는 순기능적 측면으로 안전함과 만족함에 대한 신호이다.

② **부정 정서(=불쾌 정서): 공포, 불안, 분노, 우울**

인간이 위험을 경계하고 자신을 지킬 수 있는 순기능적 측면과 인간의 삶에 활력을 주기도 하지만 대부분 인간의 삶을 파괴하는 역기능적 측면이 있다.

정서도 학습되고 강화되는데 긍정 정서가 학습되어 습관화 된 것은 학습된 낙관주의이며, 부정 정서가 학습되어 습관화되면 학습된 비관주의가 된다.

러셀(Russell)의 정서 원형 모델에 의하면 정서적 경험들은 각성의 정도와 쾌의 정도라는 두 차원에 의존한다. 나 자신은 쾌와 불쾌, 졸림과 각성 중 어떤 종류의 정서 상태에 습관적으로 빠지는지 생각해 보자. PANAS(긍정 정서, 부정 정서 측정도구)로 자신의 주된 정서 상태를 확인해 볼 수도 있다.

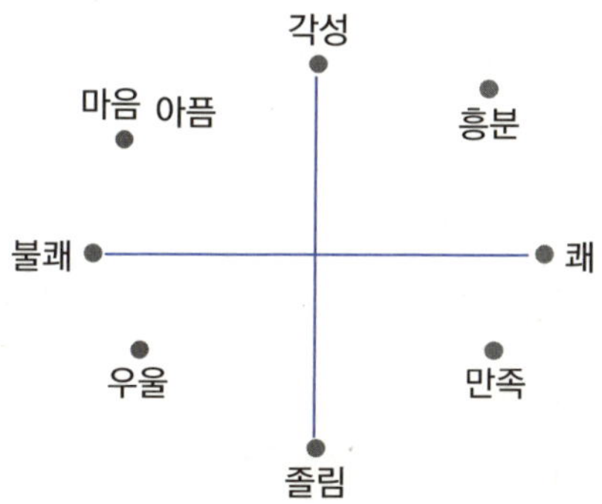

[그림 6-3] **러셀(Russell)의 정서 원형 모델**

나누어 보기

- 나의 기억 중에서 가장 어린 시절로 돌아갔을 때 최초의 기억은 무엇인가요?

- 그때 나는 어떤 기분이었을까요?

- 왜 하필이면 그 기억이 날까요?

가. 분노=자기보존(가치, 근원적 필요, 신념)의 정서

분노(anger)는 자신이 상처받았다는 것에 대한 메시지이다. 그리고 그 상처로부터 자신을 보호하고 상처를 준 대상을 몰아내려는 욕구와 관련된 정서 상태이다. 따라서 분노는 공격적이고 해를 주는 행동으로 이어질 수 있다. 그러나 분노의 목적은 공격성 자체에 있는 것이 아니라 자신에게 상처를 준 대상으로부터 자신의 신체와 마음을 보호하기 위한 목적이다.

분노의 근원적 고통은

- 불의, 불공평
- 개인적인 공격, 경계가 위반됨, 상처
- 채워지지 않거나 충족되지 않은 기대감
- 통제, 지배
- 수치심
- 외부공격: 멧돼지 등
- 관계에서 오는 분노: 말과 태도, 비난, 짜증, 신경질, 공격적인 태도, 욕설, 위협적인 태도, 멸시, 비아냥거림, 비웃는 태도, 경멸
- 행동제한에 따른 분노: 막힌 차, 거절
- 심리적인 제한으로 인한 분노: MT를 못 가게 하는 부모, 결혼 반대, 일요일에 집에 있으라는 부모
- 행동통제: 하고 싶지 않은 것을 강요당함, 하기 싫은 것을 하도록 강요당함
- 당연하게 생각하는 자기 신념: 잘 인식하지 못하지만 스스로 만들어놓은 규칙
- 사물을 바라보는 왜곡된 시각: 자의적 추측, 과장하기, 한계나 범위 설정

요약하면, 자율성(=독립의 욕구)과 친밀성(=관계의 욕구)이 충족되지 않을 때 분노가 발생하게 된다.

분노에 대한 반응은

- 공격성, 적대감 / 증오, 경멸 / 악의, 원망 / 쓴뿌리, 단호함, 자기 내면과의 대화
- 공격형: 화가 나면 그대로 표현하고 공격형 주위에는 수동형이 생기며 이들은 그냥 참거나 운동 등으로 스트레스를 해소하려 한다.

- 수동형: 자신을 화나게 한 사람한테 말하지 못하고 담아둔다. 이 사람들은 화를 내면 안 된다고 생각한다. 화를 제대로 표현하지 못하기 때문에 우울증이나 화병이 걸리기 쉽다.
- 수동공격형: 화난 일이 있을 때 직접 표현하지 않고 뒤에서 은근히 골탕을 먹이는 유형이다. 대놓고 표현하지는 않지만 상대방을 곤란하게 만들어 버리곤 한다.

분노를 제때 다루지 못하였을 때 생기는 2차 감정은 적개심, 군림, 자만심, 완고, 복잡한 궤변, 심리적 고조/저조, 우울감, 경쟁심 등이 있고 이 감정은 악한 행동으로 곧바로 연결될 수 있다.

생각해 보기

▸나는 언제 분노를 느끼는가?

▸나는 분노를 어떻게 다루는가?

▸나는 분노를 느끼는 것 자체가 불편한가?

나. 두려움, 공포, 불안

두려움의 기능은 나에게 '위험'이 있다는 것에 대한 메시지이다. 우리가 경험하는 공포는 대부분 경험에 의해 학습된 것이다. 과거에 뱀이나 총에 대한 공포스러운 경험을 한 후 뱀이나 총에 대한 공포가 조건화된 것이다.

두려움을 느끼게 되는 상황은

- 불의
- 개인적 공격
- 경계선 침입
- 상처
- 수치심

• 충족되지 않은 기대 등이다.

두려움의 원인과 분노의 원인은 상당 부분 겹치게 된다. 어떤 사람이 자신을 해치거나 해치려고 한다면, 분노와 공포가 섞인 감정을 느끼게 될 것이다. 분노와 공포의 가장 큰 차이점은 힘에 대한 인식이다. 어떤 사람이 이유없이 자신을 모욕했을 때, 상대가 어린아이라면 모욕이 분노를 일으키게 되지만, 자신보다 힘이 세고 총을 가진 사람이라면 모욕이 공포를 일으키게 된다. 많은 국가의 연구결과에서 남성들은 여성보다 분노를 많이 보고하였고, 여성들은 공포와 슬픔을 더 많이 느낀다고 하였다.

두려움에 대한 반응은

• 싸움
• 도주 등이다.

두려움을 제때 다루지 못하였을 때 생기는 2차 감정은 불안감, 실패감, 죄책감, 좌절, 낙심 등이 있고 이 감정은 무기력하거나 자신의 행동을 억압하는 것으로 곧바로 연결될 수 있다.

생각해 보기

▸나는 언제 두려움을 느끼는가?

▸나는 두려울 때 어떻게 하는가?

▸나는 두려움을 느끼는 것 자체가 불편한가?

공포와 두려움에 대하여 또 생각해 볼 것은 모욕을 당했을 때 누가 모욕했느냐에 따라 공포나 분노로 반응할 것이라는 것이다. 만약 자신이 상대방보다 더 힘을 가졌다고 느낀다면 화가 날 것이고, 자신이 힘이 없다고 느낀다면 공포를 경험할 것이다. 좀처럼 상황을 위험한 것으로 지각하지 않는 사람은 화를 내기 쉽고, 반면에 많은 상황을 위험한 것으로 보는 사람은 공포를 자주 느끼고 분노는 적게 느끼는 경향이 있다. 자신이 안전하다고 생각될 때는 화가 나거나 상대를 위협한다.

만약 확실치 않다면 공격할까 도망갈까를 왔다 갔다 하며 망설인다. 이것이 인간행동의 숨은 조정자인 동시에 핵심감정인 것이다.

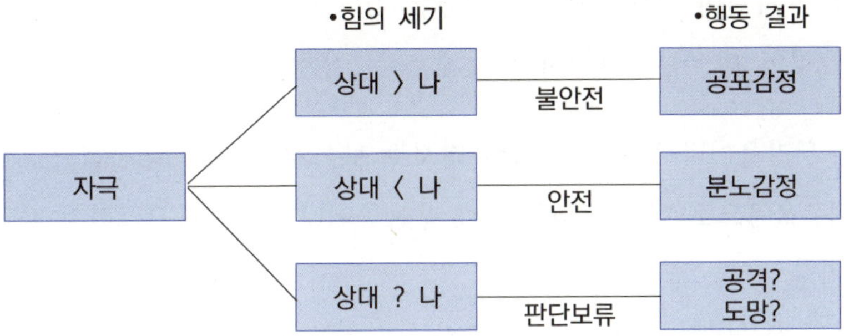

따라서 대부분 자신의 생각이 원인이고 정서는 결과로 나타나는 것이다.

특히 걱정이나 근심도 두려움의 한 종류인데 걱정을 유발하는 자극은 주로 외부의 원인보다는 우리의 생각으로부터 온다. "만약 ~이라면 어쩌지?"

또 두려움과 함께 나타나는 반응으로 아드레날린과 코르티솔이라는 두 개의 호르몬이 부신으로부터 분비된다. 아드레날린은 반짝이는 힘을 생기게 하여 용기를 내고 대들 수 있게 하며, 코르티솔은 경계와 긴장하게 하여 도망갈 수 있는 준비를 시키며 혈압 레벨을 높이기도 한다. 이러한 호르몬이 지속적으로 분비되면 건강에 좋지 못하다.

대부분의 인간은 공통적으로 자신의 실패에 대한 두려움과 상대방의 거부에 대한 두려움이 있다고 한다.

자신에게서 두려움이 느껴진다면 내면의 자아와 대화해 보자.

- "난 도대체 무엇이 위험하다고 생각하는 거지?"
- "무엇이 위험하지?"

다. 슬픔

슬픔은 자신에게 상실한 것이 있다는 메시지이다. 우울(depression)은 그런 심각한 반응을 보이기에 충분할 만한 어떤 분명한 이유가 없음에도 불구하고 장기간에 걸쳐 지속되는 불행한 기분이다.

슬픔의 원인은

- 상실 1: 자신이 가지고 있던 것이 없어짐. 가족, 친구, 애완견이 죽거나 가장 친한 친구나 가족이 떠나버리는 유형의 상실이다.
- 상실 2: 자신이 기대했거나 소망했던 것이 이루어지지 않음. 자신이 바라던 어떤 것이 더 이상 가능하지 않게 되는 유형의 상실이다.

슬픔은 두려움이나 분노보다 약한 정서로 보이지만, 약한 우울함으로부터 통제할 수 없는 울음으로 더 지속되었을 때 우울증이나 무기력증으로까지 자라는 위험한 정서이다.

그렇다면 슬픔이라는 정서도 좋은 기능이 있을까? 슬픔의 기능은 잠시 멈춰서 휴식을 줌으로써 다음 단계를 준비하거나 에너지를 보충할 수 있게 하는 기능을 갖는다. 그리고 상실을 경험한 뒤 슬픔의 정서를 극복함으로써 성숙한 인간이 된다. 아이가 동생이 생겼을 때 극심한 상실을 경험하지만 잘 극복하고 난 뒤 성숙한 아이가 되는 것은 쉽게 관찰될 수 있는 장면이다. 그런데 요즈음 정신과를 찾는 많은 중년의 환자들을 치료하는 전문가들의 공통적인 의견은 극심한 상실의 상황에서 환경이나 성격상의 이유로 충분히 애통하지 못하고 묻어두었다가 오랜 시간이 지난 뒤 우울증이나 화병이 된 사람이 많다는 것이다. 슬플 때는 충분히 울고 충분히 애통해야 건강한 것이라고 한다.

라. 질투

질투는 두려움, 분노, 슬픔 등의 3가지 정서가 뒤섞인 복합적인 정서이다. 이러한 정서들은 순차적으로 이어지거나 시간의 흐름에 따라 결합된다.

질투심을 잘 다루기 위해서는

- 질투하고 있는 것을 인정한다.
- 질투심을 말로 표현한다.
- 정신적 외상을 입은 경험이 있는지 생각한다.
- 스스로를 누군가의 마음을 지속적으로 잡아둘 만큼 충분히 매력적인 사람이 아니라고 생각하는지 생각해 본다.

결론적으로, 대부분의 정서는 자신의 내면에서 가치판단의 결과로 나타나는 반응이다. 예를 들어, 상대방이 실수로 물컵을 자신에게 쏟은 것이 자신을 모욕하는 것이라고 판단하는 순간 분노가 생기게 되는 것과 같다. 나중에 실수임이 밝혀지고 상대가 정중하게 사과하면 분노를 표출한 자신에게 당혹감이나 죄책감을 느끼게 되지 않는가? 대부분 정서는 자신 내면의 문제임을 인정하도록 하자. 사실 인간이 의도적으로 타인에게 불쾌한 감정을 주는 경우가 얼마나 있겠는가?

"인간의 모든 행동에는 긍정적 의도가 있다." 믿자!

읽기자료

인간이 흔히 저지르는 부정적이고 왜곡된 사고방식 즉, 인지적 오류들이다.

1. 선택적 추상화: 모순되거나 더 좋은 증거는 무시하고, 부정적인 사항들만을 선택하여 그것에 기초하여 결론을 내리는 것이다.
2. 정서적 추론: 객관적 증거 없이 감정에 기초하여 부정적 평가를 내리는 것이다.
3. 지나친 일반화: 한 가지 사건으로부터 부정적 결론을 내려 여러 가지 상황에 다 적용하는 것이다.
4. 확대(또는 파국화): 어떤 부정적인 사건의 의미를 과대평가하거나 확대 과장한다.
5. 극단적 사고(전부가 아니면 전부가 아니라는 식): 모든 것이 좋거나 나쁘다 둘 중의 하나로 생각하는 절대적 사고인데 대부분은 후자이다.

－베크(Beck)의 인지적 오류(인지왜곡)의 종류

내 생각을 나누어 보기

• 위에서 기억한 나의 최초 기억으로 볼 때 나를 지배하는 핵심정서는 무엇일까?

• 핵심정서에 대한 나의 생각은 무엇인가?

2. 긍정적 정서 유지하기

인간은 자신의 긍정 정서를 선택할 수 있고 이러한 마음에너지를 관리하는 방법도 있다.

1) 뇌가 긍정을 선택하는 습관을 갖도록 하자.

태아일 때부터 죽음에 이르기까지 뇌는 끊임없이 신경세포와 신경세포를 오가며 정보를 주고받는다. 자신에게 의미있는 정보가 있다면 언제든지 새로운 신경세포와 연결을 할 준비가 완벽하게 되어있다. 이것을 뇌의 가소성이라 한다. 뇌는 항상 변한다. 사용하면 강화되고 사용하지 않으면 기능이 퇴화하는 용불용설의 자연법칙을 철저히 따른다. 오른손잡이는 시간이 지날수록 더욱 오른손잡이다워지고 싫어하는 음식, 싫어하는 가치관, 사람의 행동은 특별한 이유가 없으면 계속 싫어지게 마련이다.

정서-생각이 굳어진 다음, 유사한 상황이 되면 "그래, 나는 원래 깻잎을 싫어해, 냄새를 견딜 수가 없어"라고 한 번 더 다져 더욱 견고하게 한다. 이것이 세포가 학습한 습관이다. 습관은 어떤 행동을 반복적으로 하여 뇌가 자동화 한 것이다.

자신도 모르는 사이에 슬며시 들어와 습관으로 굳어진 정서선택 습관을 잘 들여다보자.

내가 싫어하는 사람의 행동, 음식, 가치관, 생각만 해도 혐오스러운 것들을 떠올려 보자.

내가 싫어하는 것	언제부터 싫어하게 되었을까?	왜 싫어하게 되었을까?
• • •		

내가 좋아하는 것	언제부터 좋아하게 되었을까?	왜 좋아하게 되었을까?
• • •		

자신의 뇌가 긍정을 선택하도록 연습하자. 언젠가는 자동화되어 습관으로 굳어질 것이다.

2) 뇌의 주인이 되자: 긍정적인 명령을 하라.

(1) 뇌는 긍정과 부정을 구분하지 못하고 모두 받아들인다.

예를 들어, "나는 뱀이 너무 싫어"라고 반복적으로 말한다면 뇌는 "뱀"과 "싫다"라는 것을 강하게 기억한다. 싫어하고 부정적인 것이 아닌 자신이 좋아하는 긍정적인 것을 반복적으로 생각하고 말하다 보면 부정적인 기억을 밀어낼 수 있다.

뇌는 생각하는 대로 도와준다. 긍정적인 주문을 외워라.

"나는 성실한 학생이야"

"나는 앞으로 잘 될 거야"

"나는 무엇이든 할 수 있어"

"매일 매일 더 성장할 거야"

"나는 원하는 것을 할 수 있다"

"내가 원하는 것을 할 수 있는 유일한 사람은 나다"

"나는 실수할 때마다 값진 교훈을 배운다"

"주위 모든 사람들이 나를 도와주고 있다"

"더 많이 연습할수록 나는 더 잘 할 수 있다"

"나의 마음은 우주의 마음이다"

"나와 우주는 하나다"

자신이 뇌를 통제할 수 있는 사람만이 진정한 자신의 주인이 된다.

(2) 인칭 구분을 하지 못한다.

"재 재수없지? 바보 같아"라고 하면 뇌는 "재수", "없어", "바보 같아"를 기억한다. 즉, 자신이 하는 말은 모두 자신의 뇌에 저장이 되는 것이다. 뒷담화 하지 마라. 속이 편해지기는커녕 자신에게 그대로 돌아온다. 마치 마귀할멈의 주문처럼 말이다.

(3) 과거와 미래를 구분하지 못하고 현재로만 받아들인다.

"어제는 정말 최악의 날이었어"라고 하면 '최악'을 저장하고,
"내일은 더 좋은 날이 될 거야"라고 하면 '더 좋은'을 저장하게 된다.

자신의 뇌를 건강하게 자극하는 시나리오를 작성하고 주문을 외우자.

가까운 시간 내에 혹은 장래에 꼭 이루고 싶은 것을 긍정문으로, 1인칭으로, 현재시제로 작성하여 마치 영화를 보듯이 비전화하라.

특히 잠자리에 들기 전에 반복하자. 잠자리에 들기 전에 한 생각들은 해마가 장기기억 속에 차곡차곡 저장하여 무의식적으로 작동을 시킨다.

긍정문, 1인칭, 현재시제로 Vision화 하자.

예) 나는 2015년 한국대학교 입학식장에 서 있다.
입학식장은 ~~~~~~~ 한 모습이며, ~~~~가 축하해 주기 위해 꽃다발을 가지고 있다.
야! 내 인생 최고의 날이다.

(나의 주문 작성)

____

____

____

____

매일 일어나서, 힘들 때, 잠자리에 들기 전에 반복하여 주문을 외우자. 정신적

에너지가 물리적 에너지로 변환하면서 작동한다. 특히 자는 동안에 기억에서 끄집어내어 뉴런 간 연결을 강화한다. 이것이 무의식의 도움을 구하는 비법이다.

자동화 된 감정－생각－행동 프로세스가 있다. 인간의 뇌는 24시간 동안 주인을 위해 일을 하며 도와준다.

읽기자료

2005년 냉동차 안에 40대 남자가 갇혀 있었다.
"문 열어 주세요!" 아무리 외쳐도 도와주는 사람이 없었다.
결국은 죽은 채로 발견되었다. 부검 결과는 동사였는데 이 사실이 TV에 나왔다.
사실 냉동차는 고장이 나서 평균온도였던 것이다,

미국의 심리학자가 실험을 하였다.
사형수의 눈을 가리고 팔을 묶고 어딘가로 데리고 갔다. 눈은 풀지 않고 팔걸이가 있는 의자에 앉아 팔을 묶었다. 날카로운 자로 손목을 긋고 물을 한 방울씩 떨어뜨렸다.
결국 27분 만에 사형수는 죽었다.

생각대로 된다. 원하는 것만 생각하고 원하는 것만 말하라. 이것이 삶의 비밀이다.

3) 지금 여기에 충실하자.

지금 이 순간 고개를 돌려 하늘을 바라보세요.
순간 자신의 뇌 속을 채우는 것이 무엇인가요?
"내일 무엇을 하지?"
"어제 재미있었는데..."
"순희와 만나기로 했는데..."

만약 이런 일상생활에 관한 생각들이 주를 이룬다면 현재를 살기보다 과거나 미래를 주로 사는 사람이다. 지금 눈에 들어오는 것, 지금 귀에 들리는 것, 지금 내 손에서 감촉이 느껴지는 것, 지금 내 옆에 있는 사람이 현재의 내 인생이다.

무엇을 하였든, 무엇을 해야 하든, 과거나 미래에 대한 생각이 아닌가?

생각이나 판단은 과거나 미래의 것이다. 뇌를 자유롭게 활동하도록 쉬게 두고, 자신은 현재를 즐기다가 필요할 때에 판단하고 생각하면 뇌는 더 질적인 사고를 가능하게 해 준다.

판단을 중지하자. 이성적 판단은 내 안에 존재하는 지식과 가치가 버무려져 합리화하고 원래 있던 생각을 더욱 굳어지게 하는 대부분은 자기합리화를 위한 것이다.

『생각 버리기 연습』이라는 책에서 자신의 "감각기관에 집중하기"를 제시하고 있다. 눈에 보이는 것을 응시하고, 귀를 열어 소리에 집중하고, 입고 있는 옷, 손에 느껴지는 감촉을 느껴보는 것이다. 그렇게 하다 보면 뇌가 자기합리화를 위해 쉴 새 없이 재잘거리는 것이 사라지고 편히 쉴 수 있게 된다. 긍정적 정서를 선택하려면 지금 여기에 자신의 뇌를 집중시켜라.

4) 긍정 근육의 단련, 감사하라.

인간에게 정서는 자신을 외부의 위협으로부터 지켜 주기 위한 파수꾼의 역할이다. 혹시 누군가 나를 무시하지는 않나? 나를 공격하지는 않나? 왜 저 사람은 저렇게 생각하지? 라고 끊임없이 뇌는 비교하고 분석하고 나의 심리적, 신체적 안전을 지키려 애쓰고 있다. 긴장상태에 있다는 의미이다. 긴장상태에 늘 있다 보면 자연스럽게 예민해지고 부정적인 정서들이 불쑥 불쑥 들게 마련이다. 부정 정서가 많이 드는 것은 어찌 보면 생물학적 존재로서 당연한 것이다. 반면, 긍정 정서는 그렇지가 않다. 심리적이고 신체적으로 안전해야 하고, 또 무엇인가에 동기를 느끼고 행동으로 이어진 다음에 찾아오는 정서가 아닌가?

부정 정서는 가만히 두면 자꾸 발화하고 강화되기 마련인 반면, 긍정 정서는 가만히 두면 기능이 감퇴되어 나중에는 기뻐해야 할 상황이 되어도 "내가 기뻐해도 되나? 안전한가?"라는 무의식 속에서 긍정할 수 없게 된다.

긍정 정서는 의식적으로 선택하고 익숙화하는 습관을 들여야 한다. 긍정 근육을 단련하는 좋은 방법이 바로 "감사"이다. 이미 부정 정서 선택이 습관화 된 사람에게 "감사하기를 해 보자"라고 하면 "감사할 것이 있어야 감사를 하지요"라고 한다.

그러나 잘 생각해 보면, 부정 정서는 자신을 보호하기 위한 뇌의 기제인데 부정 정서를 자주 사용하고 강화한 사람도 지금까지 안전하게 살아왔지 않은가? 끊임없이 부정 정서를 발휘하여 자신의 안전을 지켜오는 데 성공하지 않았는가? 그리고 내가 부정 정서의 파수꾼을 계속 세웠음에도 하루에 몇 번이나 공격받고 불안한 상황이 생기던가? 모든 것이 기우이고 단순한 습관에 불과한 것이다.

그러니 감사하도록 하자.

"오늘도 허락된 삶에 감사"

"지금도 볼 수 있는 눈과 들을 수 있는 귀에 감사"

"긍정이건 부정이건 선택할 수 있음에 감사"

"내가 나의 주인임을 감사"

"나의 뇌가 그토록 지키고 싶어 하는 나의 심리적 안전과 신체적 안전에 감사"

뇌에게 조금의 휴식을 주자. 그것이 긍정을 선택하는 습관이다.

긍정을 선택하고 감사를 하다 보면 뇌가 불필요한 긴장에서 해방된다.

내가 선택하는 감사거리
•
•
•
•
•

읽기자료 / 긍정 근육 단련

비관주의자는
부정적인 근육을 단련하나,
낙관주의자는 긍정적인 근육을 단련해서 습관으로 만든다.

감사하는 마음가짐이 바로 긍정적인 근육이다.

어떤 근육을 강하게 만들지는

> 자신의 선택에 달려있다.
>
> 매일매일 감사한 일을 찾아
> 감사함으로 긍정적인 근육을 단련하면
> 기쁜 마음으로 삶을 즐기게 되며,
> 자신이 할 수 있는 일이 있음에
> 더욱 감사하면서 살아갈 수 있다.
>
> – M. J. 라이언의 『감사』 중에서

5) 정신에너지를 관리하라.

인간은 생명을 건강하게 유지하기 위하여 매일 신체 에너지를 공급하여야 한다. 마찬가지로 정신의 건강을 위하여 정신 에너지를 공급하고 관리하여야 한다.

『굿바이 게으름』의 저자 문요한은 현대인의 대표 국민 심리는 "열등감"과 "무기력(에너지가 없는 상태)"이며 무기력은 즉각적 만족과 눈앞의 이익에만 중독으로 이끈다고 하였다. 또 자발성과 동기가 부족하여 결국 학습된 무기력 상태(learned helplessness)가 된다고 하였다.

"빈둥거리는 것만 게으름이 아니다.
방향성 없이 똑같은 하루를 반복하고,
중요한 일을 뒤로 한 채 사소한 일에 매달리고,
완벽주의라는 덫에 빠져 결정을 끊임없이 미루고,
늘 바쁘게 보이지만 실속은 없고,
능력이 됨에도 불구하고 도전하지 않는다면 당신은 게으르다."

게으름(무기력)은 선택이다!
게으름(무기력)은 변신의 귀재이며 생활 곳곳으로 소리 없이 찾아 든다.

자기비난도 결국은 변명이다
게으름(무기력)을 판단할 때 가장 중요한 것은 "삶의 방향성이 있는가, 없는가?"이다.

읽기자료

수십 년간 정신분석 의사활동을 한 이무석 박사는 정신 에너지가 결여되었을 때 증상이 무기력증, 기억력 감퇴, 사람이 싫어짐, 자주 피곤함을 느낌, 성욕 감퇴, 정신질환이라고 하였다. 또 정신 에너지를 보충하는 5가지 방법을 제시하였다.

① 충분한 잠을 자라

잠은 정신 에너지를 공급해 준다. 수면 시 4단계(서파)에서 잠을 통해 에너지를 보충받는다. 대부분의 현대인은 만성적 수면 부족 상태(졸음, 피로감, 집중력 저하, 건망증)이다. 그렇다면 얼마나 자야 할까? 아인슈타인형은 9시간 이상을 자야 하고 에디슨형은 4시간 이상을 자면 된다. 평균적으로 7.5~8시간을 자야 한다.

② 인정받기(Recognition)

정신 에너지를 빼앗는 주범이 스트레스인데, 스트레스의 주된 원인은 3가지가 있다.

- 포기할 것을 포기 못할 때
- 분노: 분노 그룹이 비분노 그룹보다 사망률이 7배가 높다.
- 열등감: 100배 높은 스트레스를 유발한다.
  - 자존감을 회복하는 방법은 열등감을 버리는 것이다.

③ 자기 인생을 긍정적으로 본다.

"완벽하지는 않지만 그래도 최선을 다할 수 있다"

④ 내 마음의 울타리 지키기(Ego boundary)

Say "no"라고 말할 줄 알아야 한다.

완벽주의 탈피–공사 중인 자신을 인정하라.

⑤ 자기 위로 기능 활용 (Self soothing capacity)

'자기 비난' 기능을 분석하자. "넌 쓸모없는 놈이야, 제대로 하는 게 아무것도 없어", "게으름뱅이", "난 미쳤어", "바보"

이러한 파괴적 비판을 하는 숨은 의도는 실패에 대한 두려움, 자기비하, 자기합리화이다.

"괜찮아"

"나도 괜찮은 사람이야" 이러한 위로의 말을 스스로에게 하자.

행복은 지금 여기에 있다.

사람은 누구나 정도의 차이는 있지만
다른 사람과 비교하면서 열등감을 느끼고
미래에 대해 불안감을 느끼고
나만이 알고 있는 죄의식을 갖고 있다.

– 셰익스피어

* 참고자료: 정서 표현

1. 기쁨, 즐거움

기쁘다. 흐뭇하다. 만족하다. 편안하다. 평화롭다. 즐겁다. 상쾌하다. 명랑하다. 평온하다. 쾌활하다. 반갑다. 행복하다. 흡족하다. 기분 좋다. 뿌듯하다. 황홀하다. 훈훈하다. 감격스럽다. 태평하다. 시원하다. 생기있다. 활기차다. 신바람 나다. 가슴 벅차다.

2. 애정, 관심

다정하다. 친절하다. 자상하다. 온화하다. 감미롭다. 예쁘다. 사랑스럽다. 상냥하다. 호감을 준다. 애정이 깊다. 멋지다. 친숙하다. 인정있다. 자비심 있다. 이해심 있다. 관심있다. 관대하다. 온순하다. 소박하다. 따뜻하다. 우호적이다. 선하다. 사랑이 넘친다. 낙관적이다. 마음이 넓다. 순수하다. 진실하다. 소박하다.

3. 능력, 자신감

자신있다. 능력있다. 용기있다. 재능있다. 자랑스럽다. 건강하다. 믿음직하다. 튼튼하다. 대담하다. 힘세다. 강하다. 신뢰할만하다. 훌륭하다. 용감하다. 씩씩하다. 성실하다. 충실하다. 신중하다. 확실하다. 강력하다. 협조적이다. 의기양양하다. 존경스럽다. 중요하다. 영웅적이다. 활발하다. 믿을만하다. 할 수 있다.

4. 슬픔, 근심

쓸쓸하다. 애처롭다. 외롭다. 고독하다. 허전하다. 우울하다. 슬프다. 불행하다. 비참하다. 괴롭다. 불쌍하다. 쓸모없다. 낙담하다. 비탄하다. 암담하다. 혼란스럽다. 무시당하다. 절망하다. 보잘것 없다. 침통하다. 안쓰럽다. 비관하다. 감정이 상하다. 마음이 아프다. 불만족하다. 걱정하다. 착잡하다. 방황하다. 쓸쓸하다. 불쾌하다. 기분 나쁘다. 억압되다. 부서지다. 답답하다. 울적하다. 비난받다. 고민하다. 눈물나다. 불편하다. 염려하다. 패배하다.

5. 두려움, 불안

두렵다. 무섭다. 불안하다. 겁먹다. 긴장하다. 공포에 사로잡히다. 초조해하다. 당황하다. 섬뜩하다. 소름끼치다. 주눅이 들다. 겁에 질리다. 떨리다. 무시무시하다. 주저하다. 소심하다. 안절부절 못하다. 놀라다. 압박감이 들다. 자신없다. 부끄러워 하다. 조바심 나다. 버려지다. 측은하다. 처참하다. 불안정하다. 절절매다. 부자연스럽다.

6. 분노, 화

밉다. 증오하다. 노하다. 격분하다. 분노가 끓어오르다. 신경질 나다. 배척하다. 무시하다. 얕보다. 학대하다. 공격하다. 분개하다. 저주하다. 반발하다. 경멸하다. 모욕하다. 싫어하다. 자포자기하다. 화나다. 독기가 일다. 심술부리다. 짜증나다. 쌀쌀하다. 질투하다. 원망하다. 파괴하다. 저항하다. 흥분하다. 분통터지다. 거부하다.

3. 자신감 갖기

우리 세대의 가장 위대한 발견은 인간이 자신(생각, 신념, 믿음, 태도)을 바꿈으로써 삶을 바꿀 수 있다는 사실을 발견한 것이다.

- 윌리엄 제임스(william James)

생각하는 대로 살지 않으면 사는 대로 생각하게 될 것이다.

- 폴 발레리

읽기자료 / 나의 자화상

자신이 패자라고 생각하면
패자가 된다.

자신이 용기가 없다고 생각하면
결코 승리하지 못한다.

우리가 사는 세상에서
성공은 인간의 의지에 따라 좌우된다.

모든 것은 마음먹기에 달려있다.

자신이 남에게 뒤떨어진다고 생각하면
뒤떨어진다.

성공하려면 높게 생각해야 한다.
승자가 되려면 자기 자신을 믿어야 한다.

강한 사람, 빠른 사람만이
인생에서 승리하는 것은 아니다.

오직 승리할 수 있다고 확신하는 사람만이
승자가 된다.

신념은 자신의 뇌가 가지고 있는 패턴화된 생각이다. 나 자신에 대한 나의 신념은 어떤 모습인가? 4장의 **[나의 발견 1 – 현재의 나]**에서 다루었듯이, 나는 누구인가?에 대한 아이덴티티가 자신에 대한 믿음, 능력, 행동, 환경까지도 지배한다. 과거의 성취경험과 주위 사람들의 칭찬이나 인정을 받은 결과로 생긴 자신감도 있지만, 자신이 원하는 자화상을 신념화하여 그러한 사람이 되는 방법도 가능한 것이다.

① 나의 생각을 나누어 보기

▸ 나는 나를 어떤 사람으로 보는가? (나를 표현하기에 적절한 단어를 나열해 보세요)

▸ 위의 단어를 연결하여 문장으로 만들어 보자.

> "What matters most is how you see yourself!
> 중요한 것은 자신을 어떻게 평가하고 있느냐!" — 영국속담

▸ 나는 내가 할 수만 있다면, 그리고 아무런 제약이 없다면 어떤 사람으로 불리기를 원하는가? (모든 것이 가능하다면 나의 모습을 표현하는 단어를 나열해 보세요)

▸ 위의 단어를 연결하여 문장으로 만들어 보자.

읽기자료 / 꽃

내가 그의 이름을 불러 주기 전에는
그는 다만
하나의 몸짓에 지나지 않았다.
내가 그의 이름을 불러 주었을 때
그는 나에게로 와서
꽃이 되었다.

내가 그의 이름을 불러 준 것처럼
나의 이 빛깔과 향기에 알맞은
누가 나의 이름을 불러다오.
그에게로 가서 나도
그의 꽃이 되고 싶다.
우리들은 모두
무엇이 되고 싶다.
너는 나에게 나는 너에게
잊혀지지 않는 하나의 의미가 되고 싶다.

② 자기선언하기

자신의 뇌에 저장된 정보에 따라 외부의 자극에 의해 반응을 하게 된다. 자신에 대한 부정적인 정보를 많이 저장하고 있다면, 언제 어떤 상황에서도 열등감, 수치심, 두려움이 반응하여 또 다른 부정적 경험을 하게 될 뿐일 것이다. 자신에 대한 좋은 정보를 많이 저장하고 있다면, 당당하고 도전할 수 있는 용기를 쉽게 가질 수 있을 것이다. 우리가 아무리 긍정적이기를 원하고 자신에 대한 개념을 좋게 가지려 해도 이미 뇌에 부정적인 정서와 생각으로 꽉 차 있다면, 이것으로 선택할 수 있는 것은 어차피 부정적 정보가 될 것이다. 그래서 의식적·의도적으로 자기가 원하는 자신에 대한 이미지를 만들어 뇌 속에 알려주어야 한다.

"나는 이런 사람이라고~~~" 이것을 자기선언이라 한다.

자기선언을 해 보자.

"원하는 대로 믿고 원하는 대로 말하라. 그래도 된다."

자기선언 예

성장

- ▶ 나는 날마다 모든 면에서 점점 더 나아지고 있다.
- ▶ 나는 남들과 다르기 때문에 행동한다. 그래서 나는 성장한다.
- ▶ 나는 개인적인 한계나 부족함, 의심, 열등감에 얽매이지 않는다.
- ▶ 나는 야심과 꿈, 그리고 삶에 대한 열의로 가득차 있다.

건강

- ▶ 나는 활력과 에너지로 가득차 있다.
- ▶ 나를 감싸고 있는 완벽한 힘은 내 몸의 모든 세포기능을 활기차고 생기있게 한다.

자아개념

- ▶ 나는 고유한 존재로 태어났다. 나는 자신감에 가득차 있다.
- ▶ 나의 삶은 점점 더 풍요로워진다. 나는 나 자신을 완전하게 믿는다.
- ▶ 나는 나 자신에 대해 오직 좋고 긍정적인 것만을 생각한다.
- ▶ 나는 흥미가 있고, 유머가 넘치며 명랑하다.

성격

- ▶ 나는 웃는다. 나의 웃음은 나에게 즐거움을 준다.
- ▶ 나는 나의 성실한 태도가 자랑스럽다.

인간관계

- ▶ 나는 다른 사람의 좋은 점만을 생각한다.
- ▶ 나는 내가 받기를 원하는 만큼 다른 사람에게도 사랑과 존경을 준다.

자기달성적 예언

- ▶ 나는 의지력이 강하다.
- ▶ 나는 계획한 일을 잘 실천한다.
- ▶ 나는 긍정을 좋아한다.
- ▶ 나는 양심과 이성에 따라 행동한다.
- ▶ 나는 건강하다.
- ▶ 나는 용기와 결단력이 있다.
- ▶ 나는 언제 어디서나 필요한 사람이다.
- ▶ 나는 무한한 가능성을 지니고 있다.
- ▶ 나는 말과 행동이 일치하는 사람이다.
- ▶ 나는 모든 일에 최선을 다한다.

I AM. 나는 이런 사람이다!

- 나는 ____________________________
- 나는 ____________________________
- 나는 ____________________________
- 나는 ____________________________
- 나는 ____________________________
- 나는 ____________________________
- 나는 ____________________________
- 나는 ____________________________
- 나는 ____________________________
- 나는 ____________________________

I Can. 나는 이런 것을 할 수 있다!

- 나는 ________________________ 을 할 수 있다!
- 나는 ________________________ 을 할 수 있다!
- 나는 ________________________ 을 할 수 있다!
- 나는 ________________________ 을 할 수 있다!
- 나는 ________________________ 을 할 수 있다!
- 나는 ________________________ 을 할 수 있다!
- 나는 ________________________ 을 할 수 있다!
- 나는 ________________________ 을 할 수 있다!
- 나는 ________________________ 을 할 수 있다!
- 나는 ________________________ 을 할 수 있다!
- 나는 ________________________ 을 할 수 있다!
- 나는 ________________________ 을 할 수 있다!
- 나는 ________________________ 을 할 수 있다!
- 나는 ________________________ 을 할 수 있다!
- 나는 ________________________ 을 할 수 있다!
- 나는 ________________________ 을 할 수 있다!
- 나는 ________________________ 을 할 수 있다!
- 나는 ________________________ 을 할 수 있다!
- 나는 ________________________ 을 할 수 있다!
- 나는 ________________________ 을 할 수 있다!

자신감은 자신을 믿는 감정이다. 자신감은 자신이 누구인지, 무엇을 할 수 있는지에 대한 성찰에서 시작할 수 있는 위대한 신념이다.

내용요약

1. 인간정신활동의 두 기둥은 지성과 감성으로 지성은 대뇌피질에서 담당하는 기능이며, 감성은 변연계에서 담당하는 기능이다. 감정을 나타내는 곳은 변연계이며 감정을 조절하고 통제하는 곳은 대뇌피질인데, 이 둘이 잘 통하고 연합할 때 건강한 두뇌가 된다.
   - 변연계 중 편도체에서 분노, 불안, 공포, 염려 등의 심리상태를 유발한다.
   - 전두엽은 미래지향적 사고, 대인관계기능, 사회행동기능, 도덕 윤리의식, 창의력, 판단력 등의 인간을 인간답게 하는 기능을 담당한다.

2. 인간으로서 가장 핵심적으로 경험하게 되는 정서를 핵심정서라 하며 6가지 원리가 있다.
   - 핵심정서도 인간이 타고난 본성이며, 고유기능을 갖는다.
   - 핵심정서는 도덕과 관련이 없다.
   - 도덕성은 우리가 정서를 행동으로 옮길 때 개입한다.
   - 사용할수록 강화되고 사용하지 않을수록 약화된다.
   - 정서도 선택할 수 있으며, 다스릴 힘이 있다.
   - 정서는 원인이고 행동은 결과이다.

3. 핵심정서는 다음과 같은 특성이 있다.
   - 분노는 자기보존을 위한 정서이다.
   - 두려움은 나에게 위험이 있다는 것에 대한 메시지이다.
   - 슬픔은 내 삶에 상실이 있다는 메시지이다.
   - 기쁨은 안전하며 원하는 것을 이루었다는 메시지이다.

4. 인간은 부정적 정서에 빠지는 것이 자연스러우며, 긍정적 정서를 유지하기 위하여 습관적인 노력을 해야 한다.
   - 뇌가 긍정을 선택하는 습관을 갖도록 하자.
   - 뇌의 주인이 되어 긍정적인 명령을 하자.
   - 지금 여기(Here & Now)에 충실하자
   - 감사함으로 긍정 근육을 단련하자.
   - 열정적인 일로 정신 에너지를 관리하자.

개인활동 과제

삶의 순간에 강한 정서를 느끼는 순간은 '자신과 대화하는 시간'이다. 예를 들면, '왜 나는 이런 정서를 느끼지?' 이러한 정서의 근원은 생각이기 때문에 '어떤 생각이 있었지?' 등 자신이 일주일 동안 강렬하게 느끼는 정서를 관찰하고 자신과 대화해 보자.

혹시 자신이 정서를 강하게 느끼지 않는다고 생각하는 사람이 있다면 왜 그럴까? 그건 아마도 오랫동안 정서를 외면한 결과 무뎌져서 못 느끼는 것처럼 생각할 수도 있다.

만약 인간이 정서를 잘 못 느낀다면 어떻게 될까?

강하게 느껴진 정서	정서의 자극과 생각	정서 다루는 방식

모듈 03

리더의 실천성

CHAPTER

07 비전과 목표설정

See Do Get

비전과 목표설정

A type과 B type의 생각에 따른 Do(하는 행동 / 말)와 Get(얻는 결과)에 대하여 토의해 봅시다.

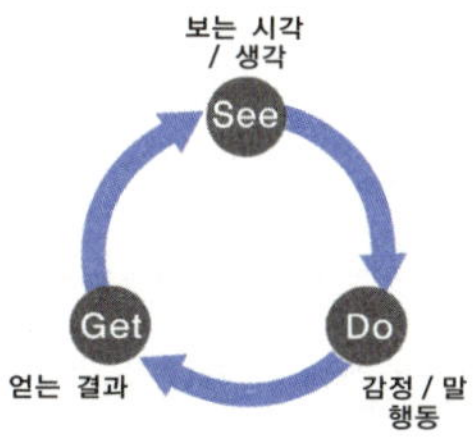

	A type	B type
See	인생은 어느 정도 정해져 있다.	나의 인생은 내가 디자인 하고 실천하는 대로 된다.
Do		
Get		

이 장의 목표

- 인간성취 원리를 이해하고 가치 있는 비전을 세울 수 있다.
- 목표설정의 구체적 방법에 따라 목표를 세우고 실천하는 능력을 갖는다.

1. 인생의 주인공

1) 인생 성장 단계=성숙의 땅으로

인간이 태어나고 성인이 되어가면서 피할 수 없는 사실은 스스로 자신의 삶을 살아야 한다는 것이다. 누구나 태어나면 처음에는 부모님이나 다른 누군가에게 의존하는 단계에서 홀로서기의 단계를 거쳐 또 다른 누군가와 상호 의존하는 단계를 거치면서 살게 된다. 나이가 들고 키가 크는 신체성장과 함께 나이에 걸맞은 정신적 성숙을 해야 함에도 미숙한 성인으로 존재하는 사람들도 있게 된다. 이러한 원인이야 여러 가지가 있겠지만 무엇보다 스스로 책임지기 싫어하고 감정이나 생각, 행동에 대한 책임이 다른 사람에게 있다고 끊임없이 변명하는 것이 습관화되어 스스로 건너야 하는 성숙의 땅으로 건너가는 일에 실패했기 때문이다.

또 다른 인생의 성장 과정을 보기 위하여 원하는 것(want)에 따라 개인이 각각 다름을 생각해 볼 수 있다. 언제 존재감을 느끼고, 언제 행복한지, 이것은 자신의 가치와도 연결된다. 첫 번째는 소유의 단계이다. 아이들은 늘 소유(to have)를 원한다. 먹을 것, 입을 것, 자동차 장난감, 로봇, 공룡, 축구공, 축구화 등 아무리 가져도 만족할 줄 모른다. 무언가를 가지면 행복해 하고 무언가를 가지는 것을 실패하면 화를 내거나 슬퍼한다. 두 번째는 성취(to do)의 단계이다. 자아가 생기기 시작하면 무언가를 해 보는 것(to do)에 관심을 가지기 시작한다. 엄마가 과일을 깎으면 즉각 "내가 할게"라고 한다. 음식을 해도, 화장을 해도 아이들은 어른들이 하는 것을 모두 해 보고 싶어 한다. 성취의 수준이 좀 더 높아지면서 운동, 음악, 미술, 독서 등의 고등 인지활동으로 연결된다. 세 번째는 존재 의미(to be)의 단계이다. 성숙한 사람일수록 자신이 가진 재능이나 무언가로 또 다른 사람에게 자신의 존재에 대한 의미를 부여하고, 자신의 존재 가치를 확인하고 싶어 한다. 나는 지금 어느 단계에 와 있는지 생각해 보자.

(1) 자신의 가치관을 발견하라!

사회 심리학자 샬롬 슈워츠는 수십 개국의 수만 명을 대상으로 질문하여 문화에 상관없이 보편적인 열 가지 가치들을 찾아내었다. 그는 이 가치들이 세계 전역에서 공통적으로 중시되며, 특정 가치를 철저히 추구하는 개인은 원형 모델에서 정반대 지점에 위치한 가치보다 이웃한 가치를 중요시할 가능성이 높다고 하였다. 여러분도 한 번 체크해 보자.

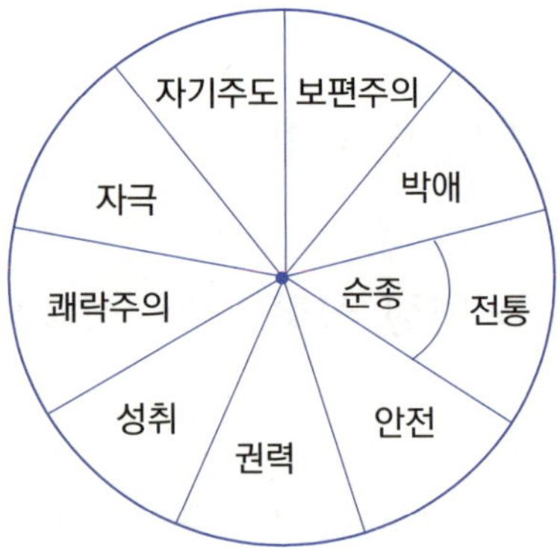

[그림 7-1] 가치관 원형 모델

☐ 자기주도	☐ 보편주의	☐ 박애	☐ 순종	☐ 전통
☐ 안전	☐ 권력	☐ 성취	☐ 쾌락주의	☐ 자극
☐ 이 외에도 내가 중요하게 여기는 것				

(2) 자신의 Want를 발견하라!

Want	나의 Want 찾아보기
갖고 싶은 것 (to have)	• 나는 최신 iPad를 가지고 싶다. • • • •
해 보고 싶은 것 (to do)	• 나는 세계여행을 해 보고 싶다. • • • •
되고 싶은 모습 (to be)	• 나는 청소년들에게 꿈과 열정을 심어주는 사람이 되고 싶다. • • • •

(3) 자신의 삶에 의미를 부여하는 동기유발 요소는 무엇인가?

사람들은 자신이 하고 있는 일을 왜 하는 것일까? 세계적으로 유명한 인성연구 전문가이자 심리학자인 오하이오 주립대학의 스티븐 라이스 박사는 1998년에 '사람들은 자신이 하고 있는 일을 왜 하는 것일까'라는 주제에 대해 획기적인 연구결과를 발표했는데, 우리가 하는 거의 모든 일이 16가지의 기본적 욕구와 가치에 기인한다는 것을 밝혀냈다. 이 16가지가 사람들의 그 주변 환경, 사람들과의 교류 방식을 규정하며, 이것들이 바로 '성공'과 '실패'를 만드는 변인이 된다는 것이다. **'사람이 제각기 독특한 것은 이들 욕구가 다양하게 조합된 까닭이며, 또 이 욕구들**

이 개개인에 대해 갖는 의미자체'인 것이다.

다음 인간의 공통적인 16가지 동기유발 요소에 대하여 자신의 동기유발 요소 우선순위를 1~16까지 매겨 보자. 어떠한 요소가 인간의 성숙함과 관련이 있을지 생각을 나누어 보자.

요소	우선순위	내용 설명
• 권력		성공, 업적, 통솔, 그리고 영향력 확보를 위한 노력
• 독립성		자유, 자족 및 독자성 확보를 위한 노력
• 호기심		지식, 진리, 인식을 향한 노력
• 인정		사회적 인정, 소속감 및 긍정적 가치를 확보하기 위한 노력
• 질서		안정성, 명쾌함, 그리고 성공하는 조직을 위한 노력
• 절약		소유 및 물질적 재화의 집적을 위한 노력
• 명예		충성과 도덕적·성격적 완전성을 위한 노력
• 이상		사회 정의와 공평성을 위한 노력
• 관계		우정, 기쁨과 유머를 위한 노력
• 가족		가족생활과 특히 자녀 양육을 위한 노력
• 지위		명성, 부, 직위 및 대중의 이목을 끌기 위한 노력
• 복수		경쟁, 투쟁, 공격성 및 복수를 위한 노력
• 사랑		애정 생활, 성 및 아름다움을 향한 노력
• 식욕		먹을 것을 향한 노력
• 신체활동		건강 및 운동을 위한 노력
• 휴식		긴장 이완 및 정서적 안정감을 향한 노력

2) 성숙의 땅으로 가는 티켓=주인공 정신

미성숙한 어린이의 땅에서 성숙한 성인의 땅으로 성공적으로 건너려면 변명의 골짜기에 빠지지 않아야 할 것이다. 이때 중요한 것이 '내 인생의 주인공은 나'라는 주인공 정신을 갖는 것이다. 주인공 정신의 반대는 주변인이다. 이렇게 주인공 정신을 가진 사람은 먼저 모든 것이 "100% 나의 책임이다"라는 선택과 책임의 습관을 가지고 있다. 반대의 습관은 내 마음에 합당한 유쾌한 것은 나의 선택과 책임이며, 잘못되거나 불유쾌한 것은 다른 사람에게 책임을 전가하는 태도일 것이다.

타인의 책임으로 돌리는 순간 어느 누구도 문제를 해결할 수 없으며, 자신의 불유쾌한 감정을 정화시킬 적극적이고 주도적인 노력은 하지 않게 될 것이다.

주인공 정신을 가진 사람은 자신 삶의 비전을 설계한다. 비전은 자신의 삶에 대한 전체적인 그림이다. 비전이 없는 사람은 그때그때 자신에게 주어지는 자극에 따라 반응하고 감정과 생각을 가지며 행동하는 반응체일 뿐이겠지만, 자신의 미래를 스스로 그리는 사람은 오히려 자극에 대한 선택적 집중을 할 수 있는 에너지가 있다.

주인공 정신을 가진 사람은 스스로 분명한 목표를 설정하고 자신의 잠재능력을 발휘하는 삶을 살게 된다.

- responsibility = response + ability
  책임감 반응 할 수 있는 능력

즉, 자극에 대하여 반응할 수 있는 사람이 책임감이 있는 사람이다.

이 세상의 눈에 보이는 것, 귀에 들리는 것, 존재하는 모든 것이 자극물이다. 그것이 나의 욕구와 만나 나를 자극하게 되는 것이다. 생각해 보라. 길가의 전봇대가 나를 자극하는가? 그렇지 않을 것이다. 왜냐하면 이것은 나의 욕구와 관련이 없기 때문이다. 그러나 운전을 하다가 전봇대에 부딪치게 될 위험한 상황이 되면 내 안전의 욕구와 만나 자극물이 될 수 있다. 또 이러한 상황도 생각해 볼 수 있다. 저 앞에 부딪치고 싶지 않은 사람이 걸어오고 있는데 이때 몸을 전봇대에 무사히 몸을 숨겼다면 전봇대는 고마운 자극물이 될 것이다. 즉, 자극이라는 것은 나의 내면의 평가에 따라 반응할 때에만 자극물이 된다. 생각해 보라. 나를 분노하게 하는 자극물, 두렵게 하는 자극물, 피하고 싶은 자극물은 무엇이 있는지, 나는 그러한 자극물에 대하여 어떻게 반응하는지를 관찰해 보자.

- 내가 비교적 자주 느끼는 감정을 발견해 보고, 어떤 상황에서 그러한 감정상태에 빠지는지 생각해 보자.

☐ 외로움	☐ 굴욕감	☐ 좌절감	☐ 패배감
☐ 죄책감	☐ 무력감	☐ 분노	☐ 두려움
☐ 감정상태: 나는 이럴 때 이런 감정이 생긴다.(자극물)			

2. 내 성공의 모습 = 꿈과 비전

1) 인간은 성공본능을 가진 존재

동물에게는 생존본능이 있고 인간에게는 성공본능이 있다. 꼴찌 하는 학생에게 할 수만 있다면 몇 등을 하고 싶으냐고 물어보니 대부분의 학생이 "1등"이라고 하였다. 직장에서도 할 수만 있다면 어떠한 평가를 받고 싶으냐고 물었더니 "최고의 평가"를 말하였다. 다만, 과거 자신의 성취경험에 따라 자신의 수준을 지레 결정하고 "나는 이 정도 하기를 원해"라고 말한다. 이 책을 읽는 독자도 스스로 생각해 보라. 이 책을 얼마만큼 이해하고 싶은가? 분명히 인간은 모든 행동에서 성공하기를 원하는 성공본능에 따라 사는 존재이다.

그러나 성공의 의미에 대하여 잘 생각해 볼 필요가 있다.

〈성공의 의미〉

① 목적을 이루는 것 / (훌륭한) 뜻을 이루는 것

② 사회적 지위나 부를 얻는 것

성취지향적인 사회에 사는 많은 사람들은 ②를 성공으로 생각하고 살다가, 어느 순간에 가면 자신이 얻은 물질이나 지위를 이용하여 의미 있는 일 즉, ①에 초점을 맞춘다. 1,000원짜리 김밥을 40년 동안 팔아 애써 모은 돈으로 장학 사업을 하는 할머니, 높은 지위에 오르거나 많은 부를 얻었지만 삶의 존재 의미에 대한 깊은 회의감으로 인해 괴로워하는 외적인 성공자들을 보면 쉽게 동의할 수 있는 일이다. 성공에 대한 정의가 어떠하건 공통적인 것은 자신이 원하는 것이 무엇인지를 먼저 발견해야 한다는 것이다. 자신이 이루고자 하는 목적이 무엇인지, 자신이 생각하는 훌륭한 뜻이 무엇인지, 얻고자 하는 사회적 지위는 무엇인지, 어느 정도의 부를 얻었을 때 성공이라 할 수 있는지 내면의 자원에 질문하고 발견해야 한다. 이러한 자원을 발견하는 것, 그것이 바로 성공의 모습이 된다. 즉, 자신의 성공 모습인 꿈과 비전을 찾는 것은 열심히 열정적으로 사는 것보다 우선순위가 높고 선행되어야 할 일이다.

> 성공이란
> 자신의 잠재능력을 개발해서
> 최상의 목표를 성취하는 것,
> 그리고 다른 사람의 잠재능력을 개발하도록
> 영향력을 발휘하는 것
>
> – 브라이언 트레이시

> 성공이란
> 인생의 목적을 깨닫는 것,
> 최대의 잠재력을 발휘해 성장하는 것
> 그리고 다른 사람에게 유익한 씨앗을 뿌리는 것
>
> – 존 맥스웰

두 성공학자의 성공에 대한 자기개념을 보더라도 공통점이 있다.

자신의 잠재능력을 발견 → 잠재능력을 발휘하여 성장 → 다른 사람에게 영향력을 끼치는 것

먼저 자신의 내적 자산을 찾아보아야 한다.

나는 가진 것이 없다고? 다시 생각해 보자. 감사하는 사람은 자신이 가진 것을

보는 사람이고, 불평하는 사람은 자신에게 없는 것을 보는 사람이다. 감사하는 태도에서 자신의 재능이 발견될 수 있고, 재능이 곧 잠재능력의 씨앗이 된다. 내가 가진 것이 없다고 생각된다면, 내가 가진 것을 바라보는 감사의 태도를 먼저 가져야 한다. 감사는 행복을 부르는 문이고, 불평은 불행을 부르는 문이다.

또한 내안에 잠재된 씨앗을 발견해 보아야 한다.

잠재된 씨앗을 발견하는 가장 간단한 방법은 자신의 모습에서 감사할 거리를 찾는 것이다. 가진 것을 찾아야 키울 수가 있다. 사과를 잘라보면 그 안에 있는 사과 씨의 개수를 셀 수 있다. 그렇지만 한 개의 사과 씨를 심었을 때 열릴 사과의 개수는 정확히 알 수 없는 것과 같은 이치이다. 내가 원하는 것들을 성취하는 데 필요한 자원(Resource)들은 나 자신의 내면에서 찾아야 한다. 내 안에 있는 자원들을 발견해 보자. 그리고 그것들을 글로 적거나 그림으로 표현해 보자. 최대한 많이 끌어내 보자.

☐ 나의 내면의 자원들은 어떤 것들이 있을까?
(내면의 자원들: 자신감, 용기, 인내, 모험심, 창의력, 협력, 절제, 배려, 추진력 등의 강점)

☐ 나의 신체와 관련 감사거리
- 나는 큰 목소리를 가진 것에 감사합니다.

☐ 나의 성품과 관련 감사거리
- 내가 가진 것을 긍정적으로 바라보고 감사할 수 있는 태도에 감사합니다.

☐ 내가 앞으로 하고 싶은 감사거리(앞으로 가지고 싶은 성품이나 능력)
- 나는 주위 사람들로부터 존중과 신뢰를 받게 된 것을 감사합니다.

2) 인간 성취행동의 법칙

자신의 내면에 존재하는 심리적 자원을 발견하여 분명하고 원대한 목표를 세웠는데도 불구하고, 학년이 올라갈수록 나이가 들어갈수록 꿈과 목표가 작아지는 경우가 많다.

어떤 이는 꿈을 꾸며 살고
어떤 이는 자신의 꿈을 이루며 살고
어떤 이는 다른 사람의 꿈을 위해 산다.

누구나 꿈을 꾸지만 이루지 못하고 점점 쪼그라드는 이유는 현실 상황과 자신의 현재 상태 간에 심각한 벽을 느꼈을 수도 있고, 꿈을 이룰 이유가 없어졌거나 또 다른 이유에서 일 것이다. 그러나 분명히 꿈을 세우고 이루는 사람들은 자신만의 방법이 있을 것이다. 이제 꿈을 성취해 가는 법칙에 대하여 생각해 보자.

(1) 가치의 법칙

마음속에서 책이 가치가 있다면 책을 사게 되고, 예쁜 구두가 가치 있다면 구두를 사게 된다. 글을 잘 쓰고 싶어지면 글을 쓰는 습관이 생기고, 스마트폰과 소통을 하고 싶어지면 스마트폰과 시간을 보내게 된다. 모든 것이 마음속에서 가치 있다고 정한 다음에 행동으로 옮겨지게 된다. 결혼할 때 다이아몬드가 가치 있다고 생각하면 다이아몬드에 따라 기쁨과 불행을 느끼게 될 것이고, 사랑하는 배우자만이 가치 있다면 또 그렇게 행·불행이 결정되지 않겠는가? 인생에서 중요한 직장, 결혼, 친구관계, 자기실현에서 내가 가치 있다고 생각하는 것을 곰곰이 생각해 보자.

인생 상황	나에게 가치 있는 것	예상되는 나의 행동
직장생활	• 나의 직장생활에서는 자유로운 의사결정이 중요하다. • • • •	
결혼생활	• 나는 결혼생활에서 가치관이 통할 수 있는 배우자가 중요하다. • • • •	
친구관계 혹은 사회생활	• 나는 특정 주제로 깊이 있게 대화할 수 있는 친구가 중요하다. • • • •	
자아실현	• 나는 감정, 생각, 행동에 자유로운 존재이고 싶다. • • • •	

(2) 비전의 법칙

이것은 보이지 않는 것이 보이는 것을 이끈다는 것이다. 선생님이 되려는 사람은 선생님이 되기 전에 선생님이 된 모습을 상상하게 되고, 길거리를 청소하는 청소부도 청소부가 되기 전에 청소부가 된 자신의 모습을 상상하게 된다. 변호사가 된 자신의 모습을 한 번도 상상해 보지 않은 사람은 변호사를 꿈꾸거나 될 수 없을 것이다. 나는 어떤 직업을 갖고 어떠한 가치를 실현하고 싶은지 생각해 보자. 바로 그것이 나의 미래가 된다. 만약 어떠한 모습도 상상하지 않는다면 즉, 비전화 하지 않는다면, 그때 그때의 상황에 따라 적당한 선택을 하게 될 것이다.

아침에 옷을 입을 때에도 머릿속에서 자신의 모습을 상상하지 않는가? 미용실에 가서 머리를 손질할 때에도 헤어 디자이너는 머릿속에서 먼저 멋진 고객의 모습을 상상할 것이다. 요리사가 맛있는 음식을 준비할 때에도 먼저 어떤 재료로, 어떤 순서로 음식을 준비하여, 접시에 담을지 머릿속으로 상상하지 않겠는가? 인간은 모든 행동을 할 때 머릿속에서 먼저 어떤 모습을 상상하게 되는데 그것이 비전이다. 보이지 않는 것을 머릿속에서 비전으로 그린 다음에라야 인간은 어떠한 행동을 하게 된다.

〈비전(Vision)의 의미〉

1. 시력, 시각
2. (보이지 않는 것을 마음속에 그리는) 상상력, 선견, 통찰력
3. (마음속에 그린) 광경, 상상도, 미래도
4. 보이는 것, 눈에 띄는 것, 광경
5. 환상으로 보다. 꿈에 보다(나타나다)

비전이란, 새로운 세상과 미래에 대해 열정을 품고 그 꿈과 목표를 향해 움직이는 것 즉, 미래에 대한 마음속의 정신적인 지도이다. 그래서 비전은 꿈보다 훨씬 강력하고 그 꿈을 이루기 위한 구체적인 행동을 낳는다.

> "인류의 역사는 인간이 가진 비전의 역사다" — 한스 카퍼스

> "만약 배를 만들고 싶다면 북을 쳐서 남자들을 불러 모아 목재를 마련하고, 임무를 부여하고, 일을 나누어 줄 것이 아니라 그들에게 무한히 넓은 바다에 대한 동경을 가르쳐라" — 생텍쥐페리

빌게이츠는 "집집마다 컴퓨터를! 모든 정보를 손끝에서!"라는 비전을 그리고 실현시켰다.

우리나라보다도 세계적인 기업으로 더 알려진 97년 세계의 차세대 지도자 100인(global leader for tomorrow)에 선정되었던 성주인터내셔널의 김성주 사장의 비전은 "여성들이여 야망을 가져라"와 즐겨 쓰던 말 중의 하나인 "노블레스 오블리게이션(Nobless Obligation) 즉, '가진 자의 의무'를 다하고 싶다"는 것이다.

인간의 성취행동은 '보이지 않는 3가지 에너지'를 통해 가시화된다.

첫째는 '생각'이다. 생각은 미묘하면서도 끊임없이 자신의 행동을 결정하고 운명을 결정짓는다. 예를 들어 "나는 불행한 놈이야", "내 인생은 늘 엉망이야", "나는 실패한 인간이야", "사는 것이 지겹고 신물이 나"라는 식의 생각만 늘 한다면 세상이 이러한 모습으로 보이게 되고, 그것이 다시 자신에게 돌아 오게 되어 말과 행동으로 연결된다.

둘째는 '말'이다. 이 에너지의 원리는 '말이 씨가 된다'는 우리나라 속담과 관련이 있다. 말이라는 에너지는 앞서 설명한 '생각'보다도 강력하다. 부정적이거나 긍정적인 내용을 생각에 그치지 않고 말로도 표현한다면 그것은 '생각'보다 훨씬 강력하게 자신에게 신념화하게 된다.

셋째는 '행동'이다. 우주정보를 끌어오는 세 가지 에너지 가운데 가장 강력한 에너지가 바로 행동이다. 만약 생각과 말만이 아니라 실제 행동으로 까지 옮겼을 때 긍정적 결과이건 부정적 결과이건 가시화된다.

모든 에너지의 법칙이 그렇듯이, 하나의 에너지만 따로따로 쓰는 것 보다는 세 가지 에너지를 모두 한꺼번에 쓰는 것이 힘이 가장 세다. 즉, 생각, 말, 행동의 에너지가 한꺼번에 모이면 그것이 해당하는 우주정보는 더욱 강력하게 우리에게 끌려오게 된다. 그리고 그 힘으로, 생각과 말과 행동 그대로의 현실을 창조하게 되는 것이다. 이때에도 생각이 먼저이다. 생각이 곧 비전이 된다.

그래서 자신의 미래 모습을 생각하고 말로 표현하며, 이를 행동으로 옮기면 바로 꿈이 현실이 되는 것이다. 보이지 않는 것이 보이는 것을 만든다.

"Your head will create your world"
상상력이 지식보다 중요하다. – 아인슈타인

상상력이 의지보다 중요하다. –앤서니 라빈스

읽기자료 / 비전의 힘

"당신은 꿈이 있어요?"라고 묻는다면 어떻게 대답할 것인가?

평소에 꿈에 대해 늘 생각하고 있는 사람이라면 어렵지 않게 대답할 것이다.

"꿈이 사람을 성공으로 이끈다"라는 말처럼 꿈이 중요하다는 말은 강조하지 않아도 누구나 다 알고 있다.

자! 그럼 세상에 많은 사람들이 있지만 꿈을 꾸면서 성공에 이르렀던 몇 사람을 만나 보자.

가. 세종대왕

세종대왕이 재위할 때 조선은 명나라의 눈치를 보는 사대주의 사상에 물들어 있던 시기였다. 그런 상황에서 조선만의 문자를 창제한다는 것은 너무나도 위험하였고, 조선 대신들의 반대가 극심하였다고 한다. 그러나 세종대왕은 중국과 다른 우리말을 모든 백성이 모두 쉽게 표현할 수 있는 문자 창제에 대한 비전은 분명하고 열망은 대단하였다.

"우리의 말소리와 바람소리, 학의 울음소리, 닭 우는 소리, 개 짖는 소리일지라도 모두 이 글자를 가지고 적을 수가 있어야…" 이 세종대왕의 비전이 그대로 실현되어 지금 우리는 세계적으로 위대한 한글이라는 문자를 가지게 되었다.

나. 이순신

이순신은 선조가 재위하던 1590년경에 전라도 지역의 장수였다. 당시는 일본의 잦은 침략으로 백성들의 삶이 매우 피폐한 시기였다. 이에 이순신 장군은 바다를 통하여 침략해 오는 일본군을 물리치기 위하여 강력한 배를 만들고 싶었다.

"불에 타지 않고,

적선을 일격에 박살내며,

적군이 배 위로 오르지 못하고,

화기까지 탑재할 수 있는 배"가 바로 이순신이 만들고 싶어 한 배였다. 대부분의 부하장수들이 반대하였지만, 나대용은 이순신이 구체화한 배의 비전을 그대로 실현시켰다. 그것이 나라를 지킨 거북선이었다. 명확한 비전은 실행력을 가지게 된다.

다. 마틴 루터 킹

미국의 흑인해방운동 지도자 마틴 루터 킹 목사는 1955년 12월, 시내버스의 흑인 차별대우에 반대하여 5만의 흑인 시민이 벌인, '몽고메리 버스 보이콧 투쟁'을 한 후 1968년 4월 테네시주의 멤피스시에서 흑인 청소부의 파업을 지원하다가 암살당하였다.

예전에 미국에서는 백인들이 흑인들을 무시하고 얕잡아보면서 차별하였다.

마틴 루터 킹은 그것이 잘못된 일이라고 생각하고 모든 사람들이 차별 받지 않는 평등한 세상을 만들겠다는 꿈을 갖게 되었다.

그는 자라서 많은 사람들을 모아 놓고 자신의 꿈을 이야기 했다. 그 연설을 들은 수많은 사람들이 잘못을 고치려고 노력하여 지금은 흑인들을 무시하거나 차별하는 백인들이 거의 없어졌다. 마틴 루터 킹의 꿈이 이루어진 것이다.

정말 "I have a dream"이 현실로 나타났다.

라. 버락 오바마

미국의 대통령으로 당선된 버락 오바마는 꿈의 사람이었다고 한다.

그는 이 시대가 원하는 지도자, 억눌린 자와 빈곤에 허덕이는 자를 대변하는 지도자가 되는 꿈을 꾸었고 이제 그는 그 꿈을 이루기 위한 큰 힘을 얻었다.

미국의 대통령이 된 것이다. 물론 그의 목표는 미국의 대통령이 아니다. 자신이 원하는 것은 대통령이라는 직책이 아니라 약자와 함께하는 것이 꿈이었고 빈곤에 허덕이는 자들에게 그 빈곤을 벗어날 수 있게 해주는 행동! 바로 이것이 그의 진정한 꿈이라고 한다. 바로 이 꿈은 그가 살아있는 한 언제나 이루어져 갈 것이다.

마. 짐 캐리

무명 시절 어느 날, 짐 캐리는 이렇게 적었다.

'지급 기한 1995년까지, 금액 1,000만 달러, 지급자 할리우드 영화사, 지급받는 사람 짐 캐리.'

짐 캐리는 이 수표 용지를 지갑 속에 넣고 다니며 매일 수시로 들여다보면서 영화 출연료로 1,000만 달러를 받는 자신의 모습을 생생하게 꿈꾸었다. 짐 캐리는 1995년에 실제로 영화 출연료로 1,000만 달러를 받았다. 이 날은 추수감사절 전이었고 영화 제목은 '마스크'였다.

어느 리더십 워크숍 장에서 있었던 일이다. 6개의 팀으로 나누어 퍼즐 맞추기를 30분간 하였다. 1개의 팀은 밑그림을 살짝 주었고 나머지 5개 팀에게는 밑그림 없이 퍼즐만 지급하였다. 모두들 신나게 퍼즐 맞추기를 하였다. 어느 팀이 1등을 하였을까? 물론 밑그림을 받은 팀이었다. 활동을 모두 마친 뒤 밑그림이 없이 활동한 팀은 불만의 말을 하였고, 밑그림을 가지고 활동한 팀은 뿌듯해 하였다.

생각해 보기

- 밑그림이 있는 팀이 승리한 이유는?
- 밑그림이 있는 팀과 없는 팀의 차이점은?
- 여기에서 퍼즐 밑그림과 인생의 밑그림의 관계는?
- 내 인생의 밑그림은 무엇일까? 나는 가지고 있는가?

참고로 다음은 여러 차례 워크숍에서 정리한 밑그림이 있는 경우와 없는 경우를 비교한 것이다.

밑그림 있는 팀	밑그림 없는 팀
속도가 더 빠르다.	속도가 더 느리다(정확성 부족).
가장 중요한 부분부터 맞추어 나간다.	그림의 가장자리부터 맞추어 나간다.
한 조각 집었을 때 위치를 정확히 안다.	한 조각 집었을 때 우왕좌왕 한다.
시간이 지날수록 목표의식이 더 분명해진다.	시간이 지날수록 포기하게 된다.

내 인생의 밑그림은 미래 삶의 계획서이다. 미래 어느 순간 나의 이력서도 밑그림의 좋은 예가 될 것이다. 자신이 상상할 수 있는 것만, 그리고 비전으로 삼은 것만 성취할 수 있게 된다. 미래에 원하는 자신의 모습을 비전화하는 방법으로 미래의 나의 이력서를 작성해 보자.

연도	내 나이	성취목표	갖추어야 할 것
2020	30	상담심리 전문가	상담학 석사 학위 취득, 상담심리 전문가 2급 취득

한편, 현실주의자들은 장기비전은 허황되고 불필요한 것이며, 현실에 충실한 것이어야 한다고 주장하기도 한다.

그러나 꿈의 크기만큼 그 사람의 그릇은 커지고, 노력한 만큼 그 그릇이 채워진다고 주장하는 성공학자들의 말에도 주의를 기울이기를 권한다.

(3) 초점의 법칙

가치가 있다고 생각되는 것을 비전화하고 난 다음은 초점을 맞추어야 한다.

돋보기로 불을 붙이는 방법에 대하여 생각해 보자. 햇볕이 쨍쨍한 날, 오전 10시~오후 3시 사이 햇볕량이 많은 시간이 좋다.

- 바람막이 겸 방화벽을 만든다.
- 4번 정도 접은 신문지를 적당한 위치에 놓고 한 부분을 집중적으로 돋보기로 초점을 맞추어야 한다.

마찬가지로 자신의 비전을 실현하기 위해서는 바람막이가 필요한데, 이것은 자신의 생각과 관심을 분산하여 어느 것에도 충분히 집중하지 못하는 것으로부터 방화벽 역할을 하는 것이다.

다음으로 불을 붙이고 싶은 부위에 돋보기를 대고 집중적으로 그리고 충분한 시간 동안 돋보기를 대고 있으면 된다. 자신의 생각과 말과 행동을 집중적으로 초점화해야 현실이 된다. 사람들은 보통 하루에 5만 가지의 생각을 한다고들 한다. 이 중에서 80~90%는 어제와 같은 생각을 한다고 한다. 이 중에서 나의 비전과 꿈을 위해 초점화하는 생각의 종류는 얼마나 되는지 생각해 보자.

충분히 그리고 집중적으로 초점화 한 생각과 말과 행동만이 현실화 된다.

위에서 내가 정한 목표의 종류와 내가 매일 초점화하는 시간을 생각해 보자.

성취목표	나의 초점화 전략
상담심리 전문가	1일 2시간 관련 독서, 1년 동안 30시간의 교육 참가

(4) 행동의 법칙

아무리 값비싼 진주알들이 있어도, 꿰어야 보배가 된다. 가치 있는 비전에 초점을 맞추어 반복적으로 행동해야 한다. 한 번 시도해 보면 잘 되지 않을 수 있다. 모든 것이 반복을 통하여 익숙화해야 하는 것이다. 처음 시도가 한 번 만에 성공을 하는 경우는 거의 없다. 될 때까지 다양한 관점에서 다양한 방법으로 시도를 해 보자.

"새로운 결과를 원하면서 같은 방법을 계속 하는 사람은 정신병자이다"
— 아인슈타인

위의 4가지 성취행동의 법칙에 따라 자신의 미래 모습(Vision)을 구체적으로 상상해 보자.

〈표 7-1〉 5년 후, 30년 후의 나의 모습

시기	5년 후 - (　　)살	30년 후 - (　　)살
월요일 아침 9시이다. 어디서 누구와 무엇을 하고 있는가?		
월요일 정오이다. 어디서 누구와 점심식사를 하고 있으며, 무슨 이야기를 나누고 있는가?		
토요일 오후 6시이다. 어디서 누구와 무엇을 하고 있는가? 마음 상태는 어떠한가?		
위의 내용들을 토대로 미래의 나의 모습을 간략히 적어 보자.		

읽기자료 / 영화 '쿵푸팬더' 이야기

영화 '쿵푸 팬더'를 보았는가? 영화는 무림의 고수가 악당들을 물리치는 장면으로 시작했다. 주인공은 식당에서 악당들을 멋지게 물리치고 있었고, 영화에서 주인공은 무림의 고수 그 자체였다. 그런데 그런 멋진 장면도 잠시, "일어나라"는 소리에 의해 화면은 금방 현실로 돌아왔다. 무림의 고수에서 현실인 국숫집 아들로 돌아온 것이다. 국숫집을 운영하는 판다 포의 아버지는 아들인 포가 집안에 대대로 내려오는 국수 만드는 비법을 전수받아 국숫집을 운영하기를 원했다.

영화에서 판다 포는 무림의 고수보다는 국수를 만들고 국숫집을 운영하기에 딱 맞는 몸을 갖고 있었다. 그렇지만 그는 국숫집을 이어받기보다는 무림의 고수, 용의 전사가 되고 싶어했다. 아버지를 비롯한 일반 사람들이 보기에는 판다가 무림의 고수가 되는 것은 불가능한 일이었다. 그렇지만 판다는 늘 무림의 고수가 되었으면 하는 마음뿐이었다.

얼마나 무림의 고수가 되고 싶었든지, 판다는 '용의 전사'를 선발하는 자리에서 우연히 용의 전사로 지명된다. 이는 '애니메이션 영화니까 가능한 일이지'라고 반문할 수 있을 것이다. 하지만 결코 그렇지 않다. 영화에서 일어난 일은 실제를 그대로 반영할 수도 있다. 이 영화에서도 알 수 있듯이 무엇보다도 먼저 우리가 생각해봐야 하는 것은 내가 진정으로 원하는 것은 무엇인가? 이다. 영화에서처럼 원하는 것에 대한 질문을 하고 답을 찾는 것이 판다 포의 성공 비결이었다. 판다 포처럼 정말 간절히 원하면 우연히라도 이루어질 수 있지 않을까? '우연히!'

이 영화에서도 무려 일곱 번이나 등장하는 단어가 바로 '우연히'이다. 그러면서 영화의 주인공들은 단정 지어 말한다. '결코 우연이란 없다'고 말이다. 내가 얼마나 진정으로 원하느냐가 바로 결과를 만들어내는 것이다. 바로 기적을 불러일으키는 것이다. 지금 이 자리에서 생각해보는 시간을 갖자. "내가 진정으로 원하는 것은 무엇인가?"

영화 '쿵푸 팬더'는 주인공인 판다 포가 진정으로 원하는 것이 무엇인지를 밝히면서 영화를 이끌어간다. 인생도 그러한 것 같다. 자신이 진정으로 원하는 것이 무엇인지 아는 사람과 그렇지 않은 사람은 시간이 지나면서 그 방향과 궤적이 천양지차가 된다.

보통 여행을 가거나 버스나 택시를 탈 때에도 가고자 하는 목적지가 있다. 버스로 1시간을 가도 목적지가 있는데, 학창시절을 보내거나 인생을 살아가는 데 목적지가 없다면 자신이 어디로 가고 있는지, 어디쯤 가고 있는지 알 수가 없다. 이때부터 방향을 잃고 방황하게 되는 것이다.

우리가 무언가를 성취하기 위해서는 먼저 '목적'을 발견해야 한다. 지금 내가 진정으로 원하는 것이 무엇인지를 정확하게 파악해내는 것이다. 내가 가고자 하는 방향이 어디인지, 목적이 무엇인지, 목표가 무엇인지를 스스로 만들어내는 것이 우리가 해야 될 첫 번째 과정이다. 성공하는 사람과 실패하는 사람의 가장 극명한 차이는 바로 '목표'가 있느냐 없느냐 하는 것에 달려 있다.

〈질문에 답하기〉

• 쿵푸 팬더가 **가치**있다고 생각한 것은?

• 쿵푸 팬더의 **비전과 목표**는?

• 쿵푸 팬더는 **어떻게 초점**을 맞추었는가?

• 쿵푸 팬더는 **어떤 행동**을 하였는가?

3. 명확한 목표의 힘

1) 목표는 미래계획기억(prospective memory)

기억이라 하면 흔히 과거에 있었던 사실로 생각하기가 쉽다. 그러나 사실 경험에는 두 가지 종류가 있다. 첫째는 과거 경험에 대한 사실이며 둘째는 미래계획에 대한 기억이다.

예를 들면, 일정시간에 약을 먹는 일을 기억하고 친구와의 약속을 지키거나, 가족의 생일이나 기념일을 기억하고 축하카드를 보내는 일 등이 이에 해당한다.

다음 두 가지 경우 어떤 차이가 있을지, 감정과 행동으로 구분하여 생각해 보자.

- 멋진 계획이 있는 주말 vs 아무런 계획이 없는 주말
- 장학금을 받아서 해외여행 계획이 있는 학기 vs 아무런 계획이 없는 학기
- 미래에 하고 싶은 것들로 머리가 가득찬 사람 vs 과거에 있었던 일들로 머리가 가득찬 사람

명확한 목표 즉, 미래계획 기억이 있으면 저절로 열정적이게 된다.

명확한 목표가 있으면 스트레스에 대처할 수 있는 힘이 생긴다. "이 정도쯤이야 뭐"하고 간단한 장애물로 여기고 넘어갈 수 있다.

명확한 목표가 있으면 부정적인 감정이 아니라 자신감과 단호함이 생긴다.

삶이 무기력하거나 재미가 없다면, 이에 대한 만병통치약은 명확한 목표 즉, 미래계획기억이다.

2) 성취의 공식 = 비전 + 열정

2,000여명의 성공학자들이 모여서 성취를 이룬 사람들의 공통점을 찾았다고 한다. 물려받은 재산이 있는 사람들보다는 자수성가한 사람들이 많았으며, 학력도 별 상관이 없었다고 한다. 많은 토의 끝에 이들이 내린 결론은 명확한 비전과 열정이었다고 한다.

위에서 설명한 미래계획기억은 강하고 명확한 비전이며, 성취의 원리에서도 가치로운 비전에 초점을 맞추어 행동하는 것이었다.

- 비전: 가치 있는 명확한 비전
- 열정: 초점을 맞추어 행동

즉, 꿈을 이루게 하는 것은 열정적인 행동이다.

- 명확한 비전은 있으나 열정이 없는 사람은 몽상가일 뿐이며,
- 비전도 없고 열정도 없다면, 무기력하고 게으른 사람일 것이며,
- 비전이 없음에도 불구하고 열정적인 사람이 있다면, 그는 허황되고 머지않아 회의감에 빠지게 될 것이며,
- 명확한 비전이 있고 그에 따른 열정이 있다면 성취가가 될 것이다.

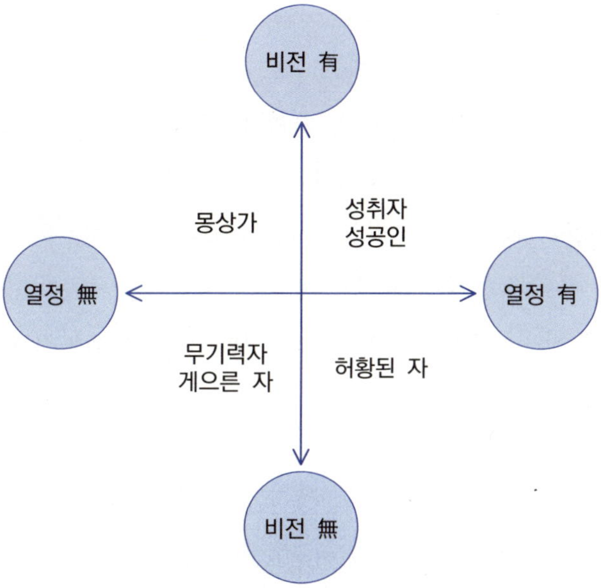

[그림 7-2] 비전, 열정의 관계

4. 명확한 목표를 세우고 실천하기

"목표를 세우고 실천하는 습관은 나를 진정한 리더로 이끈다"

비전은 비교적 장기적이고 마음 다지기에 유용하기는 하지만, 이를 세분화하여 계획하고 실행할 때 현실화 할 수 있다. 비전을 만드는 것은 실행을 위한 선행단계임을 명심하자.

목표를 설정하고 실천하는 사람이 진정한 리더가 될 수 있을 것이다.

- 꿈을 가시화하면 비전이 된다.
- 비전을 실행가능한 계획으로 세우면 목표가 된다.
- 목표를 실천하면 현실이 된다.

비전을 실현하기 위하여 실행가능하고 구체적인 목표를 세워야 한다.

- 비전: 궁극적, 포괄적, 관념적 지향점
- 목표: 구체적, 현실적, 시한적 지향점

좋은 목표는 실행력을 높여주는 목표이며, 삶의 균형을 유지하며 SMART한 목표여야 한다.

성취한 많은 사람들이 최고 성취의 자리에 와서 행복하지 못한 이유도 결국, 균형 있는 삶을 살지 못해서 일 것이다. 인간의 '행복'과 '성취'를 위하여 개인적 성취, 가족과 인간관계, 신체의 건강, 삶의 가치와 질로 범주화하여 목표를 세워 보자. 당장 세울 목표가 없다면 자신이 하고 있는 일들을 범주화하여 기록해 보자.

그리고 위에서 작성한 자신의 미래 이력서에 있는 성취목표를 범주화한 곳에 기록해 보자. 균형이 보기 좋게 잡혀 있는가?

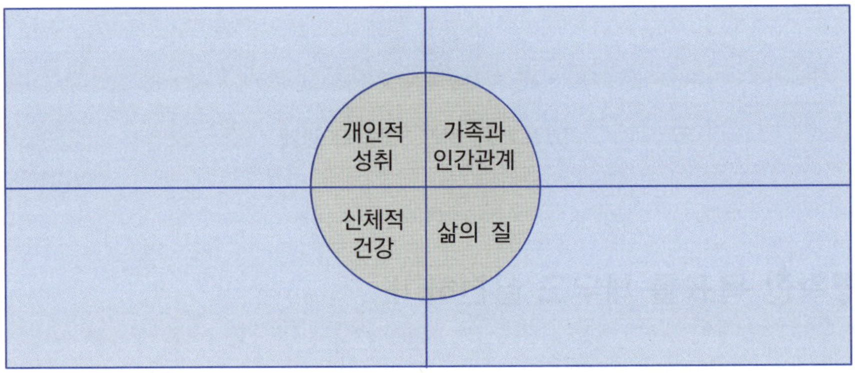

다음으로는 한 가지의 목표를 설정하더라도 SMART 해야 한다.

- S(Specific): 구체적으로 한다.
- M(Measurable): 측정 가능하게 한다.
- A(Action-Oriented): 행동 지향적으로 한다.
- R(Realistic): 현실적으로 가능해야 한다.
- T(Timely): 마감 시간을 명시한다.

이전에 어느 공무원교육 강의장에서 자신의 목표가 무엇인지 물었던 적이 있다. 9급 신규공무원으로 채용되어 1년 정도 된 한 분이, 자신은 10억을 모으겠다고 자신 있게 말하였다.

그래서 강사가 말하였다.

강사: “구체적이어서 참 좋군요. 그런데 언제까지 그것을 모을 건가요?”

공무원: (생각을 하다가)

“제가 39세, 12월까지지요.”

강사: “어떤 방법으로 그것을 가능하게 할 생각이십니까?”

공무원: (또 생각을 하다가)

“안 먹고 안 쓰고 그냥 모으지요.”

강사: “그럼 몇 년이 남았나요?”

공무원: “저는 직장생활을 하다가 들어왔기 때문에 지금 30세입니다.”

강사: “그럼 9년 동안 월급을 모두 모은다면 10억이 되나요?

공무원: “제가 목표를 잘못 잡았군요.”

인간은 자신이 목표를 세우면서 마음속 깊은 잠재의식 속에서는 실현가능한지 여부에 대하여 이미 알고 있다. 그래서 SMART하게 세운 목표가 실행력이 있다는 것이다.

SMART한 목표를 연습해 보자. 앞으로 6개월 이내에 자신이 성취하고자 하는 목표를 한 가지 세워보자.

☐ 6개월 이내에 성취하고자 하는 SMART한 목표

☐ 위에 작성한 목표를 얼마나 이루고 싶은가?

- 실행력이 있는 목표는 생각만 해도 가슴이 뭉클해지고, 열정이 생기는 그런 목표이다.

읽기자료 / 목표달성의 7단계(피닉스 리더십)

• 1단계: 강한 바람을 담은 목표를 세워라.

불타는 바람은 성공의 시작이다. 대학생 A양에게는 강한 바람이 있었는데 그것은 명품 가방을 하나 갖는 것이었다. 부모님은 명품 가방을 사줄 형편이 되지 못하였다. A양은 가는 곳마다 명품 가방이 눈에 띄고 마음이 쓰여 견딜 수가 없었다. 잘 때에도 가방과 관련된 꿈을 꿀 지경이었다. 결국 A양은 2달간 아르바이트를 한 돈을 모아 명품 가방을 샀다. 이렇듯 강한 바람이 있으면 자신도 모르는 힘과 열정이 솟구쳐 모든 에너지가 집중되고 자연스럽게 행동하게 하는 힘이 생긴다.

목표를 세우고 난 뒤 자신에게 질문해 보라.

"나는 얼마나 이 목표를 이루고 싶은가?" 이 물음에 답하면 그것이 곧 결과가 될 것이다.

• 2단계: 종이에 적는다.

인간의 두뇌는 현재 생명 유지에 도움이 되는 것부터 기억하고 또 그쪽에 우선적으로 에너지를 활용하도록 진화되어 왔다. 그런데 목표는 미래의 상태를 변화하는 것이기 때문에 우선순위에서 자꾸 밀릴 수밖에 없다. 그래서 종이에 적어 붙여 두고 수시로 뇌에 입력을 시켜 되새겨 주어야 한다.

"목표를 세우지 않는 것은 실패를 계획한 것과 같다." 적어서 시각화 하라.

• 3단계: 질문하라. 왜?

나는 왜 이것을 원하는가? 이유가 많을수록 바람을 더 강하게 해 준다. 자신을 스스로 설득시킬 수 없는 목표는 작은 장애물에도 포기하고 넘어질 수 있다.

자꾸 질문해 보아라. 나는 왜 이것을 원하는 것일까?

• 4단계: 기한을 정한다.

위에서 설명했듯이 인간의 뇌는 현재 상태에 집중하는 경향이 있다. 막연히 언젠가 하리라 계획하는 것은 실행력을 떨어뜨리는 것이 된다. 분명히 기한을 정하여 뇌가 현재상태로 받아들이도록 해야 한다.

몇 년 몇 월 며칠까지 이것을 이루겠다.

• 5단계: 장애물을 인식한다.

목표를 향해 나아가는 도중 예상되는 장애물을 인식하는 것은 성공의 지름길이다. 토익 성적 200점 향상을 목표로 하였을 때 자신에게 어떠한 장애물이 있는지 파악해야 한다. 늦잠을 자는 것인지, 친구들의 유혹인지 인식해 보라. 극복할 수 있다. 어떤 일이건 이루기 위하여 치루어야 할 대가가 반드시 있다.

• 6단계: 필요한 지식을 구한다.

목표를 달성하는 데 필요한 방법을 알아야 한다. 독서를 하거나 경험자로부터 노하우를 구할 수도 있다.

• 7단계: 계획을 열정적으로 실천한다. 행동한다.

결단과 고집스러움으로 계획을 추진해야 한다. 이룰 때까지.

"실패하였을 때 변명하는 습관은 절대로 성공으로 이끌 수 없다."

내용요약

1. 인간은 누구나 태어나서 의존적 단계 → 홀로서기 단계 → 상호의존의 단계를 거치며 성숙해 간다. 성숙해 가는 과정으로 원하는 것을 통하여 생각해 볼 수 있는데, 소유 → 성취 → 존재, 의미의 과정을 거친다.
   - 자신의 가치관 발견, Want 발견, 동기유발 요소를 통하여 자신의 성숙정도를 엿볼 수 있다.

2. 인간 성취행동의 법칙은
   - 가치의 법칙으로 자신이 가치있다고 여기는 것과 관련하여 행동하게 된다.
   - 비전의 법칙으로 생각–말–행동으로 연결되며, 생생한 생각이 곧 비전이다. 선명한 비전은 열정을 끌고 온다.
   - 초점의 법칙으로 가치 있는 비전에 집중적으로 초점을 맞추어야 한다.
   - 행동의 법칙으로 다양한 방법으로 성취할 때까지 시도해 보아야 한다.

3. 비전을 명확한 목표로 세분화하여 세우되, 삶의 균형을 유지해야 한다.
   - 삶의 균형을 위하여 개인적 성취, 가족과 인간관계, 신체적 건강, 삶의 질로 구분하여 목표를 세워야 한다.
   - 목표를 세울 때에는 SMART 법칙대로 하면 실행력이 높아진다.

개인활동 과제

가치 있는 비전을 세우면 초점을 맞추고 행동하기가 쉬워진다. 비전(VISION)은 눈을 감고도 선하게 떠오를 수 있을 정도로 시각화할 수 있어야 한다. 선명할수록 내적 동기가 자발적으로 생겨나기 때문이다. 할 수만 있다면, 그리고 아무런 제약사항이 없다고 가정하고 자신이 인생을 마음껏 비전화해 보자.

※ vision map 예시

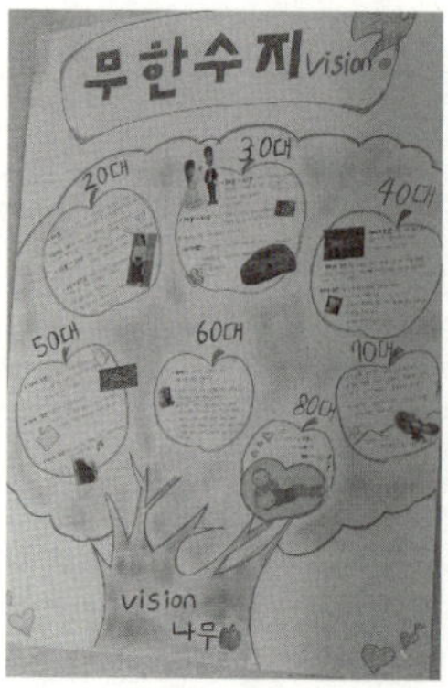

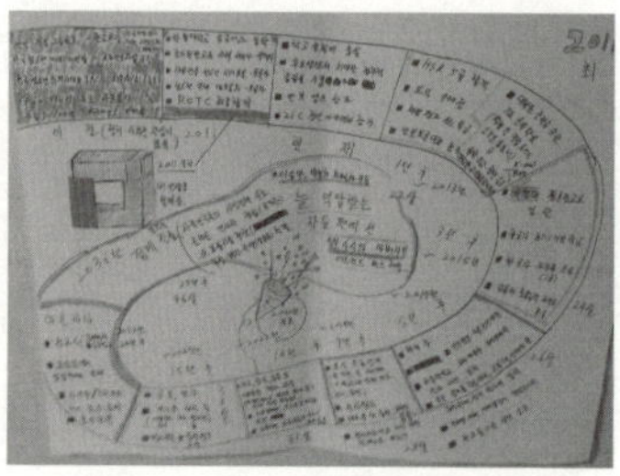

활동지: 개인의 가치 검사

자신이 각 가치를 얼마나 중요시하는지에 따라 1점에서 5점 범위 내에서 대답하라.
5. 매우 중요하다, 4. 중요하다, 3. 보통이다, 2. 중요하지 않다, 1. 전혀 중요하지 않다.

	질문	점수	가치
1	나는 새롭고 흥미진진한 것을 시도하는 것을 아주 좋아한다.	( )	자극
2	타인을 돕는 것이 가장 중요하다.	( )	박애
3	나는 평등을 위한 투쟁을 지지한다.	( )	보편주의
4	성공하는 것은 중요하다.	( )	성취
5	나는 규칙을 따르는 것이 중요하다고 생각한다.	( )	순종
6	나는 창의성과 개성을 중시한다.	( )	자기주도
7	어떤 것이 기분을 좋게 해 준다면 그것을 한다.	( )	쾌락주의
8	전통은 나의 토대다.	( )	전통
9	나는 권력을 열망한다.	( )	권력
10	나는 일상적인 것을 좋아하고 예기치 못한 것을 싫어한다.	( )	안전
11	나는 대체로 다른 사람들이 시키는 것을 한다.	( )	순종
12	나는 '약자'를 옹호하는 것을 좋아한다.	( )	보편주의
13	나는 인생에서 쾌감을 추구한다.	( )	쾌락주의
14	나는 다른 사람에게 지시하는 것을 좋아한다.	( )	권력
15	타인을 돌보는 것은 인생에서 가장 중요한 일 중 하나다.	( )	박애
16	나는 신기한 것을 갈망한다.	( )	자극
17	나는 무슨 일이 있어도 나의 핵심 가치를 고수한다.	( )	자기주도
18	나는 의식(ritual)을 중요시한다.	( )	전통
19	목표 달성은 인생에서 가장 큰 기쁨 중 하나다.	( )	성취
20	나는 예측 가능한 삶을 갈망한다.	( )	안전
21	나는 짜릿한 흥분을 느끼는 것이 좋다.	( )	자극
22	나는 상황을 책임지는 것을 즐긴다.	( )	권력
23	무엇이 예상되는지 아는 것이 내게 도움이 된다.	( )	안전
24	최고의 목표는 인류에 봉사하는 것이다.	( )	박애
25	지금까지 언제나 해온 대로 하는 것이 변화를 시도하는 것보다 더 중요하다.	( )	전통
26	나는 진짜 나답다고 느끼는 것이 중요하다.	( )	자기주도
27	쾌락을 추구하고 고통을 피하는 것은 당연하다.	( )	쾌락주의
28	모든 사람은 근본적으로 평등하다.	( )	보편주의
29	사람들이 정해진 규칙을 따를 때 만사가 더욱 순조롭게 돌아간다.	( )	순종
30	인생에서 원하는 것을 얻는 것은 내가 가장 중요시하는 가치 중 하나다.	( )	성취

이 검사를 시행할 때에는 맨 끝에 있는 가치를 삭제하라. 각 가치에 해당하는 문항은 세 개이며, 점수는 5점~15점 범위에 있다. 12점~15점을 얻은 가치에 특히 관심을 기울여라.

CHAPTER

08 성취하는 시간관리

See Do Get

성취하는 시간관리

A type과 B type의 생각에 따른 Do(하는 행동 / 말)와 Get(얻는 결과)에 대하여 토의해 봅시다.

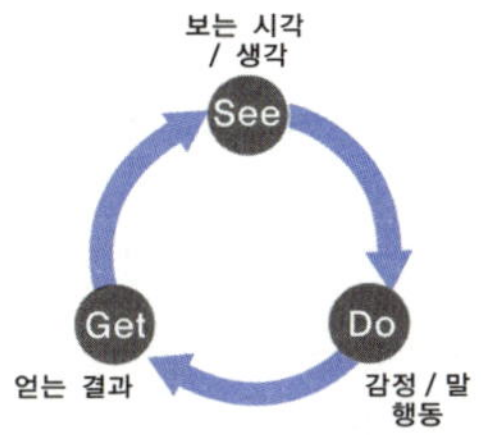

	A type	B type
See	꼭 해야 할 일을 열심히 한다.	우선순위에 따라 선택하고 집중한다.
Do		
Get		

이 장의 목표

- 시간의 개념에 대해 이해하고 균형 있는 시간계획을 세울 수 있다.
- 비전 및 목표와 연계하여 시간을 계획하고 실천할 수 있다.

1. 시간에 대하여

시간의 놀라운 발견이라는 책에는 “현대인들은 모두 바쁘다. 백수가 과로사 한다”라고 쓰여 있다.

괴테가 “젊은이들은 시간의 소용돌이에 휩쓸리고 있다. 세계가 부와 빠름을 찬양하고 모두가 그것을 추구한다”라고 탄식한 때가 열차와 전보, 증기선이 발명되던 1825년경이었다. 그에 비하면 지금은 당시보다 교통이 100배, 통신은 1,000만 배 증가되어, 시간과 공간을 정복한 듯하다. 그런데 왜 현대인들은 시간적으로 더 바쁘게 살아야 하는 걸까?

자신의 삶을 얼마나 소중히 여기는지는 시간을 어떻게 사용하는지를 보면 알

수 있을 것이다. 시간이 모이면 자신의 인생이 되기 때문이다.

"과거를 알고 싶으면 현재의 처지를 보라"

"미래를 알고 싶으면 현재의 행위를 보라"고 달라이 라마는 말하였다.

현재는 과거의 시간사용에 대한 결과이며, 미래는 현재 시간을 어떻게 사용하는지의 결과일 것이다.

1) Time, What is it?(시간이란 무엇인가?)

> 시간이란, 과거로부터 현재를 거쳐 미래로 이어져 가는 크고 작은 사건들(Events)의 연속이다. — 웹스터 사전

> 시간은 사건의 순서일 뿐 독립적인 존재가 아니다. 우리는 사건의 순서를 통해서 시간을 측정 한다. — 아인슈타인

우리가 사용할 수 있는 여러 가지 자원들과 시간이라는 자원의 차이점에 대하여 생각해 본 적이 있는가? 흔히 시간이 돈이라고도 하고, 쏜살같이 날아간다고도 표현을 하지만, 실상은 돈보다 더 가치 없게 여기기도 한다. 만약 누군가 나의 돈 만 원이라도 빼앗아 갔다고 생각해 보라. 그냥 참고 지나갈 사람이 얼마나 될까? 그런데 1시간 정도의 시간에 대해서는 쉽게 생각하는 경우가 많다.

시간과 다른 자원과의 차이점은 한마디로 시간은 관리되지 않는다는 것이다. 이는 그냥 지나가고 있을 뿐이며, 우리는 그 시간 동안 무언가를 한다. 가만히 있는 행위라도 한다. 이러한 행위 사건들이 모여 자신의 미래가 되고, 성취가 되고, 인생이 되는 것이다. 즉, 인생은 시간의 연속이며 시간관리를 한다는 것은 곧 인생관리이며 사건(event)관리이다. 어떠한 사건을 선택하느냐 제거하느냐 하는 문제이며, 시간관리를 잘 한다는 것은 불필요한 일을 하지 않는 지혜가 있다는 의미가 될 것이다.

시간은,

- 보이지 않는다.
- 늘리거나 줄일 수 없다.

- 빌려주거나 빌릴 수 없다.
- 안 써도 저절로 없어진다.
- 사람마다 가치가 다르다.
- 다시는 돌아오지 않는다.
- 살 수도 팔 수도 없다.

누구나 화려한 꿈을 꿀 수 있다. 이것을 단순한 꿈으로 여기는 사람도 있지만, 자신의 명확한 비전으로 만드는 사람도 있다. 이러한 비전도 그냥 원하는 상태로만 여기는 사람이 있는가 하면, 실행가능한 세부 목표를 세우는 사람도 있다. 이 목표를 실행하기에 적절한 시간을 투자한 사람만이 실천하는 리더, 성취하는 리더가 된다.

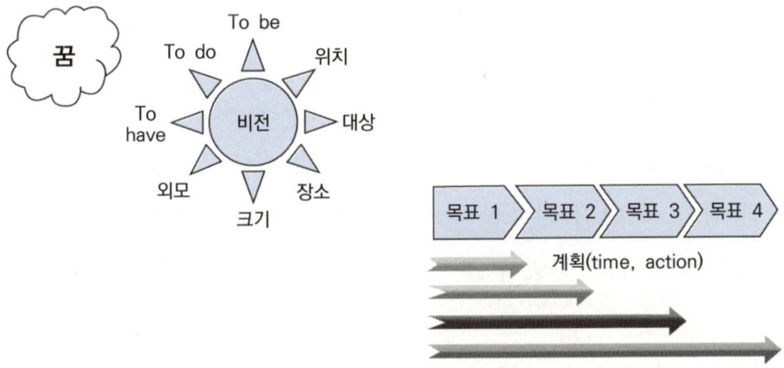

[그림 8-1] 꿈-비전-목표-시간

2) 시간관리 중요성

어떤 사람의 미래를 예견할 수 있는 유일하고 객관적인 잣대는 시간을 어떻게 쓰느냐를 보는 것이 될 수 있다.

자신에게 물어보자. 어떻게 하면 꿈을 이룰 수 있을까?

실제로 많은 연구가들은 어느 한 분야의 진정한 전문가가 되기 위해 필요한 노력을 시간으로 계산하였을 때 대략 1만 시간 정도가 필요하다고 한다. 그것이 바로 "1만 시간의 법칙"이다.

"1만 시간은 대략 하루 세 시간, 일주일에 스무 시간씩 10년간 연습한 것과 같다" – 말콤 글레드웰(『아웃 라이어』 저자)

(1) 천재 작곡가 모차르트(1756~1791)의 이야기

6세에 작곡을 시작한 뒤로, 걸작들은 모두 10,000시간이 흐른 21세 이후에 만들어졌다. 그가 21세에 만든 최초의 걸작은 피아노 협주곡 9번, 작품번호 271이다.

(2) 20세기 최고의 빅스타 비틀즈 이야기

리버풀의 별 볼일 없는 록밴드였던 비틀즈는 하루 8시간씩 1년에 270일 연주하는 생활을 하였고, 5년 뒤 그들은 20세기 최고의 빅스타 비틀즈로 탄생하게 된다. 함부르크에서 12,000시간을 연주한 뒤 그들은 차별화되기 시작했다.

(3) 피겨여왕 김연아의 이야기

2012년 한 해 수입 100억 원, 구글 검색 1,360만 건을 기록하였으며 남자 선수들의 전유물인 '공중 세 바퀴 회전'을 하여 세계를 놀라게 한 김연아는 "1번 실패하면 65번씩 연습했어요"라고 하였다.

(4) 마린보이 박태환의 이야기

그는 "하루 15,000km를 연습해야만 세계 최고와 겨룰 수 있습니다"라고 하였다.

(5) 600억 달러의 사나이 빌 게이츠 이야기

그는 13세에 독학으로 프로그래밍을 터득하고 20세에 마이크로소프트사를 설립하였으며, 22세에 하버드를 중퇴, 37세 미국 최고의 기업인으로 등극한 이후 13년간 세계 최고의 부자로 연속 1위를 차지하였다. 가장 경쟁력 있는 기업인으로 선정되었으며, 미국 역사상 가장 큰 영향력을 끼친 사람으로도 선정되었다. 늘 1위였던 빌 게이츠의 성공적인 생활 습관은 매일 한 시간 이상의 '독서시간', 일주일에 이틀씩 가진 '생각주간'이었으며, 그가 가진 최고의 능력은 '1만 시간의 노력' 이었다.

(6) 아시아의 작은 축구선수 박지성 이야기

그는 세계적인 축구선수가 되기 위하여 열심히 땀을 흘렸지만, 축구선수에겐 치명적인 악조건인 평발과 왜소한 체격의 소유자였다. 절망적인 상황에서 찾아낸 하나의 돌파구는 끊임없는 노력이었다. 천부적인 재능과 타고난 체격을 뛰어넘는 가장 강력한 무기, 쉬지 않는 노력으로 조금씩 출장기회가 늘어갔다. 그는 끊임없는 노력으로 만들어낸 100% 노력파, 등번호 13번, 그는 너무나 평범한 영웅이었다. 그를 키운 건 1만 시간의 노력이었다.

큰 꿈을 갖는 것도, 명확한 비전을 갖는 것도, 매일 같이 자신에게 좋은 신념을 주는 것도 좋지만, 가장 중요한 것은 시간을 투자하는 것이다.

성취하는 법칙은 가치 있는 비전을 세우고, 초점을 맞추어 행동하는 것이다. 초점을 맞추고 행동하는 것, 이것이 바로 시간관리의 핵심이다.

나무꾼 이야기

어떤 사람이 하루는 숲 속으로 산책을 나갔다가 큰 나무를 톱으로 열심히 자르고 있는 나무꾼을 만났다.
그런데 나무꾼이 하도 끙끙거리며 애를 쓰고 있기에 다가가서 자세히 보니 톱날이 엉망이었다.
그래서 나무꾼에게 말을 건넸다.
"실례지만 제가 보기엔 톱날이 너무 무디군요!
날을 갈아서 쓰면 훨씬 일이 쉬울 텐데요."
그러자 나무꾼은 지친 표정으로 한숨을 내쉬며 말했다.
"그럴 시간이 없어요. 나는 이것을 빨리 잘게 쪼개서 장작으로 만들지 않으면 안 됩니다."

나무꾼에게 무어라 말해 주고 싶은가? 잠시 시간을 내어서 톱날을 가는 것이 더 효과적이라고 말해 주고 싶지 않은가? 혹 너무 바빠서 주유소에 못 들러 차가 멈춘 적이 있는가? 옆도 돌아보지 않고 공부하거나 일하다가 건강을 잃은 적은 있는가?

적절한 시간에 자신의 톱날을 갈아야 한다.

- 수렵시대의 톱날은? ______________________
- 농경시대의 톱날은? ______________________
- 산업시대의 톱날은? ______________________
- 지식정보화 시대의 톱날은? ______________________

수렵시대~산업시대의 톱날과 지식정보화 시대의 톱날의 차이점은 무엇인가? 그것은 바로 지식정보화 시대의 톱날은 눈이 보이지 않는다는 것과 무디어 졌다고 인식하는 순간 이미 너무 늦었다는 것이다. 왜냐하면 지식이라는 것은 자신의 지식을 통해서만 최신의 것으로 갈 수 있는 것이며, 낡은 지식 구조로는 새로운 지식을 받아들이겠다는 열정이나 필요성을 인식하기는커녕, 점점 자신의 생각 속으로 매몰되기 때문이다. 결국 자신의 머릿속에 있는 지식으로 또 다른 지식을 선택하고 업데이트 하는 것이 지식정보화 시대에 맞는 톱날을 가는 법인데, 한순간 방심하면 완전히 낡은 지식의 틀에 갇히게 되고, 쓰레기 더미를 안고 사는 격이 된다.

이렇게 중요한 지식정보화 시대의 톱날 갈기는 시간관리를 더욱 어렵게 한다. 왜냐하면 눈에 보이지도 않고, 객관적으로 확인할 수 없기 때문이다. 그래서 시간관리 전문가들의 조언을 따르는 것이 중요하다. 그들은 많은 리더들의 행동특성을 연구한 경험을 바탕으로 지름길을 제시하는 사람들이다.

빌 클린턴은 대통령에 취임하자마자 시간관리 전문가의 말에 귀를 기울이고 실천한 사람이었다. 집무실에 출근하는 즉시 20분 정도 혼자만의 시간을 보냈다고 한다.

핵심 방법은 • A: 꼭 스스로 해야 할 일
• B: 다른 사람에게 위임할 일
• C: 하지 말아야 할 일로 구분하여 일을 하는 것이다.

이 정도는 누구나 할 수 있는 수준의 시간관리 방법이 아닌가? 자신의 하루 시간을 A, B, C로 구분하여 생각해 보자.

인간의 신분상승의 길은 '공부→좋은 대학→좋은 직장'의 길이었다. 그런데 이제 상황이 달라졌다. 평균수명이 100세 시대에 도래하게 된 것이다. 60세에 정년

퇴직을 하는 사람에게 또 다른 40년이 기다리고 있다. 아래 그림에서 어떤 사람은 A처럼 정년퇴직과 동시에 인생 성장 곡선이 하향곡선을 그리는 반면, 어떤 사람은 B처럼 퇴직 후 또 다른 성장 곡선을 그린다. 이 두 사람의 차이는 바로 준비성이다. 준비는 힘이 있고 젊을 때 미리 하는 것이다.

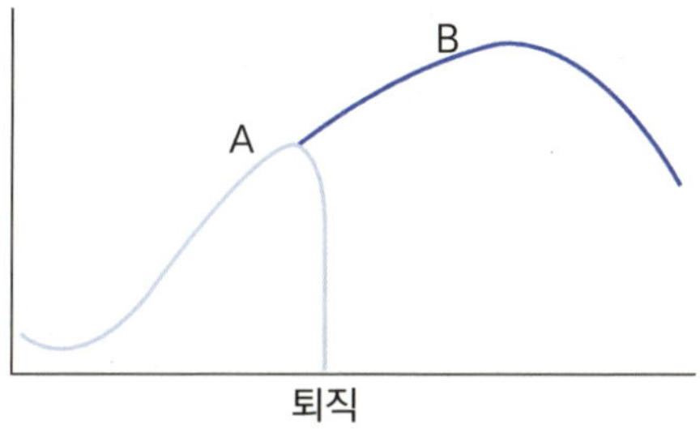

[그림 8-2] **인생 성장 곡선**

2. 시간관리의 패러다임

리더십 전문가인 스티븐 코비 박사는 효과적인 시간관리 패러다임을 긴급성과 중요성에 따른 4분면으로 제시한다. 이 패러다임을 통하면 자신의 현재까지 시간관리에 대한 성찰도 가능하며, 미래의 시간관리 계획도 세울 수 있다.

먼저 가로축을 긴급한 것과 긴급하지 않은 것으로 구분하고, 세로축을 중요한 것과 중요하지 않은 것으로 구분한다.

1번 영역은 중요하면서도 긴급한 영역이며, 2번 영역은 긴급하지는 않지만 장기적으로 볼 때 중요한 영역이며, 3번 영역은 긴급한 듯 보이지만 장기적으로 중요하지 않은 영역이며, 4번 영역은 중요하지도 긴급하지도 않은 영역이다. 1회성 행동을 말하는 것이 아니라 반복적이며 습관적인 행동을 말하는 것이며, 장기적으로 지속되었을 때의 상황을 생각해 보자는 것이다.

〈표 8-1〉 시간관리의 긴급성과 중요성에 따른 4영역

		긴급성	
		긴급함	긴급하지 않음
중요성	중요함	1. 위기의 장(긴급, 필수의 영역)	2. 성공의 장(비전, 준비의 영역)
	중요하지 않음	3. 유혹의 장(선택, 거절의 영역)	4. 낭비의 장(낭비, 폐인의 영역)

학생들이 각 영역별로 주로 어떤 행동들을 하는가? 이 중에서 자신에게 해당하는 것을 선택해 보고 또 자신만의 활동을 추가해 보자. 또 영역별로 자신의 1일 생활의 비율을 생각해 보자.

〈표 8-2〉 시간관리의 4영역별 활동

		긴급성	
		긴급함	긴급하지 않음
중요성	중요함	1. 위기의 장 - 3일 뒤인 시험공부 - 내일까지 제출해야 하는 수행평가, 숙제 - 학교수업, 학원수업	2. 성공의 장 - 운동, 독서 - 인간관계 - 주요과목 매일 학습 - 봉사활동 - 계획수립피드백 - 인증시험 대비 - 일기쓰기 - 리더십 캠프 참가 - 반성
		나의 위기의 장 습관적 행동 (　　)% 정도	나의 성공의 장 습관적 행동 (　　)% 정도
	중요하지 않음	3. 유혹의 장 - 친구 생일 파티 - 공부시간에 늦으며 축구하기 - 사소한 전화 - 잡담과 수다 - 엄마의 잔소리 - 지나친 주변 의식	4. 낭비의 장 - 게임, PC방 - 의미 없는 휴대폰 문자, 모바일 메신저(카카오톡) - 지나친 TV 시청
		나의 유혹의 장 습관적 행동 (　　)% 정도	나의 낭비의 장 습관적 행동 (　　)% 정도

시간활용이 반복적으로 패턴화되면 반드시 삶의 열매인 결과로 나타나게 된다. 시간사용에 대한 보상과 대가는 미래에 반드시 치르게 되는 것이다. 현재는 과거의 시간사용에 대한 대가요, 미래는 현재 시간사용에 대한 대가가 아닐까?

효과적인 시간활용의 비법은 위기의 장을 줄이고 성공의 장을 늘리라는 것이다. 이것은 자기통제능력이 필요한 것으로, 성공의 장에 매일 시간을 투자하여 미리 준비하고 대비한다면, 위기의 장에서 이루어지는 활동이 줄어드는 원리이다.

미리 시험공부를 해 두면(2영역), 벼락치기 공부(1영역)의 양이 줄어들 것이며, 사춘기 때 자녀와 지속적으로 대화를 하면(2영역), 가출이나 반항을 처리하기 위한 노력(1영역)이 줄어들게 된다.

〈미래의 성공을 예견할 수 있는 영역은?〉

위기의 장이 많으면 극심한 스트레스에 쌓이게 된다. 그러나 이 영역을 없앨 수는 없으니 줄이는 데 초점을 맞추어야 한다.

4영역별로 시간을 습관적으로 사용하였을 때 결과는 어떠할까?

〈표 8-3〉 시간관리의 4영역의 습관적 사용 결과

		긴급성	
		긴급함	긴급하지 않음
중요성	중요함	1. 위기의 장 - 짜증과 스트레스 - 피로와 탈진 - 중간정도의 성적	2. 성공의 장 - 여유 - 행복 - 높은 성과
	중요하지 않음	3. 유혹의 장 - 자제력 상실 - 남의 뒤치다꺼리만 함 - 바쁘기만 하여 허무함	4. 낭비의 장 - 책임감 - 죄의식 - 자포자기 - 의욕상실

3. 효과적인 시간관리 방법

이제 효과적인 시간관리 방법에 대하여 알아보자

자신의 시간관리 습관에 대하여 성찰하거나, 초기 습관화가 될 때까지는 모든 단계를 따라해 본 다음, 익숙화되면 자신에게 맞는 패턴을 만들면 된다.

(1) 1단계: 구체적이고 명확한 목표가 있어야 한다.

시간 낭비 이유의 90% 이상이 내가 무엇을 해야 하는지 모르기 때문이다.

명확하고 구체적인 목표는 바로 결과를 말해준다.

앞에서도 언급하였지만 인간의 기억은 과거의 지식이나 사실에 대한 기억도 있지만, 자신이 미래에 해야 할 사실에 대한 미래계획기억도 있다. 미래계획기억이 분명하고 절실할수록 자연스럽게 부지런하고 생동감 있는 행동으로 연결된다. 무기력하거나 게으른 생활이 점점 좋아진다면 자신에게 목표가 있는지 생각해 보자.

(2) 2단계: 균형감각을 가져라.

목표를 설정하고 시간을 목표에 맞추어 사용하는 것은 정말 대단한 능력이다. 성공적인 사람들은 개인적 성취, 가족과 인간관계, 신체의 건강, 삶의 가치와 질의 균형감각을 유지한 사람들이므로 시간관리에서의 균형도 중요하다. 한 영역의 공백이 누적되다가 회복 불가능해지는 사례는 얼마든지 있기 때문이다. 마치 목걸이가 한 곳의 끈이 약해지면 끊어져 버리는 것과 같은 원리이다.

현재 자신이 4가지 영역에서 시간을 얼마나 사용하는지 생각해 보자.

개인적 성취 ( )%
가족과 인간관계( )%
신체적 건강 ( )%
삶의 질 ( )%

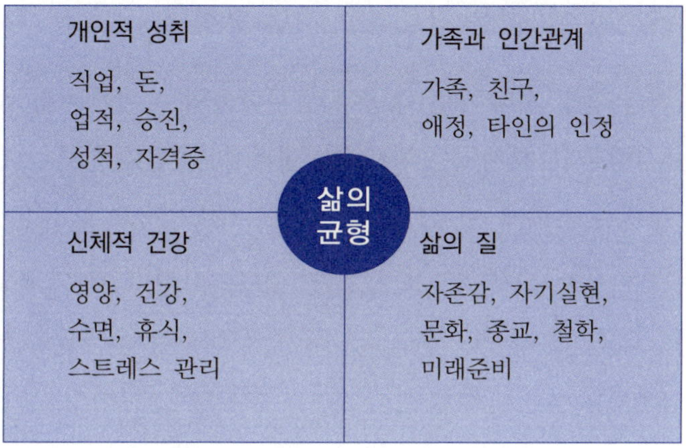

[그림 8-3] 4영역의 시간관리 비율

(3) 3단계: 구체적이고 명확하게 계획을 세워라.

활동의 목록인 계획을 작성하라(to do list).

목록을 매일, 매주, 매달, 매년 단위로 세우되, 2단계에서 구분한 영역별로 구분하여 세워라.

영역	년 월			
	1주(~)	2주(~)	3주(~)	4주(~)
개인적 성취				
가족과 인간관계				
신체적 건강				
삶의 질				
성찰				

(4) 4단계: 우선순위를 정하라.

목표의 중요성과 긴급성을 기준으로 자신이 해야 할 우선순위를 정하라.

(5) 5단계: 힘을 집중하고 지금 당장 하라.

지금 당장 시작하라. 성공하는 사람들의 시계에는 'now'가 새겨져 있고, 실패하는 사람들의 시계에는 'next'가 새겨져 있다고 한다.

실행의 순간에 '다음에...'로 미루지 말고 'right now'의 용기와 결단을 실천해야 한다. 미루는 습관은 악마의 유혹임을 기억하자. 자꾸 미루고 싶어지면 속도를 높여서 하면 된다.

시간낭비란?

- 당신이 열심히 일을 해야 할 시간에 게으름을 피우면 그것은 시간낭비이다.
- 더 중요한 일에 시간을 사용할 수 있었는데 덜 중요한 것에 시간을 소비한다면 시간낭비이다.
- 계획되지 않은 일에 시간을 소비한다거나 방해를 받으면 그것은 시간낭비이다.

효과적 시간보내기 Tip

- 하루를 시작하기 전 5분간 자기 시간을 가져라.
- 4가지 영역을 균형 있게 하루에 한 가지씩 계획, 실천하라.
- 하루에 한 시간씩 나의 미래를 위한 시간을 확보하라.

내용요약

1. 누구나 꿈을 꾼다. 그러나 꿈을 선명한 비전으로 만들고 비전을 명확한 목표로 설정하여 필요한 시간을 투자해야 꿈이 실현된다.
   - 한 분야에 진정한 전문가가 되기 위해 투자해야 하는 시간을 계산해 보니 1만 시간이었다.

2. 시간관리를 위하여 긴급성과 중요성으로 구분하면 4가지 영역이 된다.
   - 긴급하고 중요한 위기의 장
   - 긴급하지는 않지만 중요한 성공의 장
   - 긴급하지만 중요하지는 않은 유혹의 장
   - 긴급하지도 중요하지도 않은 낭비의 장

   → 시간관리 지혜는 성공의 장을 늘리는 것이다.
3. 효과적인 시간관리 방법은 다음과 같다.
   - 1단계: 구체적이고 명확한 목표가 있어야 한다.
   - 2단계: 균형감각을 가져라.
   - 3단계: 구체적이고 명확하게 계획을 세워라.
   - 4단계: 우선순위를 정하라.
   - 5단계: 힘을 집중하고 지금 당장 하라.

개인활동 과제

문구점에 가서 자신의 취향에 맞는 플래너를 구입하고 1주일 동안 플래너를 작성해 보자. 1주일이 40번 모이면 플래너를 작성하는 것이 습관화 된다.

모듈 04

리더의 신뢰성

CHAPTER

09 승-승의 인간관계

See Do Get

승-승의 인간관계

A type과 B type의 생각에 따른 Do(하는 행동 / 말)와 Get(얻는 결과)에 대하여 토의해 봅시다.

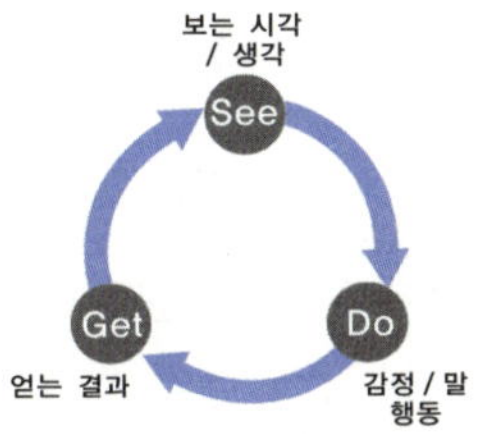

	A type	B type
See	인간은 누구나 자신이 이기고 싶어 한다.	인간은 승승하기를 원한다.
Do		
Get		

이 장의 목표

- 신뢰로운 인간관계에 대해 이해하고 신뢰성을 갖출 수 있다.
- 인생태도, 인간관계 유형을 이해하고 승-승의 인간관계를 가질 수 있다.

1. 관계지수는 성공지수

己所不欲 勿施於人

자기가 원하지 않는 것을 타인에게 하지 마라. — 논어

무엇이든지 남에게 대접을 받고자 하는 대로 너희도 남을 대접하라.

(마 7:12)

1) 인간관계의 중요성

행복해진다는 것
인생에 주어진 의무는 다른 아무것도 없다네.
그저 행복하라는 한 가지 의무 뿐
우리는 행복하기 위해 세상에 왔지.

– 헤르만 헤세

아리스토텔레스는 인간 삶의 최대 목적은 행복이라고 하였다. 행복은 히브리어로 '아쉬르'라고 하는데 관계에서 유래되었다고 한다. 행복과 관계는 같은 어원을 가지며 인간의 최대 목적이 행복이라 한다면 행복지수는 곧 관계지수가 된다. 타임지의 조사결과, 행복의 중요한 원천은 자녀와의 관계가 77%, 우정이 76%, 봉사가 75%, 부부관계가 73%로 대부분 관계가 행복의 원천이었다.

행복뿐 아니라 성공도 인간관계가 상당부분을 결정한다고 한다. 카네기 공대의 조사결과에 따르면, 성공의 85%는 인간관계에 달렸고 15%는 기술적인 능력에 달렸다고 한다.

최근 경영학에서는 '경영은 곧 사람'임을 강조하면서 인간의 중요성을 A유형과 B유형의 사람을 들어 설명하고 있다.

A유형은 일을 잘하고 빠르며 머리가 좋은 사람들의 유형이며, B유형은 느긋하고 사람과 융합을 잘하고 관계가 좋은 사람들이다. 조직에서 신입사원은 B유형이 많다가 중간관리자는 A유형이 많고 CEO나 임원은 B유형이 많다는 것이다. 위로 올라갈수록 B유형이 많은 이유로 A유형은 한 번은 함정에 빠지거나 어려움을 당할 수도 있는데, 이때 도움을 줄 사람이 별로 없거나 또는 모함, 시기, 질투, 경쟁상대가 많기 때문이며 둘째, 건강이 상하는 사람이 많다는 것이다.

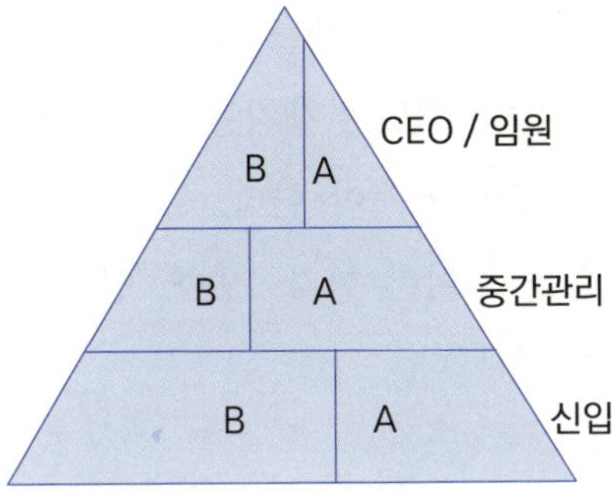

[그림 9-1] 조직 내 계층별 인간유형

다음 두 사람 중 누구를 리더로 뽑겠는가? 각자 자신의 선택을 가지고 옆 사람과 이유에 대하여 토론해 보자.

K: 능력은 좋은데 인간성이 별로다.

L: 능력은 별로인데 인간성이 좋다.

- 나의 선택: ______________________
- 이　　유: ______________________

이를 요약하면, 행복의 정도나 성공에도 인간관계는 결정적인 요인이 된다.

2) 신뢰 중심의 인간관계

신뢰란 '사람이나 사물에 대한 믿음' 또는 '사람이나 사물에 대한 확신적 기대'이다.

개인 사이의 관계이건 조직에서의 관계이건 인간관계에서 가장 중요한 덕목 중 하나는 신뢰일 것이다. 그렇다면 어떤 사람을 신뢰할 수 있는가? 신뢰로운 사람은 자신이 맡은 자리에서 충분한 역량을 발휘하며, 역할에 맞는 성품을 소유한 사람일 것이다. 역량이 부족한 사람이 한 조직의 리더가 되면, 그 조직은 도태될 것이며 성품이 올바르지 못한 사람이 리더가 되면 조직은 방향이 흐트러지게 될 것이다. 여기에서는 '선의(善意), 성실, 능력'의 3가지 요소가 합쳐질 때 인간관계에 있어 안정적인 신뢰가 구축된다고 제시한다.

인간에게는 동물과 달리 지속적인 관계를 유지하다 보면 그 사람의 말이 아닌 행동을 통해 그 사람의 숨어 있는 의도나 생각을 읽게 된다. 그래서 신뢰로운 관계를 원한다면 첫째로 선한 의도를 가져야 한다. 둘째, 인간보편적인 양심과 책임, 지혜를 다하는 성실한 모습을 보여야 한다. 셋째, 신분이나 역할에 맡는 능력을 발휘할 때 완전한 신뢰가 형성된다.

[그림 9-2] 선의, 성실, 능력의 3요소

〈표 9-1〉에 현재 나와 관계하고 있는 중요한 인물을 나열하고 내가 바라보는 상대방의 신뢰도를 −10부터 +10까지 선택한 후 그렇게 생각하게 된 결정적인 요인에 대하여 키워드를 작성해 보자. 다음에는 상대방이 나에 대한 신뢰도를 예상하여 선택해 보고 그렇게 생각하게 된 결정적인 요인을 작성해 보자. 이때 할 수 있다면 상대방에게 직접 작성하도록 요청할 수도 있다. 그리고 두 가지 신뢰도의 차이를 계산하고 이유에 대하여 생각해 보자.

〈표 9-1〉 내가 바라보는 상대방의 신뢰도

중요 인물	신뢰도	결정적인 요소 / 원인
	-10 0 +10	
	-10 0 +10	
	-10 0 +10	
	-10 0 +10	
	-10 0 +10	

〈표 9-2〉 상대방이 바라보는 나의 신뢰도

중요 인물	신뢰도	결정적인 요소 / 원인
	-10 0 +10	
	-10 0 +10	
	-10 0 +10	
	-10 0 +10	
	-10 0 +10	

〈표 9-3〉 두 가지 신뢰도의 점수 차이

중요 인물	점수 차이	결정적인 요소 / 원인

읽기자료 / 문화의 차이

중동 아시아에 파견되었던 콜라 회사의 영업사원이 좌절하고 돌아왔다. 한 친구가 물었다. "왜 아랍에서 성공하지 못한 거지?"

영업사원은 그 이유를 이렇게 설명했다.

"중동에 파견되었을 때, 콜라는 그곳에서 거의 알려져 있지 않기 때문에 매출을 쉽게 올릴 수 있을 거라고 장담했었지."

"난 아랍어를 못하니까 포스터 세 개로 콜라에 대해 전달하려고 했어."

① 첫 번째 포스터
한 남자가 완전히 탈진하여 뜨거운 사막에 쓰러져 있다.

② 두 번째 포스터
남자가 우리 회사의 콜라를 마신다.

③ 세 번째 포스터
원기를 회복한 남자

"이 세 개의 포스터를 곳곳에 붙여 놨었지."

"그럼 효과를 봤겠네." 친구가 말했다. 영업사원이 대답했다.

"그런데 내가 놓친 게 있었어. 아랍인들은 오른쪽부터 읽기 때문에 우리 포스터의 내용을 반대로 이해했더라고!!"

2. 인간행동 유형 이해

인간행동의 원리는 생각－말－행동이다. 자신이 인식하지 못할 수도 있는 생각이 잠재의식 속에 자리잡고 있다가 말로 나오고 때로는 생각이 말로 정리되어 나오기도 전에 행동으로 드러나게 된다. 또한 외부의 자극에 대하여 자신의 기존 생각과 연합하여 또 다른 생각을 형성하게 되고 새로운 생각을 형성하는 과정에서 중요하게 작용하는 더 근원적인 것이 있는데, 이것이 바로 인생태도이다.

1) 인생태도

인생태도란 생활태도라고도 하며 자기 자신이나 타인들에게서 지각되는 기본적인 가치에 대한 근본적 자세를 의미한다. 이것은 인생의 초기 5, 6세경까지의 경험을 통해 자기 자신의 가치에 대한 관념으로 정착되어 성장 후 그 사람의 성격을 결정짓는 행동이나 반응이 된다. 특히 유아기 때 부모나 부모를 대신하는 양육자로부터 받은 스트로크(말이나 행동패턴)의 질과 양에 따라 인생의 태도가 결정된다. 자신에 대한 태도의 긍정(ok)과 부정(not ok), 타인에 대한 태도의 긍정(ok)과 부정(not ok)으로 구성되며 이를 OK 목장 이론이라 한다.

이러한 인생태도는 자신과 타인에 대한 자신의 기본적인 신념들로, 그것은 자기의 결단과 행동을 정당화하는 데 사용되는 것으로 정의될 수 있다. 이것은 자·타의 행동에 대한 어떤 단순한 의견을 갖는 것 이상인 것이다.

	You're ok		
I'm not ok	제1의 태도 자기부정, 타인긍정	제4의 태도 자기긍정, 타인긍정	I'm ok
	제2의 태도 자기부정, 타인부정	제3의 태도 자기긍정, 타인부정	
	You're not ok		

[그림 9-3] OK 목장 이론

'자타긍정'을 선택한 아동은 **'승자각본'**을 갖게 되어 자신과 부모를 생각할 때 사랑받을 만하고 함께 지내기 좋은 사람으로 간주하며, 성장하는 과정에서도 모든 사람에게 같은 태도를 갖게 된다.

어떤 아이가 **'자기부정 · 타인긍정'**의 태도를 갖게 되면 **'패자각본'**을 갖게 되어 부모는 사랑받을 만하고 함께 있기가 편한 사람들이지만, 자신은 사랑받을 만한 가치도 없고 함께 할 자격도 없다는 결단을 하게 된다. 이러한 기본태도에 맞도록 그의 각본을 결단할 때, 타인에게 희생되거나 패배 당하는 주제들을 구축하게 된다.

'자기긍정 · 타인부정'은 겉모양으로 보면 승자인 것 같으나 이러한 태도를 지닌 아동은 자기는 항상 타인보다 한 단계 높아야 하고, 타인은 한 단계 낮아야만 한다는 어떤 확신을 갖게 된다. 이런 아동은 당분간은 그렇게 하는 것이 성공할 수도 있겠지만 그것도 계속되는 노력을 통해서만 가능하다. 항상 한 단계 밑으로 취급당하기만 하는 타인이 짜증을 내어 그를 거절하게 될 것이고, 그때 승자의 입장에서 비참한 '패자'로 전락하게 될 수 있다.

'자기부정 · 타인부정'의 기본태도야말로 '패자각본'의 가장 흔한 기반이 될 것이다. 이런 아동의 느낌은 인생은 무의미하고 실망으로 가득 차 있다고 보게 될 것이다. 이런 아동은 타인보다 자기는 한 단계 낮다고 생각할 것이다. 타인들도 부정(not-ok)하기 때문에 자기를 도와 줄 타인은 아무도 없다고 생각하게 된다. 그래서 그의 각본을 결단할 때, 거절하거나 거절당하는 형태로 결정하게 될 것이다. 마치 연극의 각본이 짜여 지면 각본에 따라 배우가 웃고 울듯이, 아주 어릴 때 이러한 각본이 짜여 지면 자신도 모르는 사이에 각본에 따라 연기하는 배우처럼 된다.

활동지에 제시된 인생태도 검사지를 이용하여 자신의 현재 인생태도를 확인해 보자(pp. 245-246 참조).

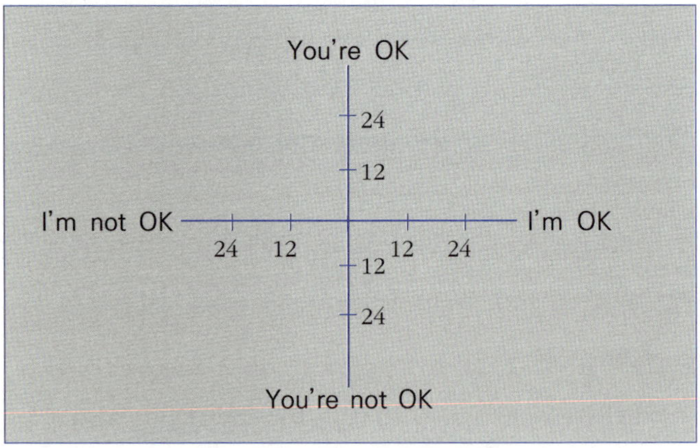

[그림 9-4] 개인의 기본적 인생태도

제1태도: 자기부정-타인긍정(I'm not OK - You're OK)	제4태도: 자기긍정-타인긍정(I'm OK-You're OK)
• 성장 초기에 취하는 태도 • 다른 사람과 비교하여 무력감을 느낌 • 다른 사람으로부터 멀어지려 함 • 강한 사람에게 의지함 • 열등감 · 우울	• 모든 사람의 중요성을 현실적으로 수용 • 자신의 문제를 건설적으로 해결 • 삶에 대한 기대도 타당하게 함 • 정신적으로 건강한 자세

제2태도: 자기부정 – 타인부정(I'm not OK-You're not OK)	제3태도: 자기긍정 – 타인부정(I'm OK-You're not OK)
• 보행시기에 취하는 태도 또는 사회생활에서 연속적 실패 경험 시 나타나는 태도 • 인생이 무가치하고 아무것도 좋은 일이 없다는 절망감, 허무감 • 애정이나 관심 거부, 대인교제 단절 • 심하게 우울하고 예측할 수 없는 행동	• 자신이 희생되고 박해 받는다는 느낌에서 생성 • 자기감정에 맞지 않는 것을 배제함 • 자신감이 지나쳐 마찰의 우려 있음 • 불행의 원인을 남의 탓으로 돌림

태도 행동 측면	제1의 태도 NOK-OK	제2의 태도 NOK-NOK	제3의 태도 OK-NOK	제4의 태도 OK-OK
타인과의 관계	• 타인으로부터 도피한다. • 자책, 회피, 도피적 태도	• 타인을 신뢰하지 않는다. • 타인에게는 공격적 • 불신, 포기적 태도	• 지배, 추궁, 징벌, 배타적 • 독선, 배타, 제거적 태도	• 누구와도 사이좋게 모든 일을 잘 해낸다. • 공존, 상호협력적 태도
자기와의 관계	• 자신을 갖지 못한다 • 자기는 강하지 못하고 무능하다고 생각한다.	• 존재하는 권리의 부정 • 자기에 대해서도 공격적이 된다. • 인간적 수용의 거부	• 타인의 진의를 바르게 수용하는 경험이 없다.	• 자기를 존중하고 소중하게 생각한다.
분노의 감정	• 욕구불만의 분노 • 분노를 마음속에 축적	• 반항이 적은 분노 체제나 세상에 대한 분노를 품고 있다 • 희망 없는 세계에 대한 분노	• 원한의 분노를 품고 있다.	• 분노를 표시해야 할 때는 자유롭게 표출한다.
두려움의 감정	실패에 대한 두려움	• 버림받는다든지 혼자서만 있게 된다는 두려움	• 타인을 지배하는 힘을 잃을까봐 두려워한다.	• 두려워할 때는 두려워하는 자유가 있다.
인생에의 지향	• 무엇을 원하는지 자신도 잘 모른다. • 자기 것도 차지하지 못한다. • 문제나 책임으로부터 도피하거나 낙담한다.	• 인생의 목표가 없다. • 될대로 되라는 인생	• 흑이냐 백이냐, 극우냐 극좌가 아니면 마음이 편하지 않다. • 경직된 인생	• '지금 여기'에 산다 • 성공을 목표로 하는 승자의 생활 • 자유롭게 자기를 바꾸려고 노력한다.

행동측면 \ 태도	제1의 태도 NOK-OK	제2의 태도 NOK-NOK	제3의 태도 OK-NOK	제4의 태도 OK-OK
커뮤니케이션	• 자기 방어 • 자기 합리화	• 적대감을 가지고 있다. • 험악, 당돌 • 반항적	• 자기방어 • 공격적	• 개방적
역할-책임	• 두려움에서 할 수 없이 인수	• 맡지 않으려고 술수를 쓴다. • 상사에게 맡긴다. • 투덜거리면서 인수	• 거래를 한다. • 끝 때까지 끌어 본다.	• 언제나 수용할 태세를 갖춘다.
발전-성장, 학습-계발	• 코치해 주길 원한다. • 안심을 주어야 할 수 있다. • 느리다.	• 곤란 퇴행하고 실수를 반복한다.	• 곤란 • 학습에 벽이 있다.	• 자주적으로 발전한다.
타인과의 불일치의 거리	• 불일치는 자기가 적절하지 못해서 라고 느낀다.	• 불일치를 더욱 조장한다. • 제3자를 끌어들인다.	• 상대를 몰아붙인다.	• 불일치의 근원을 찾아본다. • 서로 해결방법을 찾아본다.
문제해결	• 타인에게 의존한다.	• 문제에 압도당한다.	• 일방적으로 타인의 의견을 무시 또는 거부한다.	• 자신감을 가지고 타인과도 협력하고 대화를 한다.
시간의 구조화	• 혼자 생각한다. • 쉬지 않고 일을 하며 과대포장을 한다. • '구원자'를 찾는다. • '희생자'를 연출한다.	• 자폐상태 • 게임의 열중 • '박해자'를 찾는다. • '희생자'를 연출한다.	• 고함을 친다. • 타인을 화나게 한다. • '박해자'를 연출한다. • '구원자' 역을 한다.	• 필요한 행동만을 한다. • 게임을 하지 않는다. • 타인과 같이 어울린다.
자기에 대한 느낌	• 자기의 부족감 • 열등의식	• 낙담 • 소외	• 타인보다 우월하다고 느낌	• 평등
신경 분석적	신경강박증, 우울증	수동공격증세, 신경분열	반사회적 성격, 편집증	정신건강
사회의식	열등의식	비판의식	우월의식	평등의식

▸ 함께해 보기

* 아래에 나와 있는 상황을 읽고 그 상황에 등장한 사람이 어떤 인생태도의 유형을 나타내는지 보기에서 찾아서 A, B, C, D로 답하시오

A. 나는 글렀고 너는 옳다. I'm not OK – You're OK
B. 나도 글렀고 너도 글렀다. I'm not OK – You're not OK
C. 나는 옳고 너는 글렀다. I'm OK – You're not OK
D. 나도 옳고 너도 옳다. I'm OK – You're OK

1. 다른 사람들은 그가 남의 얘기는 들으려고 하지 않는 고집장이라고 이야기 한다. ( )
2. 그는 늘 다른 사람에게 실수나 하지 않을까 걱정을 한다. ( )
3. 그는 남의 이야기를 들으면서 흔히 조소를 띄고 있으며 '당신은 잘 모르겠지만'이라는 얘기를 잘 쓴다. ( )
4. 그는 남의 이야기를 들을 필요성도 거의 느끼지 못하고 그렇다고 해서 자기가 무슨 말을 해야 할 필요성도 느끼지 못한다. ( )
5. 그는 자기와는 다른 주장을 하는 사람이 있으면 그 사람은 그렇게 주장하는 이유가 있겠지 하고 생각한다. ( )
6. 그는 회의에 참석하게 되면 미리 걱정이 되어서 몹시 긴장을 한다. ( )
7. 부하들은 그를 너그럽고 대화가 잘 통하는 사람이라고 이야기한다. ( )
8. 주위의 사람들은 그에게서 자포자기한 사람이라고 인상을 받는다. ( )
9. 그는 날카롭고 비판적이며 상대의 결점을 잘 꼬집어 낸다. ( )

이러한 삶의 태도에 따라 인간관계의 유형이 형성되는데, 이것은 일단 형성되면 너무나 주관적이고 안정적이어서 좀처럼 변화할 수 없게 된다. 안정적일 때에는 통제가 되는 듯하다가도 불안정해지고 어려운 상황에 닥치면 곧바로 드러나게 된다.

(1) 인생태도와 인간관계에 대한 네 가지 패러다임

위에 제시한 인생태도와 인간관계에 대한 4가지 기본적인 패러다임의 관계에 대하여 생각해 보자.

① 승-승 패러다임: **너에게도 유익하고 나에게도 유익한 방식이 있다.**

이러한 사람들이 보이는 특성은 서로의 유익을 추구하고, 경쟁적이 아니라 협조적이며 더 많이 경청(=배려)하고 충분한 대화 후에 더 용기 있게 말한다. 또한 역지사지의 마음을 갖는다.

② 승-패 패러다임: **나는 어떻게 해서든지 상대방을 이기겠다.**

이러한 사람들은 항상 자기가 이기고 상대가 져 주기를 기대하며 다른 사람의 성공을 희생시키거나 배제시키고 자신의 성공을 추구한다. 또 비교, 경쟁, 지위, 권력에 사로잡혀 있어 권위주의적이며 '승'을 쟁취하기 위해 지위, 권력, 자격증, 재산, 처세술을 사용하기도 한다.

③ 패-승 패러다임: **나는 항상 희생당한다.**

이러한 사람들은 다른 사람에 대한 배려는 높으나 자신의 감정이나 신념 등을 표현하거나 실천하는 용기가 부족하며 좀처럼 다른 사람에 대한 기대, 기준, 요구를 드러내지 않는다.

또한 다른 사람들을 기쁘게 하거나 달래려고 애쓰며 자신의 감정을 억제한다.

④ 패-패 패러다임: **너도 죽고 나도 죽자 라는 삶의 방식이다.**

우리나라의 경우 많은 사람들이 승-패의 패러다임으로 살고, 부모-자식 간의 관계에서는 패-승의 패러다임을 갖기가 쉽다. 그러나 승-패, 패-승 패러다임은 언젠가는 패-패로 이어질 수 있기 때문에, 승-승의 패러다임을 가져야 하는데 지금 당장 더 힘이 있는 사람이 승-승을 베풀 때 가능하다. 특히 장기간 좋은 관계를 가져야 하는 관계이거나 갈등관계에 부딪혔을 때에는 승-승의 태도로 임해야 한다.

[그림 9-5] 인생태도와 인간관계에 대한 4가지 패러다임

(2) 인간관계 유형의 네 가지 분류

또 심리학에서는 인간관계 유형을 다음과 같이 분류하며, 일반적으로 노출 영역이 넓을수록 대인관계 갈등이나 마찰이 줄어들 가능성이 높다고 한다.

① 고립형: 자기노출도 적고 상대로부터 피드백이 적은 유형이다. 자신을 노출하지도 않고 다른 사람과 대화나 정보교환이 적기 때문에 대인관계를 형성하기 어렵다.

② 자기선전형: 상대에게 자기노출은 많이 하지만 이에 비해 상대로부터 정보를 얻지 못하는 유형이다. 다른 사람으로부터 정보를 많이 얻지 못하면서 주로 자신의 문제를 중심으로 말을 많이 하는 유형이다.

③ 신중형: 자기노출을 거의 하지 않고 상대방의 정보를 얻는 데에만 급급한 유형이다. 다른 사람의 이야기를 경청하면서 남의 정보를 열심히 캐려고 한다.

④ 개방형: 자신을 주도적으로 개방하고 자신의 노출 수준만큼 상대의 정보도 피드백을 통해 원만한 대인관계를 형성해 나가는 유형이다. 자기 개방을 두려워하지 않고 다른 사람에 대해서도 방어적이지 않다.

2) 행동 유형

인간은 자신이 생각하는 대로 말하고 생각한 대로 행동하게 된다. 그런데 자신이 어떠한 생각을 하는지에 대하여 세심하게 관찰하지 않으면 엉뚱한 생각과 다른 말이 불쑥 나오게 된다. 그러나 행동은 그 사람의 생각을 정확하게 따르게 된다.

예를 들어 "나는 절대 선의의 거짓말도 하지 않을 테야"라고 강하게 말하던 사람도 자신에게 불리한 상황에 맞닥뜨리게 되면 "이건 선의의 거짓이 아니라 유연한 성격이야"라는 자기 논리를 제시하면서 거짓말을 하게 된다. 많은 사람들이 자신의 속마음을 잘 인식하지 못하지만, 겉으로 드러나는 행동을 통해 거꾸로 그 사람의 평소 생각을 파악할 수 있게 된다. DISC 행동 유형은 바로 이렇게 겉으로 드러나는 행동을 보고 그 사람의 성격을 파악해 내는 도구이다. DISC 행동 유형은 크게 4가지로 유형을 구분하는데 주도형, 사교형, 안정형, 신중형이다.

(1) 주도형(D형, Dominance)

특징	행동경향
• 빠른 속도 / 큰 소리로 말함 • 논평하기 / 실수, 충고엔 참을성이 부족 • '무엇'에 초점을 둠 • 질문보다는 말하기를 좋아함 • 세세한 것을 피하고 중요한 것, 결과에 초점을 둠 • 자기중심적 / 고집이 셈 • 사실에 의한 의사결정 • 의도적 경청가	• 결과를 얻기 위해 반대를 극복함 • 행동과 다양성을 요구함 • 도전 / 지시에 의해 동기부여됨 • 통제력을 상실하는 것을 두려워함 • 압력을 받으면 다른 사람에 대한 관심 / 배려가 부족해짐
강점	**단점**
• 목표지향적인 • 자신감 있는 • 경쟁적인 • 결단력 있는 • 용기있는 • 단도직입적인, 직선적인	• 인내심이 없는 • 오만한 • 먼저 공격하는 • 고집이 센 • 무모한 • 무뚝뚝한, 요령없는

(2) 사교형(I형, Influence)

특징	행동경향
• 친근하고 격려하는 대화 • 빠른 말씨와 큰 목소리 • '누구'에 관한 질문 • 이야기하기, 재미를 좋아함 / 다른 사람을 즐겁게 함 • 너무 세세한 것을 싫어함 • 생동감 있고 따뜻한 표정(미소 띤 음성) • 과장하고 일반화시킴 • 변덕스러운 경청자	• 낙관적 / 열정적 / 외향적 • 사람 지향적임 • 사회적 인정에 동기 부여됨 • 사회적으로 거부당하는 것을 두려워함 • 압력을 받으면 무질서해짐
강점	**단점**
• 열정적인 • 대화술이 뛰어난 • 낙천적인 • 상상력이 풍부한 • 사람 중심적인 • 자발적인	• 흥분하기 쉬운, 감정적인 • 너무 말이 많은 • 비현실적인 • 몽상가적인 • 일이 비체계적인 • 충동적인, 버릇이 없는

(3) 안정형(S형, Steadiness)

특징	행동경향
• 느린 속도 • '어떻게'의 질문 • 말하기보다는 설명을 들음 • 현재의 상태를 안정적으로 유지하는 것을 희망함 • 협력과 안정에 우선 순위(사람 사이의 갈등을 싫어함) • 주도적이지 못함 • 느린 의사결정 • 정해진 방식에 따라 행동함	• 일관성 있는 업무수행(안정과 구조화를 선호) • 팀 지향적임 • 현상유지에 의해 동기부여됨 • 안정성의 상실, 변화 등을 두려워함 • 압력을 받으면 지나치게 다른 사람에게 양보함
강점	**단점**
• 안정된 • 착실한, 꾸준한 • 느긋한 • 우호적인, 동의하는 • 인정이 많은 • 도움을 주는	• 열정이 부족한 • 변화에 소극적인 • 우유부단한 • 지나치게 너그러운 • 쉽게 양보하는 • 답답한

(4) 신중형(C형, Conscientiousness)

특징	행동경향
• 음성의 다양성이 적음(사무적인 어투) • '왜'의 질문 • 특징, 세부사항에 관한 질문 • 느린 의사결정 • 장단점을 제시함 / 사실과 데이터를 강조함 • 체계적인 설명에 초점을 둠 • 다른 사람에 대해 쉽게 반응하지 않음 • 신중한 의사결정자	• 세밀한 것에 분석적 관심을 보임 • 과업 지향적임 • 정확성, 품질에 의해 동기부여됨 • 자신의 일에 대한 비판을 두려워함 • 압력을 받으면 자신과 타인에 대해 지나치게 비판적임
강점	**단점**
• 분석적인 • 조심성이 있는 • 양심적인 • 개인적 기준이 높은 • 우수성을 추구하는 • 직관력이 있고, 민감한	• 사소한 일을 문제 삼는 • 비사교적인, 의심이 많은 • 지나치게 걱정하는 • 비판적인, 판단적인 • 완벽주의적인 • 비난에 쉽게 상처 받는

〈표 9-4〉 일을 할 때 나타나는 행동 유형

주도형	사교형
• 강한 자의식 • 목표 / 결과지향적 • 도전에 의해 동기부여 • 속도가 빠르다.	• 활동적이고 에너지가 넘침 • 매우 창의적 • 인정받는 것을 좋아함 • 사교적
신중형	**안정형**
• 의사결정에 신중함 • 철저하게 생각함 • 실수하는 것을 싫어함 • 구조지향적	• 적극적으로 도와줌 • 의사소통 시 나서지 않음 • 참을성이 있고 세심함 • 다른 사람들에게 관대함

〈표 9-5〉 인간관계에서 나타나는 행동 유형

주도형	사교형
• 간결 + 전략 • 직접적으로 간략하게 요점을 말하라. • '어떻게'와 '무엇'을 질문하라. • 상대방이 원하는 일, 결과에 초점을 두어라. • 시작해서 요점에 이르기까지 진행은 빠르게 • 두 세 가지의 옵션 제공, 스스로 결정토록 할 것 • 사람보다는 사실과 아이디어에 동의하라.	• 인간관계 + 함께 • 우호적이고 다정한 환경을 제공하라. • 아이디어, 사람, 자신에 관해 이야기할 기회를 제공하라. • 참여적인 관계를 형성하라. • 독창적이고 새로운 아이디어(정보)를 제시하라. • 예를 들고 증명할 것 • 즐겁게 해줄 것 • 세세한 것은 글로 적어주어라. • 과업에 대해 보상해 주어라.
신중형	**안정형**
• 안전 + 정확함 • 정확하고 구체적이며 자세하게 천천히 말하라. • 정확한 데이터와 증거를 제시하라. • 논제의 양측면을 보여준다. • 지나치게 친근하게 대하지 않는다. • 성급히 결정에 이르지 않는다. • 상대방을 압도하지 않는다.	• 평화 + 안정 • 친근하고 형식적이지 않게 대할 것 • 다정하게 호감이 가도록 사적인 것을 질문하라. • 일관성 있는 행동으로 신용 쌓을 것 • 개인적인 도움을 주고 도움을 요청할 것 • 그들의 감각, 사적인 지식을 칭찬하라. • 즉각적인 행동이나 변화를 지나치게 서둘거나 독촉하지 말 것

▸ 활동해 보기

244쪽에 있는 'DISC 행동유형 검사지'를 활용하여 자신의 유형을 확인해 보자. 그리고 같은 행동 유형끼리 그룹을 만들어 다음의 내용을 토의, 작성하여 발표해 보자.

- 우리들의 상징물(그림)
- 우리의 장점
- 우리의 단점
- 싫어하는 사람(행동)
- 좋아하는 노래

인간관계에서 주로 나타나는 갈등의 유형으로는 속도와 우선순위의 문제이다. 주도형과 신중형은 일 중심의 우선순위를 가지며, 사교형과 안정형은 인간중심의 우선순위를 가진다. 일 중심의 사람들은 목적을 가지고 만나고 그 목적과 상관없는 대화가 오갈 때 답답해 하거나 심하면 짜증이 난다. 그러나 인간중심의 사람들은 목적도 중요하지만 모든 것은 사람들이 하며 일단 분위기를 좋게 한 후 일을 논의하자고 하다가 모임의 목적은 정작 아주 조금 달성하거나 전혀 의논하지 않았다 하더라도 좋은 모임을 한 것에 대해 만족해 한다.

또 속도의 갈등 측면에서는 주도형과 사교형은 빠른 속도의 사람들이며, 신중형과 안정형은 느린 속도의 사람들이다. 느린 속도의 사람들은 "숨 좀 쉬자. 정신을 못 차리겠다"라며 불평할 것이며 빠른 속도의 사람들은 "답답해 죽겠네"라며 불평을 할 수 있다.

행동 유형별 차이에 대하여 이러한 우스갯소리가 있다. 주도형이 나서서 "저 섬을 잇는 다리를 건설합시다"라고 하면, 안정형이 "지금도 좋은데 굳이 꼭 해야 하느냐?"라고 하고, 신중형은 말없이 열심히 계획하고 추진을 한단다. 다리가 건설되면 사교형이 먼저 가서 그 다리를 관광하고 즐기며 온단다.

3. Human Network 설계

1) 좋은 인간관계의 원칙

좋은 인간관계를 유지하기 위한 실천적인 원칙은 다음과 같다.

① 차이점을 인정하고 감사하라. 다르다(different)와 틀리다(wrong)는 다른 것이다.

② 상대의 강점을 기필코 발견해 내어라.

③ 현상을 보지 말고 인간 행동의 긍정성을 믿어라.

④ 평소의 '신뢰성'을 형성하라. 이것은 화초를 키우는 것과 같다. 평소에 물을 주고 잘 가꾸어야 한다. 때가 늦으면 죽어버린다.

⑤ 공감적 경청을 하라. 상대의 기분, 욕구, 생각을 파악하라.

⑥ 내 생각이 지극히 주관적이라는 것을 인정하라. 대부분의 사람들이 자신은 객관적이라고 생각한다. 그리고 자신의 생각과 다른 상대방이 주관적이라고

생각한다. 모든 사람의 생각이 다르다. 그렇다면 누가 객관적일까? 이것이 개방적이고 유연한 사고를 갖는 것이다.

또한 좋은 인간관계를 유지하기 위한 실천적인 방법은 다음과 같다.

첫째, 부드러운 미소이다. 웃는 얼굴을 간직하자. 미소는 사람을 고무시키는 힘이 있다.

둘째, 칭찬하는 대화이다. 매일 두 번 이상 칭찬해 보자. 덕담은 좋은 관계를 만드는 밧줄이 된다. 칭찬으로 고래도 춤추게 한다는 고래 훈련 기법은 따뜻한 관심, 작은 성공에 대한 칭찬, 끊임없는 격려이다.

〈칭찬기법〉

- 칭찬을 미루지 말고 즉시 하라.
- 구체적인 사항을 칭찬하라.
- 칭찬에 조건을 붙이지 마라.
- 보이지 않는 곳에서도 공개적으로 칭찬하라.
- 칭찬과 더불어 보상을 함께 하라.

셋째, 긍정적 언어이다. 긍정적 언어를 습관화하자. 긍정적 언어는 상대를 기쁘게 해 준다. 긍정적 언어는 자신이 원하는 것만 생각하고 원하는 것만 말하는 것이다.

넷째, 즐기며 일하기이다. 자신이 선택한 현재의 일에 열심과 최선을 다하자. 즐기며 일하는 습관은 행복과 성공으로 인도한다.

다섯째, 즐거운 노래이다. 조용하고 흥겹게 마음으로 노래하자. 마음의 노래는 사랑을 깨닫게 한다.

여섯째, 머릿속 기록이다. 떠오르는 생각들을 기뻐하고 기록하자. 이는 당신을 풍요로운 사람으로 만들 것이다.

일곱째, 감사하는 마음이다. 불평 대신 감사를 말하자. 비로소 당신은 행복한 사람임을 알게 된다. 불평은 가지지 않은 것을 보는 관점이고, 감사는 가진 것을 보는 관점을 가진 것이다. 감사는 행복으로 인도하는 문이며 불평은 불행으로 인도하는 문이다.

2) 나의 Human Network

이제 자신의 Human Network에 대하여 점검해 보자.

태어나면서부터 나에게 도움을 주었던 사람들의 목록과 감사할 내용을 적어 보자. 중요도는 그분이 내게 정말 중요하면 1, 보통이면 2, 그냥 가벼운 인연이면 3을 선택해 보자.

나에게 도움을 주었던 사람	도움을 준 내용(감사할 내용)	중요도 1, 2, 3
부모님	생명을 주시고 지금까지 키워주셨다	1

이제 거꾸로 내가 도움을 주었거나 내게 감사할 만한 사람의 목록과 내용을 적어 보자.

내가 도움을 주었던 사람	도움을 준 내용(감사할 내용)	중요도 1, 2, 3
부모님	부모님의 심부름에 순종	1

▸ 함께해 보기

나는 지금까지 내가 도움을 받고 고마운 분들이 더 많은가? 나에게 도움을 받고 고마워 할 분들이 더 많은가?

3) 현재 어디까지 왔는가?

인생을 살아가는 데 혼자서는 결코 살아갈 수 없다. 나와 연관된 사람들, 나를 도와주는 사람들, 내가 도울 사람들을 생각해 보자. 현재 나와 관련된 사람들의 네트워크를 그려 보자. 다음 그림을 기본으로 하여 확장해 보자. 얼마나 많은 사람 자산이 있는가?

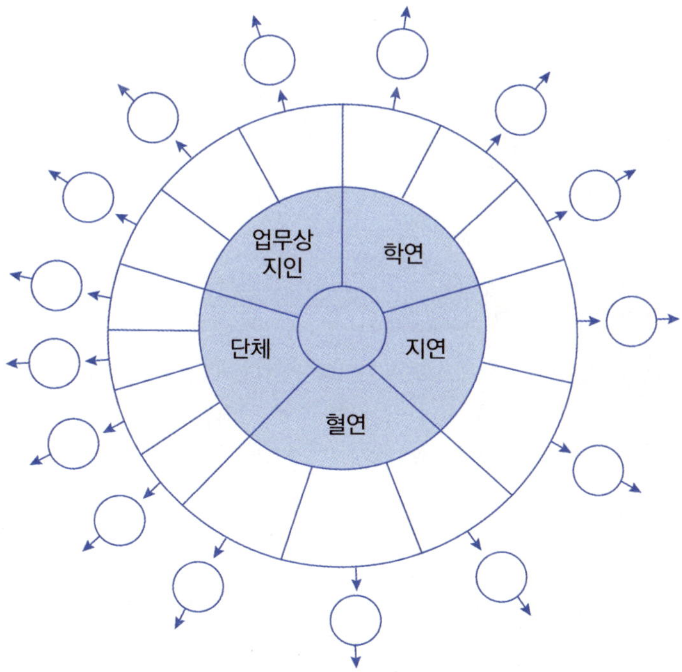

의인의 열매는 생명나무라.
지혜 있는 자는 사람을 얻느니라(잠언 11:30).

The fruit of the righteous is
a tree of life, and he who wins Souls is wise(proverbs 11:30).

읽기자료 / 무재칠시(無財七施)

어떤 이가 석가모니를 찾아가 대화를 나눴습니다.
"저는 하는 일마다 제대로 되는 일이 없으니 이 무슨 이유입니까?"
"그것은 네가 남에게 베풀지 않았기 때문이니라."
"저는 아무 것도 가진 것이 없는 빈털터리입니다.
남에게 줄 것이 있어야 주지 뭘 준단 말입니까?"
"그렇지 않느니라. 아무 재산이 없더라도 줄 수 있는 일곱 가지는 있는 것이다."

첫째는 화안시(和顔施)
얼굴에 화색을 띠고 부드럽고 정다운 얼굴로 남을 대하는 것이요.

둘째는 언시(言施)
말로서 얼마든지 베풀 수 있으니 사랑의 말, 칭찬의 말, 위로의 말, 격려의 말, 부드러운 말 등이다.

셋째는 심시(心施)
마음의 문을 열고 따뜻한 마음을 주는 것이다.

넷째는 안시(視施)
호의를 담은 눈으로 사람을 보는 것처럼 눈으로 베푸는 것이요.

다섯째는 신시(身施)
몸으로 때우는 것으로 남의 짐을 들어주거나 일을 도우는 것이요.

여섯째는 좌시(座施)
자리를 내주어 양보하는 것이요.

일곱째는 찰시(察施)
굳이 묻지 않고 상대의 속을 헤아려서 도와주는 것이다.
"이 일곱 가지를 행하여 습관이 붙으면 너에게 행운이 따르리라."

읽기자료 / 좋은 사람

그리우면 그립다고 말 할 줄 아는 사람이 좋고
불가능 속에서도 한 줄기 빛을 보기 위해 애쓰는 사람이 좋고
다른 사람을 위해 호탕하게 웃길 줄 아는 사람이 좋고
세련된 옷차림이 아니더라도 편안함을 줄 수 있는 사람이 좋고
자기 형제 부모를 끔찍이 사랑할 줄 아는 사람이 좋고
바쁜 가운데서도 여유를 누릴 줄 아는 사람이 좋고
자기 일에 만족을 가질 수 있는 사람이 좋고

어떠한 형편에든지 자기 자신을 지킬 줄 아는 사람이 좋고
노래를 썩 잘하지 못해도 부를 줄 아는 용기 있는 사람이 좋고
늘 책을 가까이하여 이해의 폭이 넓은 사람이 좋고
손수 커피 한 잔을 탈 줄 아는 사람이 좋고
어려운 이웃을 돌아볼 줄 아는 사람이 좋고
하루 일을 시작하기 앞서 기도할 줄 아는 사람이 좋고
다른 사람의 자존심을 지켜줄 줄 하는 사람이 좋고
때에 맞는 적절한 말 한마디로 마음을 녹일 줄 아는 사람이 좋고
외모보다는 마음을 읽을 줄 아는 눈을 가진 사람이 좋고
적극적인 삶을 살아갈 줄 아는 사람이 좋고
친구의 잘못을 충고할 줄 아는 사람이 좋고
자신의 잘못을 시인할 줄 아는 사람이 좋고
용서를 구하고 용서할 줄 아는 넓은 마음을 가진 사람이 좋고
새벽 공기를 좋아해 일찍 눈을 뜨는 사람이 좋고
남을 칭찬하는 데 인색하지 않은 사람이 좋고
항상 겸손하여 인사성이 바른 사람이 좋고
덥다고 춥다고 솔직하게 말할 줄 아는 사람이 좋고
자기 자신에게 자신감을 가질 줄 아는 사람이 좋다.

내용요약

1. 개인적인 성공에서 인간관계가 많은 비중을 차지하며 경영현장에서도 인간관계를 잘 하는 사람이 성공하는 주장들이 많이 있다. 인간관계를 잘 하려면 신뢰중심의 관계를 해야 한다.
   - 신뢰성을 갖기 위하여 선의, 능력, 성실이 필요하다.

2. OK 목장 이론에 의하면 인생태도는 I'm ok와 I'm not ok 그리고 you're ok와 you're not ok로 구분하여 4가지 영역으로 나눌 수 있다.
   - OK 목장 이론의 4영역과 인간관계에 대한 4가지 패러다임은 관련이 있다.
   - 승-승, 승-패, 패-승, 패-패 패러다임
   - 심리학에서는 인간관계 유형을 고립형, 자기선전형, 신중형, 개방형으로 제시하였다.
   - 인간의 행동유형인 DISC는 주도형, 사교형, 안정형, 신중형으로 구분한다.

3. Human Network를 설계하고 관리해야 한다.

개인활동 과제

가족이나 친구 1명을 선택하여 DISC 행동유형을 분석하고 상대방과 평소 잘 맞는 점, 갈등관계가 있었던 점을 기록하여 보자. 그리고 이러한 것들이 행동유형과 어떠한 관련이 있는지에 대하여도 작성해 보자.

대상	DISC 행동유형	평소 잘 맞는 점, 잘 안 맞는 점을 DISC 행동유형에 맞추어 작성
나		
상대 ( )		

활동지: DISC 행동유형 검사지

가로줄에 있는 4개의 단어 중 자신의 행동 묘사에 가장 적절하다고 생각되는 것 하나를 선택하여 ✔표 해 주세요.

1	( )	단호한	( )	열정적인	( )	충실한	( )	신중한	
2	( )	자주적인	( )	사교적인	( )	순종적인	( )	주의깊은	
3	( )	적극적인	( )	호감 주는	( )	동의하는	( )	정확한	
4	( )	직접적인	( )	낙천적인	( )	배려하는	( )	분석적인	
5	( )	주장 강한	( )	말 많은	( )	우유부단한	( )	비판적인	
6	( )	대담한	( )	친근한	( )	너그러운	( )	자제하는	
7	( )	즉시 하는	( )	자신있는	( )	변함없는	( )	논리적인	
8	( )	굳건한	( )	재미있는	( )	양보하는	( )	내성적인	
계									

활동지: 인생태도 검사지

다음 문항에 자신의 생각과 일치한다고 여겨지는 점수를 ○ 안에 쓰세요
'그렇다' 2점, '그렇지 않다' 0점, '어느 쪽도 아니다' 1점

1	나는 하루하루를 충실하게 살아가고 있다.	○	
2	나는 마음이 여려서 상처받기 쉬운 편이다.		○
3	나는 스스로 능력이 없다고 느낄 때가 많다.		○
4	나는 실패를 두려워하지 않는 편이다.	○	
5	나는 나를 좋아한다.	○	
6	무엇 때문에 이런 일을 하고 있는 것인가 라고 생각하는 일이 있다.		○
7	내가 하고 싶은 일이라도 상대가 싫어할 것 같으면 그만둔다.		○
8	나는 말과 행동에 자신감이 부족하다.		○
9	나에게는 아직 드러나지 않은 재능이 잠재해 있다고 생각한다.	○	
10	상대가 나를 비난하면 나는 아무런 대꾸도 하지 않는다.		○
11	나는 좋아하는 사람에게는 스스로 다가간다.	○	
12	대부분의 일에 대해 "하면 된다"라고 생각한다.	○	
13	나는 남들이 나를 좋아한다고 생각한다.	○	
14	나는 싫은 일이더라도 곧 기분전환해서 할 수 있다.	○	
15	나는 앞으로 하고 싶은 일과 포부가 있다.	○	
16	나는 일을 하려고 들면 어쩔 수 없이 욕은 먹기 마련이라고 생각한다.	○	
17	나는 나의 속마음을 내보이기가 두렵다.		○
18	내가 먼저 남들에게 접근해가는 일은 드물다.		○
19	자신의 사고 방식에 대해 만족하고 있다.	○	
20	상대가 화제로 삼고 싶지 않은 일은 잘 이야기하지 않는다.		○
21	무엇을 하든 "잘 되지 않는다"는 생각이 든다.		○
22	남들과 비교해 보면 나는 부족한 점이 많다.		○
23	나는 누구에게도 할 말은 다하는 편이다.	○	
24	내가 친절하게 대하면 상대가 부담스러워하지나 않을까 염려한다.		○
점수 계		A	B

번호	문항	C	D
25	이 사람이 있어서 좋았다고 생각하는 일이 많다.	○	
26	다른 사람들과 함께 일을 하면 잘 안되는 경우가 많다.		○
27	내 취향에 맞지 않는 사람들과는 어울리고 싶지 않다.		○
28	다른 사람이 하는 이런 저런 이야기를 듣는 것을 좋아한다.	○	
29	상대가 친절하게 대해주는 것이 부담스럽게 느껴질 때가 있다.		○
30	내가 일부러 찾지 않더라도 상대의 장점을 감지할 수 있다.	○	
31	남이 실패하거나 괘도이탈을 하더라도 그의 능력과 됨됨이를 믿는다.	○	
32	사고방식이 다른 사람과도 잘 어울린다.	○	
33	"연애란 이런 거다"라고 딱 잘라 말하는 경향이 있다.		○
34	나는 남의 단점을 잘 꼬집는 편이다.		○
35	상대와 싸움을 해서라도 해결의 실마리를 스스로 만들어 내는 편이다.	○	
36	귀찮은 일에는 가능한 한 관여하고 싶지 않다.		○
37	상대가 먼저 나에게 접근해 온다면 좋겠다.	○	
38	즐거워하는 사람을 보고 있으면 나까지 즐거워진다.	○	
39	다른 사람들을 보면 사람을 믿어서는 안된다는 말이 실감이 난다.		○
40	"나는 이렇게 노력하는데…"라고 생각하는 경우가 많다.		○
41	문제가 생기면 다른 사람의 탓으로 돌리는 일이 많다.		○
42	남의 말을 듣고 마음속에서 호감이 우러나오는 것을 자주 느낀다.	○	
43	업무 이외의 개인적인 이야기는 거의 안 하는 편이다.		○
44	상대의 무신경함에 화를 내는 일이 있다.		○
45	상대가 잘못하는 점이 있더라도 언젠가는 좋아질 것이라고 믿는다.	○	
46	상대가 마음에 들지 않고 "왜 저 모양인가"라고 생각할 때가 있다.		○
47	"당신과 있으면 안심"이라는 말을 상대에게 자주 듣는다.	○	
48	상대가 하는 말을 그대로 믿는 편이다.	○	
	점수 계	C	D

점 수	A	I'm OK	점	C	Yor're OK	점
	B	I'm not OK	점	D	You're not OK	점

CHAPTER

10 通하는 커뮤니케이션

See Do Get

通하는 커뮤니케이션

A type과 B type의 생각에 따른 Do(하는 행동 / 말)와 Get(얻는 결과)에 대하여 토의해 봅시다.

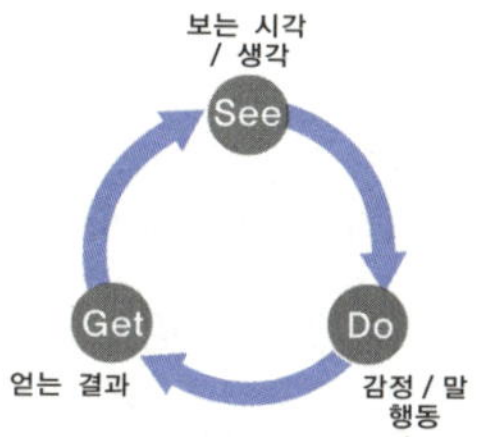

	A type	B type
See	자신의 생각을 잘 말하는 것이 중요하다.	화자와 청자 사이에 의미의 공유가 이루어져야 한다.
Do		
Get		

이 장의 목표

- 인간행동의 모델과 말의 힘, 말의 유형에 대해 이해할 수 있다.
- 진솔한 말하기와 공감적 경청의 단계에 대해 이해하고 실천할 수 있다.

1. 인간행동의 모델과 말의 힘

1) 인간행동 모델

인간의 문제는 대부분 관계의 문제이며, 관계에서의 문제는 언어와 소통의 문제이며, 감정의 문제가 된다. 결국 인간의 문제는 감정의 문제이다.

> 인간은 **감정**에 따라 **행동**을 한다.
> "그 종의 주인이 불쌍히 여겨 놓아 보내며 그 빚을 탕감하여 주었더니
> 주인이 노하여 그 빚을 다 갚도록 그를 옥졸들에게 넘기니라."
>
> – 마태복음 18장 / 27절 34절

성경에서 위 마태복음의 성경구절은 매우 유명한 내용이다. 1만 데나리온을 빚진 종을 불쌍히 여겨 놓아주었다. 그런데 이 종이 주인께 감사를 하고 주인의 집을 나가다가 자신이 1천 데나리온을 빌려준 또 다른 사람을 만나자 당장 자신의 돈을 내 놓으라 협박을 하였다. 이 사실이 주인에게 알려지자 주인이 노하여 종을 옥졸들에게 넘기게 되었다.

(감정) 불쌍히 여겨 →(행동) 빚을 탕감하여 줌
(감정) 노하여 →(행동) 옥졸들에게 넘기게 됨

상황은 같은데 두 주인은 너무도 다른 두 가지의 감정을 느끼고 또 그에 따라 완전히 다른 행동을 하게 된다. 인간은 누구나 자신이 객관적으로 판단한다고 생각한다. 그러나 이것이야말로 지극히 주관적인 것이며, 주어진 상황에 대한 자신의 판단과 그에 따르는 감정, 또 뒤이은 행동을 하게 된다.

인간은 언어라는 도구를 통해 생각을 하며, 언어가 인간의 주요 행동 양식이기 때문에 감정이 말로 표현되는 '감정 → 말'이라는 공식이 적용된다.

그런데 '감정 → 말'의 과정에서 많은 오류가 생긴다. 왜냐하면 인간은 세심하게 자신의 감정을 들여다보는데 익숙하지 않고, 감정보다 선행하여 일어난 생각을 관찰하지도 않으며, 또 그에 앞선 원인이 되는 욕구도 잘 인식하지 못하기 때문이다.

인간의 욕구로부터 행동이나 말로 표현되는 일련의 과정을 살펴보면 **'욕구(원하고 바라는 것) → 생각 ↔ 감정 → 행동 / 말'**이라 볼 수 있다[그림 10-1]. 외부 상황에 대한 자신의 생각과 감정과 행동이 워낙 순식간에 일어나고 습관화 된 것인데다가, 반복적으로 외면해 온 탓에 자신의 내부 소리도 인식하지 못하고 상대의 내부 소리도 듣지 못한 채 언어 전달을 하는 이유로 많은 오류가 생기게 된다. 게다가 상대의 어떠한 말도 자신의 기존 생각으로 판단하고 감정을 느끼면서 상대에게 모든 책임을 전가하는 데 익숙해 있다. 이러한 이유로 인간은 철저히 주관적으로 판단하는 존재이다.

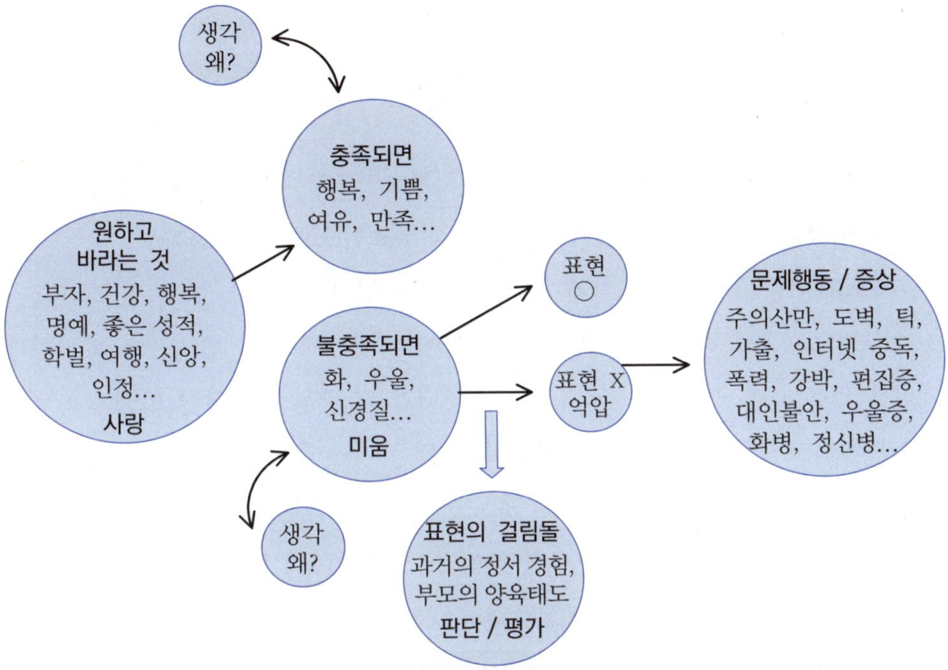

[그림 10-1] 인간행동 모델

2) 말의 힘

인간은 태어날 때 어떠한 생각이나 감정의 종류를 가지고 태어나지는 않는다. 감정이 발생하는 뇌의 회로가 있고, 변연계의 감정회로에서 다양한 감정이 발생하고 전두엽에서 판단을 하는 수많은 자동화된 습관이 누적되어 인간의 행동 모델이 형성된다. 이러한 까닭에 모든 인간의 생각과 감정은 유일한 대상이 된다. 그리고 이러한 형성과정에 가장 중요하고 결정적 역할은 부모의 언어가 된다. 부모의 반복적인 말은 아이의 자존감과 자아개념을 형성하고, 이것은 외부 사건에 대할 때 불쑥 올라와 자신을 조정하게 된다.

예를 들어, A유형의 부모와 B유형의 부모가 있다고 하자. A유형의 부모는 아이가 울 때 "좀 울어도 돼. 즉각적인 반응은 아이를 변덕스럽게 해"라고 생각한다. 이것의 반복적 결과, 아이는 세상을 대하는 불신감이 형성된다. "세상은 믿을 만한 곳이 못 돼" 그리고 이것은 "나는 별 볼일 없는 사람인가 봐"라는 자기개념 즉, 자신감 결여가 된다. 이것은 자신의 잠재의식 속에 깊이 내재되어 있다가 새로운 일에 도전을 못하게 하고 용기가 없는 사람이 되게 한다. 설령 새로운 일에 도전을 했다 하더라도 성공확률이 낮게 된다. 더욱 중요한 것은 원인을 어떻게, 누구에게로 돌리는지에 대한 귀인성향이다. 만약 본인이 성공하였을 땐 “이번엔 운이 좋았어. 다음에도 운이 좋지는 않을 거야”라고 외부요인으로 귀인을 한다. 반대로 본인이 실패하였을 땐 “역시 나는 안돼!”라고 내부요인으로 귀인을 한다.

반대로 B유형의 부모는 아이가 울 때 “우리 아기가 왜 울까. 뭐가 필요하지?”하고 즉각적이고 따뜻하게 보살핀다. 이때 아이는 세상에 대한 신뢰감이 형성된다. “세상은 믿을 만한 곳이야!” 그리고 이것은 “내가 꽤 괜찮은 사람인 모양이네!”라는 자기개념과 자신감의 형성으로 연결된다. 이것은 자신의 잠재의식 속에 깊이 내재되어 새로운 일에 쉽게 도전할 수 있는 용기있는 사람이 된다. 성공했을 경우, “역시 나는 장해!”라고 내부귀인을 하게 된다. 실패했다 하더라도 “나는 운이 나빴어”라고 외부귀인을 하기 때문에 더 높은 자신감을 가지게 한다.

이를 요약하면, 부모의 초기반응에 따라 내면이 형성되고 이것은 세상과 아이의 관계를 결정짓게 되는 것이다.

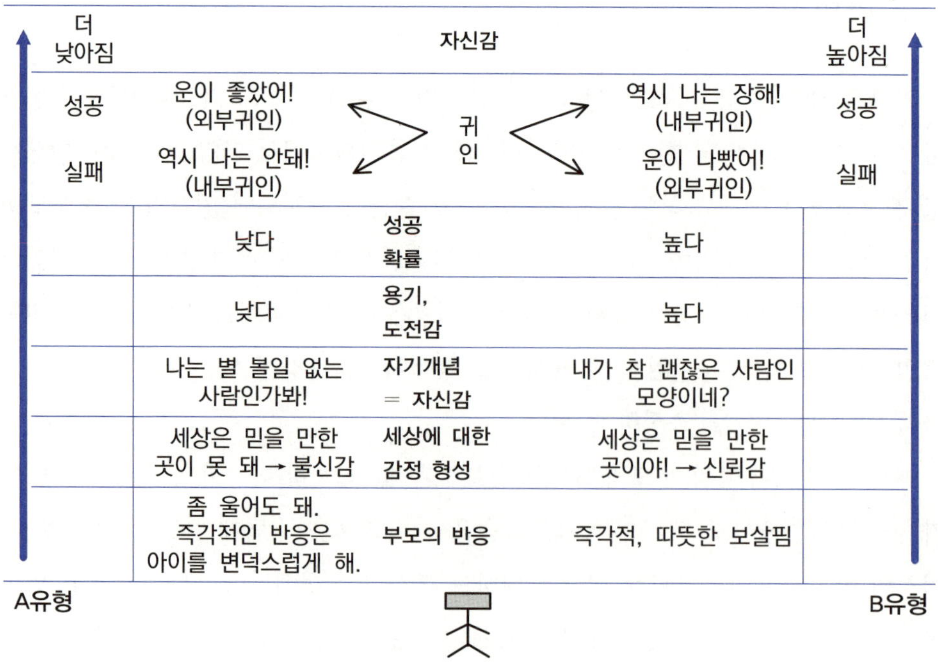

[그림 10-2] A유형과 B유형의 부모유형에 따른 아이의 성격

아이가 어릴 때 초기의 외부신뢰가 내부신뢰로 결정되는데 이것을 자존감(=자기개념, 자신감)이라 하고, 이것은 한 번 형성되면 주관적이고 매우 안정적이어서 인간행동의 숨은 조정자가 되고 변화하기가 매우 어렵다. 이러한 아이의 내부신뢰의 결정적 요인이 부모의 말이다. 말은 정말 힘이 세다. 인간이 건강하게 생활하기 위하여 생물학적으로 음식, 공기 등을 충분히 섭취해야 하고 심리학적으로 충분한 사랑과 인정을 받아야 한다. 이것이 채워져야 자신감이 형성된다. 결국 부모의 말은 아이를 죽이기도 하고 살리기도 하며, 아이가 행동하게 할 수도 또 행동하지 않게도 할 수 있는 마법의 힘이 있다.

이것은 유머이지만, 옳은 이야기이다.

인간이 화가 나면 돌고래처럼 IQ가 80이 되고, 슬퍼지면 침팬지처럼 IQ가 70이 된다고 한다. 그래서 화나거나 슬퍼지면 갑자기 꽁치와 바나나를 즐겨 먹게 되고, 리더십이나 자신감이 저하되며, 공부도 안 되고 결국에는 그 사람의 신뢰도가 낮아지고 삶의 질이 저하되게 된다. 그리고 이렇게 화가 나거나 슬퍼지게 하는 중요한 원인은 누군가의 말이다.

최근에 내가 화나거나 슬퍼진 사건에 대하여 생각해 보자.

- 이 상황에서 내가 들은 말은?

____

____

- 이 상황에서 내가 한 말은?

____

____

- 이 상황에서 나의 생각, 감정, 자존감에 대하여 자신의 생각을 나누어 보자.

____

____

2. 말의 유형

이제 사람들이 일상생활에서 하는 말들을 구분해 보자.

1) 메시지와 의미

말은 메시지와 의미로 구성되어 있다. 다음의 대화 메시지에 대하여 어떤 의미인지 자신의 생각을 나누어 보자.

메시지	의미
너는 너무 고집이 세!	
왜 그렇게 생각이 없니?	
자기밖에 모르는구나?	
아버지는 권위적이세요.	

말을 메시지와 의미로 구분해 보자. 메시지는 겉으로 드러나는 언어적 · 비언어적 요소의 결합이다. 언어적 메시지는 "너는 너무 고집이 세"와 같이 문자 그대로이다. 비언어적인 메시지는 표정, 제스처, 목소리 등의 눈으로 객관적으로 관찰할 수 있는 요소들이다. 이에 반하여 의미는 그 말의 속뜻, 내면에서 요구하는 것, 필요, 감정, 생각 등이며 위에서 설명한 것들이다. 에러가 없는 완전한 의미의 소통이란 말하는 사람의 의미를 듣는 사람이 그대로 받아들일 수 있는 것이다. 그러나 많은 경우, 의미를 생각하지 않고 메시지를 듣는 사람이 자신의 의미로 다시 해석하는 과정에서 오류가 발생하게 된다. 쉽게 말하자면 의미란 '말하는 사람이 진짜 원하는 것' 정도로 생각할 수 있다. 위의 사례에서 의미를 생각해 보면 다음과 같을 것이다.

메시지	의미
너는 너무 고집이 세!	"다른 사람의 의견도 잘 들어주면 좋겠어."
왜 그렇게 생각이 없니?	"안전하게, 신중하게 행동하면 좋겠어."
자기밖에 모르는구나?	"다른 사람들도 배려하면 좋겠어."
아버지는 권위적이세요.	"좀 더 부드럽게 대해 주시면 좋겠어요."

어떤가? 메시지만 본다면 충분히 열 받을 만한 상황이지만 의미를 듣고 나면 전혀 달라지지 않는가?

메시지를 그릇이라 한다면 의미는 그 안에 담긴 내용물이라 할 수 있다.

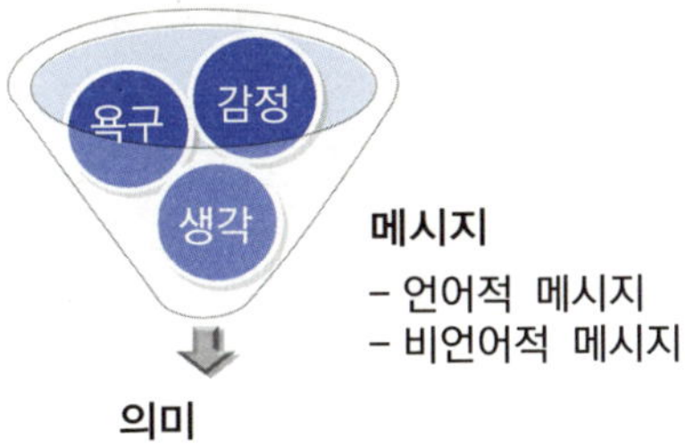

[그림 10-3] 메시지와 의미

자신이 하는 말로 인해 상대방이 오해하는 것을 최소화하기 위한 간단한 방법은 바로 "**묻는 말에 아는 대로 답하기**"이다.

다음 대화 사례를 살펴보자.

〈상황〉

회사 일을 집까지 가지고 와서 처리하려고 컴퓨터 앞에 앉아서
열심히 일을 하고 있는데, 아내가 들어와서 말한다.
"여보, 얼른 쓰레기통 좀 갖다 내어 놓고, 마켓 가서 쌀 좀 사오세요."

이때 답하는 방식은 3가지 정도로 생각해 볼 수 있다.

1. 못들은 척하고 하던 일을 계속한다(말대꾸 안 하는 것도 분노행동의 한 가지).
2. "내가 지금 놀고 있는 거 같아?" 화를 내면서 소리 지른다.
3. "여보, 나 이거 급한 일인데 10분이면 끝나. 끝내고 가서 할게."라고 말한 다음에 일이 끝나면 아내가 말한 일을 그대로 실천한다.

이 대화에서 1, 2번 대답은 상대방 말의 의미에 대한 충분한 고려가 없이 자신의 생각대로 짐작한 후 대꾸를 하는 경우이다. 3번은 묻는 말에 아는 대로 답하기 대화방식이다.

다음 질문은 일반적으로 상대의 의도나 의미에 집중하지 않으면서 묻는 말에

아는 대로 답하지도 않고 상대의 의도를 짐작하고 평가한 후 자신의 생각을 말하는 경우이다.

〈질문〉	〈대답〉
"내 열쇠 못봤어?"	⇒ "당신은 왜 맨날 뭘 잊어버리고 그래?"
"언제 밥 먹을거야?"	⇒ "왜? 벌써 배고파?"
"쓰레기 통 좀 내어 줄래요?"	⇒ "내가 놀고 있는 것 같아?"
"소녀시대가 그렇게 좋아?"	⇒ "당신은 SS501 안 좋아해?"
"엄마, 나 닌텐도 언제 사줄거야?"	⇒ "엄마가 무슨 돈이 있어?"
"이번 주말에 철수 집에 놀러가도 되지?"	⇒ "너는 그 아이 말고는 친구가 없어? 왜 맨날 그 집이야?"
"아빠, 우리 언제 캠핑가요?"	⇒ "아빠 요즘 힘든 거 몰라?"

위 대화에서 아는 대로 답하기는 다음과 같다.

"내 열쇠 못봤어?"	⇒ "못 봤어" 또는 "책상 위에 있어."
"언제 밥 먹을거야?"	⇒ "10분 있다가요."
"쓰레기 통 좀 내어 줄래요?"	⇒ "이거 끝내 놓고."
"소녀시대가 그렇게 좋아?	⇒ "응, 무척 좋아"
"엄마, 나 닌텐도 언제 사 줄거야?"	⇒ "중학교 올라가면 사 줄게."
"이번 주말에 철수 집에 놀러가도 되지?"	⇒ "그 집에 부모님들 계신지 확인한 다음에 놀러가."
"아빠, 우리 언제 캠핑가요?"	⇒ "아빠 바쁜 일 끝나고 나면 다음 달에 가자."

2) 사실지향 대화와 관계지향 대화

인간이 하는 대화의 종류를 사실지향 대화와 관계지향 대화로 구분할 수 있다. 사실지향 대화는 정보를 전달하거나 업무, 보고 등의 일과 관계된 종류의 대화이며, 관계지향 대화는 안부, 감정전달 등의 관계를 유지하기 위한 종류의 대화이다.

연구결과에 따르면, 직장에서 좋은 상사로 인식되는 사람은 사실지향 대화와 관계지향 대화의 비율이 7:3 정도이고, 관계지향 대화가 3보다 적어지면 인정머리 없는 사람으로 직장 동료들이 생각하게 되고, 관계지향 대화가 3이상이면 무능한 상사로 인식한다.

자신의 가정에서 대화의 양을 생각해 보자. 가정에서는 관계지향 대화 7에 사실지향 대화 3이면 원만한 가족이 될 것 같다.

가정에서 흔히 있을 사실지향 대화는

- 밥 먹었어?
- 공부 했어?
- 숙제는 했어?

등의 사실을 확인하는 종류의 대화이다.

관계지향 대화는

- 오늘 하루 어땠어?
- 이 사회문제에 대한 너의 생각은 어때?
- 네가 가장 중요하게 생각하는 가치관은 뭐야?

등의 특별한 정보는 없지만, 서로의 속마음을 알아가게 되는 종류의 대화이다.

구분	사실지향 대화	관계지향 대화
목적	지식이나 정보를 전달	친밀감, 신뢰감의 조성
입장	자기 입장	상대방 입장
수단	설명, 설득, 대결, 지적	공감, 수용, 칭찬, 인정
길이	간단명료(전달의 정확도가 높다)	쓸데없이 길다
진실	진실해야 한다	반드시 진실해야 할 필요가 없다
대화의 초점	분명할수록 좋다	분명하지 않을 수도 있다

3) 소통력 진단

[활동 1]

우리가 얼마나 정확하게 의미를 공유하는지 소통력을 진단하기 위하여 다음과 같은 활동을 해 보자.

- 말을 비교적 잘 한다고 생각하는 한 사람을 선정한다.
- 10줄 정도의 내용을 30초 정도 읽는다.
- 다음 사람에게 귓속말로 전달하고, 또 다음 사람에게 전달한다.
- 마지막으로 전달받은 사람은 전달받은 내용을 메모지에 기록한다.

최초로 글을 읽고 전달한 사람의 내용과 최후에 전달받아 메모한 사람의 내용을 비교해 본다.

다음 질문에 답해 보자.

- 처음에 이 활동을 하기 전에 얼마나 잘 전달되리라 생각했었는가?
- 얼마나 잘 전달되었는가?
- 만약 내용이 잘못 전달되었다면 그 이유는 무엇일까?

[활동 2]

두 사람이 짝을 지어 한 사람은 말을 하고, 또 다른 사람은 듣는 역할을 한다. 대화의 주제는 "내가 지금까지 가장 즐거웠던 일에 대하여"이다.

이때, 듣는 사람은 잘 들어주지 않도록 한다. 시간은 1분간이다.

이제 역할을 바꾸어 활동을 한다.

주제나 시간은 동일하다. 그러나 이때 듣는 사람은 잘 들어주도록 한다.

활동을 하고 난 후 생각을 나누어 보자.

- 자신의 이야기를 하는데 잘 들어주지 않았을 때 기분이 어떠한가?
- 자신이 이야기를 하는데 잘 들어주었을 때 기분이 어떠한가?
- 잘 들어주지 말라고 했을 때 어떻게 하였는가?
- 잘 들어주라고 했을 때 어떻게 하였는가?

이 활동을 통하여 잘 들어준다는 것의 중요성에 대하여 알게 되었을 것이다. 잘 들어준다는 것은 어떤 것일까? 비언어적 기법과 경청, 공감의 단계일 것이다. 자신의 대화 태도를 생각해 보자.

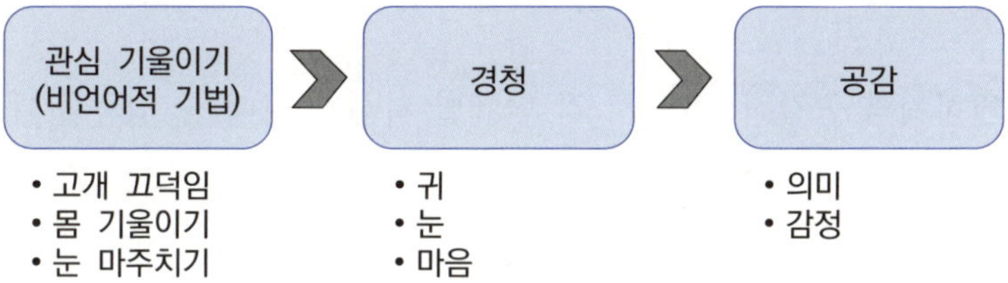

[그림 10-4] 잘 들어주는 행동

3. 소통의 대화법

진정한 의사소통의 목표는 다음 두 가지이다.

- 상대방을 비난하지 않으면서 내 이야기를 다 하는 것
- 상대방 이야기에서 비난을 듣지 않고 욕구, 감정, 생각을 듣는 것

대화는 **진솔한 말하기**와 **공감적 경청**의 두 요소가 있다. 여기에서는 마샬 로젠버그 박사가 개발한 4단계 대화법을 제시한다. 처음에는 4단계를 단계별로 이해해 보고, 익숙해지면 자신에게 맞는 단계를 활용하면 된다. 대화의 4단계에 대하여 알아보도록 하자.

〈표 10-1〉 **4단계 대화법(비폭력 대화)**

1단계	관찰 - 평가와 구별	느낌을 일으킨 행동, 사건을 있는 그대로 보고 듣기 "내가 _____을 보았을 때, 들었을 때, 상상했을 때"
2단계	느낌 / 감정 - 생각과 구별	우리 몸과 마음에서 일어나는 느낌, 감정 반응 "나는 _______________ 느낀다."
3단계	욕구 / 필요 - 수단 / 방법과 구별	느낌 이면에 있는 욕구 "왜냐하면 나는 __________이 필요 / 중요 / 원하기 때문에."

4단계	부탁 - 강요와 구별	구체적, 긍정적, 의문형으로 "내가 필요한 것은 / 원하는 것은 / 바라는 것은?" - 연결부탁: "이 말을 들었을 때 어떻게 느끼니(생각)?" - 행동부탁: "_____을 해 줄 수 있겠니?" (내가 필요한 것은...)

진솔한 말하기와 공감적 경청 시 각 단계별 자신과 상대 중 집중할 대상은 다음과 같다.

〈표 10-2〉 대화단계에 따른 집중 대상

대화단계	진솔한 말하기	공감적 경청
1단계	자신의 마음	상대의 마음
2단계		
3단계		
4단계	자신의 요청	상대의 요청

1) 관찰 ↔ 평가 / 판단

관찰하라! 그것보다 더 중요하고 신심 깊은 일은 없다.

— 프레드릭 브크너

평가가 들어가지 않은 관찰을 하는 것이 인간 지성의 최고 형태이다.

— 지두 크리슈나무르티

관찰은 추상적인 평가가 아닌 구체적인 행동을 말하는 것이다.

평가나 판단은 말하는 사람의 감정을 부풀게 하고 듣는 사람에게는 저항감을 불러일으킨다.

관찰이란 판단이나 평가를 하지 않고 있는 그대로 보고, 들리는 그대로 듣는 것을 말한다. 즉, 판단, 의견, 평가, 생각, 추측, 선입관 등을 섞지 않고 있는 그대로의 사실을 표현하는 것으로, 내가 본 것을 사진 찍듯이 말하고, 내가 들은 것을 녹음하듯이 그대로 표현하는 것이다.

우리가 누군가에게 말을 할 때 관찰과 평가를 섞으면 상대가 이를 비판으로 듣고, 그 사람의 말에 저항감을 느끼고 변명을 하려 하거나 반격할 준비를 하는 데 에너지를 쓰게 된다. 우리의 삶 속에서 타인이나 자신에 대해서 수없이 평가를 반복하고 있고, 그것은 비난으로 이어지기 쉽다.

[읽기 자료]

초등학생 6학년인 유빈이와 수정이는 화가 났다. 같은 반 남자친구인 철수와 싸웠다는 것이다. 엄마가 집에 들어오자마자

"엄마, 철수는 정말 나쁜 녀석이에요."

"왜?"

"아 글쎄, 우리가 놀고 있는데 괜히 집적대잖아요. 재수 없이. 그러다가는 또 괜히 우리한테 화를 내고 모래를 던지고 갔어요. 정말 나빠요."

"그랬어?"

위의 대화를 철수가 듣는다면 억울하거나 분노하지 않고 동의할 수 있을까? 위의 대화에서 철수를 자극하는 것은 어느 부분일까?

나쁜 녀석. 집적댄다. 재수 없이. 괜히 화를 내고.

이런 말일 것이다. 왜냐하면 이런 단어는 유빈이의 주관적인 평가이며, 철수는 자신의 평가가 또 있기 때문이다. 유빈이는 철수의 다음과 같은 행동을 평가한 것이다.

지나가는데 같은 반 여자친구 둘이서 공원 의자에 앉아 심각하게 대화를 하고 있었다. 그래서 혹시 싸우는 것이 아닌가 하고 궁금하여 가까이 다가가 보니 싸우는 것이 아니었다. 그래서 그냥 지나가려는데, 유빈이가 "왜~~~?"라고 시비조로 물었다. 이 말에 민망하기도 하고 당황하기도 하여 "나는 이 길로 못 지나가냐?"라고 대꾸를 했다. 이런 대화가 이어지다가 철수는 이 상황을 급히 벗어나려고 뛰어가는데 모래가 일었던 것이다.

사실 이런 대화는 남녀노소를 막론하고 쉽게 관찰될 수 있는 것이다. 이때 평가나 판단을 쏙 빼내고, 관찰을 한다면 서로의 감정을 자극하는 상황이 훨씬 줄어들

것이다.

관찰은 있는 그대로의 자극, 사실에 대한 객관적인 묘사로 평가나 판단과 구별할 수 있다. 이것은 단순히 객관적인 것과는 다르며 자신의 감각적 경험 즉, 눈으로 본 것, 귀로 들은 것, 피부로 느낀 것을 그대로 묘사하는 것이다.

다음의 대화를 평가와 관찰로 구분하여 읽어보자.

- "그 사람은 교만해."
  - 평가인가? 관찰인가?
    평가일 것이다. 이것을 관찰로 바꾸려면, 이렇게 평가하게 된 계기 즉, 관찰한 사실을 말해야 한다.
- "내가 인사를 했는데, 그냥 지나가 버렸어." (관찰)
  - 인사를 했는데, 왜 그냥 지나갔을까? 이유에 대하여 상상해 보자.

다음의 대화를 평가인지 관찰인지 구분해 보자.

- "우리 아빠는 나를 무시해."
  - 평가인가? 관찰인가?
    만약 평가라면 관찰로 바꾸어 보자.
  - (관찰) ____

▶ 실습해 보기

	다음 문장을 읽고 평가 / 판단인지 관찰인지 구분해 보자	평가? 관찰?
1	진석이는 아빠와 대화를 하는 동안 손톱을 깨물고 있었다.	
2	당신은 너무 말을 함부로 해.	
3	가족여행을 정하는 동안 부모님이 내 의견을 묻지 않았다.	
4	그 사람 정말 마음이 너그러워.	
5	선생님이 나를 못마땅하게 여기는 것 같아.	
6	사람들이 모두 나를 싫어한다.	
7	남자친구는 좀처럼 애정 표현이 없다.	
8	그건 교수답지 않은 행동이다.	
9	우리 엄마는 음식을 하다가 칼에 손을 베어 피가 났다.	
10	너는 훌륭한 학생이야.	

사람을 생긴 그대로 사랑하기가
얼마나 어려운지를
세상을 있는 그대로 보기가
얼마나 어려운지를
이제야 조금은 알겠다.
평화는 상대방이 내 뜻대로 되길
바라는 마음을 그만둘 때이며
행복은 그러한 마음이 위로받을 때이며
기쁨은 비워진 두 마음이 부딪힐 때이다.

– 황대권, 『야생초 편지』 중에서

2) 느낌 / 감정 ↔ 생각

"성숙한 사람은 감정의 여러 가지 미묘한 차이를 마치 교향곡의 여러 가지 음처럼,

강하고 정열적인 것부터 섬세하고 예민한 느낌까지 모두 구별할 능력이 있다."

– 롤로메이(미국 정신분석학자, 철학자)

느낌이란, 관찰에 대해서 내가 어떻게 느끼고 있는지 명료하게 알고 표현하는 것이다. 느낌을 안다는 것은 내 마음의 상태를 아는 것이고, 내 마음의 상태를 안다는 것은 나를 지킬 수 있는 힘이 되기 때문이다. 느낌은 내 마음의 신호등이다. 느낌을 잘 알고 표현할 수 있으면 생각에 사로 잡혀 자신이나 타인을 괴롭히는 일이 없어진다.

생각이란, 느낌이나 감정보다 먼저 나의 뇌 속에 자리잡고 있던 가치관, 정보, 기억들과 현재의 상황을 연결한 지극히 나의 주관적인 개념이다. 그래서 아무리 객관적이려 하여도 과거에 있었던 다른 일들과 연결이 되면서 섞여 상황이 복잡해지고 자신도 모르는 사이에 자꾸 한쪽으로 끌려가게 된다.

느낌 / 감정은 현재에 집중하는 것이고, **생각이란 과거와 현재의 정보를 연합한**

것이다. 우리는 과거의 정보와 현재의 정보를 연결하는 순간, 행복보다는 불행해지고 불쾌한 감정에 휩싸이게 된다.

> 중3 동생 철수가 경찰서에 있다는 전화를 받고, 경찰서에 갔더니 경찰관 앞에 일렬로 앉아 있는 아이들 가운데 철수가 있었다. 친구를 집단으로 때리다가 잡혀 왔단다.
> 철수네 학교는 지난주에 2박 3일로 수련회를 다녀왔다. 수련회에서 그 학교 일진에 속해 있는 민수라는 아이가 반 아이들에게 "술을 마셔라", "가방을 들어라", "담배를 피워 봐라"하며 협박과 강요를 했단다.
> 며칠 후 화장실에서 철수와 친구들이 민수와 마주쳤고, 서로 말로 실랑이를 하다가 집단으로 때리게 되었단다.
> 다음날 민수 삼촌이 교장실로 찾아와 조폭들 운운하며 신고를 한 것이었다.

- 철수의 느낌은? ______________________
- 철수의 생각은? ______________________
- 나의 관찰과 느낌은?
  동생이 친구를 때려서 경찰서에 있다는 전화를 받았을 때(관찰),
  나는 짜증나고, 황당하고, 놀랍고, 걱정되었다.(느낌)

〈느낌을 표현할 때와 표현하지 않을 때의 차이〉

느낌을 표현하지 않을 때, 우리는 대가를 치르게 된다. 특히 부모와 자녀 간에 대화를 하다보면 부모 입장에서 순간순간 아이의 예기치 못한 태도나 반응에 마음이 상하는 경우가 자주 있다. 자녀와의 관계에서 예상치 못한 상황을 맞이했을 때, 내 감정이 예민하게 반응할 때, 나의 느낌에 집중하여 표현할 수 있다면 아이를 비난하거나 비판하지 않을 수 있다.

마찬가지로 자녀 입장에서도, 부모님의 가치관과 생각을 강요받는 듯하고, 자신의 생각과 행동 심지어 감정까지도 통제하려 한다고 생각이 들 때, 분노와 억울한 감정에 사로잡히게 된다.

예) 대학생인 자녀와 엄마가 성적표를 놓고 대화를 하다가 공부 잘하는 사촌과 비교하는 말에 자극을 받고서 "에이 씨이~"하며 자기 방문을 쾅 닫고 자기 방으로 들어갔다.

"어디서 배워먹은 버릇이야? 내가 너 그렇게 가르쳤어? 너 조금 컸다고 엄마를 무시하는 거야?"

이런 대화에서,

⇒ 자녀가 엄마의 흥분한 감정을 이해할 수 있을까? 자신의 행동에 대해 미안하게 생각할까?

⇒ 자녀가 드는 생각이나 느낌은?

"엄마랑 얘기하다가 화를 내면서 문을 쾅 닫고 들어가니, 엄마는 당황스럽고 슬프다."

이런 대화에서

⇒ 자녀가 드는 생각이나 느낌은?

즉, 느낌에 초점을 맞추면 말하는 사람이 감정을 조절하는 능력을 갖게 되고 듣는 사람도 자신의 느낌을 들여다 볼 수 있게 된다.

	다음 문장을 읽고 느낌 / 감정인지 생각인지 구분해 보자	느낌? 생각?
1	난 내가 대학생 엄마로 부족하다고 느껴져.	
2	나는 내가 한심한 대학생이라고 느껴져.	
3	세상에서 가족이 가장 소중한 존재인 것 같아.	
4	미래에 내가 좋은 직장을 잡을 수 있을지 걱정이 돼.	
5	난 이럴 때 결단력이 부족하다고 느껴져.	
6	네가 나를 사랑하지 않는 것처럼 느껴져.	
7	너를 한 대 때려 주고 싶은 느낌이다.	
8	나는 아무 소용이 없는 인간처럼 느껴져.	
9	내 제안에 아무도 반응을 보이지 않았을 때 무시당한 느낌이다.	
10	네가 무슨 일로 괴로워하는지 나한테 이야기해 줘서 고맙다.	

느낌 같지만 실상 느낌이 아닌 혼동하기 쉬운 표현들이 있다. 이것은 상대방을 가해자로 만들어 상대를 억울하게 하는 표현들이다.

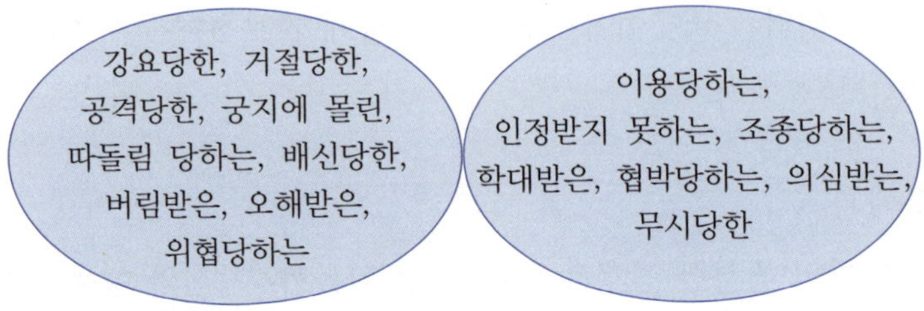

인간에게 있어 느낌이나 감정은 결과이며 이것의 원인은 욕구에 해당된다. 인간의 욕구를 다양하게 분류해 볼 수 있는데, 여기에서는 생리적 욕구, 자율성의 욕구, 유능성의 욕구, 타인과 친밀함의 욕구로 구분하였다. 이러한 욕구가 충족되었을 때 즐겁고, 행복하고, 유쾌한 종류의 느낌이나 감정이 느껴지지만, 반대로 욕구가 충족되지 못하여 결핍을 느낀다면 화나고, 억울하고, 불안하고, 불쾌한 종류의 느낌과 감정이 생기게 된다. 따라서 느낌과 감정을 잘 읽어주고 돌보아주면 자신이 진짜 원하는 것을 알게 되고, 정신적으로 건강한 생활을 할 수 있게 된다.

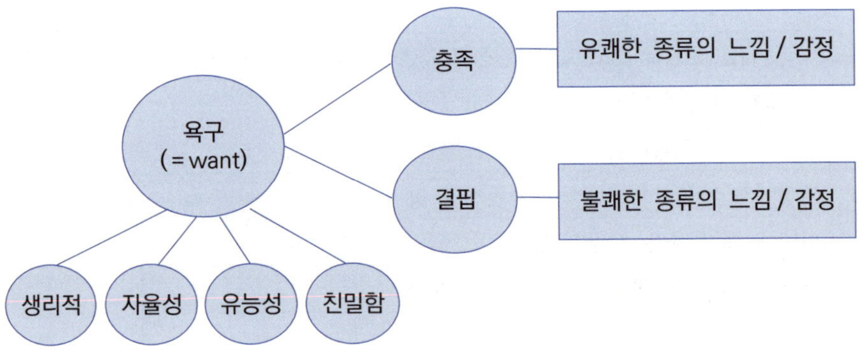

[그림 10-5] 욕구와 느낌 / 감정의 관계

욕구는 원인이고 느낌이나 감정은 결과이며 감지할 수 있는 최초의 신호이기 때문에, 느낌이나 감정이 올라올 때 불쾌인지 유쾌인지 구분하고 "내가 슬프구나", "~~~가 결핍되었기 때문이야"라고 스스로 공감해 주는 것이 좋겠다.

〈표 10-3〉 욕구 충족 여부에 따른 느낌 표현

욕구가 충족되었을 때	욕구가 충족되지 않았을 때
• 감동받은, 뭉클한, 감격스런, 벅찬, 환희에 찬, 황홀한, 충만한 • 고마운, 감사한 • 즐거운, 유쾌한, 통쾌한, 흔쾌한, 기쁜, 행복한, 반가운 • 따뜻한, 감미로운, 포근한, 푸근한, 사랑하는, 정을 느끼는, 친근한, 훈훈한, 정겨운 • 뿌듯한, 산뜻한, 만족스런, 상쾌한, 흡족한, 개운한, 후련한, 든든한, 흐뭇한, 홀가분한 • 편안한, 느긋한, 담담한, 친밀한, 친근한, 긴장이 풀리는, 안심이 되는, 차분한, 가벼운 • 평화로운, 누그러지는, 고요한, 여유로운, 진정되는, 잠잠해진, 평온한 • 흥미로운, 매혹된, 재미있는, 끌리는 • 활기찬, 짜릿한, 신나는, 용기 나는, 기력이 넘치는, 기운이 나는, 당당한, 살아있는, 생기가 도는, 원기가 왕성한, 자신감 있는, 힘이 솟는 • 흥분된, 두근거리는, 기대에 부푼, 들뜬, 희망에 찬	• 걱정되는, 까마득한, 암담한, 염려되는, 근심하는, 신경 쓰이는, 뒤숭숭한 • 무서운, 섬뜩한, 오싹한, 주눅든, 겁나는, 두려운, 간담이 서늘해지는, 진땀 나는 • 불안한, 조바심 나는, 긴장한, 떨리는, 안절부절못한, 조마조마한, 초조한 • 불편한, 거북한, 겸연쩍은, 곤혹스러운, 언짢은, 괴로운, 난처한, 멋쩍은, 쑥스러운, 답답한, 갑갑한, 서먹한, 숨막히는, 어색한, 찝찝한 • 슬픈, 가슴이 찢어지는, 구슬픈, 그리운, 눈물겨운, 목이 메는, 서글픈, 서러운, 쓰라린, 울적한, 참담한, 처참한, 안타까운, 한스러운, 마음이 아픈, 비참한, 처연한 • 서운한, 애석한, 냉담한, 섭섭한, 야속한, 낙담한 • 외로운, 고독한, 공허한, 적적한, 허전한, 허탈한, 막막한, 쓸쓸한 • 우울한, 무력한, 무기력한, 침울한 • 피곤한, 고단한, 노곤한, 따분한, 지긋지긋한, 귀찮은, 무감각한, 지겨운, 지루한, 지친, 절망스러운, 좌절한, 힘든, 성가신, 심심한 • 혐오스런, 질린, 정떨어지는 • 혼란스러운, 멍한, 창피한, 놀란, 민망한, 당혹스런, 무안한, 부끄러운 • 화가 나는, 끓어오르는, 속상한, 약 오르는, 분한, 울화가 치미는, 핏대서는, 분개한, 억울한

3) 욕구 ↔ 수단 / 방법

다음 질문에 각자 대답해 보자.

▸ 내게 갑자기 1천만 원이 생긴다면 무엇을 하겠는가?

욕구란 느낌의 근원이다. 우리가 어떤 느낌을 느낄 때, 느낌의 근원은 따로 있다. 어떤 사건이나 상황 때문에, 혹은 어떤 사람 때문에 느낌이 올라오는 것이 아니다. 사건이나 상황, 사람이 어떤 느낌을 느끼게 해 주는 자극은 될 수 있어도 느낌의 원인은 아니다.

내가 무엇을 원하고 필요로 하는지, 어떤 것을 중요하게 생각하는지 나의 욕구를 명확하게 알고 싶다면, 느낌을 잘 살피면서 그 느낌의 근원을 이해하려고 노력해야 한다.

수단/방법은 느낌의 근원이라고 생각할 수 있지만, 자극물에 불과하다. 자극물에 대한 자신의 평가가 결과로 드러나는 것이 느낌이 된다.

위의 질문에 대하여 다시 생각해 보자.

▸ 내게 갑자기 1천만 원이 생긴다면 무엇을 하겠는가?

일반적인 응답	왼쪽의 행동을 하면 무엇이 좋은가?
여행을 하겠다.	자유롭고 즐겁다.
저축을 하겠다.	마음이 편안해진다.
값비싼 명품을 사겠다.	뿌듯하다.

일반적으로 사람들이 응답하는 "여행을 하겠다", "저축을 하겠다", "값비싼 명품을 사겠다"는 수단과 방법이며, 이러한 행동을 했을 때 느껴지는 "자유롭고 즐겁다", "마음이 편안해 진다", "뿌듯하다"가 자신의 느낌인 것이다. 이때 욕구는 자유롭고 싶고, 심리적으로 안전하고 싶은 것 등이다. 때로는 느낌과 욕구의 구분이 어려울 수도 있다. 구분할 수 있는가?

다음 질문에 자신의 생각을 답해 보자.

▸ 혼자 여행을 떠났다고 상상해 보라. 기분이 어떤가?

A: 자유롭고 즐겁다.

B: 불안하고 외롭다.

똑같은 상황인데 A와 B는 전혀 다른 느낌과 감정을 느끼지 않는가? 그것은 욕구가 다르기 때문이다. A는 자율성과 자유로움을 원했을 것이고, B는 그것보다는 누군가와 친밀감의 욕구가 더 강했을 것이다.

〈욕구를 알아차리는 연습〉

	말하는 사람이 자기 느낌의 밑바탕에 있는 욕구를 의식하고 있는지 생각해 보자	욕구를 의식하는가? 욕구는?
1	나는 바보야. 교수님이 발표를 시키면 목소리가 기어 들어가.	
2	부모님이 몰아세울 때 나는 절망감을 느껴. 나는 서로 존중해 주기를 원하거든.	
3	부모님이 내 휴대폰을 보시면 막 화가 나.	
4	알바를 많이 해야 해서 분노가 치밀어.	
5	교수님이 학점을 객관적으로 주면 좋겠어. 나는 공정이 중요하거든.	
6	엄마가 아플 때는 협조와 배려가 필요한데 네가 부엌일을 도와줘서 감동했어.	
7	네가 형과 다투면 엄마는 마음이 아파. 형제간의 우애가 엄마는 중요하거든.	
8	동생이 말도 안하고 내 옷을 가져다 입으면 신경질이 난다.	
9	엄마가 못한 것만 골라서 야단을 치시면 서운해요.	
10	지각할까봐 걱정했는데 차 태워 주셔서 안심이에요. 감사합니다.	

다음 상황에서 당신의 느낌과 욕구는?

1. 학교에 다녀온 중학생 동생에게서 담배 냄새가 난다.
   - 느낌:
   - 욕구:

2. 부모님이 동생만 용돈을 많이 주셨다는 말을 듣고, 부모님께 이 사실에 대해 여쭈어보았는데, 부모님이 "아니"라고 하셨다.
   - 느낌:
   - 욕구:

3. 중학생 동생이 "우리 집은 정말 너무 재미없어. 집 나갈래"라고 한다.
   - 느낌:
   - 욕구:

4. 마음에 전혀 들지 않는 같은 과 여학생이 "나는 너를 좋아하는데, 나와 사귈래?"라고 하였다.
   - 느낌:
   - 욕구:

5. 어제 밤늦게까지 술을 먹어 속도 많이 불편한데 밥도 안 먹고 택시를 타고 학교에 와 보니 "오늘은 휴강이야"라는 말을 들었다.
   - 느낌:
   - 욕구:

인간의 욕구에 대하여 매슬로우는 생리적 욕구→안전의 욕구→소속과 사랑의 욕구→자존의 욕구→자아실현의 욕구로 제시하였다. 글레이서는 생존의 욕구→사랑과 소속의 욕구→힘(성취)의 욕구→자유의 욕구→즐거움의 욕구 단계를 제시하였다. 이외에도 인간의 욕구를 제시한 학자가 많은 것은, 그만큼 인간의 욕구를 일반화하는 것이 어렵기 때문일 것이다.

욕구를 단계별로 제시하는 것도 좋겠으나, 다음 표에 나열한 욕구목록을 참고하여 느낌이나 감정이 올라올 때마다 그 원인을 찾아보도록 하자.

<table>
<tr>
<td><u>자유와 선택</u>
자신의 꿈, 목표, 가치를 선택할 자유, 자신의 꿈, 목표, 가치를 이루기 위한 방법을 선택할 자유

<u>생명의 지속, 안전</u>
생명의 지속(공기, 물, 음식, 주거, 수면, 휴식, 안전) 보살핌, 재생산, 애착형성, 자유로운 움직임, 감각적 자극, 성적표현, 재생산

<u>행복과 건강</u>
치유와 회복, 평안, 균형, 안락함, 평이함, 따뜻함, 부드러움, 정서적 안전, 자유로운 움직임, 운동</td>
<td><u>사랑</u>
사랑, 애정, 연민

<u>상호의존</u>
인정, 신뢰, 일관성, 수용, 소속감, 공동체, 참여, 배려, 지지, 존중, 관심, 친밀한 관계, 도움, 협력

<u>의미</u>
결심 / 목적, 기여, 자격 / 능력, 기념, 온전함 / 고결함(integrity), 희망, 꿈, 비전

<u>진실성</u>
진정성 / 신뢰성, 자기연관, 자기존중, 정직, 명료함, 일치, 정당함/ 공평함</td>
<td><u>돌봄과 보호</u>
안심, 보호받음, 안전, 배려, 자기보호, 예측가능성, 존중

<u>놀이 / 재미</u>
즐거움, 재미, 유머, 창조성

<u>공감과 소통</u>
유대, 연결, 이해, 소통, 자기표현

<u>초월성, 선험성</u>
존재, 영감, 깨달음, 흐름 / 몰입, 진화 / 발전, 아름다움, 조화, 질서, 공간, 평화

<u>자기실현</u>
성취, 배움, 도전, 발견, 자신감, 효능감
<u>삶의 지속</u>
인생예찬(축하, 애도), 감사, 여가와 휴식</td>
</tr>
</table>

4) 요청 / 부탁 ↔ 강요

삶을 풍요롭게 하는 부탁은 내 영혼이 원하는 것을 내가 돌보는 방법이다.

다음 상황을 읽고 질문에 답해 보자.

나는 공부를 잘하여 좋은 대학에 다니면서, 아르바이트를 하여 내 용돈도 벌고 있다. 그런데 어머니는 집에서 빈둥거리면서 놀러만 다니시고, 쇼핑만 좋아하는 분이시다. 나는 아버지도 불쌍하고 어머니는 너무 한심해 보인다.

어느 날은 어머니가 밤늦게 술까지 드시고 들어오셨다. 나는 너무 화가 나서 "어머니, 지금 제정신이세요? 어머니 부끄럽지 않으세요?"라고 대들었다.

▸ 나의 이 순간 느낌은?

▸ 어머니에게 내가 원하는 것은?

▸ 내가 원하는 대로 어머니가 행동하시면 나는 무엇이 좋은가?

▸ 어머니께 부탁해야 하는가? 강요해야 하는가?

인간은 자신의 욕구에 충실할 수밖에 없는 존재이다. 자녀에게 헌신하는 어머니도 자신의 자존의 욕구, 자랑하고 싶은 욕구, 안전함의 욕구 등에 충실한 것이다. 다만 이러한 욕구가 이기적인 것인지 이타적인 것인지 정도의 차이가 있을 뿐이다. 그래서 내 욕구를 위하여 상대가 무언가를 해 주어야 하기 때문에, 강요가 아닌 부탁을 정중하게 해야 하는 것이다.

부탁을 할 때에도 요령이 있다.

① 긍정적인 언어로 부탁하기

부정적이 아니라 긍정적인 언어로 부탁할 때 우리가 원하는 것이 더 정확하고 명료하게 된다.

예) 어머니, 그렇게 잔소리 하지 마세요.

⇒ 어머니, 차분한 목소리로 원하는 것을 말씀해 주세요.

② 구체적인 행동을 부탁하기

상대가 행동할 수 있도록 도우려면, 구체적으로 부탁해야 한다.

예) 좋은 엄마가 되어 주었으면 좋겠어요.

⇒ 아침, 저녁은 식사를 차려주시고, 저녁 10시 전에는 들어와 계시면 좋겠어요.

③ 의식적으로 부탁하기

- 아무 말 안 해도 상대가 알아서 해 주었으면 혹은 돌려서 말하더라도 상대가 속뜻을 제대로 파악해 내가 무슨 부탁을 하고 있는지 알아주기를 바라지 말자.
- "방이 이게 뭐니? 웬만하면 방 좀 치우지 그래?"
  "네 방에 들어오면 속이 터진다."
  ⇒ "교복은 침대 위에 있고, 양말은 의자 위에 있고..... 엄마는 네 방에 들어오면 답답해. 방 정리를 위해 협조가 필요한데, 교복은 옷장에 걸고 양말은 세탁기에 넣어 줄래?"

④ 지금 바로 할 수 있는 것을 부탁하기

- "대학생이 되어도 일요일 저녁은 집에 와서 먹겠다고 지금 약속할 수 있니?"

말하는 사람이 느낌과 욕구를 표현하지 않고 부탁만 하면 명령처럼 느껴지기 때문에, 네 가지 요소를 갖추어 표현하는 것이 좋다.

〈부탁과 강요를 구별하기〉

- 부탁: 상대가 거절할 가능성을 예견하면서 그것을 수용하는 태도를 갖는 것이다.
- 강요를 받으면 사람들은 흔히 복종을 하거나 반항을 하게 된다.

그러나 부탁할 때 다음과 같은 마음이 있다면 강요하는 것이 된다.

- 해야 한다.
  자녀는 부모에게 복종해야 한다.
  가족은 협력해야 한다.
  부르면 대답해야 한다.
  자기 방은 스스로 청소해야 한다.

- 당연하다.
  학생이 공부하는 것은 당연하다.
  부모의 뒷바라지는 당연하다.
  학생이 머리를 단정히 하는 것은 당연하다.
  자식이 부모 말을 듣는 것은 당연하다.

- ~하는 것이 마땅하다.
  우리 애는 마땅히 상을 받을 자격이 있다.
  넌 벌을 받아 마땅하다.
  넌 성적이 떨어져 마땅해.

- ~할 권리가 있다.
  난 너한테 대접받을 권리가 있어.
  난 인사 받을 권리가 있어.
  난 너를 야단칠 권리가 있어.

	명확한 부탁인가? 부탁이 아니라면 명확한 부탁으로 바꾸어 보자	부탁인가? 아니면 바꾸어 보자
1	이번 주말엔 가족 여행을 가려고 하는데, 네 생각은 어때?	
2	학생의 본분에 맞게 머리를 단정히 해라.	
3	엄마가 외출했다가 8시쯤 들어올 텐데, 저녁 식사 챙겨 먹을 수 있겠니?	
4	정직하게 말해라.	
5	경제관념을 가져 봐.	
6	난 너한테 배려받고 싶어.	

	명확한 부탁인가? 부탁이 아니라면 명확한 부탁으로 바꾸어 보자	부탁인가? 아니면 바꾸어 보자
7	철 좀 들어라.	
8	치마 길이를 2cm만 늘릴 수 있겠니?	
9	아빠를 존중해 주겠니?	
10	대학생다운 행동을 해 봐.	

5) 공감으로 듣기

소통의 대화법은 진솔한 말하기와 공감적 경청 두 가지 요소이다. 두 가지 요소 모두 '관찰 → 느낌 → 욕구 → 요청'이지만, 대상이 달라지게 된다. 진솔한 말하기에서는 '관찰 → 느낌 → 욕구 → 요청'까지 모두 자신이 대상이 되지만, 공감으로 듣기는 '관찰 → 느낌 → 욕구'를 상대에게 맞추어 들어야 한다. 공감적 경청은 사람을 존재 그대로 받아들여주는 언어 행동이기 때문에, 대단한 힘을 가지게 된다.

- 상대방의 관찰: 네가 ________를 보았을 때 / 들었을 때
  ○○이가 너에게 "나는 네가 어떻게 생각하든 상관하지 않아"라고 하는 말을 들었을 때
- 상대방의 느낌: ________ 느끼니?
  "속상했니?"
- 상대방의 욕구: 왜냐하면 ___________ 가 중요하기 때문에
  "너의 관점에 대해서 좀 더 존중 받기를 원하기 때문에?"
- 상대방의 부탁: ___________해 주었으면 좋겠니?
  "○○에게 너의 의견을 물어봐 달라고 부탁하고 싶어?"

처음 대화법을 익히는 과정에서는 의식적으로 4단계를 모두 연습하다가 익숙해진 후에는 관찰과 부탁은 생략하고 자연스러운 방법으로 대화하면 된다.

※ 진정한 소통을 방해하는 요소

1) 비난
"그 마음을 모르는 너희가 나쁜 놈들이지"
"넌 큰 실수를 했어"
"네가 나빠"
"그렇게 말하는 게 아니지"
"그러니까 네가 발전하지 못하는 거지"

2) 비판
"너희가 도둑놈이야?"
"학생이라는 놈들이..."
"말하는 폼새 좀 봐라"
"도대체 예의라고는 없구나"
"그렇게 무식하니 뭘 하겠어"
"넌, 진짜 철이 없어"
"게으른 데다가 고집까지 세고"

3) 모욕
"너 지금 제 정신이야"
"너, 미친 거 아니니"
"못된 송아지 엉덩이에 뿔난다더니..."
"생각이 있니, 없니"

4) 반박
"시끄러, 이 새끼야, 뭘 잘했다고 꼬박꼬박 말대꾸야"
"웃기지 마"
"말도 안되는 소리는 하지를 마라"
"됐거든... 너나 잘해"
"네가 대학에 붙으면 내 손에 장을 지진다"

5) 진단
"넌 도대체 누굴 닮은 거야"
"넌 누굴 닮아서 그렇게 덜렁대니"
"아무래도 성격에 문제가 있어"
"산만한 게, 검사를 받아 봐야 할 거 같아"
"집안 대대로 내려오는 안 좋은 버릇인 거 같아"

6) 분석
"엄마가 막내라고 귀엽다, 귀엽다하고 키웠더니 엉뚱한 짓을 하고 다녀"
"하나를 보면 열을 아는 거야"
"아무래도 어릴 때 널 남이 키워 줘서 그런 거 같아"
"넌 막내라서 버릇이 너무 없어"
"신생아 때 인큐베이터에서 커서 그런가 봐"
"공부 잘하는 누나 밑에서 주눅든 거지 뭐"

7) 꼬리표 붙이기
"우리 예쁜 강아지!"
"이 멍청아"
"지겨운 말썽꾸러기"
"너무 예쁜 막내"
"넌 내가 존재하는 이유야"

8) 비교하기
"형이나 누나는 이런 행동 한 번도 안 했어"
"엄마, 아빠도 반성문이라는 거 써 본 적 없고"
"혁이는 집이 가난해서 소년 가장 역할을 하면서도 공부만 잘 하더라"
"누나만큼만 해라"
"형이 너만할 때는 안 그랬어"
"엄마는 방도 없이 헌 책으로만 공부해도 매일 1등만 했다"
"아빠 어릴 때는 이런 거 하나도 없었다"

9) 경쟁 부추기기
"희은이 만큼만 해라"
"준우를 이겨라"
"너도 서울에 있는 대학은 가야지"
"남들 논다고 너도 놀면 어떻게 되겠니"

10) 상과 벌의 정당화
"얼마나 못되게 굴었으면 선생님이 그렇게 화가 나서 전화를 하셔"
"죄지은 놈들이 할 말이 뭐가 있어?"
"너는 벌받을 만한 짓을 했어"
"네가 상을 받는 것은 당연하지"
"엄마가 이렇게 희생을 하는데 그 정도는 네가 해 줘야지"

11) 책임을 부인하는 말들
"엄마는 너한테 그렇게 가르친 적 없다"
"난 무조건 그 선생님이 싫어"
"괜히 우울하단 말이야"
"걔가 먼저 때려서 저도 때렸어요"
"학생이니까 학교에 갈 뿐이에요"
"놀고 싶은 충동을 억제할 수 없었어요"

12) 강요
"내가 가서 담임 선생님께 정중하게 잘못했다고 다시 빌어"
"명령에 따라라"
"함부로 말하지 말고 입다물고 있어"
"네 맘대로 결정하면 안 돼"
"당근 골라내지 말고 다 먹어"

내용요약

1. 인간행동을 결정짓는 가장 강력한 요인은 감정이며, 가장 밑바닥에는 욕구가 있다.
   - 감정 또는 정서에 따라 행동한다.
   - 욕구(원하고 바라는 것) → 생각 → 감정 → 행동 / 말의 구조이다.

2. 말을 유형화하면 메시지와 의미로 구분할 수 있고 또 사실지향 대화와 관계지향 대화로도 구분할 수 있다.
   - 메시지는 겉으로 드러나는 언어적 비언어적 요소이며,
   - 의미는 말의 속뜻, 내면의 요구, 필요, 감정, 생각 등이다.
   - 좋은 관계를 원한다면 관계지향 대화 70%와 사실지향 대화 30% 정도가 좋다.

3. 통하는 대화법은 '관찰 → 느낌 / 감정 → 욕구 → 요청 / 부탁'의 단계이다.

개인활동 과제

통하는 대화법을 익힌 후, 생활하면서 강렬한 감정을 일으켰던 대화를 기록하고, 이것을 '관찰 → 느낌 / 감정 → 욕구 → 요청 / 부탁'의 단계로 수정해 보자.

	대화
상황	
대화	
결과	감정, 관계 등을 중심으로 작성

	통하는 대화법
관찰	
느낌 / 감정	
욕구 / 필요	
요청 / 부탁	
예상결과	

모듈

05

리더의 유능성

CHAPTER

11 성장의 디딤돌 강점

See Do Get

성장의 디딤돌 강점 계발

A type과 B type의 생각에 따른 Do(하는 행동 / 말)와 Get(얻는 결과)에 대하여 토의해 봅시다.

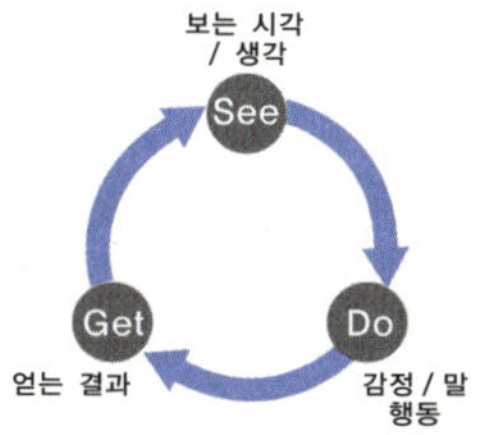

	A type	B type
See	자신의 단점을 보완하는데 에너지를 집중한다.	자신의 강점을 활용하는데 집중한다.
Do		
Get		

이 장의 목표

- 강점의 개념과 강점에 집중하는 삶의 태도의 유익함을 이해한다.
- 자신의 강점을 발견하고 더욱 성장시키기 위한 계획을 세운다.

1. 외눈의 선택, 강점? 약점?

네 마음이 네 약점이 아니라 네 강점 속에 살게 하라. — 밥 컨클린

"약점으로는 그 어떤 성과도 낳을 수 없다. 성과를 낳는 것은 강점이다."
— 피터 드러커

모든 뇌는 독특하다. 갖고 있는 강점을 충분히 활용하는 가운데 몰입하여 성취하고 행복할 수 있다.

재능을 바탕으로 자신에게 맞는 생각과 행동 방식, 인간관계 방식을 찾아내면 모두 행복할 수 있다.

1) 강점의 개념

누구나 몇 개쯤 강점과 약점을 가지고 있다. 그리고 이러한 특징을 이용하여 성취를 이루며 살고 있다. 매일 펼쳐지는 일상에서 자신감을 가지고 강점을 사용할 수도 있고 두려움이나 불안한 마음에 약점을 사용할 수도 있다. 어느 경우에 더 효과적인 성취를 이룰 것이며, 성취감과 자존감에 유익할까?

> 당신이 돛단배라고 상상해 보자. 불행히도 돛단배에 구멍이 났다. 그 구멍을 당신의 약점이라고 하자. 상식이 있는 사람이라면 그 약점, 즉 구멍을 무시하지 않을 것이다. 그랬다가는 가라앉을 테니까. 당신은 구멍에 반드시 주의해야 한다. 사실 그 행동이 결정적이다. 현실에서는 구멍(약점)에 주의하지 않을 경우, 우리 자신이 뒤집히거나 가라앉을 수 있다. 따라서 구멍을 막으려고 애써야 한다. 그리고 구멍을 막은 후, 당신은 한 가지 중요한 사실을 깨닫는다. 구멍을 완벽하게 막아도 당신은 어디로도 가지 못한다! 돛단배를 앞으로 밀어내는 것은 바로 돛(당신의 강점)이다. 전진하려면 돛을 높이 올려야 한다. 당신은 성과를 내야 하기 때문이다. (행복 4.0, 우문식, p199)

(1) 신의 공평한 선물 약점과 강점, 나의 선택은?

"자신의 강점은 무엇인가?"라는 질문에 망설임 없이 답하는 사람이 얼마나 될까? 반면, "자신의 약점은 무엇인가?"라는 질문에는 강점을 물을 때보다 많은 사람들이 더 쉽게 말할 수 있다. 또 자녀가 시험결과를 받아 오는 날 어떤 과목 먼저 보는가? 점수에 대한 표현은 어떻게 하는가?

"수학 3개 틀렸어요.", "완전 망쳤어요, 과학이 56점밖에 안 돼요." 친구나 동료들이 모여서 자녀교육에 대한 이야기를 할 때 자녀의 약점과 강점 중 어떤 점에 초점을 맞추어 대화하는가? 세상에서 가장 사랑하는 가족들과 대화할 때 잘못된 점을 지적하고 행동 수정을 요구하는 경우가 많은가? 잘하고 있는 점, 감사한 점을 인정하는 경우가 많은가? 신문이나 뉴스를 볼 때 문제점을 먼저 꼬집는가? 아니면 긍정적인 점을 먼저 인정하는가? 자기계발을 한다고 할 때 단점을 보완하는 방식으로 하는가? 강점을 더 계발하는 방식으로 하는가?

▸ 다음 질문에 답해보자.

- 자신의 약점은 무엇인가?
- 자신의 강점은 무엇인가?

목록을 적어보라. 어떤 목록을 만들기 더 쉬우며 더 많은가? 우리는 대개 약점과 결함에 집중한다. 마틴 셀리그만은 이것을 부정편향성 때문이라 하였다. 인간의 부정편향성은 원시시대부터 전해져 온 수많은 위험에 대비하여 생존하고 자녀를 지켜내기 위하여 기분이 좋거나 긍정적인 것보다는 불길한 상대를 감지하는 것이 유리한 유전인자도 한 몫 했을 것이다. 그러나 불안하고 위험한 대상에 모든 감각기관을 집중하고 있을 때 긍정적이거나 기분 좋은 경험을 방해받게 되는 감정적 위축이 반복되다가 습관화 될 수 있다.

지금 난생 처음으로 비행기에 앉아 있다고 상상해 보라. 시동이 걸리고 투박하게 달려가는 비행기 안에서 혹시 사고가 발생하지 않을까 하는 불안감과 온 가족이 함께 타고 있기 때문에 더 불안감이 가중되다가 이륙하는 순간에는 귀가 먹먹해져 눈을 감지도 뜨지도 못한다. 비행기가 제대로 이륙하여 구름 위를 날아가는 순간에도 생길 수 있는 불안감에 휩싸여 있다면 여행의 기쁨과 자유로움을 느낄 만한 마음의 틈은 없을 것이다.

심리학에서도 약점이나 문제점에 집중하여 바로잡는데 몰두해 왔다. 심리학자나 정신분석학자들은 누구든지 만나면 문제점을 지적하려 하고 과거의 상처를 드러내려 한다. 그러나 우리 몸에도 바이러스가 있고 이겨낼 만한 면역력이 건강을 지탱하듯이, 성장과정에서 상처야 누구에게나 있겠지만 그것을 이겨낼 만한 정신적인 면역력이 정신건강에서도 관건이다.

자신의 분야에서 탁월하게 성공한 모든 사람들도 자신만의 약점과 강점을 가지고 있다. 자신의 강점을 계발하고 약점을 보완한 사람과 약점을 개선하기 위해 노력해 온 사람들 중 전자가 더 성취도도 높고 만족스러운 삶과 자아실현의 삶을 살 수 있지 않을까?

(2) 몰입과 행복을 키우려면 강점에 집중하라

직장인의 행복에 관한 연구(삼성경제연구소, 2013)에서는 약점 개선에 에너지를 쓰기보다 강점에 집중하면 몰입과 행복이 증가한다고 주장하였다.

첫째, 개인이 가진 고유의 강점을 개발하고 업무에 활용할 때 더 많은 것을 성취할 수 있다. 전 세계인을 대상으로 강점 목록을 개발하고 측정한 갤럽의 연구결과에 따르면 강점 기반의 접근 방식을 사용하는 경영자들은 일반 경영자에 비해 성공 확률이 1.9배나 높았고 일에서 강점을 발휘할 수 있는 사람은 그렇지 않은 사람에 비해 업무에 몰입할 확률이 6배나 높게 나타났다. 이러한 결과에 따라 강점 컨설턴트인 버킹엄은 강점을 발굴하고 그 강점을 늘 들여다보며 일상생활 속에서 실행하는 것이 진정한 행복에 이르는 가장 빠른 길이며 강점 발견 훈련은 다른 종류의 긍정 감성 유발 훈련과 비교했을 때 지속성이 훨씬 더 높다고 주장하였다. 강점 개발은 부족한 것을 채우려는 결핍 동기(deficiency motive)보다 더 나은 자신의 모습을 위해 노력하는 성장 동기(growth motive)에 집중하는 것을 의미한다.

> 타이거 우즈의 강점 집중
>
> 골프 천재 타이거 우즈가 자신의 골프 실력을 높이기 위해서 사용하는 전략은 '잘하는 것은 더욱 잘하게, 못하는 것은 평균 수준이 되도록 노력'하는 것이었다.
>
> 우즈의 강점은 스윙과 롱 드라이브이며 약점은 샌드 세이브 기술이었다. 샌드 세이브 기술은 세계 83위에 불과하지만 타이거 우즈는 스윙과 롱드라이브 연습에 대부분의 시간을 사용했다. 스윙과 롱 드라이브가 좋으면 공이 모래에 빠질 확률이 줄어들므로 자신의 약점인 샌드 세이브 기술을 사용해야 할 상황 자체가 덜 발생하기 때문이었다.
>
> (이승윤(2013). 에너자이저, 청림출판)

가장 잘 할 수 있는 일에 더 많은 시간을 할애하면 걱정이나 스트레스, 분노, 슬픔, 신체적 통증을 덜 느끼게 되며, 강점 발휘에 시간을 사용할 때 에너지를 느끼고, 새로운 것을 배우는 데 흥미를 갖게 되며 존중받는다는 느낌도 커져 수행과정에서 몰입과 행복해지는데 도움이 될 것이다.

둘째, 강점에 집중했을 때 초월적인 행동이 발생할 가능성이 증가한다.

초월적 행동은 자신에게 요구되는 것 이상으로 성취를 이루어내고 제약을 제거하거나 극복하며, 기회를 만들고 포착함으로써 보통 이상의 변화를 만들어내는 것이다. 보유하지 않은 특질보다는 개선할 수 있는 요소에 집중하여 강점 개발에 시간을 투자하고 생활화할 때 가능한 것이다.

기업도 약점을 개선하기 위한 투자보다는 강점을 더 강화하는 투자가 더 효과적이라는 연구들도 있다. 강점을 연습할 때는 학습 속도가 매우 빠르기 때문에 생산성도 향상된다는 것인데, 그 예로 도요타 북아메리카 부품센터는 강점 기반 교육 프로그램을 통해 짧은 기간에 생산성을 대폭 향상하였다(갤럽 연구, 2002).

2) 강점의 개발

(1) 강점 개발의 시작, 성장형 마음가짐

역량을 키우는 것의 기본 전제는 자신의 노력에 따라 성취할 수 있다는 '성장형 마음가짐'을 갖는 것이다. 자기이론(self-theory)에 따르면 사람이 **'무엇을 믿는가'**에 따라 **'무엇을 성취하는지'**가 좌우된다. 이것은 자기 자신과 자신의 능력에 대한 믿음이 자신의 경험을 해석하는 방법과 성취의 한계를 결정짓는다는 것을 의미한다. 예를 들어 지능에 대한 관점에 따라 개인의 노력 정도가 달라진다. 노력에 따라 지능이 높아진다고 생각하면 노력을 기울일 수 있을 것이다.

스탠포드 대의 캐롤 드웩(carol dweck) 교수*는 동기와 성취 연구를 통해 지능에 대한 두 가지 관점이 있음을 주장하였다. 실체이론(entity theory) 관점은 지능은 타고난 것이어서 변화할 수 없다고 믿는 것이며, 증가이론(incremental theory) 관점은 지식과 기능의 학습을 통해 지능을 향상시킬 수 있다고 믿는 것이다. 실체이론 관점을 가진 사람은 지능은 더 이상 향상시킬 수 없으며 숙련이 불가능하다는 '고정형 마음가짐'을 가지고 있고 증가이론 관점을 가진 사람은 지능은 향상시킬

* Dweck, C. (1999). Self-Thoeries: Their Role in Motivation, Personality, and Development, Psychology Press

수 있으며, 따라서 숙련이 가능하다는 '성장형 마음가짐'을 가진 것이라는 것이다. 평상시에는 별 차이가 없지만 삶의 과정에서 역경을 겪을 때 고정형 마음가짐을 가진 사람은 무기력해지며 성장형 마음가짐을 가진 사람은 숙련을 위해 노력하는 경향이 있다는 것이다.

요즈음 뇌에 대한 많은 연구들이 진행되면서 뇌는 스스로를 변화시키는 능력인 가소성을 보유하고 있다는 것이 증명되었다. 예를 들어 시각을 사용하지 못하는 맹인의 시각피질은 그 기능이 변화하여 청각신호를 처리하도록 재조직된다는 사실을 발견하였다. 늙어 죽을 때까지 우리의 뇌는 계속 변화하며 뇌의 세포는 80세가 넘어서도 계속 생성된다(노먼 도이지*). 이러한 이유로 고정형 마음가짐이 아닌 성장형 마음가짐을 가지고 강점을 꾸준히 개발해 나가는 것이 중요하다.

(2) 타고난 재능에 집중하여 강점을 다듬으면 성장과 성취의 디딤돌이 된다.

타고난 재능이 있다 하더라도 숙련의 단계에 이르고 강점화하기 위하여 학습목표에 집중하고 꾸준히 연습하는 것이 필수이다. 목표에는 수행목표와 학습목표가 있으며 둘 다 성취의 원동력이 될 수 있으나 둘 중 숙련에 이르게 하는 것은 학습목표이다. 예를 들어 프랑스어에서 A학점을 받겠다는 목표는 수행목표이며, 프랑스어를 잘하겠다는 것은 학습목표이다. 플로리다 주립대의 에릭슨(Ericson) 교수는 타고난 재능이라고 믿었던 많은 특징이 성과를 높이기 위해 평생 노력한 결과, 즉 '신중한 연습'의 산물임을 확인하였다. 아이큐보다 노력이 학점을 좌우한다는 것이다. 전 미국의 농구선수로서 닥터 J라는 닉네임을 가지고 있으며, NBA에서 통산 30,026 득점, 가로채기 2,272개를 기록한 줄리어스 어빙은 "프로가 된다는 것은 자신이 사랑하는 일을 하고 싶은 기분이 들지 않는 날에도 열심히 한다는 것을 뜻한다."라고 하였다.

재능을 강점으로 만드는 것은 지속적인 노력의 결과이며, 노력을 지속하기 위해서는 자기통제(self-control) 역량을 개발할 필요가 있다. 칙센트미하이**에 의하면

* 노먼 도이지(2008), 기적을 부르는 뇌, 김미선 역

** Csikszentmihalyi, M. (1998) Finding Flow: The psychology of Engagement with Everyday Life. Basic Books.

자기통제는 의도적 노력을 유발하는 성격으로, IQ보다 학문적 성공을 두 배 더 잘 예측한다. 그는 또한 자기 통제로 습관을 형성하기 위해서는 활성화 에너지(activation energy) 관리가 중요하다고 주장하였다. 활성화 에너지는 물리학 용어로 반응이 시작되는데 필요한 최소한 에너지이다. 예를 들어, TV 시청을 줄이고자 한다면 TV 리모콘 배터리를 빼서 서랍 깊숙이 넣어두어 TV를 시청하기 위해 필요한 활성화 에너지를 줄이는 방법이다.

(3) 재능(=강점 지능) 분야와 성공 분야

TV 방송프로그램 중 다중지능과 성공에 대해 다룬 프로그램이 있었다. 누구나 부러워할 만한 직업이지만 불만족이 높은 집단(A)과 자신의 분야에서 성공했다고 판단되는 집단(B) 모두 자신의 강점과 약점을 가지고 있었다. A집단은 자신의 강점과 상관없는 직업을 가졌고 강점과 관련있는 직업을 희망하고 있었다. B집단은 약점을 가지고 있었으나 강점을 활용하는 분야에서 일을 하고 있었다. 강점과 약점이 있다는 것은 두 집단 모두 동일한 조건이었다. 하지만 강점 지능을 활용하는 분야에서 활동하는 사람들은 높은 성취를 이루었고 강점 지능과 관련없는 분야의 직업을 가진 집단은 열정을 유지하지 못하고 성취도 이루어내지 못하였다.

A 집단			B 집단		
현재 직업	희망 직업	강점 지능	현재 직업	강점 지능	약점
영어 교사	수의사	자연친화지능	패션디자이너	공간지능	산수
도정책연구사	쇼호스트	공간지능	가수	음악지능	약도를 못 봄
의대생	방송작가	자기이해지능	국제발레리나	신체운동지능	순서 외우는 것
인터넷쇼핑몰운영	성우	언어지능	외과의사	논리수학지능	이름 못 외움

워렌 버펫을 특별하게 만든 재능

세계적인 투자의 귀재인 워렌 버펫의 강점은 성공한 투자가들이 가진 것들이 아니었다. 오늘날의 세계 시장은 빠르게 변화하고 있으며, 상상할 수 없을 정도로 복잡하고 비도덕적인 면이 많다고 할 수 있다. 따라서 투자 세계에 뛰어나게 잘 적응하려면 급변하는 상황에 신속하게 대처하는 능력과 복잡한 시장 흐름을 예리하게 읽어내는 개념적 사고 능력, 그리고 다른 사람을 꿰뚫어 보는 천부적인 재능이 필요하지만 버펫은 이 가운데 아무것도 가지지 않았다. 그는 느긋한 성격의 소유자인데다 개념적 사고보다는 실제적 사고에 익숙한 사람이다. 또한 다른 사람을 의심하기 보다는 무조건 믿는 쪽이다. 그런 그가 어떻게 투자가로서 성공을 거둘 수 있었을까?

매우 성공적인 삶을 살아가는 다른 많은 사람들과 마찬가지로 워렌 버펫도 자신이 가진 강점을 더욱 강화하는 방법을 찾아 실천하는데 성공하였다. 예를 들어, 타고난 느긋한 성품을 그 유명한 '20년 전망(twenty-year perspective)'에 적용해 20년 동안 어느 정도 확신을 가지고 미래를 예측할 수 있는 회사에만 투자를 했다. 실제적 사고방식을 가진 버펫은 이론이나 광범위한 시장 경향에 근거한 투자기법을 그다지 신뢰하지 않았다. 자신의 투자회사인 버크셔 헤더웨이의 연례 보고서에서 그는 "주가 예측 전문가들이 하는 일이란 점쟁이에게 호감을 갖게 만드는 것뿐이다."라고 말하였다. 따라서 그는 데어리퀸, 코카콜라, 워싱턴 포스트와 같이 상품과 서비스를 직관적으로 이해할 수 있는 회사에만 투자를 했다. 마지막으로 그는 사람을 잘 믿는 성격 때문에 자신이 투자하고자 하는 회사의 최고 경영진을 매우 조심스럽게 관찰하고, 일단 믿을 만하다는 판단이 서면 뒤로 물러나 그들의 경영 방식에 거의 간섭을 하지 않았다. 워렌 버펫은 1956년 100달러를 가지고 투자회사를 설립한 이래로 지금까지 이런 끈기와 실제적 사고, 그리고 사람에 대한 신뢰를 필요로 하는 접근 방식을 고수하고 있다. 전략을 바꿔야 한다고 강력하게 주장하는 사람들도 있었지만 그는 투자에 대한 자신의 신념을 굽히지 않았다. 예로 그는 마이크로소프트나 닷컴기업에는 투자하지 않았다. 하이테크 산업이 향후 20년 동안 어떤 식으로 펼쳐질지 정확한 그림을 그릴 수 없다고 판단했기 때문이었다. 바로 이러한 독자적인 투자법 때문에 워렌 버펫은 투자가로서의 성공과 인생의 행복 모두를 얻을 수 있었다. 그는 자신의 강점이 무엇인지 정확하게 알았고, 그것을 적극적으로 활용했기 때문에 언제나 즐겁게 일에 몰두할 수 있었고, 그 결과 세계 일류의 투자가가 되었다. 버펫은 자신만의 독특한 행동방식을 가지고 있다. 위험에 대응하는 방식, 다른 사람과 관계를 맺는 방식, 결정을 내리는 방식, 만족을 이끌어내는 방식 등에 있어서 그 어느 것도 임의적으로 선택된 것은 없다. 그 각각의 방식들은 모두 너무도 오랫동안 지속적으로 유지되어 온 것들이다. 버펫을 독특하게 만드는 것은 바로 이런 독특한 행동 방식이다. 먼저 그는 자신에게 맞는 방식이 무엇인지 정확하게 찾아냈다. 아주 많은 사람들이 그것을 찾아낼 생각조차 못하고 있는데 말이다. 그 다음에 그는 자신의 약점을 보완하는데에 모든 노력을 집중하지 않았다. 오히려 정반대로 했다. 그는 자신의 타고난 재능을 알아내고 학습과 경험을 통해 더욱 단련시킴으로써 지금의 탁월한 강점들로 형상화했다.

(4) 강점을 기반으로 한 성공적인 삶의 행동 원칙

강점을 한 가지 일에서 계속해서 완벽하게 행동하는 것이라고 정의 내릴 때 성공적인 삶을 위한 중요한 원칙이 있다.

첫째, 강점이 되는 행동은 계속해서 그런 행동을 할 수 있는 것이어야 한다. 그래야만 성과를 예상할 수 있다. 누구나 때때로 타이거 우즈만큼 뛰어난 샷을 칠 수 있다. 하지만 매번 그런 샷을 칠 수 없다면, 이 행동을 강점이라고 할 수는 없다. 또한 그 행동에 스스로 만족감을 느낄 수 있어야 한다. 성공적인 피부과 의사인 A씨는 학업성적만 놓고 본다면 피부과뿐 아니라 다른 어떤 분야에도 진출할 수 있었다. 하지만 A씨의 강점이 발휘될 수 있는 분야는 피부과이며, 피부과야말로 그녀가 활기차게 일할 수 있는 분야이다. 이와 대조적으로, 빌게이츠는 마이크로소프트의 사업전략을 세우는데 매우 유능하지만 스스로가 인정한 것처럼 전략 수립에 너무 많은 에너지를 소비하고 싶어하지 않으므로 이런 능력은 강점이라고 할 수 없다. 어떤 능력을 강점이라고 할 수 있으려면 반복해서, 만족해하며, 성공적으로 수행할 수 있어야 한다.

둘째, 남보다 뛰어나기 위해서 자신이 맡은 모든 역할에서 강점을 지닐 필요는 없다. 자신의 직업에서 탁월한 성공을 한 어떤 사람도 주어진 업무를 추진하는데 완벽한 적임자는 아니었다. 즉, 어떤 사람도 자신이 맡은 역할에 완벽하게 어울리는 사람은 없다. 그들 중 어느 누구도 '완벽한 재능'을 부여받지는 못했다. 그들은 단순히 자신의 능력을 최대한 활용했을 뿐이다. 뛰어나 사람은 팔방미인이어야 한다는 일반적인 믿음을 버려야 한다. 우리는 그간의 연구를 통해 뛰어난 사람들이라고 해서 팔방미인은 아니란 사실을 알게 되었다. 그들 누구나 약점을 가지고 있었다.

셋째, 약점을 고치는 것이 아닌 강점을 극대화하는 것만으로도 뛰어난 사람이 될 수 있다. 이 말은 약점을 무시하라는 뜻은 아니다. 앞서 예를 든 사람들은 약점을 고치려는 것보다 약점을 관리하는 편이 더욱 효과적이라는 사실을 알게 된 것뿐이다. 그들은 약점을 알기 때문에 강점을 더욱 날카롭게 다듬을 수 있는 여유를 갖게 되었다. 빌 게이츠는 스티브 발머를 경영 파트너로 선택함으로써, 소프트웨어 개발 분야로 돌아가 자신의 강점을 발휘할 수 있게 되었다. 타이거 우즈도 다소 힘든 상황에 있었다. 벙커에서의 칩샷 기술을 향상시켜야만 했기 때문이다. 그래서 타이거 우즈는 대비책을 마련했다. 강점이 발휘되는 것에 장애가 되지 않을 정도로만 약점을 보완하려고 노력했던 것이다. 하지만 일단 벙커 플레이가 일정한 수준에 이르자 우즈와 부치 하몬(Butch Harmon) 코치는 가장 중요하고 창조적인 부분으로 관심을 돌렸다. 즉 우즈의 가장 뛰어난 강점인 스윙을 다듬고 완벽하게 만드는 것으로 말이다.

이들은 각각 의도적으로 강점을 부각시켰기 때문에 자신의 분야에서 성공과 성취를 이룰 수 있었다.

(5) 강점 공식, 타고난 재능에 시간 투자한 결과

대표강점을 찾아내어 활용하는 것은 자아실현에 중요하다. 어떤 일에서 탁월한 결과와 성취를 이루게 하는 역량이며 의욕과 활기를 느끼게 해주어 스스로 동기부여 되기 때문이다. 또한 자신의 대표 강점을 파악하여, 그 중 한두 개를 일주일 동안 일상생활 속에서 활용할 수 있게 주간 계획을 세워 실천하면 더 행복해지고 몰입에 빠지며 조직성과를 높인다. 강점 연구의 최고 학자 중 한명인 클리프톤(Clifton)의 외손자인 톰 래스(Tom Rath, 2007)에 따르면, 강점은 어떤 활동을 일관되게 그리고 거의 완벽에 가깝게 수행하는 것이다. 이 정의는 ① 재능 혹은 자연스럽게 되풀이되는 생각과 감정 및 행동 양식 ② 사실과 학습된 교훈으로 이루어진 지식 ③ 기술 혹은 활동의 단계의 세 가지의 요인으로 구성된다. 이 세 요소가 결합하여 강점이 만들어진다. StrengthsFinder 2.0에서 톰 래스는 강점의 방정식을 만들었다.

> 재능×투자 = 강점
> 재능: 생각하고 느끼고 행동하는 자연스러운 방식
> 투자: 기술을 개발하는데 들인 시간

아무리 좋은 재능을 타고났다 할지라도 그 재능이 강점화 될 때까지 시간과 노력을 투자해야 된다는 것이다. 벤자민 프랭클린(Benjamin Franklin)은 활용되지 않고 낭비된 재능을 그늘에 놓인 해시계에 비유하였다. 인생의 비극은 우리가 천재적인 재능을 타고나지 못한데 있는 것이 아니라 가지고 있는 강점을 충분히 활용하지 못 한데서 오는 것이라는 말은 매우 적절한 표현이다. 강점 혁명의 저자 버킹엄은 강점이 활용되는 과정에서 ① 지속적인 사회적 지지 ② 성공 경험 ③ 개인적 강점의 강화, 세 가지 매우 중요한 구성개념이 필요하다고 하였다. 활용과정이 나타나기 위해서는 지속적으로 지지를 받는다고 느껴야 하고, 성공 경험을 해야 하며, 강점이 그들에게 도움이 되는 것으로 느낄 수 있어야 한다. 이 세 가지 구성개념은 서로 관련성을 지니며 중첩된다. 이들은 하나 뒤에 다른 것이 나타나는 선형적인 방식으로 나타나지 않는다는 것이다.

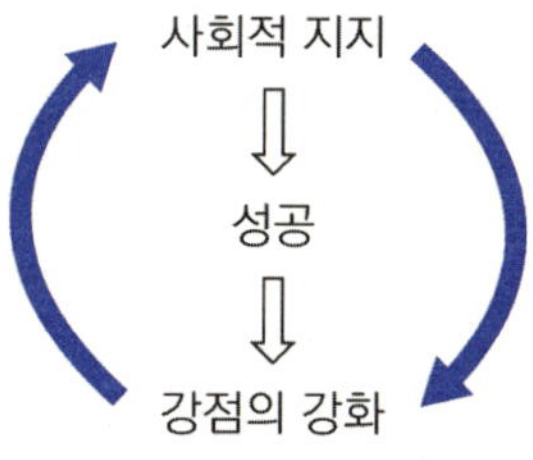

자신이 어떤 재능을 갖고 있는지는 스트렝스파인더를 통해 확인할 수 있다.

성취	활동성	적응력	분석	조정
신념	명령	의사소통	경쟁	연결성
일관성	맥락	신중성	개발	질서
공감	초점	미래지향성	조화	착상
포괄성	개인화	사고	탐구심	학습
극대화	긍정성	관계	책임감	복구
자기확신	중요성	전략	매력	

2. 성격강점의 개발 과정

행복이 삶의 목표라면, 덕성은 행복의 바탕이다. – Thomas Jefferson

긍정심리학의 대표 학자인 셀리그만은 진정한 행복(authentic happiness)이란 사람마다 자신의 긍정적 성품을 발견하여 일, 사랑, 놀이, 자녀양육과 같은 중요한 삶의 영역에 활용함으로써 만족감과 행복감을 경험하는 것이라 하였다. 긍정적 성품을 꾸준히 계발하여 활용하게 되면, 시간이 흐름에 따라 더욱 발전하여 개인의 대표적인 강점과 탁월한 재능이 될 수 있다. 그는 또한 진정한 행복이란 성격 강점을 일상에서 발휘하면서 즐거운 삶, 의미 있는 삶, 충실한 삶이 어우러지는 것이라 하였다. 즐거운 삶(pleasant life)은 삶의 각 영역에서 재미있고 긍정적 정서를 느끼는 삶이다. 의미 있는 삶(meaning life)은 자신보다 더 크고 중요한 어떤 것을 위해서 특징적 강점을 사용하여 기여하는 삶이다. 충실한 삶(engaged life)은 과거, 현재, 미래에 대해서 긍정적인 정서를 느끼고 최대한의 만족감을 누리는 삶이다. 충실한 삶은 자신의 긍정적 성품을 계발하고 그러한 성품을 활용함으로써 성취할 수 있다는 것이다.

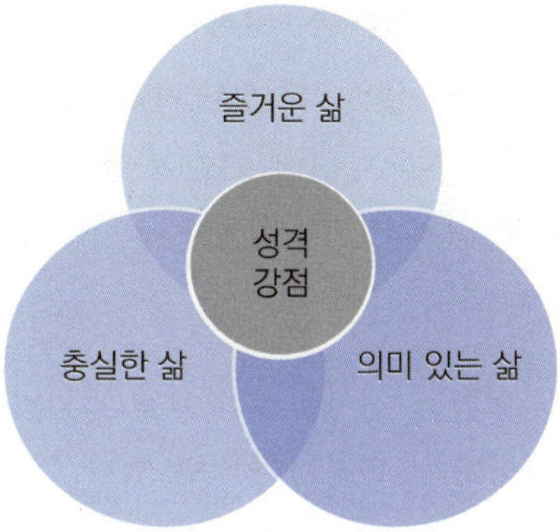

[그림 11-1] 마틴 셀리그만의 진정한 행복

긍정심리학과 더불어 인간의 강점을 밝히고 개발하고자 하는 연구가 전 세계적으로 진행되고 있다. 성격강점은 세계에 두루 퍼져 있는 여섯 가지 미덕과 그 아래 24가지 실천도구를 말한다. '여섯 가지 미덕'이란 시대와 문화를 막론하고 끊임없이 나타나며 도덕 철학가들과 종교 사상가들이 그 가치를 인정한 중요한 핵심 성품들인 지혜와 지식, 용기, 사랑과 인간애, 정의감, 절제력, 영성과 초월성을 말한다. 여섯 가지 미덕은 저마다 미덕을 함양하는 방법들이 있다. 미덕을 함양하기 위한 실천방법으로 만들어진 것이 24가지 강점이다. 예를 들어 절제력이라는 미덕은 자기통제력, 신중함, 겸손이라는 강점을 발휘해서 얻을 수 있다. 자기통제력이 뛰어난 사람은 어떤 유혹이라도 참아내고 자신을 절제할 수 있다. 추상적인 미덕과는 달리 강점은 과학적으로 측정하고 평가할 수 있고, 미덕은 3000년 동안 세계 도처에 퍼져 있는 아리스토텔레스, 플라톤, 아퀴나스, 아우구스티누스 등 철학자들의 저술, 〈구약성경〉 〈탈무드〉 〈불경〉 〈코란〉과 같은 경전은 물론 공자, 노자, 벤자민 플랭클린의 저술, 일본의 사무라이 무사도 정신, 고대 인도의 철학자인 〈우파니샤드〉 등 총 200가지의 목록을 바탕으로 최종적으로 여섯 개의 목록으로 정리되었다. 강점은 1만 8000개 목록 가운데 24개를 선정한 것이다. 강점을 선정할 때 다음과 같은 기준에 따라 이루어졌다. 먼저, 강점은 시간과 환경에 상관없이 계속 나타나는 '심리적 특성'이다. 딱 한번 어디에선가 친절을 베풀었다고 해서 인간애라는 강점을 발휘하는 게 아니다. 그리고, 강점은 '그 자체로서 가치'가 있다. 강점은 대개 좋은 결과를 낳는다. 예를 들어, 조직에서 리더십을 발휘하면 신망을 얻고

승진하게 된다. 그러나 강점은 바람직한 결과를 낳지 않더라도 그 자체로 소중하다. 또한, 강점은 우리가 '갖추고 싶은 정신상태'이다. 한 사람이 강점을 발휘한다고 해서 주위 사람들이 자기 강점을 드러낼 기회가 줄어드는 것도 아니다. 도리어 강점을 발휘하는 것을 보면 감동하고 용기를 얻는다. 지켜보는 사람들의 마음에 질투가 아닌 부러움이 가득 차오른다. 즉, 강점을 발휘하는 사람은 참된 긍정정서를 느끼고, 이를 지켜보는 사람들도 자신의 강점을 발휘하고픈 욕구를 불러일으키므로 모두가 발전하고 성공하는 승자가 될 수 있다.

여섯 가지 미덕과 24가지 성격강점과 관련하여 종교나 사상가들이 인간이 가져야 한다고 주장한 덕목들에 대하여 살펴보자.

1) 동양 문화

(1) 유학1-공자

유학은 오랜 기간 중국문화의 골격을 이루어 온 학문으로 인간이 지켜야 할 기본적인 다섯 가지 덕목인 오상(五常) 즉, 인(仁), 의(義), 예(禮), 지(智), 신(信)을 강조하였다. 유학에서 이상적인 인간상을 지칭하는 군자(君子)는 덕(德)을 지닌 사람, 즉 인간을 인간답게 만드는 인의예지신의 오상을 항상 지키고 실천하는 사람을 뜻한다.

① 인(仁)은 사람에 대한 사랑이며, 충서(忠恕)의 실천을 강조하였다.

공자는 타인에 대한 관심과 배려를 의미하는 인을 가장 중요한 덕목으로 여겼으며 이에 관해서 '자기가 원하지 않는 것을 남에게 하지 않는 일', '자기가 서고자 하면 남을 먼저 세워주고, 자기가 이루고자 하면 남이 먼저 이루게 해 주는 일', '남을 사랑하는 일'이라 하였다. 공자는 인의 실천 원리로서 충서(忠恕)를 제시하였다. 충(忠)이란 흔들림과 흐트러짐이 없는 일관된 진심을 유지하는 것이며 서(恕)는 자신이 원하지 않는 바를 타인에게 하지 않는 것에서 출발하여 보다 적극적으로는 자신이 원하는 것을 타인에게 베푸는 것을 뜻한다.

영어권에서는 인을 humanity, human-heartedness, benevolence로 번역한다.

② 의(義)는 부끄러움을 아는 것이며, 정의로움의 실천을 강조하였다.

의는 특히 인을 실천하지 못하는 것을 부끄러워하는 것으로 인간으로서 마땅히 해야 할 의무를 다하지 못하는 것에 부끄러움을 느끼며 사회의 공익과 의무에 충실하려는 마음자세를 의미한다. 공자는 의에 관해서 "군자는 의무에 대해서 분명하고, 소인은 이익에 대해서 분명하다."고 하였다. 즉, 의(義)는 불의한 방법으로 이익을 도모하지 않으려는 정의로움과 유혹에 흔들리지 않는 의연함으로써 인(仁)을 실천하게 만드는 덕목이라 할 수 있다.

③ 예(禮)는 겸손과 절제를 통해서 인간관계의 도리를 다하는 것을 뜻한다.

당시의 주요한 인간관계였던 부모와 자녀, 임금과 신하, 남편과 아내, 어른과 아이, 친구사이에서 효(孝), 충(忠), 별(別), 서(序), 신(信)의 태도를 지니고 행하는 것을 의미한다. 이를 위해서는 자신을 낮추는 겸손과 충동을 조절하는 절제가 바탕이 되어야 한다. 사회적 조화를 중시하는 유학에서는 겸손하고 공경하는 자세를 지니며 극단에 치우치지 않는 절제를 통해서 다양한 인간관계를 원만하게 유지하는 것을 강조하였다. 예는 다른 사람을 존중하고 배려하는 세심한 태도를 뜻하며 관습과 규범과 의례를 잘 준수하는 것뿐 아니라 일상적 행동에서의 공손함과 공경함을 포함한다.

④ 지(智)는 옳고 그름을 구분하여 바른 것을 취하고 그렇지 않은 것을 버릴 수 있는 분별력을 뜻한다.

옳고 그름을 판단할 수 있는 배움을 좋아하는 호학(好學)의 태도와 그 결과로 얻게 되는 지혜(知慧)를 포함한다. 공자는 스스로 배우는 것을 즐기고 남을 가르치는 것에 싫증을 내지 않았을 뿐만 아니라 도덕적 인격의 함양과 지혜의 확충을 위해서 배움의 태도를 강조하고 있다. 지(智)는 인, 의, 예를 구체적인 상황에 잘 적용하는 현명함과 지혜로움을 의미한다고 볼 수 있다.

⑤ 신(信)은 정직하고 진실한 태도로서 사람들에게 신뢰감을 주는 것을 의미한다.

공자는 정직함이 군자가 갖추어야 할 가장 기본적인 요건임을 강조한다. 정직은 자신이 아는 것을 안다고 하고 모르는 것을 모른다고 할 수 있는 용기뿐만 아니라 다른 사람을 얼마나 진실한 마음으로 대하고 있는지를 반성하는 자세를 포함한다. 이러한 태도를 통해서 윗사람에게는 신임을 얻게 되고, 아랫사람에게는 존경을 받게 된다.

(2) 유학2-맹자(372-289 BC)

맹자는 성선설을 바탕으로 인간이 본래 가진 네 가지의 심성인 사단(四端)과 군자가 지녀야 할 네 가지 덕목인 사덕(四德)을 제시하였다. 인간은 본래 네 가지의 선한 심성인 사단을 지니고 있다. 사단은 첫째, 측은지심(惻隱之心)으로 곤경에 처한 사람을 보고 불쌍히 여기며 그냥 지나치지 않는다. 둘째, 수오지심(羞惡之心)으로 사악한 것을 혐오하고 선하지 못한 것을 부끄럽게 여기는 마음이다. 셋째, 사양지심(辭讓之心)으로 서로 양보하며 자신을 낮추는 사양의 마음이다. 넷째, 시비지심(是非之心)으로 옳고 그름을 분별하는 마음이다. 맹자에 주장에 따르면 인간은 누구나 이러한 심성을 지니고 있으므로 이러한 씨앗을 잘 키워나가면, 군자가 지녀야 할 네 가지 덕목인 인의예지(仁義禮智)의 사덕을 갖출 수 있게 된다.

(3) 유학3-주자

주자학(朱子學)은 주요한 수양방법으로 거경과 궁리를 제시하였다. 거경(居敬)은 내적인 수양방법으로서 항상 몸과 마음을 삼가며 바르게 가지는 일이며 궁리(窮理)는 외적인 수양방법으로서 널리 사물의 이치를 궁구하여 정확한 지식을 지니는 일로 내적인 수양과 외적인 수양을 고루 겸해야 한다는 것이다.

유학은 궁극적으로 인간세계의 조화와 평화를 추구하고 있으며 그에 필요한 개인의 덕목들을 제시하고 있다. 개인적 성취보다는 원만한 인간관계를 중시하고 있을 뿐 아니라 종교적으로 초월적인 태도보다는 현세적이고 이성적인 태도를 강조하고 있다. 공자는 인간의 삶에 있어서 절제와 중용을 강조하면서 극단적인 태도보다는 욕망을 잘 조절하며 삼가는 자기조절을 중시했다. 유학에서 중시하는 덕목들은 주로 인간사회의 조화와 평화를 이루는 데 필요한 긍정적 성품으로 이루어져 있다고 볼 수 있다.

(4) 도가-노자

"만족할 줄 알면 욕됨이 없고, 그칠 줄 알면 위태롭지 않아 오래갈 수 있다." 만족함을 모르는 것보다 더 큰 재앙은 없다. 노자사상은 한마디로 무위자연과 절제의 미덕을 강조한 것이었다.

중국문화의 또 다른 중요한 축인 도가(道家)는 노자(老子: 580?~480? B.C)와 장자(莊子: 369~289 B.C)의 사상에 바탕을 두고 있다. 노자는 공자와 같은 시대를 살았던 사람으로서 그의 가르침은 『도덕경(道德經)』에 전해지고 있으며, 장자는 맹자와 비슷한 시대를 살았던 사람으로 저서인 『장자(莊子)』를 남겼다. 도가는 **무위자연(無爲自然)을 통한 초월적인 삶을 지향**한다. 우주만물을 생성하고 운행하는 원리인 도(道)를 따르는 삶을 지향한다. 도(道)는 언어로 표현할 수 없는 심오한 것으로서 우주만물의 운행을 관장하면서도 의도적인 노력 없이 자연스럽게 이루어진다. 노자는 이러한 도를 따르며 살아가는 자연(自然)의 태도를 가장 중요한 덕목으로 여겼다. 인위적 노력을 기울이지 않는 무위(無爲)는 자연의 태도를 사회적 삶에 실현하는 방법이라고 할 수 있다. 노장사상에 따르면, 인간의 지식과 신념은 시대, 지역, 교육 등의 환경에 의해 좌우되는 것이므로 보편적 타당성을 보장할 수 없는 것이다. 이러한 지식과 신념에 입각한 행위를 인위(人爲)라고 한다. 인간은 편향적인 지식과 신념에 사로잡혀 우주만물을 인식하고 인위적으로 가치판단을 함으로써 도로부터 멀어지게 되며 타고난 덕을 망각하게 되어 사회적으로도 많은 쟁탈과 갈등을 초래한다.

도(道)가 천지만물의 공통된 본성이라면, 덕은 개별적인 존재의 본성이라고 할 수 있다. 도(道)는 천지만물의 근본원리로서 어떤 것을 의도하지 않기 때문에 무위(無爲)하며 스스로 자기존재를 성립시키며 저절로 움직이므로 자연(自然)하다. 이러한 도가 개별적 존재에 발현된 것을 덕(德)이라고 본다. 습성에 의하여 물든 심성(心性)을 닦아 덕을 회복하게 되면 도에 도달하게 되는데, 그 대표적인 득도 방법은 심재(心齋)와 좌망(坐忘)이다. 심재는 제사를 지내기 전에 목욕 재계를 하듯이 마음을 비워 깨끗이 한다는 뜻이다. 감각작용을 쉬게 하고 마음을 비움으로써 궁극적으로 허(虛)의 경지에 이르게 되면 자신과 대상 사이의 간격이 없어지는 물아일체(物我一體)의 상태가 된다. 도가에 따르면 최선의 삶은 도와 덕을 회복하여 무위자연의 삶을 사는 것이다. 이러한 경지에 이르러 정신적 자유를 누리는 사람을 도가에서는 도인(道人) 또는 지인(至人)이라고 부른다.

> "최고의 선은 물과 같다. 물은 만물을 이롭게 하면서도 서로 다투는 법이 없고, 뭇 사람들이 싫어하는 낮은 곳을 지향한다."

(5) 불교

불교는 인도에서 발원한 종교로서 한국을 비롯하여 중국, 일본, 태국, 미얀마, 티베트 등의 동양 문화에 심대한 영향을 미쳤다. 불교는 인도의 북부 카필라 왕국의 고타마 싯다르타(563-484 B.C)에 의해 창시되었으며 궁극적으로 생로병사의 고통에서 벗어나 해탈에 이르는 길을 추구하는 종교이자 철학체계이다. 불교는 부처라는 이상적인 인간상을 지향한다. 부처는 깨달은 사람을 의미하며 각자(覺者)라고 불리기도 한다. 불교의 이상적 인간상인 부처와 보살의 핵심적 덕목은 지혜와 자비라고 할 수 있다. 지혜(智慧)는 인간 존재의 실상에 대한 깨달음과 모든 집착으로부터의 초월을 의미하며 자비(慈悲)는 모든 사람에 대한 평등한 애정과 더불어 그들이 겪는 고통에 대한 깊은 이해와 연민, 헌신을 의미한다. 불교의 가르침은 네 가지 진리를 뜻하는 사성제(四聖제)로 요약할 수 있다. 첫째 '고(苦)'는 인생은 고통스러운 것이다. 둘째 '집(集)'은 모든 고통은 집착에서 비롯한다. 셋째 '멸(滅)'은 집착을 없애면 열반에 이를 수 있다. 넷째 '도(道)'는 열반에 이르는 길은 팔정도를 따르는 것이다. 또한 해탈의 경지에 이르기 위해 노력하는 수행자의 덕목인 팔정도를 제시하였다. 팔정도(八正道)는 '정견(正見)' 올바로 보는 것, '정사(正思)' 올바로 생각하는 것, '정어(正語)' 올바로 말하는 것, '정업(正業)' 올바로 행동하는 것, '정명(正命)' 올바로 생계를 유지하는 것, '정근(正勤 or 正精進)' 올바로 부지런히 수행하는 것, '정념(正念)' 올바로 마음을 바라보는 것, '정정(正定)' 올바로 마음을 평정하게 하는 것이다. 또한, 대승불교의 보살이 행해야 할 6가지 수행덕목인 육바라밀(六波羅蜜)을 제시하였다. 이것은 첫째, 다른 사람에게 베풀어 주는 것, 재물, 위로, 가르침을 의미하는 보시(布施)이다. 수행자로서 지켜야 할 계율을 준수하는 것, 살생하지 않는 것, 음란한 짓을 하지 않는 것, 거짓말을 하지 않는 것, 남을 괴롭히는 나쁜 말을 하지 않으며 탐욕을 부리지 않을 뿐 아니라 죽어가는 것을 살리고 적극적으로 베풀며 정결한 삶을 살아가는 것을 의미하는 지계(持戒)이다. 욕된 일을 당하여도 잘 참는 것을 강조하는 인욕(忍辱), 끊임없는 노력, 게으르고 나태해지려는 자신을 채찍질하면서 생사해탈을 위해 수행을 꾸준히 매진해 나가는 것을 강조하는 정진(精進), 마음을 고요히 가라앉히고 한곳에 집중하는 것, 번뇌와 망상으로 산란해진 마음을 가라앉히고 정신을 집중함으로써 평정한 마음을 유지하는 것을 강조하는 선정(禪定), 분별적 사유를 떠나 인간 존재의 실상을 직관하여 얻게 되는 깨달음을 의미, 인간의 근원적 에너지가 환히 밝아져서 존재하는 실상의 모든 모습을 투철하게 깨닫는 것을 강조하는 지혜(智慧)이다.

요약하면, 불교는 하나의 종교로서 세속적인 행복과 성공보다 생로병사의 고통에서 벗어난 초월적인 삶을 추구하며 지혜와 자비를 핵심 덕목으로 강조하였다.

(6) 힌두교

힌두교는 대우주의 본체인 브라만(brahman, 梵)과 개인 영혼인 아트만(atman, 我)이 하나라는 베단타 철학으로 통합된 것이다. 궁극적으로 최고의 신인 브라만과 개인의 영혼인 아트만의 합일을 추구하는 종교로서 **초월과 영성**을 핵심 덕목으로 중시한다.

또한 윤회의 속박에서 벗어나 해탈에 이르는 다양한 수행방법을 제시하였는데 그 대표적인 수행체계가 요가이다. 요가의 경전인 요가수트라에 따르면 요가는 8단계로 구성되어 있다.

- 1단계 금계(禁戒, yama): 생명을 죽이지 말고 남의 물건을 훔치지 않으며 탐욕을 내지 않는 것과 같은 부정적인 행위를 금하는 사회적 계율을 잘 따르는 것
- 2단계 권계(勸戒, niyama): 청정(淸淨), 만족(滿足), 학습(學習), 고행(苦行), 헌신(獻身)과 같은 긍정적인 행위를 권하는 개인적 규범을 따르는 것
- 3단계 좌법(坐法, asana): 요가체조를 뜻하며, 신체동작을 통해서 몸의 긴장과 이완을 조절하는 수행법
- 4단계 조식(調息, pranayama): 호흡을 통해서 우주의 에너지를 축적하는 수련

- 5단계 제감(制感, pratyahara): 감각기관에 대한 자극을 차단하여 심신의 평정을 이루게 하는 수행
- 6단계 응념(凝念): 하나의 대상에 정신을 집중하여 통일하는 수행
- 7단계 선정(禪定, dhyana): 의식의 대상을 초월하여 무념, 무상, 무심의 상태에 이르는 것
- 8단계 삼매(三昧, samadhi): 이러한 수행과정을 통한 심신의 평정상태에서 절대 진아(眞我)와 합일되어 무아상태에 이르는 것. 이 단계에서 자아와 우주가 하나로 통일되어 범아일여의 경지에 이르게 됨

또한, 인도의 카스트 계급사회에서는 각 계층마다 중시하는 덕목을 강조하였다. 교육받은 귀족계층인 브라만에게는 **속죄, 회개, 절제, 관용, 청렴, 지식, 영성**을, 무사계급인 크샤트리아에게는 전쟁에서의 **용맹, 명예, 활력, 인내**를, 하층계급에게는 **노동의 의무를 충실히 따르는 것**을 강조하였다.

2) 서양 문화

유럽을 중심으로 발달한 서양문화는 헬레니즘, 헤브라이즘의 문화적 전통에 뿌리가 있다. 헬레니즘(Hellenism)은 고대 그리스인과 로마인의 문화적 전통이며 헬레니즘의 전통은 이성적이고 과학적이며 심미적인 특성을 지니며 서양 문화의 철학, 과학, 예술의 토대를 이루었다. 헤브라이즘(Hebraism)은 고대 이스라엘인의 문화적 전통으로 유대교와 기독교의 유일신 사상이 주를 이룬다. 또한 헤브라이즘의 전통은 종교적이고 윤리적이며 의지적인 특성을 지니며 서양사회의 종교와 윤리의 바탕을 이루고 있다.

(1) 헬레니즘 전통의 관점1-소크라테스(Socrates, 469~399 B.C)

소크라테스는 진정한 행복이 자기성찰을 통해서 성취될 수 있다고 믿었다. “너 자신을 알라”는 그의 말에 이러한 믿음이 잘 드러나 있듯이 자기성찰을 통해서 지혜가 개발되고 인간 영원의 본질이 드러날 수 있다고 보았다. 지혜는 인간이

영원불변한 진리를 파악할 수 있는 이성적 능력이며, 이를 통해 인간 삶의 핵심적 요소를 인식하고 그것을 실천하며 사는 것이 행복한 삶이라고 보았다.

(2) 헬레니즘 전통의 관점2-플라톤(PLATON, 427~347 B.C)

소크라테스의 수제자인 플라톤은 진정한 지혜의 바탕을 이성과 직관으로 보았다. '동굴과 그림자의 비유'에서 감각경험은 그림자와 같이 가변적이어서 신뢰할 만한 것이 아니며 이러한 감각 세계를 초월한 불변의 본질, 즉 영원한 진리는 지혜에 의해서 발견될 수 있다고 믿었다. 결국 진정한 지혜는 인간의 이성과 직관에 바탕 한다는 것이다. 이러한 플라톤의 생각은 감각적 쾌락을 추구하기보다 인생의 본질과 의미를 지향하는 오늘날의 행복관에 영향을 미친 듯하다. 진정한 자기를 발견하고 실현하려는 노력, 행복에 영향을 미치는 무의식적 동기를 이해하려는 노력, 인생의 의미를 체득하려는 영적인 노력은 플라톤의 철학적 전통을 이어받은 것이라 할 수 있다. 고대 그리스 철학자들은 인간을 선한 존재로 만드는 덕목에 대해 탐구하기를 즐겼는데 서구문화에서 중시하는 덕목들은 플라톤의 대표작인 '국가론'에서 처음으로 제시하였다. 플라톤은 소크라테스를 화자로 내세워 지혜, 용기, 절제, 정의를 이상적인 도시국가의 네 가지 핵심 덕목으로 제안하였다.

(3) 헬레니즘 전통의 관점3-아리스토텔레스(Aristotele, 383~322 B.C)

플라톤의 제자인 아리스토텔레스에 이르러 행복에 대한 좀 더 구체적인 철학적 견해가 나타났다. 보편적 진리는 세상의 다양한 현상 속에 내재하는 질서를 의미하며 이러한 진리를 발견하기 위해서는 감각과 이성에 근거할 수밖에 없고 감정이나 직관은 신뢰할 수 없는 것으로서 이성에 근거한 엄격한 자기수양에 의해 길들여져야 한다는 것이다. 결국 진리를 발견하는 최선의 방법은 오감에 의해 경험된 내용을 이성적으로 분석하는 것이다. 인생에서는 순간적인 경험들보다 일관성 있는 삶의 전체적 흐름이 중요하다. 따라서 삶은 일시적인 욕망 충족보다 도덕적 완성이나 인격적 덕성을 구현하는 것으로서, 아리스토텔레스는 이러한 삶의 상태를 '유대모니아(Eudaimonia)'라고 하였다. 흔히 '행복'이라고 번역되는 유대모니아는 번영하는 완전한 삶의 상태로서 지속적인 진정한 행복감을 주게 된다는 것이다. 이것은 욕구충족을 위한 쾌락적 경험을 추구하는 것이 아니라 어떤 이상적 목표를 향해 인생 전체를 지향하는 삶이며 그 목표는 인생의 중요한 영역에서 '중용(golden mean)'을 이룰 수 있는 도덕적 완성이나 덕성을 구현하는 것이다. 아리스토텔레스는 유대모니아로 이끌 수 있는 12가지 덕성 즉, 용기, 관용, 자존, 친밀, 재치, 정의, 절제, 희망, 온유, 정직, 양심, 고결을 제시하였다. 이러한 덕성들은 모두 양극단의 사이에 위치하는 중용적인 것이다. 이러한 덕성은 누구나 타고나는 것으로서 잠재된 덕성을 발견하여 계발함으로써 행복에 이를 수 있다는 이러한 주장이 행복의 덕성이론(virtue theory of happiness)이다. 덕성의 계발과 함양을 통해 가장 행복하고 바람직한 삶을 살 수 있다는 것이다. 아리스토텔레스의 행복관은 오늘날 긍정심리학에서 성격적 강점과 덕성의 계발을 중시하는 자기실현적 행복관의 철학적 기반을 이룬 것으로 볼 수 있다.

(4) 헬레니즘 전통의 관점4-즐겁고 안락한 삶을 강조한 철학자

그리스 시대에 즐겁고 안락한 삶을 중시하는 철학자들도 있었다. 에피쿠로스를 비롯한 쾌락주의자들은 안락과 평안을 추구했으며 절제된 쾌락, 고통이나 걱정으로부터 자유, 좋은 친구들과의 교제를 중시하였다. 아리스티포스(Aristippos, 435-366 B.C)는 즉각적인 감각의 만족을 중시하면서 고통을 최소화하고 쾌락을 최대화하는 것이 행복의 관건이라 주장하였다. 에피쿠로스(Epicouros, 341-270 B.C)는 이러한 주장을 발전시켜 쾌락주의(hedonism)를 제안하였다. 그는 행복이란 권력투쟁의 정치적 세계로부터 벗어나서 친구들과 어울리면서 안락한 상태에 평온하게 머무름으로써 얻어지는 것이라 하였다. 쾌락주의 학파는 안락한 여가를 중시했으며, 정원에서 토론을 즐겼기 때문에 '정원 철학자들(garden philosophers)'이라 불리기도 하였다. 오늘날에도 편안함, 절제된 쾌락, 고통이나 걱정으로부터의 자유, 좋은 친구들과의 교제가 행복한 삶의 핵심적 요소로 여겨지기도 한다. 긍정심리학은 행복의 주요한 측면으로서 긍정적 정서와 주관적 만족감을 중시하는데 이는 에피쿠로스의 쾌락주의적 전통을 이어받은 것이라 할 수 있다.

(5) 헬레니즘 전통의 관점5-이성에 의한 감정조절을 강조한 철학자

제논을 비롯한 스토아 철학자들은 이성에 의한 감정조절을 강조했으며 절제와 지혜를 중시하였다. 쾌락주의 학파가 생겨난 비슷한 시기에 제논(Zeno, 334-262 B.C)은 스토아 철학을 주창하였는데 스토아 철학자들은 이성에 의한 감정조절을 행복의 핵심적 요건으로 보았다. 감정은 눈먼 야생마 같은 것이어서 필연적으로 인간을 불행으로 이끌기 때문에, 마음의 지속적인 평안을 얻기 위해서는 이성을 사용하여 감정을 조절하는 훈련이 필수적이라고 여겼다. 스토아 철학자인 세네카(Seneca, 4 B.C-65 A.D)는 "인간의 비극은 이성에 대한 감정의 승리에 기인한다."고 하였다. 또한 에픽테토스(Epiktetos: 55-135)는 "인간은 사건 자체에 의해 고통 받는 것이 아니라 그러한 사건에 대한 생각에 의해 고통 받는다."고 주장하면서 합리적이고 이성적인 사고를 강조하였다.

(6) 헤브라이즘 전통의 관점

헤브라이즘은 팔레스타인 지역에 살던 유대민족의 정신, 습관, 문화에 바탕을 두고 있으며 유대민족과 신의 계약에 근거한 메시아사상이 주된 특징이다. 유대민족은 세상만물을 창조하고 관장하는 유일신 하나님의 보살핌을 받고 있으며 메시아, 즉 구세주를 통해 구원을 받아 영생을 누리게 된다는 종교적 신앙과 선민사상을 지니고 있다.

유일신 하나님의 뜻에 따라 복종하며 사는 것을 최선의 삶으로 여겼으며, 이를 위한 많은 계율과 금지사항을 제시하였는데 십계명이 대표적인 것으로 하나님을 유일신으로 받아들이고, 자기중심성, 부적절한 욕망, 비합리적 분노 등을 금지하는 사항들로 이루어져 있다.

십계에서 다른 신을 믿는 일, 우상을 숭배하는 일, 신을 모독하는 일, 살인, 간통, 절도, 사기, 탐욕의 금지, 안식일 준수, 부모 공경을 명하고 있다. 진정한 행복에 이르는 길은 "하나님이 세상을 사랑한 것과 같이 다른 사람을 사랑하라", "네 이웃을 네 몸과 같이 사랑하라"는 말에서 나타나듯, 사랑과 연민이라 할 수 있다.

기독교인들은 하나님과의 관계 속에서 사랑을 표현하고 타인과의 나눔을 통해 평화와 행복, 나아가 구원을 얻을 수 있다고 믿었다. 잠언에는 신에 대한 경외뿐만 아니라 정직, 의로움, 사랑, 배려, 근면, 겸손, 절제, 희망, 지혜 등과 같은 덕목을 강조하고 있다.

(7) 헬레니즘과 헤브라이즘 전통의 갈등과 융합

두 문화는 독자적으로 발전하였으나 기독교가 로마 제국에 전래되면서 융합되기 시작하였다. 기독교가 주도하던 유럽의 중세 시대에는 헬레니즘 사상이 혼합된 헤브라이즘이 문화적 근간을 이루었다. 중세 기독교의 관점에 따르면, 진정한 행복은 세속적인 쾌락과 반대되는 것으로서 육체의 사망 이후 천국에서 부활할 때까지 미루어진 것이다. 인간은 육체에 머무르는 한 이러한 두 가지 성향 간의 갈등은 지속될 수밖에 없다고 보고, 이처럼 인생의 본질을 육체적 욕망과 영적 추구 간의 투쟁으로 생각한 기독교 지도자들은 세속적인 쾌락의 위험을 경고하기 위해 7대 죄악을 제시(seven deadly sins)하였다. 그것은 분노, 질투, 나태, 교만, 성욕, 방종, 물욕으로 인격을 파괴할 뿐 아니라 종교적 타락으로 인도하는 근본적인 악을 의미하며 그 핵심에는 쾌락추구와 자기중심성이 있다.

중세시대의 신학자인 아퀴나스(Thomas Aquinas, 1224-1274)는 신학대전(Summa Theologie)에서 인간의 죄악을 극복하게 만드는 칠덕(七德 seven heavenly virtues)을 주장하였다. 칠덕은 플라톤이 제시한 네 가지 보편적 덕목(four cardinal virtues, 신중, 용기, 절제, 정의)과 사도 바울이 제안한 세 가지 신학적 덕목(three theological virtues, 믿음, 사랑, 소망)을 추가한 것이며 이러한 7가지 덕목은 서구 문화에 널리 퍼져 있는 윤리적 규범의 기초가 되었다.

3) 20세기 심리학자들의 과학적 탐구

대다수의 심리학자들이 정신장애의 연구와 치료에 관심을 집중하고 있던 1950년대에 마리에 야호다(Marie Jahoda)는 심리학자들이 인간의 부정적 측면에 초점을 맞추기보다 긍정적 측면에 주목해야 한다고 주장하였다. 긍정 심리학이 태동하기 40여 년 전인 1958년에 야호다는 그 당시 도발적인 저서라 할 수 있는 「긍정적 정신건강의 현대적 개념 Current concepts of Positive Mental Health」을 출간하였다. 이 책에서 그녀는 임상가들이 인간의 결점과 장애에 초점을 맞추기보다 심리적으로 건강하다고 할 수 있는 상태와 특질에 주목해야 한다고 주장하면서 ① 자기수용 ② 성장과 발달 ③ 성격 통합 ④ 자율성 ⑤ 정확한 현실지각 ⑥ 환경적 통제를 긍정적인 정신건강의 공통적 6가지 요소로 제시하였다.

정신분석과 행동주의가 심리학의 양대 주류를 이루고 있던 1950-60년대 인간의 긍정적인 측면을 강조하는 인본주의 심리학이 등장하였다.

인본주의 심리학자들은 인간은 근본적으로 자기실현을 추구하는 성장지향적인 존재라고 간주하였으며 대표적인 심리학자로는 아브라함 매슬로우(Abraham Maslow)와 칼 로저스(Carl Rogers)가 있다.

매슬로우는 욕구위계설을 제시하였는데 욕구 단계는 생리적 욕구-안전의 욕구-애정과 소속감의 욕구-자존감의 욕구-자기실현의 욕구이며 하위 욕구가 충족되어야 상위 욕구가 부각된다고 하였다. 또한 인간은 궁극적으로 자기실현을 추구하는 존재이며, 많은 사람들이 하위 동기의 좌절로 인해 자기실현 동기가 활성화되는 수준의 삶에 이르지 못할 뿐이라 하였다. 그는 자기실현을 이룬 사람들의 16가지 특성을 다음과 같이 제시하였다. ① 정확한 현실지각 ② 자기수용 ③ 자발성 ④ 문제 중심적 태도 ⑤ 사생활의 욕구 ⑥ 자율성 ⑦ 심미안 ⑧ 절정 경험 ⑨ 인간애 및 타인존중 ⑩ 동료의식 ⑪ 깊이 있는 대인관계 ⑫ 윤리의식 ⑬ 수단보다 목적에 초점을 두는 성향 ⑭ 공격적이지 않은 유머감각 ⑮ 창의성 ⑯ 개방적 태도이며, 말년에 욕구 위계의 최정상에는 초월의 욕구가 존재한다고 주장하였다.

로저스는 자기실현 성향을 인간의 가장 근본적인 동기로 보았다. 인간은 자신을 좀 더 가치 있는 존재로 성장시키기 위해서 자신의 모든 잠재력을 발현시켜 좀 더 유능한 인간이 되려는 생득적인 성향을 지니고 있으며 이것을 자기실현 성향(self-actualization tendency)이라 하였다. 인간이 이상행동과 정신장애를 나타내는 것은 자기실현적 성향이 차단되고 봉쇄되었기 때문이라는 것이다. 그는 무조건적인 긍정적 존중, 공감적 이해, 진솔함에 대해서 개인의 자기실현 성향이 표출되도록 함으로써 심리적 장애를 극복할 수 있다는 인간 중심 치료(person centered therapy)를 제시하였다.

정신분석학자인 에릭슨(Erikson)은 인간의 심리사회적 발달단계이론을 제시하면서 인생의 단계마다 겪게 되는 도전적 과제와 그 결과로 생성되는 긍정적인 성격 특질이 있으며 인생의 발달단계마다 각기 다른 심리사회적 덕목들이 발달한다고 주장하였다.

〈표 11-1〉 에릭슨의 심리사회적 발달단계

발달 연령	발달 과제	결과적 덕목
생후~18개월	유아는 양육자가 안락을 제공한다고 신뢰하면서 안전감을 성취해야 함	신뢰
18개월~3세	아동은 자신의 의지를 선택하고 행위를 통해서 그것이 실현되는 것을 배워야 함	자율성
3~6세	아동은 자신의 행위를 주도하고 그 결과 자신에 대한 신뢰감을 얻는 것을 배워야 함	주도성
6~12세	아동은 자신의 기술과 능력을 체계적으로 탐색하는 것을 배워야 함	유능성
12~18세	청소년은 일관성 있는 정체감을 반영하는 개인적 가치관과 목표를 정립해야 함	자기정체성
18~35세	청년은 다른 사람과 자신의 정체감을 융합하는 것을 배워야 함	친밀감
35~60세	중년은 자신이 세상과 다음 세대에 기여하는 것을 배워야 함	다산성/공헌성
60~사망	노년은 그들의 이전의 주제들을 해결해 온 방식과 화해해야 함	자기통합

캐롤 리프(Carol Ryff)와 동료들은 심리적 안녕이라는 개념을 제안하면서 그 구성요소를 제시하였는데, 심리적 안녕(psychological well-being)은 삶의 만족도에 초점을 맞추는 주관적 안녕(subjective well-being)에 대비되는 개념으로서 인생 전반에 대한 긍정적인 적응상태를 의미한다. 그녀는 행복에 대한 다양한 이론을 종합하고 실증적인 자료에 근거하여 심리적 안녕의 6가지 구성요소를 제시하였는데, ① 자기수용 ② 타인과의 긍정적 관계 ③ 자율성 ④ 환경적 통제 ⑤ 인생의 목적의식 ⑥ 개인적 성장이다.

이러한 연구결과를 바탕으로 최근, 긍정적인 것으로 여겨지는 성격특질에 대한 연구가 이루어지고 있다. 콜리(Cawley), 마틴(Martin)과 존슨(Johnson)은 어휘사전을 통해 덕목을 나타내는 140개 용어를 선별하여 덕목 척도(virtue scale)를 개발하였다. 이 측정된 덕목들을 요인분석 한 결과, 공감(empathy: 관심, 동정, 친절),

질서(order: 절제, 신중, 조심), 행동력(resourcefulness: 목적의식, 끈기, 집요성), 편안(serenity: 온화함, 용서, 참을성)으로 나타났다.

긍정적 특질의 분류체계를 구성하기 위하여 피터슨(Peterson)과 셀리그만(Seligman)을 비롯한 VIA 연구진들은 다양한 시대와 문화에서 소중하게 여겨졌던 수십 개의 성격적 강점을 추출하고 이러한 강점들을 다음과 같은 10가지 기준에 따라 세밀하게 검토하였다.

① 보편성: 대다수 문화에서 긍정적 덕목으로 여겨지고 있는가?
② 행복 공헌도: 다양한 긍정적 행동과 성취를 촉진함으로써 그 소유자와 다른 사람의 행복에 기여하는가?
③ 도덕성: 그 자체로 도덕적 가치를 지니는가?
④ 타인에의 영향: 한 사람에 의해서 표현될 경우, 다른 사람에게 부정적인 영향을 미치지는 않는가?
⑤ 반대말의 부정성: 반대말이 확실히 부정적인 것으로 간주되는가?
⑥ 측정가능성: 측정될 수 있도록 개인의 행동(생각, 감정, 행위)으로 표출되는 것인가? 또한 상황과 시간의 변화에도 안정성을 나타내는가?
⑦ 특수성: 다른 강점들과 잘 구별되는가? 다른 강점들로 분해될 수 있는 것은 아닌가?
⑧ 모범의 존재: 모범적 인물에 의해서 구체화 될 수 있는가?
⑨ 결핍자의 존재: 현저하게 부족한 사람들이 존재하는가?
⑩ 풍습과 제도: 사회는 이러한 강점을 육성하기 위한 풍습이나 제도를 지니고 있는가?

VIA 분류체계(Values-in-Action Classification of Character Strengths and Virtues)는 6개의 핵심 덕목인 지혜(wisdom), 인간애(humanity), 용기(courage), 절제(temperance), 정의(justice), 초월(transcendence)이며 구체적인 내용은 아래와 같다.

- 지혜와 지식(호기심, 학구열, 판단력, 창의성, 사회성, 예견력)
- 용기(용감성, 끈기, 정직, 열정)
- 사랑과 인간애(친절, 사랑, 용서)

- 정의감(팀워크-시민정신, 공정성, 리더십)
- 절제력(자기통제력, 신중함, 겸손)
- 영성과 초월성(감상력, 감사, 희망, 영성, 유머)

3. 내 안의 보물, 성격강점 발견

1) 인류의 지혜, 성격 강점

전 세계적으로 강점을 목록화하고 측정하기 위한 노력은 갤럽에서 개발한 Strengths Finder의 목록과 VIA 목록 두 가지가 대표적이다. 이들은 개발되는 과정에서 차이가 있으며 결과도 다르다. 위에서 제시한 재능과 여기에서 제시하는 강점이 일치하지는 않는다. 갤럽의 목록은 업무 현장에서 VIA는 일상생활에서의 성격적 강점으로 해석하면 무리가 없을 것이다.

자신의 긍정적 성품 강점 목록은 https://www.via.org에서 확인해 볼 수 있다. 6가지 미덕과 24가지 성격강점, 즉 긍정적 성품이 있으며 성격강점을 도구로 개발하면 미덕을 키워나갈 수 있다.

미덕	지혜와 지식	용기	사랑과 인간애	정의감	절제력	영성과 초월성
성격 강점	1. 호기심 2. 학구열 3. 판단력 4. 창의성 5. 예견력	6. 용감성 7. 인내 8. 정직 9. 열정	10. 친절 11. 사랑 12. 사회성	13. 공정성 14. 팀워크 15. 리더십	16. 용서 17. 신중함 18. 겸손 19. 자기 통제력	20. 감상력 21. 감사 22. 희망 23. 유머 24. 영성

(1) 미덕1-지혜와 지식

- 더 나은 삶을 위해서 지식을 습득하고 활용하는 것과 관련된 인지적 강점들
- 철학자들은 지혜와 이성을 다른 덕목을 구현하는 최상의 덕목으로 간주
- 이러한 강점들은 삶에서의 지혜로운 판단과 대인관계, 지적인 성취를 돕는 강점들

호기심(Curiosity)	현재의 모든 경험과 현상에 대해서 흥미를 느끼는 능력 다양한 주제와 화제에 매혹되어 조사하고 발견
창의성(Creativity)	어떤 일을 하면서 새롭고 생산적인 방식으로 생각하는 능력 참신한 사고와 생산적인 행동방식
판단력 / 개방성 (Judgment open-mindeness)	사물이나 현상을 다양한 측면에서 철저하게 생각하고 검토하는 능력 모든 증거를 동등하게 취급하고 새로운 증거에 따라 신념을 수정하는 태도
학구열(love of learning)	새로운 기술, 주제, 지식을 배우고 숙달하려는 동기와 능력
예견력 / 지혜 (Wisdom) (Perspective)	사물이나 현상을 전체적인 관점에서 생각하고 다른 사람에게 현명한 조언을 해주는 능력

(2) 미덕2-용기

• 내적, 외적 난관에 직면하더라도 추구하는 목표를 성취하고자 하는 의지를 실천하는 강점들	
용감성(Bravery)	위협, 도전, 난관, 고통으로부터 위축되지 않고 이를 극복하려는 능력. 저항이 있더라도 무엇이 옳은지 이야기하고 인기가 없을지라도 신념에 따라 행동하는 것
끈기(Persistence)	시작한 일을 마무리하여 완성하는 능력 일련의 계획된 행동을 지속하거나 과업을 성취하는 과정에서 기쁨을 느끼는 것
정직(Honesty)	진실을 말하고자 자신을 진실한 방식으로 제시하는 능력 자신을 거짓 없이 드러내고 행동이나 감정을 수용하고 책임지는 것

(3) 미덕3-사랑과 인간애

• 다른 사람을 보살피고 친밀해 지는 것과 관련된 대인 관계적 강점들	
친절(Kindness) 이타성(altruism)	다른 사람을 위해 호의를 보이고 선한 행동을 하려는 동기와 실천력 다른 사람을 돕고 보살피는 행동
사랑(Love)	다른 사람과의 친밀한 관계를 소중하게 여기고 실천하는 능력 다른 사람을 사랑할 수 있고 사랑을 받아들일 수 있는 능력
사회성 (Social Intelligence) 정서지능 (emotional intelligence)	자신과 다른 사람의 동기와 감정을 잘 파악할 뿐만 아니라 다양한 사회적 상황에서 어떻게 행동하는 것이 적절한지를 잘 아는 능력

(4) 미덕4-정의

- 개인과 집단 간의 건강한 상호작용으로 건강한 공동체 생활과 관련된 사회적 강점
- 사랑과 인간애 관련된 강점은 일대일 관계에서 나타나는 개인적인 사회적 강점인 반면, 정의와 관련된 강점들은 다수의 타인들을 대상으로 하는 광범위한 사회적 강점

시민정신(Citizenship)	자신이 속한 집단의 이익을 추구하고자 하는 책임의식 사회나 조직 속에서 자신에게 주어진 임무와 역할을 인식하고 부응하려는 태도
공정성(Fairness)	편향된 개인적 감정의 개입 없이 모든 사람을 동등하게 대하고 모두에게 공평한 기회를 주는 태도
리더십(Leadership)	집단 활동을 조직화하고 그런 활동이 진행되는 것을 파악하여 관리하는 능력 구성원을 고무시켜 좋은 관계를 창출해내고 사기를 진작시켜 각자의 일을 해내도록 지휘하는 것

(5) 미덕5-절제

- 지나침으로부터 보호해 주고 독단에 빠지지 않는 중용적 감정들
- 겸손은 교만으로부터, 자기통제력은 극단적인 감정적 동요로부터, 신중성은 단기적 쾌락으로부터 보호

겸손(Modesty)	자신이 이루어 낸 성취에 대해서 과장된 허세를 부리지 않는 태도 자신의 성취나 업적을 떠벌이지 않고, 세인의 주목을 구하지 않으며, 스스로를 특권적인 존재로 생각하지 않는 것
자기통제력 (Self-regulation)	자신의 다양한 감정, 욕구, 행동을 적절하게 잘 조절하는 능력
신중성(Prudence)	선택을 조심스럽게 함으로써 불필요한 위험을 초래하지 않으며 나중에 후회할만한 일을 말하거나 행하지 않는 능력

(6) 미덕6-영성과 초월성

- 현상과 행위에 대해 의미를 부여하고 커다란 세계인 우주와의 연결성을 추구하는 초월적 또는 영성 강점

감상력 / 심미안 (Appreciation of Beauty and Excellence)	다양한 삶의 영역에서 나타나는 아름다움, 수월성, 뛰어난 수행을 인식하고 평가하는 능력
감사(Gratitude)	좋은 일을 잘 알아차리고 그에 대해 감사하는 태도

희망(Hope) 낙관성(optimism)	최선을 예상하고 그것을 성취하기 위해 노력하는 태도
용서(Forgiveness)	나쁜 일을 한 사람들을 용서하는 능력 잘못을 행한 자를 용서하고, 다시 기회를 주며, 앙심을 품지 않는 것
유머(Humor)	웃고 장난치는 것을 좋아하며 다른 사람에게 웃음을 선사하는 능력
열정(Zest), 용기	활기와 에너지를 가지고 열정적으로 삶과 일에 임하는 태도 생기와 생동감을 느끼고, 삶을 도전적으로 사는 것
영성(Sprituality)	인생의 궁극적 목적과 의미에 대한 일관성 있는 신념을 가지고 살아가는 태도

2) 나의 성격강점은?

(1) 나의 강점찾기1

• 과거에 한 행동이나 활동 중에서 내가 가장 자랑스럽게 여기는 것은 무엇인가?

• 현재 나를 신나게 하는 것은 무엇인가?

• 가까운 미래에 일어날 일 중에서 가장 기대하고 있는 것은 무엇인가?

(2) 나의 강점찾기2

• 다음 긍정적 성품 중 자신의 수준을 상, 중, 하로 선택해 보자. 이때 삶 속에서 긍정적 성품을 각각 어디에 활용하였는지를 생각하면서 선택한다. 그다음 오른쪽 열에 있는 최상위 5개를 선택해 보자.

미덕	긍정적 성품	상	중	하	최상위 5개
지혜와 지식	1. 호기심				
	2. 학구열				
	3. 판단력				
	4. 창의성				
	5. 예견력				

미덕	긍정적 성품	상	중	하	최상위 5개
용기	6. 용감성				
	7. 인내				
	8. 정직				
	9. 열정				
사랑과 인간애	10. 친절				
	11. 사랑				
	12. 사회성				
정의감	13. 공정성				
	14. 팀워크				
	15. 리더십				
절제력	16. 용서				
	17. 신중함				
	18. 겸손				
	19. 자기 통제력				
영성과 초월성	20. 감상력				
	21. 감사				
	22. 희망				
	23. 유머				
	24. 영성				

- 최상위 긍정적 성품 5개를 삶에서 어떻게 활용하여 어떠한 결과로 나타났는지 생각해 보자.

- 최상위 긍정적 성품을 어떻게 키울 수 있을지 생각해 보자.

- 자신의 하위 긍정적 성품 5개를 삶에서 어떻게 활용하여 어떠한 결과로 나타났는지 생각해 보자.

- 하위 긍정적 성품을 어떻게 키울 수 있을지 생각해 보자.

(3) 나의 삶 속에서 성격강점 찾기

성격강점은 항상 내면에 자리 잡고 있어 잘 인식하지 못할 수 있다. 그러나 조금만 생각해 보면 인생에서 성취를 이룬 어느 순간에도 어려움을 견디고 이겨내는 과정에서도 자신의 성격 강점을 발휘하였다는 것을 알 수 있을 것이다.

- 자신의 삶을 돌아보고 원하는 것을 성취하고 좋았던 때와 어렵고 힘들었던 최저점이었던 때를 생각해 보고 다음 그래프에 표시해 보자.

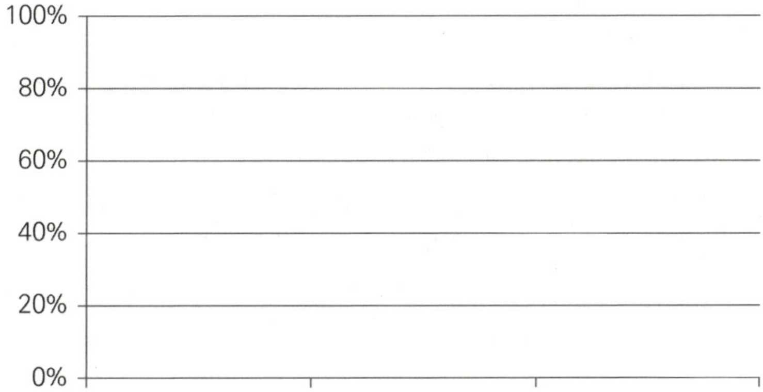

- 인생의 최고점이었을 때와 최저점이었을 때의 상황, 그때 자신이 한 일, 고마운 사람을 생각해 보고 그 순간에도 자신이 발휘한 강점은 무엇이었을지 생각해 보자.

최고점	최저점
상황 : 내가 한일 : 고마운 사람 : 발휘한 강점 :	상황 : 내가 한일 : 고마운 사람 : 발휘한 강점 :

미덕(Virtues)은 철학자나 종교 사상가들이 가치가 있다고 생각하는 특징이다. 대표강점(Signature strength)은 성격강점 중에서 개인의 특성을 가장 잘 반영하며 주로 사용되는 강점이다. 성격강점(Character strength)은 미덕을 정의해 주는 심리

적 구성요소들이며, 미덕을 보여주는 뚜렷한 경로이며 미덕을 함양시켜 주는 도구이다.

내용요약

1. 모든 사람은 강점과 약점을 가지고 있고, 강점은 개발해야 한다.
   - 몰입과 행복을 키우려면 약점에 집중하지 않고 강점에 집중해야 한다.
   - 타고난 재능에 집중하여 강점으로 만들면 높은 성취를 할 수 있다.
2. 진정한 행복을 위한 성격강점은 동양 문화, 서양 문화, 20세기 과학적 탐구를 종합하여 개발되었다.
   - 호기심, 학구열, 판단력, 창의성, 사회성, 예견력 강점을 계발하면 지혜와 지식의 덕목이 된다.
   - 용감성, 끈기, 정직, 열정 강점을 계발하면 용기 덕목이 된다.
   - 친절, 사랑, 용서 강점을 계발하면 사랑과 인간애 덕목이 된다.
   - 팀워크-시민정신, 공정성, 리더십 강점을 계발하면 정의감 덕목이 된다.
   - 자기통제력, 신중함, 겸손 강점을 계발하면 절제력 덕목이 된다.
   - 감상력, 감사, 희망, 영성, 유머 강점을 계발하면 영성과 초월성 덕목이 된다.

개인활동 과제

현재까지 나의 삶에서 발견한 강점1, 강점2, 강점3은 무엇인지 써보고, 앞으로 이 강점을 어떻게 더욱 키울 것인지, 또 더욱 계발하면 나의 삶에 어떠한 유익이 있을지 작성해 보자

	강점 목록	어떻게 계발할 것인가?	나의 삶에 어떠한 유익이 있을까?
강점1			
강점2			
강점3			

CHAPTER

12 건강한 공동체를 위한 갈등관리

See Do Get

갈등관리

A type과 B type의 생각에 따른 Do(하는 행동 / 말)와 Get(얻는 결과)에 대하여 토의해 봅시다.

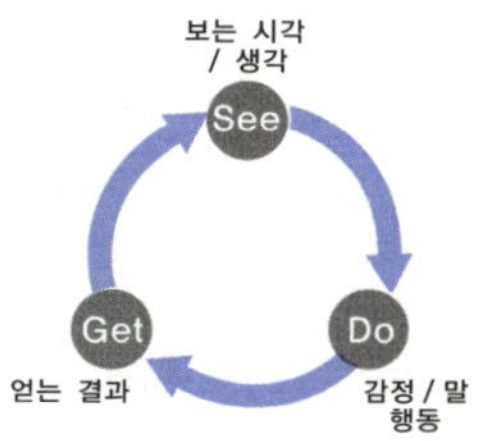

	A type	B type
See	공동체에서 갈등은 없을수록 좋은 것이기 때문에 갈등상황을 피한다.	공동체에서 갈등은 필수적인 것이고, 갈등관리 방법에 따라 효과적인 성과를 낼 수도 있다. 교육과 연습을 통해 갈등 관리 스킬은 향상될 수 있다.
Do		
Get		

이 장의 목표

- 갈등의 기본 개념과 원인을 이해할 수 있다.
- 갈등 대응유형을 분석하고 유형별 특징을 이해할 수 있다
- 갈등관리를 위한 원칙 및 조정자의 의사소통 기술을 실천할 수 있다

1. 갈등의 개념

1) 갈등의 정의

갈등의 의미는 한문으로 葛藤(칡 갈, 등나무 등)으로 표기되며 칡과 등나무가 서로 얽히는 것과 같이, 둘 또는 그 이상의 당사자 사이에 목표, 태도, 감정이나 행동의 불일치 혹은 반대가 일어나는 상황이다. 이는 조직 내 자원이 충분하지 않거나 업무의 불균형적인 배분 또는 목표, 가치, 인지 등의 차이로 인하여 개인,

집단 및 조직의 심리, 행동 또는 그 양면에 나타나는 대립적 상호작용을 하는 상태로 정의할 수 있다. 영어(conflict)의 어원도 이와 유사한 con(together, 서로)+flict(strike, 충돌)로 의견 대립과 충돌을 의미하는 것이다.

즉, 개인이나 집단 내부 또는 개인간, 집단간, 조직간에 일치하지 않는 목표나 가치관, 사상 감정 등이 존재하는 상황, 의존관계에 있는 복수의 사람 또는 집단이 서로 이해, 가치, 목표, 감정 등으로 대립하고 충돌하여 상대에게 부정적인 영향을 주고 있는 상태라고 정의할 수 있다.

갈등은 대립, 결핍, 방해의 개념을 포함하며 대부분 불쾌한 상황으로 인식되지만, 인지되지 않으면 나타나지 않는다. 갈등의 영향은 당사자와 상대, 즉 양자 간에 나타나며 지각된 갈등은 불안, 초조, 긴장감, 적개심 등과 같은 감정을 유발한다.

따라서 대부분 의도적인 외적 행동을 유발하게 된다.

공동체내에서 갈등을 확인할 수 있는 단서는 지나치게 감정적으로 논평이나 제안을 하는 것, 타인의 의견발표가 끝나기도 전에 타인의 의견에 대해 공격하는 것, 핵심을 이해하지 못한 채 서로 비난하는 것, 편을 가르고 타협을 거부하는 것, 개인적인 수준에서 미묘한 방식으로 서로를 공격하는 것 등이 있다.

인간은 오랜 역사의 기간을 통해서 문명을 발달시켜왔고, 협동은 문명의 발달에 중요한 가치 중의 하나이다. 갈등은 협동의 과정에서 생성된 다른 형태의 협동이다. 따라서 갈등은 치유의 대상이 아닌 갈등관리가 선행되어야 한다.

모든 인간관계에는 갈등이 있기 마련이며 갈등이 전혀 없는 개인이나 가정, 조직은 상상하기 힘들다. 공동의 목표달성을 위해 모인 공동체에 있어서도 구성원 사이 혹은 부서 사이에 갈등은 항상 존재한다. 사회적 갈등은 변화를 촉진하는 요소이고, 사회적 관계가 밀접한 관계일수록 갈등의 정도가 격렬하다. 갈등관계는 권력의 분화체계와 밀접한 관계를 갖고 있다.

갈등에 대한 관점도 시대에 따라 전통적 관점에서 행동과학적 관점(인간관계론적 관점), 현대적 관점(상호작용적 관점)으로 변화가 있었고 특징은 다음과 같다.

- 전통적 관점: 갈등을 무조건 나쁜 것으로 생각하고 갈등을 제거하고자 했다. 이익 분배 같은 관리를 잘해서 노사갈등은 없앨 수 있다고 생각하여, Taylor는 갈등이 있다는 것은 '관리를 비과학적으로 잘못했기 때문이다.'라고 말했다.

- 인간 관계론적 관점: 갈등을 부정적으로 보는 태도는 전통적인 견해와 비슷하지만 갈등이 관리능력의 잘못에서 비롯되는 것이 아니라 두 사람 이상이 모여 사는 집단에서는 필연적으로 발생하는 필요악의 일종으로 갈등은 자연적인 것이며 피할 수 없다는 갈등 수용적 관점이다.
- 상호작용적 관점: 조직에 가끔 도움이 될 수도 있기 때문에 갈등을 해결하는 것만이 만사가 아니라 관리하는 것이 중요하다는 관점이다. 다시 말하면 자신의 취약점을 발견하여 무사안일에서 탈피할 수 있고 욕구불만 해소 및 외부에 대한 내부의 응집력이 향상되는 갈등은 긍정적인 것이고 필요하다는 갈등 조장적 관점이다.

2) 갈등의 순기능과 역기능

대부분의 사람들은 갈등의 부정적 속성만을 생각하고, 갈등의 긍정적인 속성에 대해서는 모르거나 관심을 두고 있지 않다. 갈등에 대해 부정적인 이미지를 갖는 이유는 사람의 뇌는 생존을 위해 긍정적인 경험보다는 부정적인 경험을 자주, 그리고 오랫동안 기억하기 때문이다. 살아가면서 빛과 그림자를 함께 경험하지만 머릿속에는 주로 그림자만 기억되기에 갈등 또한 어두운 면만 있다고 착각하게 된다. 사람의 머릿속에 '갈등의 그늘'에 대한 기억이 강하게 자리 잡게 되므로 갈등이 갖는 긍정적 존재를 잊어버리는 경우가 많다.

비온 뒤에 땅이 굳는다는 속담처럼 갈등이 가져다주는 결과는 어두운 면만 있는 것이 아니다. 친구와 다투고 난 뒤 더 친해지는 경우처럼 사람과의 관계를 더욱 단단하게 만들어주는 갈등은 대인관계에서 중요한 역할을 하고 있다. 또한 대인관계뿐만 아니라 신제품을 개발할 때나 기업의 경쟁력을 향상시키기 위해서도 갈등은 필요하다.

때때로 우리는 갈등은 피하면 사라진다고 생각한다. 하지만 일단 시작된 갈등은 그것을 만든 상대의 마음속에 깊이 자리매김해서 해결되기 전까지 어떤 형태로든 서로에게 영향을 미치게 된다.

세상은 혼자 살아가는 곳이 아니기에 갈등은 사라질 수 없고 사라져서도 안 된다. 따라서 무조건 부정적인 영향만을 보는 것이 아니라 갈등의 긍정적인 면에 주목하고 자신과 자신이 속한 공동체의 발전에 도움이 되는 방법을 찾는 것이 갈등을 대하는 현명한 태도다.

갈등이 주는 순기능적 결과와 역기능적 결과를 떠올려 보자.

순기능적 결과	역기능적 결과
•	•
•	•
•	•
•	•
•	•

공동체 내 순기능적 갈등은 공동체의 목표달성에 도움이 되고 조직성과를 높이는 역할을 하고, 역기능적 갈등은 조직의 성과를 저해하는 불필요한 갈등이다.

갈등이 순기능적으로 작동되면 문제의 발견, 새로운 아이디어가 유도될 수 있고 문제해결을 위한 창조성이 유발되며 공동체 문화의 변화를 촉발할 수도 있고, 구성원으로서의 동질감을 가질 수 있고, 개인과 조직의 동일성이 회복되면서 새로운 문제해결이 촉진된다.

그러나 역기능으로 작용된다면 구성원간의 소통이 안 되고, 업무에 집중해야 하는 에너지가 분산되고, 개개인의 심리적 상태가 위협받고, 쓸데없는 자원이 낭비되고, 부정적 조직분위기가 형성되고, 집단응집력이 파괴되어 구성원간의 오해가 많이 생겨 상대방에 대한 감시와 경계가 늘어난다.

역기능적으로 작동되는 공동체는 독재적 리더십이 조장되고, 과업주도형 리더가 출현되어 획일성이 강조되고 비방과 모함이 많아진다.

3) 갈등 수준에 따른 성과의 수준

개인과 공동체의 특성에 따라 갈등수준이 다르게 나타나며, 갈등이 너무 없는 경우에도 너무 많은 경우에도 성과는 떨어진다.

갈등수준에 따른 공동체의 특성은 다음과 같다.

갈등수준이 매우 낮은 공동체는 환경변화에 둔감하고 무사안일주의에 빠져있고, 구성원들이 의욕 상실되어 있어 조직이 침체될 수 있다.

적당한 갈등은 환경변화에 적응하고 변화와 혁신을 지향하며 다양한 관점으로의 접근이 가능하고 문제를 활발하게 해결하는 기능으로 작동한다. 따라서 적정한 갈등은 개인과 사회의 변혁과 창조, 혁신의 원천이 된다.

갈등의 수준이 높은 조직은 혼란과 혼선으로 조직이 와해되고 구성원들 간의 상호조정이 힘들고, 목표의식이 희박해져서 갈등이 역기능적으로 작동한다.

따라서 공동체의 상황에 따라서 갈등관리가 필요하다.

갈등해결에 너무 많은 시간과 노력이 들고, 파괴적으로 작동하고, 갈등이 조직목표가 아닌 국지적 집단이기주의 주된 공동체는 갈등을 축소해야 한다.

공동체의 구성원이 무사안일하고 너무 쉽게 의견에 동조하고, 공동체 문화가 너무 보수적이고 창의적이지 않고 변화와 자극이 필요한 경우는 갈등을 조정해야 한다.

이런 갈등축소와 갈등조정을 통칭하여 갈등관리하고 한다.

생각해 보기

- 과거에 자신에게 일어났던 갈등은 무엇이 있었는가?
- 그 갈등은 나의 삶에 어떤 영향을 주었는가?
  ※ 긍정적인 측면, 부정적인 측면, 새로 인식하게 된 측면
- 나는 어떻게 갈등을 해결하였는가?

2. 갈등의 원인

갈등이 발생하는 원인은 매우 다양하다. 갈등 상황마다, 갈등 당사자 마다 갈등의 원인과 배경이 전부 다르기 때문에 갈등의 원인을 유형화하는 것은 어려운 일이나 두 가지 관점에서 정리하면 다음과 같다.

1) 개인의 심리적 원인 & 공동체의 구조적 원인

(1) 개인의 심리적 원인

- 욕구의 좌절: 생리적 욕구에서부터 위험이나 위협으로부터 안전을 보장받고 싶어 하는 안전의 욕구, 인정받고 존중받고 싶은 욕구, 힘과 통제에 대한 욕구, 인정과 공정성에 대한 욕구, 집단과 관계 사이에 소속감을 느끼고 싶은 욕구 등 특수한 상황을 제외하고 대개 자신의 욕구를 충족시킬 건설적인 방법을 찾지 못할 때 발생
- 개인의 경쟁본능
- 방어 메커니즘: 확실한 사실인데 부인(부정 메커니즘), 자신의 결점을 남의 것 인양 여김(투사 메커니즘). 자신의 실수를 정당화 (정당화 메커니즘)
- 성격, 가치관의 차이
- 사회적 학습

(2) 공동체의 구조적 원인

- 구성원의 역할과 신분
- 목표의 차이
- 자원의 부족과 할당문제
- 제도와 규정의 불확실성
- 계층과 직급간 차이
- 보상제도(경쟁/ 연봉. 승진, 포상, 칭찬)
- 관리스타일 (주류와 비주류)
- 과업간 상호의존 정도
- 집단간 특성의 차이 (전통, 행동관습, 가치관, 상대방 인식)

개인갈등이 공동체 갈등으로 발전되기도 하고 공동체 갈등이 개인갈등으로 분화되기도 한다.

2) Christopher Moor의 갈등유형의 원인

- 이해관계 갈등: 한정된 자원이나 권력을 분배하는 과정에서 빚어지는 갈등, 주로 이해관계를 분배하는 과정이나 절차에 대한 입장의 차이에서 시작
- 사실관계 갈등: 하나의 사건이나 자료, 언행 등에 대해 서로 다르게 해석함으로써 생김
- 가치관 갈등: 신앙, 신념 또는 문화의 차이에서 비롯된 것으로 가치관은 고정관념, 편견이 되면서 더 양립할 수 없는 것으로 인식
- 인간관계 갈등: 서로간의 불신이나 오해로 인해 관계가 벌어지는 갈등으로, 의사소통이 잘 이루어지지 않아서 생기기도 하고 분노, 증오, 서운한 감정 등이 쌓여 서로에 대한 부정적 감정과 불신으로 나타남
- 구조적 갈등: 사회의 구조적인 요인, 즉 잘못된 제도, 관행, 모순으로 인해 발생. 차별, 억압적인 구조는 갈등을 필연적으로 수반함

하나의 갈등현상은 일반적으로 여러 갈등유형이 중첩되어 있는 복합적 성격을 띠고 있다.

특히나 인간관계 갈등은 거의 다른 갈등과 복합적으로 나타나는데, 흔히 사람들이 갈등을 대할 때 문제 자체를 대하기보다는 사람의 문제로 이해하는 경향이 강하고, 갈등을 협동적으로 풀어나가기보다는 대립 경쟁적으로 대하기 때문에 관계가 악화된다. 하나의 갈등현상이 갖고 있는 여러 유형을 개별적, 종합적 차원에서 바르게 이해한다면 갈등해결 지점을 찾는데 도움을 받을 수 있다.

읽기자료

갈등은 인간의 보편특성이지만 갈등을 해소하려는 노력 또한 인간의 보편특성이다.
– 스티븐 핑거

갈등은 인간의 보편특성이지만 갈등을 해소하려는 노력 또한 인간의 보편특성이다. 인간의 마음은 때때로, 대적자들이 무력을 포기함으로써 창출되는 잉여를 나눠 가지면 양쪽 모두에게 이익이 된다는 차가운 경제적 진리를 깨닫곤 한다... (중략)... 금세기 두 번의 세계대전으로 수많은 인간이 목숨을 잃었다. 그러나 인간 본성은 우리가 엄청난 위기에

직면할 때 인간의 마음이 깨어나 적절한 대안을 찾도록 현명하게 만들어졌다. 그것이 인간의 능력이다. ("마음은 어떻게 작동하는가" 중에서)

3. 갈등관리 유형(Thomas-Kilmann 갈등관리 유형)

1) 갈등대응 유형 분석

어떤 사람이 상대방과 의견 등의 불일치에 직면했을 때 두 가지 관심사를 가지고 있는데 하나는 자신의 목표에 대한 것이고, 또 하나는 다른 사람과의 관계이다. 두 관심사를 충족시키는 방법 조합에 의해 목표가 높고 낮음, 관계가 협조적인가 아닌가에 따라 갈등대응 스타일을 5가지로 나눌 수 있는데, p 331에 있는 설문지를 이용하여 자신의 갈등대응 유형을 파악해 보자.

2) 갈등관리 유형별 특징

자신의 의견주장이 높고 낮은가에 따라, 타인과 관계가 협조적인가 아닌가에 따라 갈등대응 스타일을 5가지(회피, 순응, 타협, 경쟁, 협력)로 나누며 특징은 다음과 같다.

참고로 한국인은 회피전략을 미국은 경쟁전략을 더 선호하고, 우리나라 사람들 중 가장 많이 발견되는 회피형은 적극적으로 나서지도 회피하지 않는 유형으로 갈등시 적극적인 조정이나 관리보다는 막연히 상대가 자신을 이해해 줄 것으로 믿고 예민한 갈등문제를 표면화하지 않으려 함으로써 갈등이 증폭될 가능성이 있다.

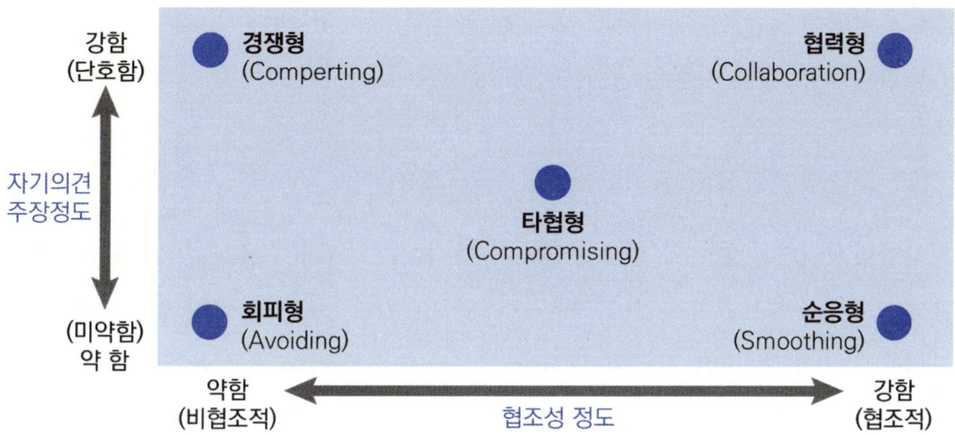

[그림 12-1] Thomas-Kilmann의 갈등관리유형

(1) 회피형(Avoiding: Lose-Lose)

소극적으로 상황을 지켜보는 행동양식으로 이런 유형의 사람들은 갈등의 상황을 겉으로 나타내지 않는다. 독자적인 주장에 약하고 또한 상대방의 주장에 동조하지도 않는다. 자신이나 상대방의 입장과 이익에 대한 명확하고 신속한 태도나 반응을 나타내지 않는다.

"갈등? 그런 거 전혀 없어."란 태도로 갈등상태에서 문제가 있어도 없는 듯 무시하거나 회피한다. 즉 갈등문제로부터 물러나거나 이를 피함으로써 자신뿐만 아니라 상대방의 관심마저 무시하는 유형이다.

① 적합할 때

- 이슈가 사소한 것일 때
- 관계가 그다지 의미가 있지 않거나 대수롭지 않을 때
- 시간이 짧고, 결정을 꼭 해야 할 필요가 없을 때
- 내가 힘이 없고 타인을 제지하고 싶지도 않을 때

② 적합하지 않을 때

- 이슈와 관계에 마음이 쓰이고 중요할 때
- 대부분의 이슈에 습관적으로 사용할 때

- 부정적인 감정이 계속되고 미해결 과제로 남아있을 때
- 회피해서 다른 사람만 이익을 볼 때

(2) 순응형(Accommodating: Lose-Win)

자기희생이라는 관용과 협조적인 행동양식이다. 이러한 유형의 사람들은 상대방의 입장을 위하여 자신의 이익을 포기할 수 있다. 또한 사심이 없고 상대방의 지시에 잘 따르며 다른 사람의 의견을 잘 수용하고 자신의 주장을 양보하곤 한다. 고집을 덜 부리고 경쟁적이라기보다는 상대방에 협조적이며 대립과는 반대되는 행동양식이다.

"네가 원하는 대로!"란 태도로 자신의 목표보다는 상대와의 관계를 생각해서 상대의 목표에 맞춰 문제를 푼다. 인간관계를 유지하기 위하여 자신의 관심사는 버려두고 상대방의 관심사를 충족시켜주기 위해 상대방의 요구나 입장을 주로 수용함으로써 갈등을 해결하는 유형이다.

① 적합할 때

- 내가 그 이슈에 대해 신경 쓰지 않거나 상관없을 때
- 타인을 막고 싶지는 않을 때(방해하고 싶지 않을 때)
- 내가 잘못했거나 상대방이 정당하다고 느낄 때
- 양보해도 내가 손해라는 생각이 안 들 때

② 적합하지 않을 때

- 내가 분노(적의)를 품고 있는 것 같을 때
- 타인에게 받아들여지기 위해 일상적(습관적)으로 사용할 때(우울, 자존감 부족 결과초래)
- 상대가 협동하기를 바라지만 내가 양보하는 것이 강요하는 것처럼 느껴질 때

(3) 타협형(Compromising: Win some-Lose some)

자신의 목표 달성뿐만 아니라 상대방과의 관계 유지 또한 중요하게 생각하는

경우로서 얻는 것도 있지만 포기하는 것도 있게 된다. 자신과 상대방의 주장과 입장을 잘 조화하고 중간적인 입장을 취하여 양자의 입장을 부분적으로 만족시키기 위해 절충하는 행동양식이다.

"네가 어느 정도 양보한다면 나도 어느 정도 양보할께"의 태도로 쌍방의 실익을 생각해 상호교환과 양보를 통해 부분적 만족을 취함으로써 갈등을 해결하는 유형이다. 즉 적당한 선에서 타협점을 찾는다. 단점은 단기간에 해결을 하고 나서 종종 타협 결과에 불만족할 수 있다는 것이다.

① 적합할 때

- 시간 혹은 자원이 제한되어 있지만 협력이 중요할 때
- 어떤 해결책을 찾는 것이 최선은 안 될지라도 결정되지 못하고 끝나는 것보다 나을 때
- 적당한 선에서 타협이 가능한 문제일 때

② 적합하지 않을 때

- 빨리 해결하는 것보다 가장 창조적인 해결책을 찾는 것이 핵심적일 때
- 자신이 그 결과를 수용하지 못할 때

(4) 경쟁형(Competing, Win- Lose)

힘을 바탕으로 한 행동양식이다. 이러한 유형의 사람들은 자신의 입장을 관철시키고 논쟁에 이기기 위해 자신의 직위나 권한을 이용한다. 경쟁심이 강하고 고집이 세며 비협조적이다.

"내 방식대로 하든지 아니면 그만두든지"의 태도로 자신의 입장을 고수하며 상대방의 양보를 요구한다. 자기주장이 강하고 자신의 목표를 우선으로 삼기 때문에 경쟁적인 태도를 가진다. 이 유형은 자신의 목표를 이루기 위해 자신의 입장을 고수하며 상대방을 압도함으로써 갈등을 해결하는 유형이다.

① 적합할 때

- 갑작스러운 위급상황

- 내가 옳고, 그리고 관계를 유지하는 것보다 더 중요한 쟁점이라고 확신할 때
- 이슈가 사소하고 사람들이 크게 신경 쓰지 않을 때

② 적합하지 않을 때

- 협동적인 방법이 아직 시도되지 않았을 때
- 다른 사람들과 협력하는 것이 중요할 때
- 대부분의 문제에 대해 일상적으로 사용될 때
- 타인의 자기존중감이 불필요하게 상처 입었을 때

(5) 협력형(Collaborating: Win-Win)

갈등을 처리하는데 매우 적극적인 행동 양식이다. 이런 유형의 사람들은 자신과 상대방 양자의 입장이나 이익을 충족시킬 수 있는 해결방안을 찾기 위해 노력한다. 자신의 주장이 강하며, 상대방의 입장에 대한 관심도 높다.

"나는 이게 좋은데 너의 선택은 무엇이니?" 태도로 개인 간의 차이는 당연한 것으로 여기고 쌍방 모두의 관심사를 함께 만족시킬 수 있는 문제해결을 찾는 노력을 한다. 서로의 목표도 추구하면서 동시에 좋은 관계도 유지하는 유형으로 회피와 반대 행동양식이다.

① 적합할 때

- 이슈와 관계가 모두 중요할 때
- 협동이 중요할 때
- 창조적인 결론이 중요할 때
- 모두의 관심사를 만족시키기 위한 합리적인 희망이 존재할 때

② 적합하지 않을 때

- 시간이 충분하지 않을 때
- 이슈가 그다지 중요하지 않을 때
- 다른 일이 너무 많거나 스스로 상세히 조사하고 검토하는 것이 부담스러울 때
- 다른 사람의 목표가 확실히 틀렸을 때

4. 갈등관리

동양에서는 주로 내면적인 감정의 변화에 주목하여 내적 수양을 강조하였고, 서양은 외면적인 관계 또는 평화로운 관계를 중시하여 상대와의 화해 및 관계회복을 강조하였다.

갈등은 피할 수 없는 자연발생적이며 발생 원인이 다양하다. 따라서 불필요한 갈등과 해결할 수 있는 갈등을 분리하고 접근하는 것이 중요하다.

갈등이 너무 없으면 효율성이 감소함을 이해하면서도 한편 갈등해결에 유일무이한 방법은 없음을 이해하고 종합적인 접근이 필요하다. 갈등관리를 잘한다면 역기능적인 갈등을 예방하고 상호간에 적합한 관계를 높일 수 있다. 또한 상호간의 이해의 폭을 증진시킬 수 있으며 스트레스 해소와 창의적인 문제해결을 촉진한다. 이는 집단의 활성화와 자유로운 운영에 기여한다는 의미가 될 것이다.

1) 갈등관리의 원칙

평화적 갈등해결이란 살아가면서 피할 수 없는 개인 간 갈등부터 집단, 국가 간 갈등에 이르기까지의 모든 갈등과 분쟁을 파괴적, 강압적 폭력으로서가 아니라 건설적, 자발적 방법으로 해결하는 것, 그리고 해결할 수 있도록 하는 사고의 전환을 포함한 모든 노력의 과정이라고 할 수 있다.

효율적이며 우호적이고 현명한 갈등해결 결과를 낳을 수 있는 원칙을 네 가지 항목을 기준으로 설명하면 다음과 같다. 첫째, 사람과 문제를 분리시켜라(사람). 둘째, 입장이 아닌 이해관계에 초점을 맞춰라(이해관계). 셋째, 무엇을 할 것인지 결정하기 전에 다양한 가능성을 만들어내라(옵션). 넷째, 객관적 기준에 근거한 결과를 주장하라(기준).

이 네 가지 항목을 참조해 갈등해결의 원칙을 설명하면 다음과 같다.

(1) 사람과 문제를 분리한다.

일반적으로 갈등에 직면하면 사람들은 갈등대상의 드러난 행동이나 성격을 '사람' 자체의 문제로 생각하기 때문에 그 사람의 못된 행동, 또는 태도가 바뀌지 않으면 해결할 수 없다고 단정 짓는다. "저 사람은 인간성이 나빠 .", "그 학생은 이기적이야." 하면서 단지 문제를 지적하기 위해 한 말이라고 생각하지만 듣는 사람은 그것을 인신공격으로 여긴다. 문제를 이야기할 때 갈등 대상이 되는 사람과 실질적인 문제를 분리시켜야 한다. 갈등 당사자들이 맞서 싸워야 할 것은 사람(갈등 대상)이 아니라 당사자들이 직면한 문제다.

(2) 입장이 아니라 상대방과 나의 관심사를 연결한다.

갈등은 언제나 상대방이 있다. 내가 원하는 것과 상대방이 원하는 것이 충돌하는 것이 갈등이다. 그런 상황에서 내 목표만 몰두하면 원하는 것을 얻기 힘들다. 갈등해결에 있어서 가장 기분적인 것은 충돌하고 있는 갈등 당사자 입장에 있는 것이 아니라 각자의 요구와 관심, 이해관계, 가치관, 두려움 등의 차이에 있다. 각자 자신의 목표만 몰두하다 보면 갈등해결에 실패한다. 상대방이 원하는 것에 관심을 갖고 서로를 연결해야 문제를 해결하고 갈등을 풀 수 있다. 상대방에게 정말 중요한 게 무엇이고, 무엇을 원하는지, 우려하는 것이 무엇인지 알아내는 것이 아주 중요하다.

(3) 다양한 가능성, 상생적 대안을 창조한다.

흔히 문제를 해결하는데 답은 하나라고 생각한다. 자신만이 정답이나 해결책을 알고 있다고 생각하고 성급하게 결론을 내리고 싶어 한다. 성급한 판단, 단 한 가지 해답만을 찾으려는 태도, 파이의 크기가 정해져 있다는 생각은 다양한 갈등해결 대안을 찾는데 방해가 된다. 서로 만족스런 결과를 얻는 방향으로 문제를 해결하는 데는 한 가지 대안보다는 다양한 해결책을 제시할수록 선택의 폭이 넓어질 수 있다. 아이디어를 내는 것과 판단을 분리시키면 더 많은 해결책을 찾을 수 있다. 우선 아이디어를 만들어 내고 서로에게 이익이 되는 결정은 나중에 한다. 둘 다 손해 보지 않는, 혹은 서로 만족할 만한 대안은 항상 존재하기 마련이다.

(4) 객관적 기준을 적용한다.

갈등 당사자들은 각자 의지와 입장에 의거해서 해결책을 찾으려고 한다. "내 가치관으로는 절대 용납할 수 없어", "지난번에 내가 양보했으니 이번엔 네가 양보해"와 같이 서로가 만족할 수 있는 기준을 정하기보다 내 기준을 상대방에게 강요한다. 사람들은 결과의 '몫' 못지 않게 '과정'의 공정성도 중요하게 생각하기 때문에 객관적으로 납득할 만하지 않거나, 공정하지 않은 합의 결과에 더 심한 분노와 반감을 갖게 된다. 평화적으로 문제를 해결하는 과정이란 당사자들 스스로의 자발적인 의지, 그것에 근거한 존중하는 의사소통 과정이고 그 결과를 스스로 결정하고 선택하는 것이다. 양측이 원하는 것과 원하지 않는 것에 대해 논하는 대신 공정한 기준에 의거해 당사자 스스로 이해하고 납득할 수 있는 '객관적 기준'을 찾고 그에 따른 절차와 과정을 만드는 것이 평화적 문제해결 과정이라 할 수 있다.

2) 갈등분석

갈등분석은 드러난 문제 이면에 있는 원인을 찾는 훈련이다. 한 번의 작업으로 끝나지 않으며 갈등을 둘러싼 상황이 변화, 발전함에 따라 여러 번에 걸쳐 진행되는 작업과정이다. 따라서 변화, 발전하는 요소 및 상황에 맞게 행동전략도 수정해 나가야 한다. 각 분석기법별로 분석 대상의 초점이 다르기 때문에 하나의 갈등에 대해서 다양한 기법을 활용하여 이를 종합하는 것이 좋다.

머리 속에 산재해 있는 개념과 내용들을 시각화함으로써 갈등현장 당사자의 갈등요소들을 보다 분명히 인식할 수 있도록 하는 것이 중요하다.

갈등 상황에서 상대방의 요구(Need), 실익(Interest), 입장(Position)을 분석함으로써 갈등을 증폭시키지 않고, 창조적으로 문제를 해결해 나갈 수 있는 기초를 배운다.

주요 갈등분석 내용은 갈등 당사자(주요 당사자, 주변 당사자), 갈등의 쟁점과 내용(갈등 당사자의 입장, 이해, 요구/욕구, 갈등의 핵심 문제), 갈등 당사자간 상호관계(상대방에 대한 이해, 태도), 갈등의 발생과 변화 과정, 갈등을 지속시키는 외부 환경, 사인에 대한 갈등 당사자 간의 서로 다른 해석, 다른 인식 등을 다뤄야 한다는 것이다.

▸ 양파 분석기법

양파 분석기법은 갈등상황에서 당사자들이 겉으로 주장하는 것과 속으로 진짜 원하는 것을 분석하는 기법이다. 양파의 껍질이 겹겹이 있어 껍질을 벗겨내도 그 속에 또 껍질이 있는 것처럼 갈등의 표면에 드러난 공식적인 입장 내에 있는 실익과 요구를 파악하는 방법이다

- 입장(Position): 어떤 문제에 대해 당사자가 생각하는 해결책 또는 원한다고 공개적으로 표명하는 것
- 실익 / 관심사(Interest): '입장' 아래에 놓여 있는 것으로 목표, 이익 등 당사자가 진정으로 갖기를 원하는 것
- 욕구 / 요구(Need): 개인 혹은 집단으로서 당사자의 실존을 위해 반드시 충족되어야만 하는 것

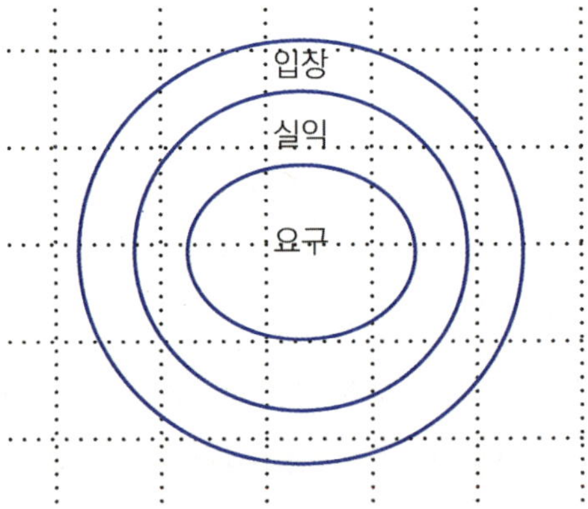

[그림 12-2] 양파 분석기법 모델

〈사례〉 두 자매가 오렌지 하나를 놓고 다투고 있다. 둘 다 자기에게 필요하다고 주장하면서 먼저 갖겠다고 한다. 오렌지는 단 하나밖에 없다. 여러분이 이 딸들의 부모라면 또는 선생님이라고 한다면 갈등해결을 위해 어떻게 하겠는가?
엄마는 칼을 가지고 와서 오렌지를 절반으로 잘라 자매에게 나눠주었다. 큰 딸은 오렌지 절반의 껍질을 벗기고는 오렌지를 먹었다. 작은 딸은 오렌지 절반을 자르더니 속살은 관심도 없고 껍질을 챙긴다.
- 입장: 두 자매 모두 오렌지를 갖겠다.
  실익: 큰 딸은 오렌지 속살, 작은 딸은 껍질
- 요구: 큰 딸은 오렌지를 먹기 위해, 작은 딸은 쿠키를 만들기 위해 껍질이 필요했다.

내용요약

1. 갈등에 대한 관점은 전통적 관점, 인간관계론적 관점, 상호작용론적 관점으로 구분해서 볼 수 있다

2. 갈등의 원인
   - 갈등의 원인은 크게 개인의 심리적 원인과 공동체의 구조적 원인이 있다. 개인의 심리적 원인에는 욕구의 좌절, 개인이 경쟁본능, 방어 메커니즘, 성격, 가치관의 차이, 사회적 학습이 있고, 공동체의 구조적 원인에는 구성원의 역할과 신분, 목표의 차이, 자원의 부족과 할당문제, 제도와 규정의 불확실성, 계층과 직급간 차이, 보상제도, 관리스타일, 과업간 상호의존 정도, 집단간 특성의 차이가 있다.
   - Christopher Moor는 갈등유형의 원인을 이해관계 갈등, 사실관계 갈등, 가치관 갈등, 인간관계 갈등으로 구분하였다.

3. 갈등관리 유형은 자기의견 주장과 타인협조의 측면으로 회피형, 순응형, 타협형, 경쟁형, 협력형으로 나누어 볼 수 있다.

4. 갈등관리
   - 갈등관리의 원칙은 사람과 문제를 분리하기, 입장이 아니라 상대방과 나의 관심사를 연결하기, 다양한 가능성, 상생적 대안을 창조하기, 객관적 기준을 적용하기가 있다.
   - 갈등관리 기법 중 양파 분석기법은 입장, 실익/관심사, 욕구/요구를 확인하는 기법이다.

개인활동 과제

여러분들의 현재 겪고 있는 갈등사례를 적고 양파 분석을 해보자.

1. 갈등 사례

2. 양파 분석

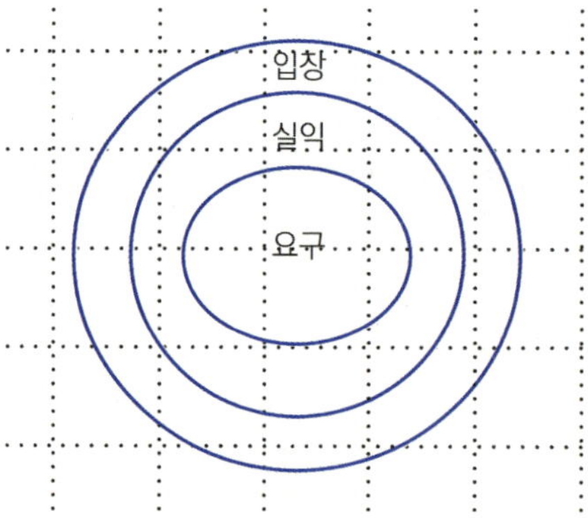

내 관점

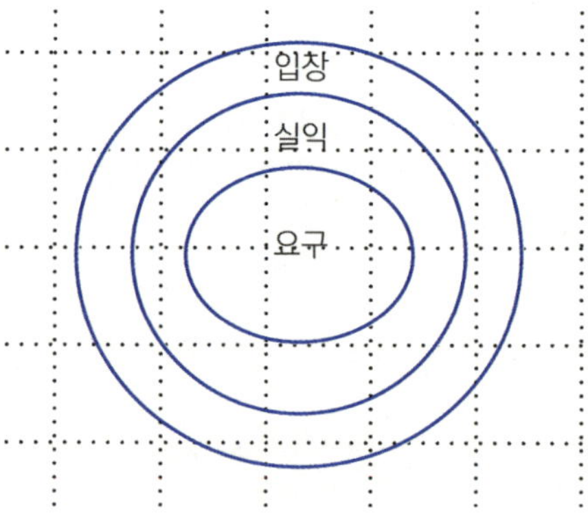

상대방 관점

활동지: 갈등관리 유형분석

당신의 의견이 조직원과 의견이 상충되는 상황에 처하면 당신은 그 상황에 어떤 반응을 하십니까. 다음 문항은 당신이 보일 수 있는 반응의 형태를 2가지로 묘사하고 있습니다. 당신의 반응형태를 잘 설명한 것과 비교적 그렇지 않은 형태의 점수를 기재하되 각 문항의 점수합계가 3이 되도록 기입해 주시기 바랍니다.

예〉

1	2	3	4
A 1 약간 부정	C 2 약간 긍정	A 0 매우 부정	B 3 매우 긍정
C 2 약간 긍정	D 1 약간 부정	B 3 매우 긍정	D 0 매우 부정
점수합계 3	점수합계 3	점수합계 3	점수합계 3

문항		유형	점수
1.	나의 의견이 상충될 때 협상하는 것보다 서로 일치하는 사항 등을 강조한다.	A	
	나는 다른 사람이 책임을 지고 문제를 해결하도록 할 때가 많다.	D	
2.	나는 절충안을 찾으려고 노력한다.	C	
	나는 상대방과 함께 나의 모든 관심사를 처리하려고 노력한다.	A	
3.	나는 목표를 추구하는데 확고한 편이다.	B	
	나는 상대의 감정을 진정시키고 좋은 관계를 유지하려고 노력한다.	D	
4.	나는 필요 이상의 긴장이나 대립을 피하려고 한다.	E	
	나는 해결책을 모색할 때에는 항상 상대방에게 도움을 청한다.	A	
5.	나는 나의 입장을 관철하려고 노력한다.	B	
	나는 불편한 상황의 조성을 피하려고 한다.	E	
6.	나는 문제를 혼자 생각해 볼 수 있을 때까지 뒤로 미룬다.	E	
	나는 상대방과의 교환조건 등으로 나의 의견을 포기한다.	C	
7.	남과 의견 차이가 기면 항상 신경 쓸 필요가 없다고 생각한다.	E	
	나의 입장이 어느 정도 관철되도록 노력한다.	A	
8.	나는 목표를 확고하게 추구한다.	B	
	나는 절충안을 찾으려고 노력한다.	C	

9. 나는 모든 관심사와 문제를 즉각 공개하려고 한다.	A	
나는 상대의 감정을 진정시키고 좋은 관계를 계속 유지하려고 노력한다.	D	
10. 나는 상대방의 기분을 상하지 않도록 노력한다.	D	
나는 상대방에게 내 입장의 장점을 납득시키려고 노력한다.	B	
11. 나는 상대방의 기분을 좋게 하는 것이라면 상대방의 견해를 받아들인다.	D	
나는 상대방이 나의 입장의 일부를 수용하면 상대방 입장의 일부를 수용한다.	C	
12. 남과의 의견 차이는 시간이 지나면 자연히 해결 되리라고 생각한다.	E	
나는 쌍방에게 이득과 손해를 공정하게 배분하려고 노력한다.	C	
13. 나는 항상 문제를 단도직입적으로 논의하려는 경향이 있다.	B	
나는 협상에 임할 때 상대방의 의견을 존중하려고 노력한다.	D	
14. 나는 상대방과 나의 입장의 중간입장을 찾으려고 한다.	C	
나의 의견을 주장한다.	B	
15. 나는 문제가 발생하면 다른 사람이 해결했으면 좋겠다는 생각을 할 때가 있다.	D	
나는 관계되는 사람 모두가 만족할 수 있도록 한다.	A	
16. 나는 긴장과 대립보다는 혼자서 생각해 볼 시간을 먼저 갖는다.	E	
나는 나의 소신을 강력히 밝히는 편이다.	B	
17. 나는 나의 입장의 타당성과 유용성을 논리적으로 설명하려고 노력한다.	B	
나는 나의 생각을 말하면 상대의 의견도 듣고 싶다.	A	
18. 나는 문제가 있으면 항상 상대방과 의논하여 해결하려고 한다.	A	
나는 가급적 상대의 기분을 상하지 않도록 노력한다.	D	
19. 나는 의견 차이는 당연히 있는 것 이라고 생각한다.	E	
나는 상대의 의견에 별 무리가 없으면 내 생각을 고치는 편이다.	C	
20. 나는 상대가 절충안에 동의하도록 요청한다.	C	
나는 해결점을 모색할 때에는 다른 상대방에게 도움을 청한다.	E	

1) 각 문항에 응답한 점수를 ABCDE 각각의 합계를 내어 아래에 기입하십시오.

A [ ] + B [ ] + C [ ] + D [ ] + E [ ] = 60

2) ABCDE의 점수 합계가 60이 되는지 확인하여 주십시오.

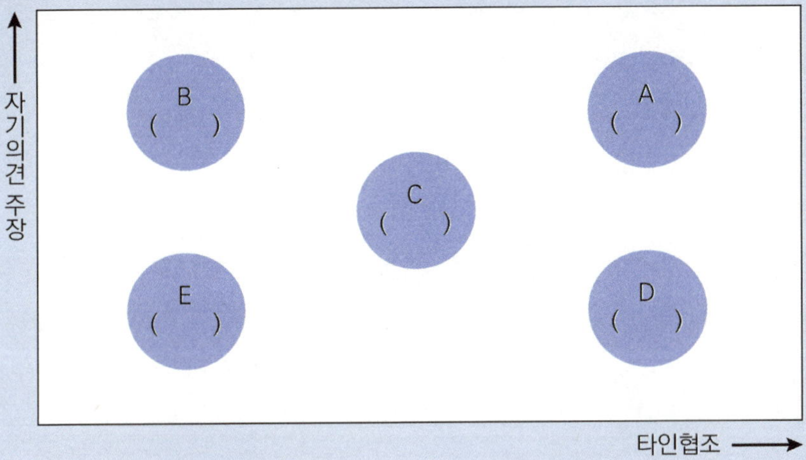

B형: 경쟁형 (Competing)

A형: 협력형(Collaborating, Problem-solving)

C형: 타협형(Compromising)

E형: 회피형(Avoiding)

D형: 순응형(Smoothing)

참고문헌

Nancy Good Sider 저, 서정기, 이재영 역(2007). 평화를 만드는 조정자 훈련 매뉴얼, KAP.
Perlstein Thrail 저, 정종진 외 역(2006). 중 · 고등학생용 갈등해결 활동 프로그램, 시그마프레스.

CHAPTER

13 창의적 문제해결력

See Do Get

창의적 문제해결력

A type과 B type의 생각에 따른 Do(하는 행동 / 말)와 Get(얻는 결과)에 대하여 토의해 봅시다.

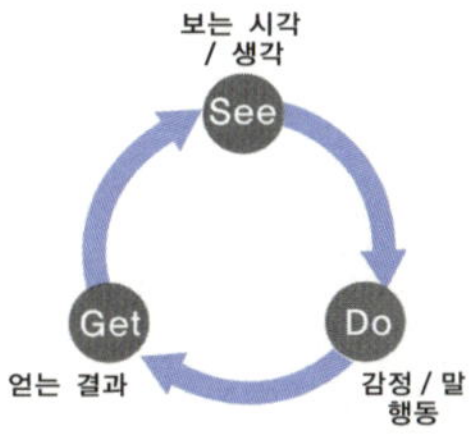

	A type	B type
See	인간은 하던 대로 하는 존재이다.	인간은 새로운 것을 좋아하는 존재이다.
Do		
Get		

이 장의 목표

- 창의성에 대해 이해하고 기본적 사고능력을 향상할 수 있다.
- 창의적 문제해결력 모형을 이해하고 생활에 적용할 수 있다.

1. 창의성이란?

'실생활 / 미래 / 누군가의 필요에 대하여 창의적으로 사고하는 방법'을 학습하면 새로운 문제에 성공적으로 대처할 수 있을 가능성이 더 커진다. 따라서 어떠한 문제를 '창의적'으로 생각하게 하고, 또 '사고하는 방법'을 익히게 하는 것이 이 장의 목적이다.

첫째, 창의적으로 문제해결을 할 수 있는 사고기능과 태도를 개발하는 것이다. 실생활문제, 미래문제, 누군가의 문제를 해결하는 프로그램은 '무엇을(what)' 생각할 것인지를 가르치는 것이 아니라 창의적으로 사고하는 방법 즉, '어떻게(how)' 사고할 것인지를 가르친다. 다시 말하면 어떤 교과 내용을 포함한 내용영역 자체를 익히는 데 목적이 있는 것이 아니라 교과 내용의 소재를 포함한 다양한 소재를 기반으로 하여 '사고(생각)하는 방법'을 기르는 데 목적이 있다.

둘째, 뛰어난 개인들이 함께 머리를 맞대고 아이디어를 발산하고 수렴하는 과정을 통하여 집단지성화의 성공적 경험에 대한 성취감과 더불어 팀워크(teamwork)를 개발하는 데 목적이 있다.

셋째, 유의미하고 목적지향적인 활동을 동료들과 수행하면서 해결하고자 하는 공동의 문제를 발견하는 과정부터 해결아이디어 계획 수립의 과정까지 각 개인의 사고를 언어로 표현하고 수렴하며 집단의 사고로 확장시키고, 이를 정리하고 발표하는 과정을 통해 커뮤니케이션 능력을 개발하는 데 목적이 있다.

이때 미래에 발생할 가능성이 있는 문제를 도출하여 해결하려고 시도하면서 미래지향적 사고(미래주의, futurism)를 가지게 될 것이며, 실생활 문제 또는 누군가의 문제를 해결하려고 시도하면서 의미지향적 사고를 하게 될 것이다.

창의적 문제해결 모형에서는 현실에서 / 미래를 앞서서 / 누군가의 삶에 긍정적인 영향력을 생각하고 준비하고 계획하는 것을 강조한다. 진정한 창의란 '시대나 장소를 한발 앞서 나가는 것'이며 '누군가에게 유익함을 끼치는 것'이라 말할 수 있다. 또한 창의적 문제해결력은 혼자서 독립적으로 사고하고 행동하는 기능뿐만 아니라 팀으로 협동하여 문제를 해결하는 팀워크 기능을 강조한다. 요약하면 창의적 문제해결은 팀원들과 협동하여 발산적 사고-비판적 사고를 할 줄 아는 능력과 커뮤니케이션 능력을 길러서 마침내 자신의 미래를 설계해 갈 수 있는 창의적인 문제해결능력과 태도를 갖출 수 있도록 한다. 실패한 사람들의 생각은 생존에, 평범한 사람들은 현상유지에, 그리고 성공한 사람들의 마음은 미래의 발전에 모아져 있다고 한다. 무슨 생각을 어떻게 하느냐에 따라 미래는 이렇게 또는 저렇게 다른 모습으로 결정되기 마련이다.

1) 창의성의 정의

1950년 조이 길포드(J. P. Guilford)의 미국 심리학회 회장 취임 연설에서 언급되어 창의성이 인간의 중요한 지적 특성에서 학문적 중심 영역으로 전이되어 본격적인 창의성 연구를 시작하였다. 이후 학자들은 창의성을 '창의적인 사람들이 가지고 있는 특성'으로 생각하고 창의적인 사람의 정신 과정이나 특성을 밝히는 연구를 진행해 오고 있다. 대표적인 학자들은 창의성을 다음과 같이 정의하였다.

(1) 토란스(Torrance)

- '새롭고 독특한 아이디어, 다른 관점, 문제를 새로운 시각으로 보는 것'으로 정의
- 창의적 사고란 어려움과 문제를 감지하고 정보에서 틈을 찾아내고 빠진 요소나 잘못된 무엇인가를 찾아내어, 이러한 결함에 대해 추측하고 가설을 세워 그 추측과 가설을 평가하고, 검증하며 이것을 재수정하고 재검증하여 마지막으로 알리는 과정

(2) 길포드(Guilford, 1959)

- 새롭고 신기한 것을 낳는 힘
- 정도의 차이는 있으나 모든 사람은 창의성을 지님
- 창의성을 지적 특성으로 이해, 창의적 사고 요인으로 구성됨
- 인간의 사고를 수렴적 사고와 발산적 사고의 두 가지 양식으로 구분하고, 창의적 산출물은 특정한 문제에 대한 발산적 사고와 동일한 것으로 간주하며 발산적 사고를 통해 사람들의 창의적 잠재력을 이해함
- 창의적 사고는 유창성, 융통성, 독창성, 정교성, 민감성, 재정의 및 재구성

(3) 칙센트미하이(Mihaly Csikszentmihalyi)

> 인간에게 창의성이 없다면 세상은 지금과는 매우 다른 곳이 되었을 것이다. 여전히 우리는 유전자의 지시에 따라 행동할 것이고, 살아가면서 배우는 모든 것은 우리가 죽는 순간 잊혀질 것이다. 언어, 노래, 도구, 그리고 사랑, 자유 민주주의와 같은 개념도 존재하지 않았을 것이고, 삶에 대한 아무런 의미도 느끼지 못한 채, 여타 다른 생명체와 별반 다름없이 살아갔을 것이다.
>
> 「창의성의 즐거움」에서

또한 오스본(Osborn)은 인간의 지적 활동을 이루는 사고의 두 형태가 있다고 하였다.

① 알려진 것 또는 결정된 것을 흡수하고, 기억하고, 보유하고 그것을 자료로 하는 추리 작용에 동원되는 사고의 양태

② 이미 알려진 것을 새롭게 지각하여 개조, 개선한다거나 알려지지 않은 것, 전혀 없었던 것, 결정되어 있지 않은 것을 탐구해 보고, 상상해 보고, 만들어 보는 데 동원되는 사고 형태가 있다.

즉, 과거의 지식을 학습하는 사고와 과거의 지식을 바탕으로 미래의 지식을 창조하는 사고이고 이는 인간 모두가 가지고 있는 보편적 능력이며 특성으로서의 창의성을 말한다.

여러 학자들의 정의를 요약하면 창의성은 좁은 의미에서 다른 사람이 생각해내지 못한 새로운 생각을 해 내는 능력이나 불가능을 극복하고 생각의 한계를 넓혀 가는 능력이다. 넓은 의미에서는 기존의 지식을 조합하여 새로운 지식을 만들어 내는 능력으로 창의적인 사고가 반드시 새로운 지식을 요구하는 것이 아님을 알 수 있다.

생각해 보기

▸ 창의성은 타고난 것인가?

▸ 모든 사람에게 창의성이 필요한 것인가?

▸ 창의성은 교육을 통하여 향상될 수 있는 능력인가?

▸ 창의성을 방해하는 요인은 무엇이 있을까?

2) 왜 창의성이 필요할까?

인류 역사가 시작된 이래로 인간은 삶의 질 향상을 위하여 지속적으로 노력하고 진화해 오고 있다. 시대적 요구와 위대한 인물들이 만나 큰 변화를 이룰 때도 있었고 작은 변화들이 여기저기에서 이루어지기도 한다. 그렇다 하더라도 변화에는 일정한 방향이 있었다.

초기 산업사회에는 양적 효율성을 강조한 생산성이 주요한 시기였다. 기술의 발전으로 생산성이 담보되어 질적 효율성을 강조한 품질이 중요한 시기였다. 기술은 더욱 발전하여 이제 풍요의 시대가 열리게 되었다. 핵심 자산은 눈에 보이지도, 만져지지도 않는 지식이 됨에 따라 지식창조를 강조한 창의성이 중요시되는 시기가 열린 것이다. 패러다임 변화의 방향은 생산성(양적 효율성) → 품질(질적 효율성) → 창의성(지식창조)으로 흐르고 있다.

또 다른 방식으로 시대의 변화를 표현해 본다면 **정복의 시대**에서 **창조의 시대**로의 변화를 들 수 있다. 20세기까지는 그야말로 정복의 시대였다. 정해진 경쟁자와 싸워 이겨야 내 것을 얻는 시기였다. 하지만 21세기는 창조의 시대이다. 협력 하에 새로운 것을 창조하여 더 큰 영토를 창조하는 시대이다. 이때 영토는 보이지 않는 가상세계를 포함하기 때문에 무한대라고 할 수 있다.

- 정복의 시대: 정해진 영토를 차지, 경쟁자를 싸워 이김, 경쟁, 이기고 지는 게임, Zero sum 게임
- 창조의 시대: 새로운 영토 창출, 협력하여 창조함, 협력과 창조, 서로 이기는 게임, Plus 게임

미래사회학자 엘빈 토플러는 변화하는 시대환경을 물결로 표현하였다. 제1의 물결은 근면함이 능력인 농경사회, 제2의 물결은 생산력이 능력인 산업사회, 제3의 물결은 정보력이 능력인 지식정보사회, 제4의 물결은 창의력이 능력인 드림 소사이어티 혹은 지혜의 시대라고 하였다.

구분	제1의 물결	제2의 물결	제3의 물결	제4의 물결
	농경사회 ~1800년대	산업사회 1800~1950년대	지식정보사회 1960~2000년대	꿈의 사회 21세기 이후
주요자원	땅	공장, 기술	정보력	상상력
생산물	자연 생산물 (과일, 곡식 등)	가공 제품 (플라스틱, 철)	정보, 콘텐츠, 아이디어 등	?
	쌀 한 가마니 : 4~10만 원	책상, 가구 : 10~100만 원	해리포터이야기 : 100억 달러	?
저장방식	곡식 창고	창고 혹은 문서화된 기술력	지적자산, 파일	?

시대변화에 대한 통찰력이 있는 모든 전문가가 이제는 창의력의 시대라고 한다. 창의력이 곧 능력인 시대인 것이다. 이러한 시대적 변화에 따라 대기업 인사담당 임원들은 핵심인재 조건 중 창의적 아이디어를 가장 중시하고 채용시 핵심 변인으로 선정하고 있다. 그런데 우리나라 교육현장에서 창의성을 배워본 적이 있는가? 어쩌면 주입하고 고정된 틀을 요구하는 교육에서는 도리어 창의성을 죽이는 교육을 하고 있는지도 모른다.

자신에게 물어보자. 1시간이라도 창의력 개발에 투자해 본적이 있는가? 혹자는 이것은 타고난 것이라 말한다. 그렇다면 사고력은 어떠한가? 원리를 알고 연습하면 사고력이건 창의력이건 기를 수 있는 능력이다.

3) 창의적 사고의 기본능력

창의성에 대하여 연구한 학자들은 창의적이지 못하게 하는 요인들로는 평가를 통한 압박감, 부정적 결과를 초래하는 보상, 불안을 유발하는 지나친 경쟁, 규칙·자료·사고의 틀에 갇히게 하는 선택권의 제한 등을 들고 있다. 이것을 거꾸로 생각하여 이러한 제약과 한계를 없애면 누구나 창의적일 수 있다는 것이다. 창의적 사고를 위한 기본능력에 대하여 알아보자.

(1) 자유롭게 생각할 수 있는 능력

우리가 하는 생각은 나의 것인가? 어느 누군가에 의해 주입된 것인가? 내가 생각하는 나의 모습은 내가 만든 것인가? 부모님이나 선생님 혹은 주위 사람들이 만들어준 이미지인가? 돼지는 정말 더러운가? 많은 경우에 새로운 자극 상황을 만나면 아주 짧은 시간 내에 자신의 두뇌에 저장되어 있는 정보를 근거로 하여 판단을 하는 것이 인간의 두뇌가 움직이는 원리이다. 이것을 고정관념, 선입견, 패러다임이라 한다. 창의적 사고를 하기 위해서는 이러한 과거 경험에서 자유로울 수 있는 즉, 판단을 유보하고 통제할 수 있어야 한다.

(2) 사고의 유창성, 융통성, 독창성 및 정교성 개발

창의력은 '새롭고 유용한 것을 생성해 내고 이것을 남들이 수용할 수 있도록 설득력 있게 커뮤니케이션 할 줄 아는 사고'이다. '새롭고 유용한' 것이란 새로우면서도 동시에 유용한 아이디어(대안, 해결책) 또는 산출을 말한다. 그리고 효과적인 커뮤니케이션은 말로 할 수도 있고 글로 진술할 수도 있다. 창의성의 구성요소는 '유창성'(많은), '융통성'(다양한), '정교성'(자세한) 및 '독창성'(독특한)으로 보는 견해가 많다.

〈표 13-1〉 **토렌스(Torrance, 1976)의 창의적 사고 구성 요소**

구성 요소		개념 및 평가 준거
토렌스 (Torrance)	유창성	생성해 낼 수 있는 아이디어의 수
	융통성	사고의 다양성으로 여러 가지의 '다양한' 범주에서 아이디어들을 생성해 내는 것
	독창성	남들이 좀처럼 생각해 낼 수 없는 '독특한' 아이디어를 생성(생각)해 내는 것
	정교성	어떤 아이디어를 자세하고 분명하게 설명하는 것

(3) 질문할 줄 아는 능력

질문은 두뇌에 새로운 길을 여는 것이다. 질문하지 않으면 해답은 없다. 어떤 것을 새롭게 배우고 아는 것이나, 정보를 수집하고 문제를 해결할 수 있는 것은 모두가 '적극적인 질문'에서 시작한다. 자기 자신에 대하여, 남들에 대하여, 그리고 과제(장면, 문제)에 대하여 질문할 줄 알면 창의적인 사고는 크게 자극된다.

[두 명씩 짝을 지어 한 명은 질문을 하고 한 명은 답을 해 보자.]

- 500원 동전에는 누가 그려져 있을까?
- 인간은 하루에 몇 가지 생각을 할까?
- 10년 후 오늘 나는 무엇을 하고 있을까?
- 맨홀 뚜껑은 왜 둥근 모양일까?

스스로에게 질문을 하거나 타인으로부터 질문을 받게 되면 원하건 원하지 않건 생각을 하게 된다. 스스로 자신에게 질문하는 습관을 들여 보자.

(4) 문제에 대한 민감성

두뇌의 작동 원리
input ➔ process ➔ output
음식이 input되면 나의 몸의 일부가 된다.
지식이 input 되면 내 정신의 일부가 된다.
input을 잘 해야 한다.

눈이 민감하고
귀가 민감하고
코가 민감하고
촉각이 민감하고
마음이 민감하자.

토렌스(Torrance, 1970)는 창의력 중에서도 가장 중요한 것은 '문제에 대한 민감성(problem sensitivity)'이라 말하기도 한다. 사물에 대하여 호기심을 가지고 민감하지 않으면 창의적인 질문은 이루어지기 어렵다. 민감하게 문제를 확인해 내고 제기하지 않으면 문제를 해결하려는 노력은 결코 시작되지 않을 것이다. 그래서 토렌스는 앞에서 살펴 본 바 있는 유창성, 융통성, 독창성 및 정교성과 함께 '민감성'을 제1의 기본적인 창의적 요소라 말하기도 한다.

민감성은 '민감한 관찰'이라 부르기도 한다. 그것은 '어떤 것'을 보더라도 호기심을 가지고 민감하고 철저하게 들여다보며 '있을 것이 제자리에 있는가?', '결손 또는 부족한 것은 무엇인가?', '모순된 것은 무엇인가?' 등과 같은 질문을 계속하고 대답을 찾는 것이다. 물론 여기에서 말하는 '어떤 것'에는 '문제'뿐만 아니라 우리가 보고 듣는 모든 것을 말하며, '독서'도 포함된다.

(5) 시각을 바꾸어 볼 수 있는 능력

한 가지 시각(perspective)으로만 문제를 보면 언제나 같거나 비슷하게 보이기 쉽다. 그리고 비슷한 생각에 맴돌면 막힌 골목에 빠지기 쉽다. 그림의 중심을 달리하여 그린 두 개의 세계지도와 이를 뒤집어 본 세계지도가 있다. 여기서 말하는 '그림의 중심'은 우리가 어떤 것을 이해하는 '시각'을 나타낸다. [그림 13-1]은 태평양을 중심으로 한 메르카토르 도법으로 작성된 지도이고, [그림 13-2]는 대서양(경도선)을 중심으로 한 페터스 도법으로 그려진 지도이다. 어떤 각도에서 보느냐에 따라 사물이 달라지며, 같은 사물을 거꾸로 볼 때 전혀 다른 시각을 가지게 된다.

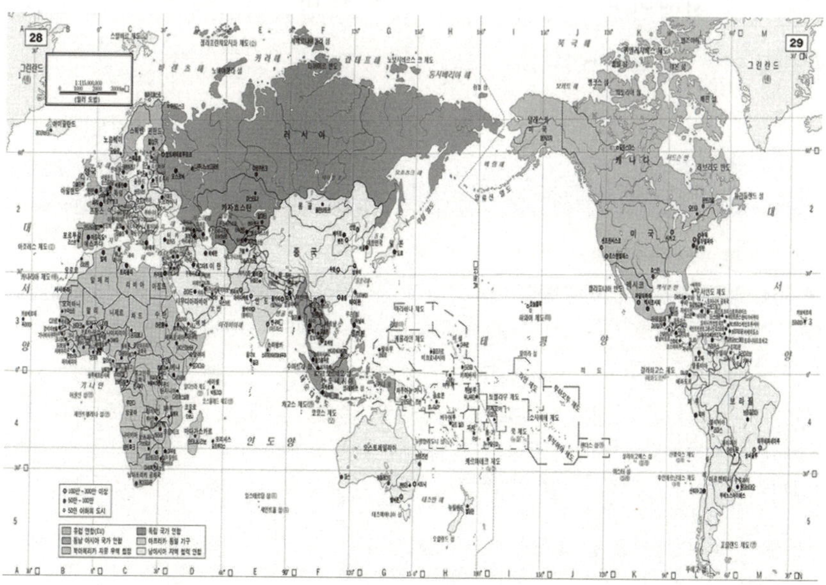

[그림 13-1] 태평양 중심 세계지도(메르카토르 도법)

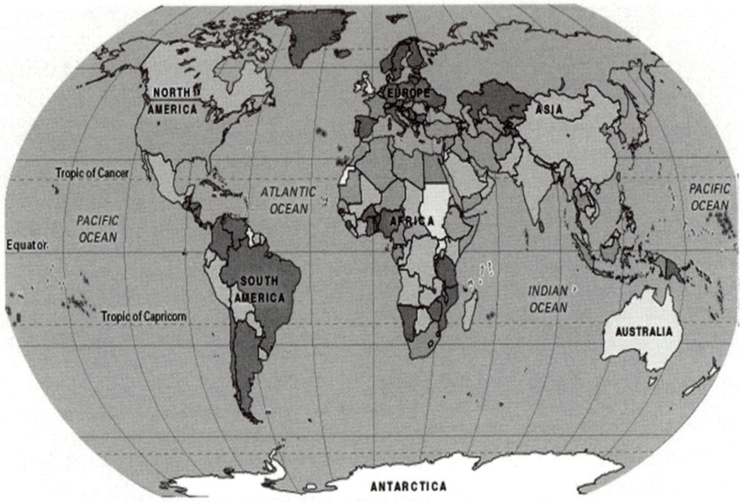

[그림 13-2] 대서양 중심 세계지도(페터스 도법)

(6) 문제를 발견할 수 있는 능력

문제를 해결하는 것도 매우 중요한 것이지만, 미래사회에서 해결해야 할 문제는 지금까지 있었던 문제가 아닌 새로운 문제일 확률이 많다. 새로운 문제이기 때문에 해결방법 또한 새로운 방법이어야 하지만, 그 이전에 해결해야 할 문제가 무엇인지 발견하는 것이 선행되어야 한다. 사실, 문제를 발견하기만 하면 해결하는 것은 상대적으로 쉬운 일일 것이다.

읽기자료

페니실린을 발견한 알렉산더 플레밍의 이야기이다.

"제가 지하 연구실에서 포도상구균을 배양하고 있을 때입니다. 어느 날 저는 제가 배양한 세균이 지하 연구실의 습한 공기 때문에 곰팡이가 껴서 죽어버린 것을 발견하였습니다. 이때 저는 배양한 세균이 어떻게 하면 죽지 않을까?를 문제로 본 것이 아니라 '곰팡이가 세균을 죽여버린 것'을 문제로 보았습니다. 문제를 '곰팡이 때문에 기껏 배양한 세균이 실패로 돌아갔다'고 보느냐 아니면, '곰팡이가 세균을 죽이게 되었다'고 문제를 재정의 하느냐가 관건입니다."

알렉산더 플레밍의 문제 재정의 또는 발견:
배양한 세균이 어떻게 하면 죽지 않을까? → 곰팡이가 세균을 어떻게 죽여 버렸을까?

〈일상생활에서 발견할 수 있는 문제들의 예〉

- 왼손잡이인 우리 누나는 가위 사용을 아주 어려워한다.
- 어린 여동생이 페트병을 여는 데 너무 많이 힘들어 한다.
- 건널목에서 신호를 혼동하는 사람들이 많이 있다.

다양한 문제발견을 해 보자 - 일상생활 속에 무궁무진하다-

(7) 결합과 조합의 능력

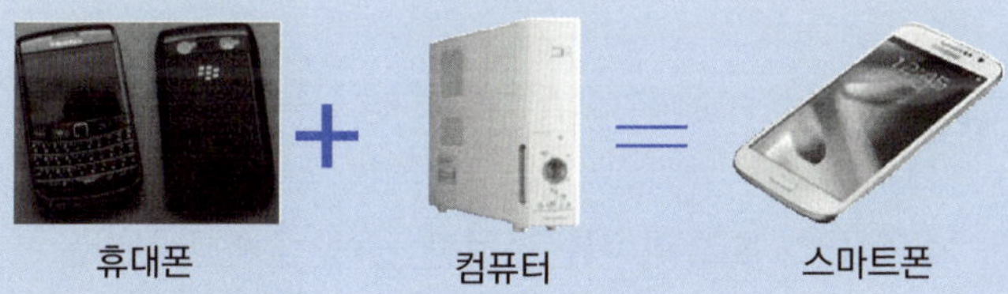

창의적 사고의 다양한 정의들 중 ① 새롭고 유용한 것을 만들어 내는 것, ② 기존의 지식이나 사물에서 어떤 것을 더하거나 변형하여 새로운 가치를 만들어내는 것으로 구분하여 생각해 볼 수 있다. 많은 창의적인 산물들은 ①보다는 ②에서 비롯된 것이다.

일상생활에서 결합과 조합으로 된 사물을 발견해 보자.

(8) 논리적 사고능력

창의적 문제해결에는 아이디어들을 생성해 내는 것이 중요하지만 그것만으로 충분하지 않다. 생성해 낸 아이디어들을 정리하거나 다듬거나 선택해야 하기 때문이다. 아이디어들을 생성해 내는 것은 협의의 창의적 사고, 생산적 사고 또는 발산적(확산적) 사고이다. 그리고 이러한 사고에 기초하여 비판적 사고(수렴적 사고)가 만들어지고 또한 비판적 사고에서 다시 창의적 사고로 순환하는 과정의 반복을 통한다. 즉, 두 가지의 사고는 같이 작동한다. 비판적 사고는 논리적 사고능력을 바탕으로 이루어진다.

(9) 미래지향(futurism)적 사고

미래지향적 사고는 미래를 상상하고, 예측하고, 그리고 준비하는 개척자적인 생각을 하는 것이다. 미래는 어떻게 될까? 지금부터 10년, 20년, 또는 50년 전과는 어떻게 다른가? 그러면 나는 무엇을 준비하고 어떻게 사고해야 할까? 어떠한 생각을 가져야 할까?

(10) 의미지향적 사고

인간의 두뇌는 자신이 스스로 의미를 부여한 것에 대해서만 작동을 하는 원리가 있다. 따라서 단순히 새로운 것을 만들어 내기 위하여 노력하기보다는 누군가를 위한 의미를 추구할 때 자발적이고 즐거운 마음으로 창의활동을 할 수 있다.

'생활 속에서 누군가를 위하여', '소외된 1%를 위하여' 의미 있는 것이 무엇인지 생각해 보자.

2. 창의적 문제해결력 모형

1986년 트래핑거(Treffinger)는 학생들의 창의적 사고력 및 문제해결력을 신장시키는 전략을 포함하는 한 모형을 제안하였다. 이 모형은 다음 세 가지 단계를 포함한다.

단계1	기초 사고력 도구 학습하기
	아이디어를 창출하고 분석하는 도구인 발산적 사고(예: 브레인스토밍, 강제결합법, SCAMPER)와 수렴적 사고(예: PMI, 평가행렬법)를 학습한다.
단계2	문제해결 모형을 학습하고 훈련하기
	학습한 기초 사고력 도구를 적용하는 기회를 가지기 위하여 체계적으로 구조화된 문제해결 모형을 학습한다.
단계3	실생활 문제와 도전을 해결하기
	이 단계에서는 실생활 문제 / 미래문제 / 소외된 누군가를 위한 문제를 해결하는 것이 핵심이다. 이 단계를 성공적으로 학습하는 방법은 이전 단계를 학생들이 반드시 거치도록 지도하는 것이다.

단계 1 기초 사고력 도구 학습하기

Logical

논리적이고 분석적이며, 신중하고, 계획적이고 일처리에 세밀한 주의를 기울임

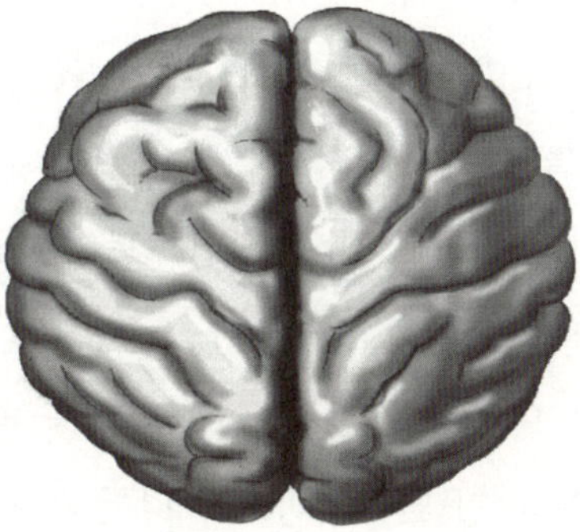

Creativity

감각적이고 예술적이며, 문제해결에 있어서 감정이나 직관에 의존함

[그림 13-3] 좌뇌(논리적)와 우뇌(창의적)

인간의 두뇌는 좌뇌와 우뇌가 각기 다른 기능을 한다는 것은 이미 밝혀진 사실이다. 그러나 좌뇌에서 아무리 정교하게 분석을 하더라도 빈곤하고 평범한 발상에서는 아무런 부가가치도 만들어지지 않고 우뇌에서 아무리 좋은 발상이 만들어지더라도 사실에 근거하여 검증하지 않으면 현실적인 해결책이 되지 못하며, 논리적인 뒷받침이 없이 타인을 설득하거나 문제를 해결할 수도 없다. 좋은 생각이 만들어지기 위해서는 먼저 우뇌에서 다양한 아이디어를 많이 만들어낸 후 좌뇌에서 아이디어를 평가하고 다듬는 과정을 반복적으로 거쳐야 한다.

이렇게 문제에 대하여 우뇌중심의 유연한 사고를 하여 아이디어를 생산한 후, 이 아이디어를 중심으로 좌뇌중심의 냉철한 사고로 아이디어를 평가하는 과정을 다이아몬드 사고법이라고 하자.

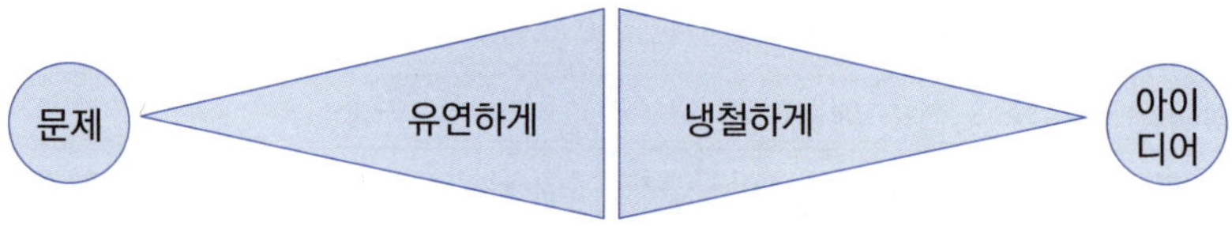

[그림 13-4] **다이아몬드 사고법**

유연한 사고는 발산적 사고 방법으로, 냉철한 사고는 수렴적 사고 방법으로 연습할 수 있다.

1) 발산적 사고 방법

아이디어 생성을 위한 사고를 발산적(확산적, Divergent thinking) 사고라 한다. '사고도구'란 사고(생각)를 할 때 도움 되게 사용할 수 있는 '방법'을 말한다.

여기에서는 발산적 사고 도구로서 브레인스토밍(Brainstorming), 강제결합법, 스캠퍼(SCAMPER) 기법에 대하여 연습한다.

발산적 사고를 위하여 다음과 같은 가이드라인을 따라야 한다. (1) 판단하지 말라, (2) 아이디어의 양을 많이 만들어라, (3) 다른 아이디어를 조합하거나 연결하라, (4) 자유분방하게 상상하라

(1) 브레인스토밍(Brainstorming)

- brain(두뇌) + storming(폭풍) = brainstorming

브레인스토밍은 아이디어를 많이 만들 수 있도록 도와주는 가장 단순하지만 막강한 생각 기법으로, 어떤 문제에 대한 해결 아이디어를 찾기 위해 비판하지 않고 자유롭게 생각하는 사고 기법 중 하나이다. 또한 자유로운 분위기 속에서 참가자가 새롭고 많은 아이디어를 내놓고, 그 아이디어를 자유롭게 개선하고 발전시키기

위한 대표적인 창의적 사고 기법이다.

한 가지 주제를 선정하여 팀원들이 각자 떠오르는 아이디어(생각)를 소리내어 말하며, 서로의 아이디어(생각)를 공유하고 생성해 보자.

망치 없이 못을 어떻게 박을 수 있을까?

• 또 다른 주제: 우리 학교가 더 좋은 학교가 되려면 어떻게 하면 될까?

(2) 관계를 강제 결부시키기, 강제결합법

많은 창의적인 제품은 전혀 없던 새로운 것을 발명한 것이 아니라 기존에 있는 두 가지 이상의 사물의 특성을 연결한 것이 많다. 이렇게 다루고 있는 주제나 문제와는 별로 관련이 없어 보이는 물건, 그림, 소리 또는 단어를 아무렇게나 임의로 뽑아서 이것을 다루고 있는 주제나 문제에 강제로 관련시켜 봄으로써 새로운 대안이나 가능성들을 생성해낸다.

읽을거리 / 철조망의 발명

오래된 이야기이지만, 미국의 어린 목동 조셉이 철조망을 발명한 이야기를 소개하고자 한다.

13세의 소년 조셉은 목장의 양치기로 취직을 하였다. 조셉은 목장에서 양떼를 지키다가 가끔 나무 그늘에 앉아 쉬거나 잠깐씩 다른 생각을 하곤 하였다. 그럴 때마다 몇 마리의 양이 무리를 떠나 잘 자란 남의 집 콩밭으로 가서 콩밭을 망쳐 놓았다. 이때마다 콩밭 주인은 목장 주인에게 항의를 해오고, 목장 주인은 조셉을 심하게 꾸중했다.

조셉은 매일 양들이 목장 밖으로 나가지 못하도록 신경을 썼으며, 어떻게 하면 양들이 울타리를 넘어 남의 밭으로 가지 못하게 할까 궁리를 하였다.

그러던 어느 날, 조셉은 중요한 사실을 발견하였다.

이 목장 울타리의 대부분이 장미 덩굴로 되어 있었으나, 몇 군데는 나무 말뚝을 박고 철사로 울타리를 쳐 놓았다. 양들은 장미 덩굴 울타리가 아닌 철사 울타리 밑으로 빠져 나갔다. 이것을 본 조셉은 좋은 생각이 떠올랐다.

'이 철사줄에 장미 덩굴과 같이 가시를 만들어 달면 못 빠져 나가겠지...'하는 생각이었다.

그 날 저녁, 그는 집에 가서 아버지에게 이야기를 했고, 그의 아버지는 철사줄에 군데군데 철사를 끊고 꼬아서 가시를 만들어 철사 울타리 대신 이 가시 돋친 철사줄을 쳤다.

그것은 대단한 성공이었다. 양은 한 마리도 이 가시 철사줄을 빠져 나가지 못했다.

그 후, 조셉과 그의 아버지는 이 가시 돋친 철사줄을 국내외에 특허를 냈다.

이 가시 돋친 철사줄은 집의 울타리에서부터 농토의 울타리까지 많이 사용되어 세계 각국에서 인기가 높았다. 그뿐만 아니라, 세계 각국에서 국경선에 이 철조망을 사용하게 되어 철조망을 만드는 공장이 많이 생기게 되었다. 지금은 철조망의 가시 부분이 여러 형태로 만들어지고 있으며, 그것은 자신의 테두리로 들어오는 외부인들에게 더욱더 큰 상처를 줄 수 있도록 날카롭게 만들어지고 있다.

창의란 것은 이렇게 간단한 생각에서 오는 것이 많다.

더불어 일상 생활에서 항상 현상을 탐구하는 습관과 '왜'라는 단어를 수없이 상기하게 되면 당신도 창의적 문제해결가가 될 수 있다.

〈방법 1〉

첫째, 목록표 작성하기

둘째, 목록표에 제시된 사물의 특성 적기

셋째, 각각 서로 다른 사물의 특성과 결합해서 아이디어 내기

1 핸드폰	• 떨어뜨리면 고장 날 수 있다. • 몸체, 안테나, 충전기가 있다. • 다양한 기능이 있다(계산기, 게임기, 달력, MP3, 메모) • 늘 가지고 다닌다.	• • • • •	2 청바지
3 우산	• • • • • •	• 말랑말랑하다. • 빵과 크림, 장식으로 되어 있다.	4 케이크

핸드폰 + 케이크
• 말랑말랑해서 떨어져도 깨지지 않는 핸드폰 케이스 • • • • • • • •

〈방법 2〉 사물 1 + 사물 2를 자유롭게 생각하기

이름: 날짜:

하나 또는 몇 개의 물건을 선택		자신의 과제 또는 문제를 진술		새로운 아이디어 또는 가능성을 발견 / 확인
컴퓨터	+		=	
자전거	+		=	
촛불	+		=	
플러그	+		=	
자동차	+		=	

(3) 스캠퍼(SCAMPER)

오스본(Osborn)의 질문리스트를 재조직하여 보다 간단하게 만든 것이 SCAMPER이다. SCAMPER는 대치하기(Substitute), 결합하기(Combine), 적용하기(Adapt), 수정－확대－축소하기(Modify-magnify-minify), 다른 용도로 사용하기(Put to other use), 제거하기(Eliminate), 재배치하기(Rearrange-reverse)이며 단계에 따라 기존의 것을 개선하거나 새로운 것을 만들어 내는 데 유용한 아이디어 촉진 질문법이다. 이 기법은 고정된 사고의 틀에서 벗어나 다각적인 측면에서 사고할 수 있는 기회와 경험을 제공한다. SCAMPER에 있는 모든 약자를 항상 모두 사용해야 하는 것은 아니고, 지금의 과제에서 어떤 것이 새로운 아이디어를 자극할 수 있는지를 골라 사용할 수 있다.

구분	내용	주요 질문
대치하기 (Substitute)	뭔가 대체할 것을 찾다 보면 새로운 아이디어를 찾아낼 수 있다.	A대신 B를 쓰면 어떨까?
결합하기 (Combine)	짝짓기 할 것을 찾아보면 뭔가 시너지를 내거나 새로운 것을 만들어낼 수 있다.	A와 B를 결합하면 어떨까?
순응하기 (Adapt)	어떤 부분을 바꾸어 보면 문제를 해결하거나 제품이나 서비스를 변화시킬 수 있다.	A를 B에만 쓰는 것이 아니라 C에도 쓰면 어떨까?
변경하기 (Modify)	뭔가 꼬여있는 현상을 변화시키면 대안을 찾아낼 수 있다.	A안의 a를 변화시키면 어떨까?
타용도로 사용하기 (Put to other use)	현재의 해결책을 다르게 적용하거나 혁신적으로 사용하면 새로운 기회를 만들 수 있다.	A를 B용도에만 사용하는 것이 아니라 다른 용도에도 사용하면 어떨까?
제거하기 (Eliminate)	뭔가 기존의 것에서 제거해보면 문제 해결의 새로운 실마리를 찾을 수 있다.	A를 구성하는 a, b, c 중 무엇인가를 빼면 어떨까?
반대로 하기 (Reverse)	지금과는 순서를 바꿔보면 뭔가 색다른 아이디어를 찾을 수 있다.	AB를 BA로 바꾸면 어떨까?

읽을거리

- 대치하기(Substitute)의 사례: 천 → 종이 냅킨
- 결합하기(Combine)의 사례: 시계 + 타이머 = 스톱워치 기능이 있는 시계

- 순응하기(Adapt): 이전 스타일을 활용하여 새로운 변화를 하는 것

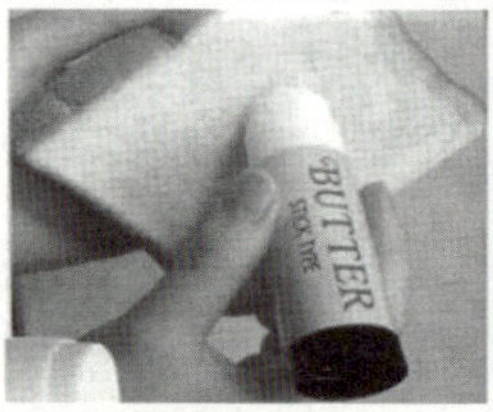

딱풀의 원리를 적용한 버터

미로찾기를 적용한 현관문 잠금장치

장미가시덩굴을 적용한 철조망

- 변경하기(Modify): 이전 것의 일부를 변경(형태변경, 축소, 확대하기)

형태변형하기(Modify) - 납작한 전구

축소하기(Minimize) - 초소형 카메라

확대하기(Magnify) - 초대형 찐빵

- 타 용도로 사용하기(Put to other use): 항아리의 용도 → 장담기, 음향기구, 우산 꽂는 것
- 제거하기(Eliminate): 우유에서 지방을 제거 → 저지방 우유
- 반대로 하기(Reverse): 발가락 양말, 양면 잠바

다음 예는 SCAMPER 기법을 적용하여 새로운 전화기의 예를 제시한 것이다.

항목	새로운 전화기
대치하기(substitute)	삐삐, 핸드폰, 무전기, 이메일
결합하기(combine)	TV와 전화기, 시계 달린 전화기
비슷한 것 찾기(adapt)	파발, 봉화, 인편, 편지, 전보
수정하기(modify)	피아노 모양의 전화기
확대하기(magnify)	다이얼을 크게 확대한 효자전화기
축소하기(minify)	전화의 재다이얼 기능
다르게 활용하기(put to other use)	홈 오토메이션 기능, 모닝콜
제거하기(eliminate)	유선을 제거한 무선전화기
재배열하기(rearrange)	왼손잡이를 위한 전화기
거꾸로 바꾸기(reverse)	송화기에 달렸던 다이얼 판을 수화기에 부착한 전화기

팀원이 협력하여 관심있는 사물에 대하여 SCAMPER 기법을 적용하여 아이디어를 생성해보자.

새로운 (	) 만들기
대치하기(substitute)	
결합하기(combine)	
비슷한 것 찾기(adapt)	
수정하기(modify)	
확대하기(magnify)	
축소하기(minify)	
다르게 활용하기(put to other use)	
제거하기(eliminate)	
재배열하기(rearrange)	
거꾸로 바꾸기(reverse)	

2) 수렴적 사고 방법

아이디어들을 충분히 많이 생성해 내고 나면 이들을 정리하거나, 평가 또는 판단하고 선택해야 한다. 이것을 우리는 수렴적(초점화, convergent, 논리적, 비판적) 사고라 부른다.

생성해 낸 아이디어(대안, 해결책)들을 정리하거나, 또는 이들 가운데서 가장 그럴듯한 '유용한' 것을 평가하고 판단하는데 도움이 될 수 있는 사고도구에는 몇 가지가 있다.

여기에서는 PMI기법과 평가행렬법에 대하여 연습해 보자.

읽을거리 / 수렴적 사고의 가이드라인

- **긍정적으로 판단하라.**
  - 어느 것이 더 나은가? 대안을 평가 또는 선택할 때 장점을 먼저 생각하라.
  - 완벽한 것보다는 '더 나은 것'이 어느 것인지를 주목하라.
  - 세상에 완벽한 대안은 거의 없다는 것을 기억하라.
- **눈을 목표에 두라.**
  - 목표는 무엇인가?
  - 성취하고 싶어 하는 목표에 초점을 두고 판단하라.
  - 목표에 부적절한 것은 어떠한 것이라도 유용하지 않다. 모든 것은 목표에 적절해야 한다.
- **열린 마음을 가지고 대안을 보라.**
  - 모든 아이디어에 마음을 열고 더 좋은 것이 어떤 것인지를 찾는 데만 충실하라. 편견을 가지지 말라.
  - 열린마음인가?
- **새롭고 독특한 대안을 찾으려고 노력하라.**
  - 의도적으로 특별하고 독창적인 아이디어를 찾아보라. 이들은 처음 보면 엉뚱한 것 같이 보이고 그래서 내버려지기 쉽다.
  - 특별하거나 독창적인 것은?

(1) PMI(Plus-Minus-Interesting)

제안된 아이디어의 장점(P), 단점(M), 흥미로운 점(I)을 따져본 후 그 아이디어를 평가하는 기법으로 하나의 아이디어에 대해 집중적으로 분석하고자 할 때 간단하면서도 효과적으로 활용할 수 있는 기법이다.

- Plus(강점, 장점): 제시된 아이디어의 좋은 점
- Minus(단점, 약점): 제시된 아이디어의 나쁜 점
- Interesting(흥미로운 점): 제시된 아이디어와 관련하여 흥미롭게 생각되는 점

PMI기법을 진행하기에 앞서 PMI의 의미를 집단구성원들에게 충분히 설명한 후 각 영역별로 아이디어를 생성한다.

※ P를 고려할 때는 P에만 집중하고 마찬가지로 M에만 집중한 후, I에만 집중하여 아이디어를 생성한 후 PMI 결과를 발표하고 논의한다.

	Plus	Minus	Interesting	총점
아이디어1				
아이디어2				
아이디어3				

다음에 나오는 평가하기 활동을 통해 도출된 해결 아이디어를 이용하여 PMI를 하는 것도 한 방법이다.

(2) 평가하기

'평가하기'는 생성해 낸 대안들을 판단하거나 의사결정하거나 무게(비중)를 달아 보거나 또는 가장 좋은 것을 선택하기 위한 것이다. 정해진 주제에 대해 해결 아이디어를 생성하고 난 후, 좋은 아이디어를 판단하기 위한 판단준거를 선정한다. 그리고 전체 팀원이 판단준거별로 점수를 매겨 합계점수가 높은 아이디어를 채택한다. 이때 각 팀원이 판단준거별 점수를 매기고 이를 합산할 수도 있다.

〈주제: 학교공부를 능률적으로 할 수 있는 방법〉

해결 아이디어		판단준거				합계
		학습	건강	인성	환경	
1	점심 식사 후에 30분간 수면 시간을 준다.	8	10	9	6	33
2	남학생과 여학생이 짝이 되어 앉는다.	7	8	10	9	34
3	능력별 이동 수업을 실시한다.	10	7	7	7	31
4	잘하는 학생과 못하는 학생을 짝지어 서로 가르쳐 주도록 한다.	9	6	6	8	29
5	수업시간을 10분 단축한다.	6	9	8	5	28
6	교실 벽면을 다시 칠한다.	5	5	5	10	25

〈실습 주제: 우리 학교가 더 좋은 학교가 되려면 어떻게 하면 될까?〉

해결 아이디어		판단준거				합계
1						
2						
3						
4						
5						
6						

단계 2 문제해결 모형을 학습하고 훈련하기

문제해결 모형의 단계는

① 문제 발견하고 정의하기 → ② 핵심문제의 선정 → ③ 해결 아이디어의 생성 → ④ 판단준거의 생성 → ⑤ 아이디어 판단 → ⑥ 아이디어 실행 계획 세우기 → ⑦ 문제해결로 구성된다.

1) 문제 발견하고 정의하기

상황을 전체적으로 살펴보고 노력과 창의가 필요한 또 중요한 문제・기회가 있는지를 발견해 낸다. 그것은 상황과 관련된 '걱정거리'나 '우려' 등의 '도전'일 수 있고 '기회'일 수도 있다.

- 상황에 관련 있는 가능한 문제를 생성해 낸다.
- 이들 가운데서 가장 유망한 몇 개의 문제를 선택한다.
- 가장 중요해 보이거나 시급한 문제를 상세하게 정교화한다.
  - 6하 원칙 질문을 사용하여 '무엇이' 문제이며 '왜' 그것이 문제인지를 진술하라.

일상생활에서 발견할 수 있는 문제들

- 아버지는 요즘 작은 글자를 읽는 것이 어렵다고 하세요.
- 엄마는 TV프로그램을 녹화할 줄 모르세요.
- 지하철 통로는 휠체어를 탄 사람이 통과하기에 너무 좁아요.
- 사거리에서 신호를 혼동하는 사람들을 많이 보았어요.

- 문제 상황 발견:
- 문제들 생성
  - ______________________________
  - ______________________________
  - ______________________________
- 6하 원칙 문장으로 진술하기

요소	작성
언제	
누가	
어디서	
무엇을	
왜	
어떻게	
문제정의	

〈예시〉

- 문제상황 발견: 휠체어를 타는 장애인들이 계단을 올라가는 데 어려움이 있다.
- 문제들 생성
  - 휠체어의 바퀴는 원모양이지만 계단은 각이 져 있어 올라갈 수 없다.
  - 휠체어용 리프트는 사용하기 번거로우며 안전성이 떨어진다.
  - 비탈길이 설치되어 있더라도 각도가 가파른 경우가 많아 장애인이 혼자 올라가기에 무리가 있다.

• 6하 원칙 문장으로 진술하기

요소	작성
언제	계단을 올라갈 때
누가	휠체어를 탄 사람이
어디서	계단을 혼자 올라갈 때
무엇을	혼자 올라갈 수 없다.
왜	바퀴의 모양과 계단의 모양이 달라서
어떻게	효율적인 휠체어가 필요하다.
문제정의	휠체어의 바퀴가 원모양이지만 계단은 각이 져 있어 올라갈 수 없으며, 휠체어용 리프트와 비탈길은 효과적인 해결책이 될 수 없다.

2) 핵심문제의 선정

• 위의 문제를 그대로 사용하거나 또는 문제들을 추가로 생각해 낸다.
  – 단계 1에서 확인해 낸 문제를 그대로 사용하거나, 문제의 범위가 넓은 경우 좀 더 자세한 여러 가지의 문제들로 세분화 하거나, 몇 개의 문제들을 묶음해 보고 거기서 새로운 도전문제들을 만들 수도 있다.
• 가장 유망한 1개의 문제를 선택한다.
  – 그것이 해결되면 문제 상황에 가장 충격을 줄 수 있는 것이 가장 유망한 핵심문제이다.
• 1개의 문제를 '핵심문제'로 바꾸어 진술한다.

〈예시〉

핵심문제 : 장애인이 휠체어를 타고 각진 계단을 혼자서 올라갈 수 있도록 휠체어를 개선한다.

3) 해결 아이디어의 생성

• 위의 핵심문제에 대한 해결 아이디어들을 할 수 있는 대로 많이 생성해 내고

- 이들 가운데서 가장 실현가능해 보이는 해결 아이디어를 선정하여
- 이들을 완전 문장으로 진술한다.

〈예시〉

해결 아이디어 문제 상황: 휠체어를 타는 장애인들이 계단을 올라가는 데 어려움이 있다.	
1	탱크의 바퀴를 모방한 휠체어: 다양한 지형을 자유자재로 다닐 수 있는 탱크의 궤도를 모방한 바퀴를 단 휠체어를 만든다.
2	바퀴가 휘는 휠체어: 바퀴의 바퀴살이 압력에 반응해 적절히 휘거나 길이가 바뀌며 바퀴의 형태가 계단의 형태에 맞게 변하게 한다.
3	모난 부분을 둥글게 만든 계단: 계단의 모난 부분을 둥글게 만들어 비탈과 유사한 형태로 만든다.

4) 판단준거의 생성

- 해결 아이디어들을 평가(판단)하기 위한 여러 가지 준거들을 생성해 내고
- 이들 가운데서 핵심문제에 가장 중요해 보이는 준거를 4~5개 선정한다.
- 이들 준거들을 진술한다. 각 준거의 진술은
  - 한 개의 차원만을 다루고
  - 순위를 매길 수 있고
  - 바라는 방향으로 진술해야 한다.

해결 아이디어 문제상황 :		판단준거				합계 (100)
1						
2						
3						
4						
5						
6						

〈예시〉

구분	판단준거	이유
1	실현가능성	필요한 기술의 측면에서 실현이 가능한가?
2	경제성	원활히 보급될 수 있도록 적당한 가격인가?
3	안전성	장애인들이 사용하기에 충분히 안전한가?
4	무해성	주변인들에게 피해를 주지 않는가?

5) 아이디어 판단

(1) PMI(Plus-Minus-Interesting)

- 해결 아이디어 목록을 제시한다.
- 각 아이디어별로 Plus(장점), Minus(단점), Interesting(흥미로운 점)을 Brain storming 기법으로 도출하여 기록한다.
- 모두 기록한 후 팀원이 각자 스티커 1장씩을 가지고 투표하여 가장 많은 표를 받은 아이디어를 채택한다.

해결 아이디어	Plus	Minus	Interesting	투표
	※ 해당아이디어의 장점 기술	※ 해당아이디어의 단점 기술	※ 해당아이디어의 흥미로운 점 기술	※ 팀원들이 해당 아이디어를 투표

(2) 평가행렬표

- 평가행렬표 윗부분의 가로로 3~5개 판단준거들을 기록하고
- 왼쪽 편 세로로 가장 유망해 보이는 해결 아이디어들을 기록한 후

• 각각의 준거를 사용하여 해결책들을 최상위에서 최하위까지 순위를 매긴다(순위 숫자는 각 준거에서 한 번씩만 나와야 한다).
• 최고점수가 최선의 해결 아이디어이다.

문제 상황 :	해결 아이디어	판단준거				합계 (100)
1						
2						
3						
4						
5						
6						

※ PMI와 평가행렬표 둘 다 수행할 수도 있고, 팀원들의 의견을 수렴하여 한 가지만 수행할 수도 있다.

〈예시〉

• 평가행렬표

해결 아이디어	판단준거				합계 (/ 100)
	실현가능성	경제성	안전성	무해성	
탱크의 바퀴를 모방한 휠체어	20	20	22	20	82
바퀴가 휘는 휠체어	20	15	18	25	78
모난 부분을 둥글게 만든 계단	25	10	10	8	53

6) 아이디어 실행 계획 세우기

• 최고점수를 받은 해결 아이디어를 기초로 실행계획을 만든다. 그러나 최고점수를 받은 해결책을 벗어나지 않는 범위에서 기타의 내용을 추가시킬 수도 있고, 높은 점수를 받은 다른 해결 아이디어의 내용을 보충적으로 사용할 수도 있다.
• 핵심문제를 해결하기 위한 하나의 실천 제안의 형태로 실행계획을 진술한다.
  – 실행계획에 누가, 무엇을, 언제, 어디서, 왜, 어떻게 등을 말한다. 그리고

실행계획의 세부내용을 확장시켜 상세하게 설명한다. 실행계획은 1~2페이지 정도 길이의 논술문 형태가 된다.

〈예시〉

아이디어 실행 계획: 제품 디자인과 최종 디자인

① 제품 디자인

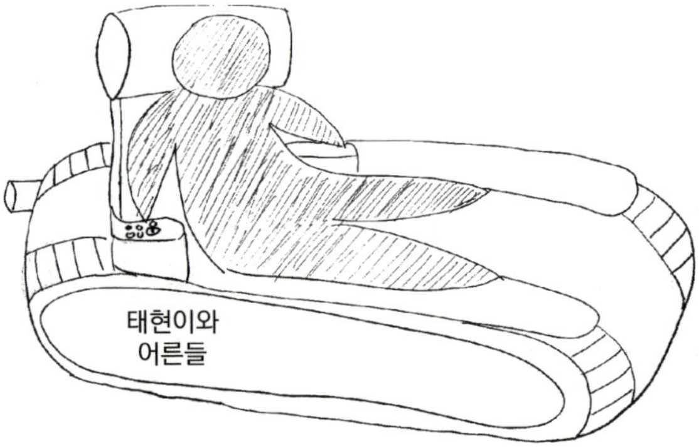

• 휠체어의 바퀴를 탱크의 궤도로 바꿈
(P) 계단 등 다양한 장애물을 잘 넘어 다닐 수 있음
(P) 전기적인 장치를 이용해 사용자가 힘이 약해도 사용 가능
(M) 평상시 거리에서 다닐 때 일반적인 바퀴에 비해 효율성이 떨어짐
(M) 전기적인 장치로 인해 가격이 비쌈
(M) 주변인들에게 위화감을 조성할 수 있음

② 최종 디자인

- 휠체어 뒷부분에 탱크 궤도를 모방한 장치 부착
  - 계단으로 이동해야 할 일이 있을 경우 계단에 뒤로 누워서 진행
  - 궤도의 구동은 바퀴와 연결된 기어장치를 이용해 전자적인 장치가 없으면서도 힘이 너무 들지 않게
  - 궤도는 미끄럼이 적은 고무 재질로 제작하고 궤도에 요철을 부착해 계단에서 미끄럼 방지
  - 계단 이동을 끝낸 후 궤도가 세워지면서 휠체어를 일으킴
    (P) 추가모듈형태로 제작됨으로써 탈부착이 가능해 편리함
    (P) 계단에서 누워서 이동함으로써 안전성 확보
    (P) 손으로 구동되므로 가격이 비싸지 않음

읽기자료 / 고등학생들이 수행한 창의적 문제해결 사례

대상: 소외된 90%를 위한 기술

1. 문제 상황 발견

유목생활을 하는 사람들은 채소가 부족한 식단으로 비타민 결핍증을 앓을 수 있다.

2. 문제들 생성

- 유목생활은 초원에서 이뤄지므로 채소공급이 어렵다.
- 유목생활에서 얻을 수 있는 식품이 한정되어 있으므로 균형 잡힌 식사를 하기 어렵다.

3. 핵심 문제의 선정

초원에서 이뤄지는 유목생활의 특성상 특정 영양분(비타민)이 결핍된 식사를 하게 되고, 건강이 악화된다.

4. 해결 아이디어의 생성

- 비타민 캡슐 제조: 비타민 캡슐을 제조해 섭취함으로써 부족한 비타민 섭취량을 보충해 준다.
- 세균 배양을 통해 비타민 제조: 비타민을 생산하는 세균을 배양해 비타민을 섭취한다.
- 의료시스템 지원: 건강이 악화된 사람들을 위해 의료시스템을 지원해준다.

5. 판단준거의 생성

- 경제성: 유목민들이 경제적 부담 없이 활용할 수 있는 방법이어야 한다.
- 실용성: 실제로 사용하는 데 용이해야 한다.
- 안전성: 건강에 관련된 것인 만큼 안전해야 한다.

6. 아이디어 판단

1) 평가행렬표

해결 아이디어	판단준거			합계 (/30)
	경제성	실용성	안전성	
비타민 캡슐 제조	8	8	8	24
세균배양을 통한 비타민 제조	10	9	8	27
의료시스템 지원	5	8	10	23

2) PMI

해결 아이디어	Plus	Minus	Iinteresting	투표
비타민 캡슐 제조	효과적 치료	오남용 우려	·	1
세균배양을 통한 비타민 제조	지속적 섭취 가능	세균 배양이 가능해야 함	비타민 이외에 다양한 적용 가능	3
의료시스템 지원	안전함	돈이 많이 듬	·	1

7. 최종 디자인

by Team. 귀요미

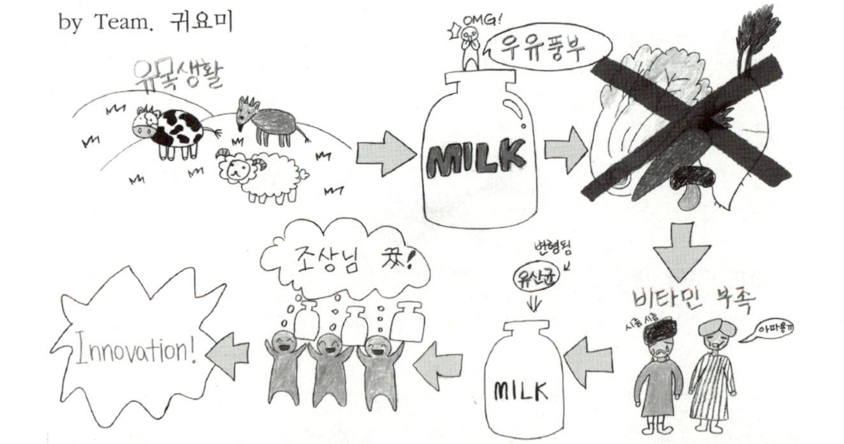

- 비타민을 생산하는 유전자 변형 유산균을 제공해 우유에서 배양하도록 함
  배양한 세균에서 비타민을 분리하는 것은 복잡한 과정이므로, 그대로 먹을 수 있게 유산균을 사용
  (P) 우유와 유산균을 이용해 요거트를 만드는 것은 이미 일반 가정에서도 할 수 있을 만큼 쉬움
  (P) 유산균의 유전자를 조작하는 데는 큰 비용이 필요하지 않아 저렴하게 개발 및 공급 가능

(P) 한 번 유전자 조작 유산균을 만들면 영구적으로 키우고 먹을 수 있음
(P) 유일한 재료인 우유는 유목생활에서 쉽게 구할 수 있으므로 적정기술의 의미를 만족함
(P) 유산균에 삽입하는 유전자의 종류에 따라 다양한 영양소에서 의약품까지 제공 가능
(P) 비용이 무료에 가까움

단계 3 문제와 도전을 해결하기

우리 팀의 미션	
누구를 위하여: 미래문제(　　) 실생활 문제(　　) 소외된 1%의 문제(　　)	
1. 문제발견과 정의	
2. 핵심문제의 선정	
3. 해결 아이디어의 생성	
4. 판단준거의 생성	
5. 아이디어 판단	
6. 아이디어 실행계획 세우기	[활동1] [활동2] [활동3] 준비물:
7. 문제해결	

읽기자료

1. 지속적으로 창의성을 계발하라(창의적인 사람들의 특성에 대한 학자들의 연구).

인지적	정의적	환경적
(사고능력) 수렴적 / 비판적 사고 확산적 사고(민감성, 유창성, 융통성, 독창성, 정교성) 종합적 / 분석적 / 실제적 능력 문제발견-해결 초인지 연관적 사고 (지식) 명제적 지식 / 절차적 지식 지식 / 이해 / 적용 / 분석 / 종합 / 평가 (사고유형) 인지(사고)유형 -입법적, 전체적, 진보적 -장독립적 유형 -혁신성 -조절자(≠동화자) -비관습적 사고유형	(성격) 자율성, 자발성, 판단의 독립성, 권위에의 도전 인지적 융통성 경험에 대한 개방성 주변 상황에 대한 / 심미적 민감성 지적 호기심, 광범위한 흥미 어려운 문제에 대한 집착, 인내 통찰력, 직관 자신감, 자기확신, 긍정적 자아상 개방성 모호함에 대한 참을성 경험에 대한 개방성 인지적 책임감 위험감수(용기), 모험심 단련된 상상 유머감 지적 사고 (동기) 내적동기, 성장하려는 욕구 숙달지향적 태도 넘치는 활동 에너지, 열정	획일화에 대한 무압력 무금지와 무억압 타인에 의한 평가가 없는 수용적인 환경 호기심을 제한 두려움과 소심함을 야기 특정 언어 기능을 잘못 강조 성공을 지나치게 강조 사고의 원리를 가르침 창의적 사고에 보상 평가가 없고 심리적으로 편안함

2. 창의적인 사람들의 특성 요약

인지적 특성		
(사고능력) 수렴적 사고 확산적 사고 연관적 사고	(지식) 명제적 지식 절차적 지식	(사고성향) 자기선택적 사고 성향 비관습적 사고 성향 새로움을 추구하는 사고 성향

<table>
<tr><th colspan="2">정의적 특성</th></tr>
<tr><td>(성격)
민감성
인지적 융통성
독립성
자신감
개방성
모험심</td><td>(동기)
내적동기
숙달지향적 태도</td></tr>
</table>

환경적 특성
자유롭고 허용적인 분위기 외부로부터의 성취지향적 평가 없음

내용요약

1. 창의성에 대하여 많은 학자들의 다양한 정의들이 있다. 창의적 사고의 기본 능력은
   ① 자유롭게 생각할 수 있는 능력
   ② 사고의 유창성, 융통성, 독창성 및 정교성 개발
   ③ 질문할 줄 아는 능력
   ④ 문제에 대한 민감성
   ⑤ 시각을 바꾸어 볼 수 있는 능력
   ⑥ 문제를 발견할 수 있는 능력
   ⑦ 결합과 조합의 능력
   ⑧ 논리적 사고능력
   ⑨ 미래지향(futurism)적 사고
   ⑩ 의미지향적 사고이다.

2. 창의적 문제해결력 단계는
   단계1 기초 사고력 도구 학습하기 → 단계2 문제해결 모형을 학습하고 훈련하기 → 단계3 실생활 문제와 도전을 해결하기이다.

3. 기초 사고력 도구에는 발산적 사고와 수렴적 사고 기법이 있으며, 이 둘은 상호 보완적으로 활용되어야 한다.

4. 문제해결 모형의 단계는
   ① 문제 발견하고 정의하기 → ② 핵심문제의 선정 → ③ 해결 아이디어의 생성 → ④ 판단준거의 생성 → ⑤ 아이디어 판단 → ⑥ 아이디어 실행 계획 세우기 → ⑦ 문제해결이다.

개인활동 과제

생활속에서 발견하거나 미래문제 혹은 어떤 누군가에게 필요한 문제를 창의적 문제해결 모형에 따라 해결과정을 작성해 보자.

찾/아/보/기

❙ 인명 ❙

❙ 내용 ❙

저자 소개

강 훈
kanghun@cnu.ac.kr
- 충남대학교 교육학 박사
- 전) 충남대학교 외래교수
- 현) 충남도립대 초빙교수

김미영
miyoung@cnu.ac.kr
- 충남대학교 교육학 박사
- 한남대학교 상담학 박사과정
- 전) 충남대학교 사범대학 겸임교수
- 현) 대전평생교육진흥원 부장

이희승
hees783@naver.com
- 충남대학교 이학박사(의상심리전공)
- 전) 대전과학기술대학 겸임교수
- 현) 건양사이버대학교 외래교수

〈제2판〉
창의와 소통의 리더십
–성인과 대학생을 위한 행복한 뇌의 습관–

2013년 8월 30일 1판 1쇄 발행
2021년 8월 30일 2판 1쇄 발행
2023년 8월 30일 2판 2쇄 발행

저 자: 강 훈 김미영 이희승
발행인: 한 정 주
발행처: 교육과학사

저자와의 협의하에 인지생략

경기도 파주시 광안사길 71
전화(031)955-6956~8 / 팩스(031)955-6037
Home-page: www.kyoyookbook.co.kr
E-mail: kyoyook@chol.com
등록: 1970년 5월 18일 제2-73호

낙장 · 파본은 교환해 드립니다.
Printed in Korea.

정가 18,000원
ISBN 978-89-254-1615-1